Interne Kapitalmärkte und interne Corporate Governance-Mechanismen

Betriebswirtschaftliche Forschung im Rechnungswesen

Herausgegeben von Nils Crasselt, Rolf Uwe Fülbier, Joachim Gassen, Bernhard Pellens und Thorsten Sellhorn

Band 19

Zur Qualitätssicherung und Peer Review der vorliegenden Publikation

Die Qualität der in dieser Reihe erscheinenden Arbeiten wird vor der Publikation durch Herausgeber der Reihe geprüft.

Notes on the quality assurance and peer review of this publication

Prior to publication, the quality of the work published in this series is reviewed by editors of the series.

Daniel Fallscheer

Interne Kapitalmärkte und interne Corporate Governance-Mechanismen

Eine empirische Untersuchung zur Wirkung von Anreizsystemen und Leitungsorganisationsformen auf die Kapitalallokationseffizienz diversifizierter deutscher börsennotierter Unternehmen

PL ACADEMIC RESEARCH

Bibliografische Information der Deutschen Nationalbibliothek
Die Deutsche Nationalbibliothek verzeichnet diese Publikation in der Deutschen Nationalbibliografie; detaillierte bibliografische Daten sind im Internet über http://dnb.d-nb.de abrufbar.

Zugl.: Wuppertal, Uni., Diss., 2015

D 468
ISSN 2191-6098
ISBN 978-3-631-66947-1 (Print)
E-ISBN 978-3-653-06046-1 (E-Book)
DOI 10.3726/978-3-653-06046-1

PL Academic Research ist ein Imprint der Peter Lang GmbH.

Peter Lang – Frankfurt am Main · Bern · Bruxelles · New York · Oxford · Warszawa · Wien

Diese Publikation wurde begutachtet.

www.peterlang.com

Geleitwort

In diversifizierten Unternehmen gibt es kaum Möglichkeiten, operative Synergien zu realisieren. Die Existenz einer zentralen Einheit eröffnet aber die Möglichkeit, geschäftsbereichsübergreifende Umschichtungen von Finanzmitteln ohne Inanspruchnahme des externen Kapitalmarkts vorzunehmen. Einem solchen internen Kapitalmarkt werden einerseits positive, effizienzsteigernde Effekte zugeschrieben, so z.B. verbesserte Finanzierungskonditionen des Verbunds im Vergleich zu Einzelunternehmen oder die abgemilderte Informationsasymmetrie im Vergleich zu externen Finanzierungstransaktionen. Anderseits wird befürchtet, dass ein interner Kapitalmarkt die disziplinierende Wirkung des externen Kapitalmarkts aufhebt und ineffiziente Kapitalallokationen erst ermöglicht. Bisherige empirische Ergebnisse deuten darauf hin, dass die Nachteile die möglichen Vorteile überwiegen.

Als eine mögliche Ursache für das Überwiegen der Nachteile gelten mehrstufige Prinzipal-Agenten-Konflikte in diversifizierten Unternehmen. In empirischen Arbeiten werden diese allerdings bislang nur sehr selten adressiert. An dieser Forschungslücke setzt Daniel Fallscheer mit seiner Dissertation an. Er untersucht anhand einer Stichprobe diversifizierter deutscher börsennotierter Unternehmen, wie sich die Ausgestaltung variabler Vergütungssysteme für das Top-Management und die organisatorische Gestaltung der Geschäftsbereichsleitung auf die (In-)Effizienz interner Kapitalmärkte auswirkt. Insbesondere der letztgenannte Aspekt ermöglicht eine bislang selten vorgenommene Analyse auch unter Berücksichtigung des internen Beziehungsgeflechts zwischen Zentrale und Geschäftsbereichen.

Im Ergebnis zeigt sich, dass sowohl die Ausgestaltung der Vergütungssysteme als auch die Leitungsorganisation einen Einfluss auf die Effizienz interner Kapitalmärkte haben. Als geeignet zur Steigerung der Allokationseffizienz erweisen sich insbesondere variable Barvergütungen, die entweder wertorientiert oder langfristig ausgestaltet sind. Interessanterweise lässt sich bei einer Kombination von Wertorientierung und Langfristigkeit keine weitere Verbesserung feststellen. Die Art der Leitungsorganisation hat ebenfalls einen messbaren Einfluss, der in seiner Richtung jedoch wiederum von der rechtlichen Stellung der Geschäftsbereiche abhängt.

Die Dissertation von Daniel Fallscheer hält sowohl für Wissenschaftler als auch für Praktiker vielfältige neue und interessante Einblicke bereit. Vor dem Hintergrund der wiederholten regulatorischen Eingriffe in die Gestaltungsfreiheit des Aufsichtsrats bei der Festlegung der Managementvergütung, erscheinen vor allem die Ergebnisse zur Wirkung verschiedener Vergütungssysteme auch für den Gesetzgeber relevant. Dementsprechend wünsche ich der Arbeit einen breiten Leserkreis in Wissenschaft und Praxis.

Wuppertal, im Dezember 2015

Nils Crasselt

Vorwort

Die vorliegende Arbeit wurde vom Fachbereich Wirtschaftswissenschaften der Bergischen Universität Wuppertal im Mai 2015 als Dissertation im Rahmen des Promotionsverfahrens zum Dr. rer. oec. angenommen. Die Motivation, mehrstufige Prinzipal-Agenten-Konflikte in internen Kapitalmärkten diversifizierter Unternehmen zu erforschen, lag nicht nur in der Forschungslücke begründet. Durch meine Tätigkeit in CFO-nahen Stabsstellen von Siemens Healthcare hatte und hat das Thema für mich auch eine hohe praktische Relevanz.

An dieser Stelle möchte ich den zahlreichen Personen danken, die mich bei der Erstellung dieser Promotion unterstützt und begleitet haben.

Besonderer Dank gebührt meinem Doktorvater Prof. Dr. Nils Crasselt für sein außerordentliches Engagement bei der Betreuung dieser Arbeit. Durch seine stete Bereitschaft für fachliche Diskussionen sowie durch das Setzen und Einhalten verbindlicher Rahmenbedingungen für das Projekt „berufsbegleitende Promotion“ hat er maßgeblich zum Gelingen beigetragen. Prof. Dr. André Betzer danke ich für die sehr interessanten methodischen Diskussionen sowie für die Übernahme des Zweitgutachtens. Prof. Dr. Stefan Thiele und Jr.-Prof. Dr. Christian Lohmann danke ich für die konstruktiven Diskussionen während der gemeinsamen Doktorandenseminare. Für die Aufnahme der vorliegenden Arbeit in diese Schriftenreihe möchte ich den Herausgebern und dem Peter Lang Verlag danken.

Der Erfolg meiner berufsbegleitenden Promotion war wesentlich von der Unterstützung meines Arbeitgebers, der Siemens AG, abhängig. Für die stete Förderung meines Vorhabens möchte ich besonders Herrn Michael Sen danken. Für die vielen anregenden Diskussionen, für die Möglichkeit zur äußerst flexiblen Arbeitszeitgestaltung sowie für das entgegengebrachte Vertrauen in kritischen Phasen meines Vorhaben bedanke ich mich ganz besonders herzlich bei Herrn Dr. Gerd Venzl. Für die weitere Unterstützung möchte ich mich des Weiteren bei Herrn Florian Flossmann, Herrn Nitin Gupta, Herrn Dr. Jochen Schmitz sowie bei meinen Kollegen des „Machine Room“ bedanken.

Ohne die fachlichen Diskussionen und das stets offene Ohr von meinen universitären Freunden Dr. Oliver Bender, Dr. Bernhard Paul Breloer, Dr. Anja Hönig, Dr. Robert Huber, Hannah Lea Hühn, Dr. Sven Jung, Dr. Devrimi Kaya, Dr. Jan Mammen, Dr. Nina Pecornik, Dr. Jeannine Rossow, Dr. Mark M. Rösch und Kevin Tappe hätte diese Arbeit in dieser Form nicht entstehen können. In besonders guter Erinnerung bleiben mir die vielen gemeinsamen und regelmäßigen Mittagessen während meiner Promotionstage in Nürnberg. Hierbei oder während ausgedehnten Kaffeepausen konnten auch knifflige methodische Fragen diskutiert und teilweise direkt gelöst werden.

Ein besonderes Anliegen ist es mir, meinen Eltern Fritz und Johanna Fallscheer sowie meiner Schwester Heike Fallscheer für den steten familiären Rückhalt und den immerwährenden Zuspruch zu danken. Durch die uneingeschränkte elterliche Unterstützung und Förderung in sämtlichen Phasen meines bisherigen Lebens wurde diese Arbeit überhaupt erst möglich. Den Eltern meiner Freundin, Josef und Martina Talhammer, danke ich für den steten moralischen Zuspruch sowie die herzhaften niederbayerischen Brotzeitpakete.

Die wichtigste Unterstützerin dieser Arbeit ist zweifelsfrei meine Freundin Sonja Talhammer. Diese Arbeit wurde nur dadurch ermöglicht, dass sie sich und ihre Bedürfnisse über Jahre zurückgestellt und mir so den notwendigen zeitlichen und inhaltlichen Freiraum neben dem Beruf gegeben hat. Insbesondere in kritischen Phasen meiner Promotion konnte sie mich durch ihre liebevolle Art aufbauen und stärken. Hierfür kann ich ihr nicht genügend danken. Ihr ist diese Arbeit daher gewidmet.

Erlangen/München, im Dezember 2015

Daniel Fallscheer

Inhaltsverzeichnis

Abkürzungs- und Symbolverzeichnis

#	Anzahl
Anm. d. Verf.	Anmerkung des Verfassers
AktG	Aktiengesetz
BCG	Bosten Consulting Group
BE	Between Effects
BITS	Business Information Tracking Series
BS	Black/Scholes
c. p.	ceteris paribus
CDAX®	Composite DAX
CEO	Chief Executive Officer
CFROI	Cash Flow Return on Investment
CVA	Cash Value Added
DAX®	Deutscher Aktienindex
DCGK	Deutscher Corporate Governance Kodex
DIS	Disordinale Interaktion
DRS	Deutscher Rechnungslegungsstandard
DRSC	Deutsches Rechnungslegungs Standards Committee
Ø	Durchschnitt
EE	Erwarteter Effekt
EK	Eigenkapital
EP	Economic Profit
ES	Effiziente Subventionen
ET	Effiziente Tranfers
EVA®	Economic Value Added
FAS	Financial Accounting Standard
FASB	Financial Accounting Standards Board
FE	Fixed Effects
Fn.	Fußnote(n)
GB	unverwandter Geschäftsbereich
HGB	Handelsgesetzbuch
Hs.	Halbsatz

HY	Hybride Interaktion
i. d. F.	in der Fassung
i. e. S.	im engeren Sinne
i. H. v.	in Höhe von
i. w. S.	im weiteren Sinne
IAS	International Accounting Standard
IASB	International Accounting Standards Board
ICM	Interner Kapitalmarkt (Internal Capital Market)
IDRE	Institute for Digital Research and Education
IFRS	International Financial Reporting Standard
IS	Ineffiziente Subventionen
ISIC	International Standard Industrial Classification
ISIN	International Securities Identification Number
IT	Ineffiziente Transfers
KonTraG	Gesetz zur Kontrolle und Transparenz im Unternehmensbereich
ln	natürlicher Logarithmus
LRD	Longitudinal Research Database
M	Mittelwert (Mean)
m. w. N.	mit weiteren Nennungen/Nachweisen
Max/max	Maximum
MDAX®	Mid-Cap DAX
Min/min	Minimum
Mio.	Million(en)
MitbestG	Mitbestimmungsgesetz (Gesetz über die Mitbestimmung der Arbeitnehmer)
Mrd.	Milliarde(n)
N	Anzahl Beobachtungen/Unternehmensjahre
n	Anzahl Unternehmen
N(d)	Verteilungsfunktion der Standardnormalverteilung
NACE	Nomenclature statistique des activités économiques dans la Communauté
NAICS	North American Industry Classification System

OD	Ordinale Interaktion
OECD	Organisation für wirtschaftliche Zusammenarbeit und Entwicklung (Organisation for Economic Co-operation and Development)
OLS-Regression	Methode der kleinsten Quadrate-Regression (Ordinary-Least Square-Regression)
p	α-Fehlerwahrscheinlichkeit
PPS	Pay-Performance-Sensitivität
R^2	Bestimmtheitsmaß
RE	Random Effects
ROA	Gesamtkapitalrentabilität vor Steuern und Zinsen (Return on Assets)
ROCE	Return on Capital Employed
ROI	Return on Investment
ROIC	Return on Invested Capital
RONA	Return on Net Assets
SD	Standardabweichung (Standard Deviation)
SGI	Wachstumsindex (Segment Growth Index)
SIC	Standard Industry Classification
τ_b	Kendall's Tau-b
TSR	Total Shareholder Return
Tz.	Textziffer(n)
VorstAG	Vorstands-Vergütungs-Angemessenheitsgesetz (Gesetz zur Angemessenheit der Vorstandsvergütung)
VorstOG	Vorstands-Vergütungs-Offenlegungsgesetz (Gesetz zur Offenlegung der Vorstandvergütungen)
XBRL®	eXtensible Business Reporting Language

Abbildungsverzeichnis

Tabellenverzeichnis

Kapitel 1 Einleitung

1.1 Problemstellung

Allen Forderungen nach Fokussierung zum Trotz ist die Organisationsform des diversifizierten Unternehmens weiterhin stark verbreitet.[1] Im Vergleich zu fokussierten Unternehmen vereinen diversifizierte Unternehmen nicht nur einen sondern mehrere Geschäftsbereiche unter einem Dach, die grundsätzlich auch als eigenständige Unternehmen am Markt auftreten könnten.[2] Durch geschäftsbereichsübergreifende Kapitalallokationen können diversifizierte Unternehmen Investitionen intern und somit unabhängig vom externen Kapitalmarkt finanzieren.[3] Ihnen kommt damit eine wesentliche Rolle bei der gesamtwirtschaftlichen Kapitalallokation zu.[4] Dies zeigt auch eine Studie von *Guedj et al.* (2009), wonach diversifizierte US-amerikanische börsennotierte Unternehmen in den Jahren 1979 bis 2006 durchschnittlich 640 Mrd. $ pro Jahr intern über Geschäftsbereiche aktiv umverteilten. Dies entspricht ungefähr dem durchschnittlichen jährlichen Emissionsvolumen von Eigenkapital und Unternehmensanleihen i. H. v. 621 Mrd. $.[5]

---

1 Vgl. *Eberl* (2010), S. 1; *Vahs* (2012), S. 162ff. Im Zeitraum von 1977 bis 1992 ist in den USA kein Trend zur Fokussierung nachzuweisen. Vgl. hierzu *Hyland/Diltz* (2002), S. 53. Bis zu den 1990ern bestanden in den USA über 80% der 50 größten börsennotierten Unternehmen aus mehr als einem Geschäftsbereich. Vgl. hierzu *Montgomery* (1994), S. 163f. Im deutschsprachigen Raum (Deutschland, Österreich und Schweiz) konnte von 1991 bis 1997 ebenso kein Trend zur Fokussierung festgestellt werden. Vgl. hierzu *Szeless* (2001), S. 93ff. Zwischen 1995 und 2003 hat die Zahl diversifizierter Unternehmen in dieser Region sogar zugenommen. Vgl. hierzu *Weiner* (2005), S. 7. Vgl. auch *Freygang* (1993), S. 97; *Wolf* (2000), S. 223f. Nach der letzten globalen Finanzkrise in den Jahren 2007 bis 2009 wird eine weiter zunehmende Relevanz diversifizierter Unternehmen erwartet. Siehe hierzu beispielhaft *Kuppuswamy/Villalonga* (2010), S. 1: *„In the wake of the global financial crisis, a new view seems to be emerging that conglomerates are ready for a comeback."* Vgl. ähnlich auch *Beckmann et al.* (2009), S. 88ff.; *Beckmann et al.* (2012), S. 1ff.; *Cyriac et al.* (2012), S. 1ff.; *Ramachandran et al.* (2013), S. 110ff.

2 Vgl. hierzu und für eine Definition des Begriffs des *diversifizierten Unternehmens* ausführlich Abschnitt 2.1.1 und die dort angegebene Literatur.

3 Vgl. *Funk* (2008), S. 1; *Eberl* (2010), S. 1ff.; *Ozbas/Scharfstein* (2010), S. 582. Die Innenfinanzierung stellt die bedeutendste Finanzierungsquelle diversifizierter Unternehmen dar. Vgl. hierzu *Kloster* (1988), S. 211; *Liedl* (1988), S. 173; *Klein* (1999), S. 13f.; *Bosse* (2000), S. 41 m. w. N.; *Brinkmann* (2011), S. 1.

4 Siehe hierzu beispielhaft *Datta et al.* (2009), S. 242: *"Optimal allocation of scarce resources is at the heart of wealth creation in a free market economy. Efficient external capital markets facilitate in this process by allocating capital to the most productive investments. Similarly, efficiency of the internal capital market is critical to value creation in a multisegment firm."* Vgl. auch *Eberl* (2010), S. 2f.

5 Vgl. *Guedj et al.* (2009), S. 1ff.

Der Mechanismus der Kapitalreallokation in diversifizierten Unternehmen wird als *interner Kapitalmarkt* (*Internal Capital Market*, kurz: *ICM*) bezeichnet.[6] Der wissenschaftliche Nachweis der Existenz interner Kapitalmärkte wird durch eine Vielzahl an Studien erbracht.[7] Ferner gilt es in der Literatur als unstrittig, dass interne Kapitalmärkte durchschnittlich ineffizient sind. Diversifizierte Unternehmen weisen demnach nicht den Geschäftsbereichen das knappe verfügbare Kapital zu, die über das relativ höchste Wertsteigerungspotenzial verfügen. Vielmehr kommt es mehrheitlich zu sog. *sozialistischen Allokationsmustern.* Bereiche mit relativ geringen Wertsteigerungsaussichten werden dabei von stark wertgenerierenden Bereichen quersubventioniert, obwohl eine reduzierte Kapitalzuweisung vorgenommen oder sogar gänzlich unterlassen werden sollte.[8]

Die Ineffizienz interner Kapitalmärkte wird von einer Vielzahl an empirischen Studien auch als wesentlicher Treiber des sog. *Diversification Discounts*[9] identifiziert. Weist ein diversifiziertes Unternehmen hingegen einen effizienten internen Kapitalmarkt auf, so wird dieses mit einer Prämie (sog. *Diversification Premium*) belohnt.[10] Aus Sicht der Anteilseigner hat die Effizienz der internen Kapitalreallokation somit eine besondere (Wert)Relevanz. *McNeil/Smythe* (2009) formulieren diese auch wie folgt: *"[...] the one process likely to have the greatest impact on shareholder wealth maximization, [is, Anm. d. Verf.] the capital allocation process."*[11]

Gemäß einer Vielzahl theoretischer Erklärungsansätze wird die Ineffizienz interner Kapitalmärkte wesentlich durch Prinzipal-Agenten-Konflikte verur-

---

6 Für eine Begriffsdefinition und für eine Erläuterung der Funktionsweise interner Kapitalmärkte siehe ausführlich Abschnitt 2.1.2 und die dort angegebene Literatur.

7 Siehe hierzu und für eine Übersicht über empirische Studien zum Nachweis interner Kapitalmärkte ausführlich Abschnitt 2.3.1 und die dort angegebene Literatur.

8 Siehe hierzu und für eine Übersicht über empirische Studien zur Messung der Effizienz interner Kapitalmärkte ausführlich Abschnitt 2.3.2 und die dort angegebene Literatur.

9 In der Literatur wird teilweise auch der Begriff des *Conglomerate Discount* verwendet. Zur synonymen Verwendung beider Begriffe siehe beispielhaft *Erdorf et al.* (2013), S. 187ff. Die vorliegende Arbeit verwendet den Begriff des Diversification Discount. Für eine Begriffsdefinition siehe ausführlich Abschnitt 2.3.4 und die dort angegebene Literatur.

10 Zum Zusammenhang zwischen der Effizienz interner Kapitalmärkte und dem Diversification Discount siehe ausführlich Abschnitt 2.3.4. Für eine Übersicht über empirische Studien zum Diversification Discount siehe Anhang 1.

11 *McNeil/Smythe* (2009), S. 61.

sacht (sog. *Dark Side of Internal Capital Markets*).[12] *Stein* (2003) formuliert dies auch wie folgt: „*[...] the most pervasive and important factors influencing the efficiency of corporate investment are those that arise from informational asymmetries and agency problems.*"[13] Den bisherigen theoretischen Modellen folgend, ist für die ineffiziente Kapitalallokation jedoch nicht nur der Konflikt zwischen Anteilseignern und Unternehmensleitung (erste Konfliktebene) maßgeblich. Vielmehr lassen sich ineffiziente Kapitalallokationsmechanismen auch auf Konflikte in der Beziehung zwischen Unternehmens- und Geschäftsbereichsleitung zurückführen (zweite Konfliktebene).[14] *Datta et al.* (2009) beschreiben die negativen Wirkungen dieser zweistufigen Prinzipal-Agenten-Beziehung wie folgt: „*[...] conglomerate firms destroy value due to the existence of two types of agency conflicts; one between the corporate managers at headquarters and shareholders, and the other between HQ managers and [...] divisional managers.*"[15]

Trotz des hohen theoretischen Erklärungsgehalts überprüfen bisher nur wenige empirische Studien direkt die Theorie einer effizienzmindernden Wirkung von Prinzipal-Agenten-Konflikten in internen Kapitalmärkten.[16] Um Rückschlüsse auf die theoretischen Modelle der ersten Konfliktebene ziehen zu können, untersuchen dabei *Sautner/Villalonga* (2010) die Wirkung einer verbesserten Kontrolle der Unternehmensleitung durch große Anteilseigner (sog. *Concentrated Ownership/Blockholder*). Ihre Hypothese, wonach Anteilseigner mit hoher Anteilskonzentration zu einer verbesserten Überwachung der Unternehmensleitung und somit zu einer Steigerung der Allokationseffizienz führen, findet eine signifikante Bestätigung. Als einzige der

---

12 Siehe hierzu ausführlich Abschnitt 2.2.2 und die dort angegebene Literatur. Theoretische Modelle effizienter interner Kapitalmärkte werden unter dem Begriff der *Bright Side of Internal Capital Markets* zusammengefasst. Siehe hierzu ausführlich Abschnitt 2.2.1 und die dort angegebene Literatur.

13 *Stein* (2003), S. 112.

14 Für eine ausführliche Darstellung der auf der Prinzipal-Agenten-Theorie basierenden theoretischen Modelle zur Erklärung ineffizienter interner Kapitalmärkte siehe ausführlich Abschnitt 2.2.2.2 und die dort angegebene Literatur.

15 *Datta et al.* (2009), S. 243.

16 Für eine ausführliche Darstellung der wenigen Studien siehe Abschnitt 2.3.3. Studien, die nur indirekt oder argumentativ einen Wirkungszusammenhang zwischen Prinzipal-Agenten-Konflikten und der Allokationseffizienz herstellen, werden nicht näher beleuchtet. Siehe hierzu auch Fn. 193.

Studien verwenden die beiden Autoren dabei für ihre Untersuchung eine Stichprobe diversifizierter deutscher börsennotierter Unternehmen.[17] Über die Wirkung von Anreizsystemen können ebenso Rückschlüsse auf die Prinzipal-Agenten-Konflikte in internen Kapitalmärkten gezogen werden. So untersuchen die Studien von *Scharfstein* (1998), *Shin/Park* (1999), *Datta et al.* (2009) und *Ozbas/Scharfstein* (2010) die Hypothese, wonach mit zunehmender Eigenkapitalbeteiligung der Unternehmensleitung der erste Prinzipal-Agenten-Konflikt in internen Kapitalmärkten gemindert und somit ineffiziente Kapitalallokationen reduziert werden müssten. Die beiden US-amerikanischen Studien von *Scharfstein* (1998) und *Ozbas/Scharfstein* (2010) finden für diese Hypothese eine signifikante Bestätigung.[18] Wiederum für diversifizierte US-amerikanische Unternehmen beobachten *Datta et al.* (2009) hingegen nur für anteilsbasierte Eigenkapitalbeteiligungen[19] einen signifikant positiven Einfluss auf die Allokationseffizienz. Für Eigenkapitalbeteiligungen auf Basis von gewährten Optionen können die beiden Autoren die aufgestellte Hypothese unerwarteterweise nicht bestätigen.[20] Eine unerwartet negative signifikante Wirkung von Eigenkapitalbeteiligungen sog. *Eigentümer-Manager* in diversifizierten koreanischen Unternehmen beobachten zudem erstmals *Shin/Park* (1999).[21] Neben der Wirkung von Eigenkapitalbeteiligungen auf die Allokationseffizienz untersuchen *Georgieva et al.* (2013) erstmals die Frage, ob die Einführung einer wertbeitragsorientierten Vergütung auf Ebene der Unternehmensleitung zu einer Reduktion des ersten Prinzipal-Agenten-Konflikts in internen Kapitalmärkten führt. Wiederum basierend auf einer US-amerikanischen Stichprobe können die Autoren einen signifikant positiven Anstieg der Allokationseffizienz bei denjenigen Unternehmen nachweisen, die wertbeitragsorientierte Vergütungssysteme einführen.[22] In Abweichung zu den vorherigen Studien be-

---

17 Vgl. *Sautner/Villalonga* (2010), S. 1ff. Siehe auch ausführlich Abschnitt 2.3.3.

18 Vgl. *Scharfstein* (1998), S. 1ff.; *Ozbas/Scharfstein* (2010), S. 581ff. Siehe auch ausführlich Abschnitt 2.3.3.

19 Für eine Abgrenzung des Begriffs der *anteilsbasierten Vergütung* gegenüber dem in IFRS 2 ebenfalls verwendeten Begriff siehe ausführlich Fn. 277 in Abschnitt 3.2.1.

20 Vgl. *Datta et al.* (2009), S. 242ff. Siehe auch ausführlich Abschnitt 2.3.3.

21 Vgl. *Shin/Park* (1999), S. 169ff. Siehe auch ausführlich Abschnitt 2.3.3.

22 Vgl. *Georgieva et al.* (2013), S. 1ff. Siehe auch ausführlich Abschnitt 2.3.3.

trachtet *Wulf* (2002) erstmals die zweite Konfliktebene. Sie stellt die Hypothese auf, wonach eine stärkere Abhängigkeit der variablen Barvergütung (Boni) der Geschäftsbereichsleiter vom Ergebnis des Gesamtunternehmens zu einer geringeren Ineffizienz von internen Kapitalmärkten führt. Wiederum für eine US-amerikanische Stichprobe findet die Autorin eine signifikante Bestätigung ihrer Hypothese.[23] Die Studien von *McNeil/Smythe* (2009), *Duchin/Sosyura* (2013) und *Glaser et al.* (2013) untersuchen ebenfalls die zweite Konfliktebene. Die Autoren schließen dabei durch die Untersuchung von persönlichen und/oder sozialen Beziehungen zwischen der Unternehmens- und Geschäftsbereichsleitung auf die Wirkung von Prinzipal-Agenten-Konflikten in internen Kapitalmärkten. Jede der drei US-amerikanischen Studien findet dabei empirische Evidenz dafür, dass sich Konflikte zwischen der Unternehmens- und Geschäftsbereichsleitung negativ auf die Allokationseffizienz von internen Kapitalmärkten auswirken.[24]

Auch wenn die vorherigen empirischen Studien erste Evidenz dafür liefern, dass die zweistufige Prinzipal-Agenten-Beziehung ein wesentlicher Treiber für die Ineffizienz interner Kapitalmärkte ist, besteht aufgrund der teils widersprüchlichen Ergebnisse weiterer Forschungsbedarf. Um ein konklusiveres Bild über die Wirkung der ersten Konfliktebene in internen Kapitalmärkten zu erhalten, sind besonders weitere Untersuchungen von Anreizsystemen der obersten Unternehmensleitung von Interesse, da hierbei teils wesentliche Abweichungen in den gewonnenen Erkenntnissen vorhanden sind. Auch sollte ein tieferes Verständnis über die Wirkung der zweiten Konfliktebene auf die Allokationseffizienz erlangt werden. Da die bisherigen Studien schwerpunktmäßig diversifizierte US-amerikanische Unternehmen als Untersuchungsgegenstand haben, besteht ferner eine Erkenntnislücke dahingehend, wie sich Prinzipal-Agenten-Konflikte auf die Allokationseffizienz diversifizierter Unternehmen mit Hauptsitz in Ländern mit abweichender Aktionärsstruktur und abweichendem Corporate Governance- und Finanzsystem auswirken.

---

23 Vgl. *Wulf* (2002), S. 219ff. Siehe auch ausführlich Abschnitt 2.3.3.

24 Vgl. *McNeil/Smythe* (2009), S. 59ff.; *Duchin/Sosyura* (2013), S. 387ff.; *Glaser et al.* (2013), S. 1577ff. Siehe auch ausführlich Abschnitt 2.3.3.

Angesichts der aufzeigten Forschungslücken besteht das Anliegen der vorliegenden Arbeit darin, die Wirkung der zweistufigen Prinzipal-Agenten-Beziehung auf die Allokationseffizienz näher zu beleuchten. Aus theoretischer Sicht eignet sich für die Analyse von Prinzipal-Agenten-Konflikten auf mehreren Konfliktebenen besonders die Untersuchung der disziplinierenden Wirkung von Corporate Governance-Mechanismen.[25] Dies betonen auch *Sautner/Villalonga* (2010): *„The few studies that have explored the link between the two topics [(corporate governance and internal capital markets), Anm. d. Verf.] suggest that this can be a fruitful avenue for research."*[26] Aus der Vielzahl an Corporate Governance-Mechanismen erscheinen insbesondere die sog. *internen Corporate Governance-Mechanismen* dazu geeignet, beide Konfliktebenen in internen Kapitalmärkten zu untersuchen. Zu ihnen zählen im Wesentlichen Anreizsysteme und die Leitungsorganisation. Durch die Analyse der Wirkung unterschiedlicher Ausgestaltungsformen von Anreizsystemen der Unternehmensleitung kann der erste Prinzipal-Agenten-Konflikt näher beleuchtet werden. Die Untersuchung der Ausgestaltung der Kontrolle der Geschäftsbereichsleiter durch die Unternehmensleitung (Leitungsorganisation) ermöglicht hingegen einen Erkenntnisgewinn über den Einfluss der zweiten Beziehungsebene auf die Allokationseffizienz. Der Fokus auf interne Corporate Governance-Mechanismen ist auch aus Sicht der Praxis bedeutungsvoll, da diese Mechanismen direkt durch das Unternehmen ausgestaltet werden können.[27] Die allgemein größere Relevanz interner gegenüber externer Corporate Governance-Mechanismen betonen auch *Acharya et al.* (2011): *„Internal governance can mitigate agency problems and ensure that firms have substantial value, even with little or no external governance [...]."*[28]

---

[25] Siehe hierzu ausführlich Abschnitt 3.1 und die dort angegebene Literatur.

[26] *Sautner/Villalonga* (2010), S. 1.

[27] Die wichtigsten *externen Corporate Governance-Mechanismen* sind der Kapitalmarkt, der Arbeitsmarkt und der Produktmarkt. Für eine Übersicht über interne und externe Corporate Governance-Mechanismen siehe ausführlich Abschnitt 3.1 und die dort angegebene Literatur.

[28] *Acharya et al.* (2011), S. 689.

1.2 Zielsetzung und wissenschaftlicher Ansatz der Arbeit

Die vorliegende Arbeit greift die aufgezeigten Forschungslücken in ihrer übergreifenden Zielsetzung auf. Demzufolge soll untersucht werden, ob interne Corporate Governance-Mechanismen einen Einfluss auf die Allokationseffizienz interner Kapitalmärkte haben und wenn ja, welchen. Mit der Arbeit soll damit primär ein Beitrag zur weiteren Theoriebildung geleistet werden. Jedoch wird auch ein pragmatisches Wissenschaftsziel verfolgt, indem Handlungsempfehlungen für die Praxis abgeleitet werden sollen.[29] Der geografische Fokus der Arbeit liegt dabei auf Deutschland. Aufgrund des Wertpotenzials interner Kapitalmärkte und der Relevanz dessen aus Sicht der wertorientierten Unternehmensführung werden ausschließlich diversifizierte *börsennotierte Unternehmen* betrachtet.[30] Aus dem übergreifenden Ziel und dem geografischen Fokus lassen sich die beiden Forschungsfragen ausdifferenzieren:

(1) Können *Anreizsysteme* von Vorständen den ersten Prinzipal-Agenten-Konflikt in internen Kapitalmärkten diversifizierter deutscher börsennotierter Unternehmen reduzieren und hierdurch eine Steigerung der Allokationseffizienz bewirken, und wenn ja, wie müssen diese hierzu ausgestaltet sein?

(2) Können *Leitungsorganisationen* den zweiten Prinzipal-Agenten-Konflikt in internen Kapitalmärkten diversifizierter deutscher börsennotierter Unternehmen reduzieren und hierdurch eine Steigerung der Allokationseffizienz bewirken, und wenn ja, wie müssen diese hierzu ausgestaltet sein?

Bei der Beantwortung der Forschungsfragen baut die vorliegende Arbeit auf den Erkenntnissen bisheriger Untersuchungen zu Effizienzdeterminanten interner Kapitalmärkte auf. Der Forschungsstand vorheriger Arbeiten lässt sich anhand der fünf Stufen der Theoriebildung (siehe Abbildung 1) wie folgt charakterisieren. Nach der Begriffsbildung und der explorativen Be-

---

29 Zu Wissenschaftszielen vgl. allgemein *Schweitzer* (1978), S. 1ff.; *Ulrich/Hill* (1979), S. 161ff.; *Küpper* (2011), S. 48ff. Vgl. ähnlich auch *Beckmann* (2006), S. 8; *Funk* (2008), S. 4; *Brinkmann* (2011), S. 8.

30 Siehe hierzu ausführlich die Abschnitte 1.1 und 2.4 und die dort angegebene Literatur.

schreibung von Effizienzdeterminanten interner Kapitalmärkte wurden die wesentlichen Wirkungsmechanismen bereits durch theoretische Deduktion entwickelt. Die dritte Stufe der Theoriebildung (Erklärung) ist somit erreicht. Die Absicherung der theoretischen Wirkungsmechanismen mittels empirischer Tests ist aufgrund der teils ambivalenten Ergebnisse jedoch noch nicht abgeschlossen.[31] Die Bedeutung weiterer empirischer Arbeiten ist somit hoch. Dies heben auch *Ozbas/Scharfstein* (2010) hervor: *"Given the competing theories, the answer is ultimately an empirical one."*[32] Ähnlich fordern auch *Glaser et al.* (2013) weitere empirische Untersuchungen: *"Notwithstanding the theoretical progress in the modelling of internal capital markets, empirical evidence is scarce."*[33] Die Beantwortung der beiden Forschungsfragen soll daher konfirmatorisch durch empirisches Testen theoretisch abgeleiteter Forschungshypothesen erfolgen.[34]

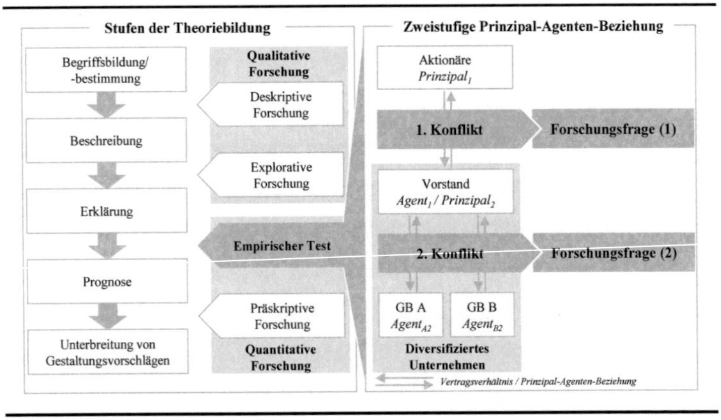

Abbildung 1: Stufen der Theoriebildung und Forschungsfragen[35]

[31] Vgl. *Riesenhuber* (2007), S. 5ff.; *Wolf* (2013), S. 8ff. m. w. N. Für eine alternative Klassifikation vgl. *Christensen* (2006), S. 39ff. Er unterscheidet zunächst zwischen deskriptiven und normativen Theorien. Für beide Theorierichtungen definiert er nachfolgend drei Stufen der Theoriebildung. Vgl. zu den Stufen der Theoriebildung im Zuge der Erforschung interner Kapitalmärkte auch *Brinkmann* (2011), S. 6f. Das Vorgehen folgt damit auch dem *kritischen Rationalismus* nach *Popper* (1966). Vgl. hierzu *Popper* (1966), S. 1ff. Vgl. auch *Riesenhuber* (2007), S. 1ff.; *Bortz/Schuster* (2010), S. 11f.

[32] *Ozbas/Scharfstein* (2010), S. 582.

[33] *Glaser et al.* (2013), S. 1578.

[34] Zum Forschungsprozess empirischer Arbeiten vgl. *Bortz/Döring* (2006), S. 351ff. *Riesenhuber* (2007), S. 3ff.; *Bortz/Schuster* (2010), S. 4ff. Zum Begriff der konfirmatorischen Überprüfung theoriegeleiteter Hypothesen vgl. beispielhaft *Kühnel/Krebs* (2010), S. 187.

[35] Eigene Darstellung in Anlehnung an *Riesenhuber* (2007), S. 6; *Brinkmann* (2011), S. 7.

Die vorliegende Arbeit unterscheidet sich von den im vorherigen Abschnitt dargestellten Studien wesentlich in zwei Punkten. Erstes Unterscheidungsmerkmal ist die explizite Berücksichtigung der für interne Kapitalmärkte charakteristischen, zweistufigen Prinzipal-Agenten-Beziehung in einem Untersuchungsmodell.[36] Hierdurch grenzt sich die Untersuchung von der Mehrzahl der Studien ab, die weitestgehend ausschließlich partielle Wirkungen, d. h. nur eine der Beziehungsebenen untersuchen.[37] Nach Ansicht vieler Autoren ist die Integration beider Ebenen jedoch essentiell für das Verständnis interner Kapitalallokationsmechanismen.[38] Dies bringt auch *Eberl* (2010) zum Ausdruck. Nach ihm kommt die *„[...] Berücksichtigung des doppelten Prinzipal-Agenten-Charakters interner Kapitalmärkte [in bisherigen empirischen Studien, Anm. d. Verf.] zu kurz."*[39] Die Betrachtung der zweistufigen Prinzipal-Agenten-Beziehung wird dadurch ermöglicht, dass die im Fokus stehenden internen Corporate Governance-Mechanismen direkt auf eine Disziplinierung der Agenten auf beiden Konfliktebenen abzielen.[40] Bei den Anreizsystemen der Unternehmensleitung werden grundsätzlich bekannte Wirkungsmechanismen untersucht. Die vorliegende Arbeit geht jedoch über die bloße Replikation vorheriger Studien hinaus, indem sie durch differenziertere Operationalisierungen für die variable Barvergütung und für die aktienkursbasierte Vergütung eine detailliertere Interpretation der Untersuchungsergebnisse ermöglicht.[41] Die Untersuchung von Ausgestaltungsformen der Leitungsorganisation im Kontext interner Kapitalmärkte ist hingegen erstmals Gegenstand einer empirischen Studie. Durch die Analyse dieses Wirkungsmechanismus kann ein wesentlicher Beitrag zu den bisher nur wenig erforschten Wirkungen der Konflikte zwischen Vorständen und Geschäftsbereichsleitern auf die Allokationseffizienz geleistet werden.[42]

---

36 Zum Untersuchungsmodell siehe ausführlich Abschnitt 3.4.

37 Siehe hierzu ausführlich Abschnitt 2.3.3.

38 Vgl. hierzu ausführlich Abschnitt 2.2.2.2. Vgl. auch *Beckmann* (2006), S. 166.

39 *Eberl* (2010), S. 82.

40 Siehe allgemein zu internen Corporate Governance-Mechanismen Abschnitt 3.1.

41 Für den ausgeweiteten Adressatenkreis sowie die in der Arbeit untersuchten Ausgestaltungsformen von Anreizsystemen siehe ausführlich Abschnitt 3.2.

42 Für Ausgestaltungsformen der Leitungsorganisation siehe ausführlich Abschnitt 3.3.

Neben der Integration der zweistufigen Prinzipal-Agenten-Beziehung in einem Untersuchungsmodell ist die geografische Fokussierung auf Deutschland ein weiteres wesentliches Unterscheidungsmerkmal der vorliegenden Arbeit. Hierdurch grenzt sie sich von der Mehrzahl der für die Problemstellung relevanten Studien ab, die die Wirkung von Prinzipal-Agenten-Konflikten auf die Allokationseffizienz mehrheitlich an diversifizierten US-amerikanischen börsennotierten Unternehmen untersuchen.[43] Da Länderunterschiede in der Aktionärsstruktur und im Corporate Governance- und Finanzsystem einen Einfluss auf die Wirkung von Prinzipal-Agenten-Konflikten haben können, ist eine direkte Übertragung der Untersuchungsergebnisse ausländischer Studie auf das deutsche institutionelle Umfeld lediglich eingeschränkt möglich.[44]

1.3 Aufbau der Arbeit

Der Forschungsprozess empirischer Arbeiten besteht aus klar abgrenzbaren Teilschritten. Die Wahrung der Objektivität, der intersubjektiven Nachprüfbarkeit und Standardisierung ist hierbei von besonderer Bedeutung.[45] Dies spiegelt sich im formalen Aufbau der vorliegenden Arbeit wider.

Insgesamt ist die Arbeit in sieben Kapitel gegliedert (siehe Abbildung 2). Nach der Einleitung werden in **Kapitel 2** zunächst zentrale Begriffe definiert und abgegrenzt. Anschließend wird ein Überblick über theoretische Erklärungsmodelle für effiziente und ineffiziente interne Kapitalmärkte gegeben. Im Zuge dessen wird auch grundlegend auf die problemrelevante Prinzipal-Agenten-Theorie eingegangen. Daran schließt sich ein Überblick über wesentliche empirische Untersuchungen interner Kapitalmärkte an.

---

43 Eine weitere Studie fokussiert sich auf diversifizierte koreanische börsennotierte Unternehmen. Zudem untersucht eine Studie erstmals die Wirkung sog. *Blockholder* auf die Allokationseffizienz anhand einer Stichprobe diversifizierter deutscher börsennotierter Unternehmen. Siehe hierzu ausführlich die Abschnitte 1.1 und 2.3.3.

44 Vgl. *Szeless* (2001), S. 3; *Knauer et al.* (2012), S. 167f. Für eine ausführliche Diskussion der Unterschiede der deutschen institutionellen Rahmenbedingungen im Vergleich zu denen anderer Länder (v. a. der USA) vgl. *López-de-Silanes et al.* (1998), S. 1113ff.; *Elston/Goldberg* (2003), S. 1391ff.; *Hackethal et al.* (2003), S. 664ff.; *Beetz* (2005), S. 1ff.; *Schauwecker* (2005), S. 1ff.; *Zöllner* (2007), S. 28ff.; *Goergen et al.* (2008), S. 175ff.; *Werder* (2008), S. 50ff.; *Böckli* (2009), S. 255ff.; *Seibt* (2009), S. 391ff.; *Wymeersch* (2009), S. 137ff.; *Schewe* (2010), S. 66ff.; *Paetzmann* (2012), S. 9ff.

45 Vgl. *Bortz/Döring* (2006), S. 32; *Kromrey* (2009), S. 70ff.; *Schnell et al.* (2011), S. 3ff.

Auf Basis der begrifflichen, theoretischen und empirischen Erkenntnisse wird ein konzeptioneller Bezugsrahmen herausgearbeitet, der die weitere Untersuchung strukturiert.

Kapitel 3 widmet sich den theoretischen Wirkungen interner Corporate Governance-Mechanismen im Kontext interner Kapitalmärkte diversifizierter deutscher börsennotierter Unternehmen. Entlang der beiden identifizierten Gestaltungshebel werden theoriegeleitet, aufbauend auf bisherigen Erkenntnissen und durch eigene konzeptionelle Überlegungen ergänzt, zehn Forschungshypothesen abgeleitet. Das Kapitel schließt mit einem zusammenfassenden Überblick über das Untersuchungsmodell und die Forschungshypothesen.

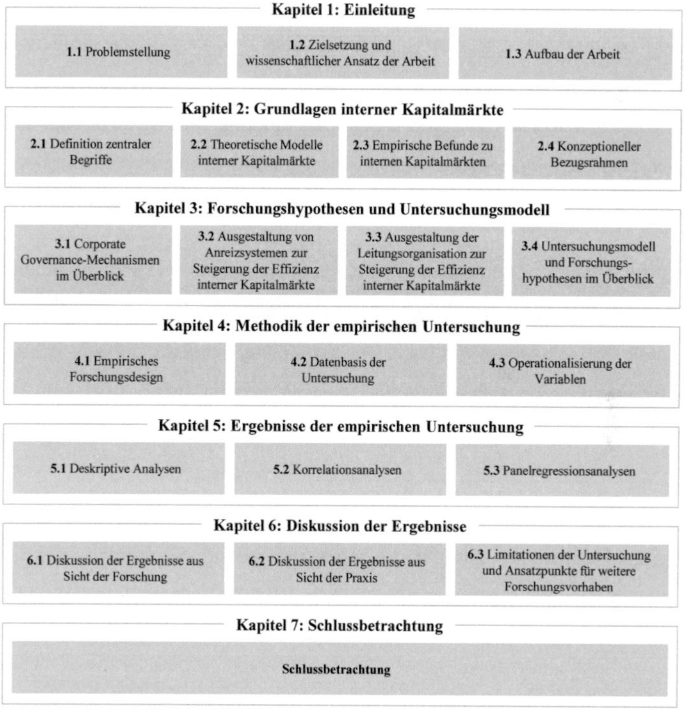

Abbildung 2: Aufbau der Arbeit

Kapitel 4 erläutert die Methodik der durchgeführten empirischen Untersuchung. Nach der Auswahl des adäquaten empirischen Forschungsdesigns wird die Grundgesamtheit abgegrenzt und eine Stichprobe gezogen. Weiterer wesentlicher Bestandteil des Kapitels ist die Operationalisierung der Variablen für die statistischen Analysen. Die verwendeten statistischen Analysemethoden sind aus Gründen der Übersichtlichkeit den einzelnen Auswertungen in Kapitel 5 vorangestellt.

Kapitel 5 stellt die Ergebnisse der empirischen Untersuchung dar. Den Schwerpunkt bildet die Ergebnisdarstellung der durchgeführten Panelregressionsanalysen. Mittels dieser multivariaten Analysemethode wird eine empirische Überprüfung der theoretisch hergeleiteten Wirkungen interner Corporate Governance-Mechanismen auf die Effizienz interner Kapitalmärkte ermöglicht. Um einen Überblick über die Variablenausprägungen der Stichprobe zu erhalten, werden vorab deskriptive Analysen durchgeführt. Mittels Korrelationsanalysen können überlagernde Effekte unabhängiger Variablen identifiziert werden, die im Rahmen der Panelregressionsanalysen potenziell zu ökonometrischen Problemen führen können.

Kapitel 6 setzt die gewonnen Erkenntnisse der Arbeit in Bezug zu anderen Forschungsergebnissen und zur Unternehmenspraxis. Im Rahmen der Diskussion der Ergebnisse aus Sicht der Forschung werden einerseits Bezüge zu bisherigen empirischen Erkenntnissen hergestellt, andererseits wird auf den Beitrag der Untersuchungsergebnisse zur weiteren Theoriebildung eingegangen. Zur Erfüllung des pragmatischen Wissenschaftsziels dieser Arbeit werden des Weiteren auch Handlungsempfehlungen für die Praxis abgeleitet. Das Kapitel schließt mit einer Darstellung der Limitationen der Untersuchung, die wiederum als Ansatzpunkte für weitere Forschungsvorhaben dienen können.

Kapitel 7 fasst die wesentlichen Untersuchungsergebnisse der vorliegenden Arbeit zusammen.

Kapitel 2 Grundlagen interner Kapitalmärkte

Für die vorliegende Arbeit sind insbesondere die Begriffe des *diversifizierten Unternehmens* und des *internen Kapitalmarkts* von zentraler Bedeutung (Abschnitt 2.1). Anschließend werden die *theoretischen Erklärungsmodelle* für effiziente bzw. ineffiziente interne Kapitalmärkte näher erläutert (Abschnitt 2.2). Aufgrund der Problemstellung wird hierbei ein Schwerpunkt auf Modelle gelegt, die auf der *Prinzipal-Agenten-Theorie* basieren. In der anschließenden Darstellung bisheriger *empirischer Untersuchungen* liegt der Fokus auf Arbeiten, die die Wirkung von Prinzipal-Agenten-Konflikten auf die Allokationseffizienz untersuchen (Abschnitt 2.3). Diese Eingrenzung erfolgt vor dem Hintergrund der Relevanz für das Untersuchungsmodell.[46] Aus den begrifflichen, theoretischen und empirischen Erkenntnissen wird schließlich der *konzeptionelle Bezugsrahmen* dieser Arbeit entwickelt (Abschnitt 2.4).

2.1 Definition zentraler Begriffe

2.1.1 Begriff des diversifizierten Unternehmens

Der Begriff des *diversifizierten Unternehmens* ist in der Literatur nicht einheitlich definiert, vielmehr existiert eine Vielzahl verschiedener Definitionsansätze.[47] Aufgrund potenziell hoher Auswirkungen auf den Untersuchungsgegenstand und somit auf die empirischen Untersuchungsergebnisse ist es daher erforderlich, den Begriff im Kontext der vorliegenden Arbeit auf Basis bestehender Definitionsansätze herzuleiten und zu erläutern.[48]

Für die Herleitung des Begriffs des *diversifizierten Unternehmens* ist der Begriff des *Geschäftsbereichs* von zentraler Bedeutung.[49] Als Synonym für den Begriff des *Geschäftsbereichs* finden sich in der Literatur auch die Begriffe *Segment*, *(strategisches) Geschäftsfeld*, *(strategische) Geschäftsein-*

---

46 Zum Untersuchungsmodell siehe ausführlich Abschnitt 3.4.

47 Vgl. hierzu und für eine Übersicht möglicher Definitionsansätze *Rumelt* (1974), S. 9; *Pitts/Hopkins* (1982), S. 620; *Ramanujam/Varadarajan* (1989), S. 524.

48 Vgl. *Briglauer* (2000), S. 2. Vgl. auch *Beckmann* (2006), S. 13.

49 Vgl. *Funk* (2008), S. 9; *Eberl* (2010), S. 9.

heit, *Sparte* oder *Division*.[50] Geschäftsbereiche können grundsätzlich produkt-, regional- oder kundenorientiert gebildet werden. In der Praxis ist jedoch vorrangig eine produktorientierte Bildung zu beobachten.[51] Dieser praxisorientierten Produktsicht folgend, wird ein Geschäftsbereich in der vorliegenden Arbeit definiert als *„[...] eine eindeutig von anderen Unternehmensteilen abgrenzbare Unternehmenseinheit, die eine Marktaufgabe mit einer eigenständigen Produkt-Markt-Kombination wahrnimmt und dabei Erfolgsziele verfolgt.“*[52] In Geschäftsbereichen werden somit weitgehend homogene Produkt-Markt-Aktivitäten[53] zu Kombinationen zusammengefasst. Aktivitäten sind dann homogen, wenn die Produkte bzw. Dienstleistungen an identifizierbare externe Kunden verkauft werden können und wenn die Wettbewerber eines Geschäftsbereichs klar definiert sind.[54] Eine weitgehende Heterogenität gegenüber anderen Geschäftsbereichen wird durch eine Reduzierung der Leistungsbeziehungen zwischen den Geschäftsbereichen erreicht.[55] Die Geschäftsbereiche verfolgen eigene Ziele und entwickeln eigene Strategien.[56] Grundsätzlich könnte somit jeder Geschäftsbereich auch als eigenständiges Unternehmen am Markt auftreten.[57]

In der Literatur haben sich für den Begriff der *Diversifikation* zwei Ansätze herausgebildet:[58] Die Definition der *Diversifikation als Prozess* zielt dabei auf den Prozess einer strategischen Neuausrichtung des Unternehmens ab,

---

50 Vgl. *Hungenberg* (2012), S. 403; *Vahs* (2012), S. 162, 165; *Welge/Al-Laham* (2012), S. 458. Vgl. auch *Funk* (2008), S. 9; *Eberl* (2010), S. 12; *Brinkmann* (2011), S. 14.

51 Vgl. *Bühner/Walter* (1977), S. 1205ff.; *Vahs* (2012), S. 166f. Vgl. auch *Bühner* (2004), S. 142. Eine alternative Abgrenzung findet sich in *Bühner* (1995), S. 473ff.

52 *Funk* (2008), S. 9. Vgl. ähnlich auch *Gälweiler* (1979), S. 259; *Gomez* (1993), S. 61; *Bühner* (1995), S. 473; *Bühner* (2004), S. 142; *Beckmann* (2006), S. 16f.; *Hungenberg* (2012), S. 402; *Welge/Al-Laham* (2012), S. 462ff. Diese Definition basiert auf der sog. *Innensegmentierung* der Unternehmung und ist somit klar abzugrenzen von einer Segmentierung aus Umweltsicht (sog. *Außensegmentierung*). Zu den beiden Perspektiven vgl. *Welge/Al-Laham* (2012), S. 463f.

53 Vgl. hierzu auch die sog. *Produkt-Markt-Matrix* nach *Ansoff* (1957), S. 113ff.; *Ansoff* (1965), S. 128. Vgl. auch *Brinkmann* (2011), S. 11; *Welge/Al-Laham* (2012), S. 591f.

54 Vgl. *Hall* (1977), S. 17ff.; *Bühner* (1995), S. 473; *Vahs* (2012), S. 168f. Vgl. auch *Eberl* (2010), S. 9f.

55 Vgl. *Picot et al.* (2012), S. 397. Vgl. auch *Eberl* (2010), S. 10.

56 Vgl. *Hall* (1977), S. 17; *Bühner* (1995), S. 473; *Vahs* (2012), S. 169.

57 Vgl. *Eberl* (2010), S. 10.

58 Vgl. hierzu und nachfolgend *Ramanujam/Varadarajan* (1989), S. 525; *Schüle* (1992), S. 13f.; *Voigt* (1993), S. 114ff.; *Fey* (2000), S. 7; *Müller-Stewens/Lechner* (2001), S. 213ff.; *Szeless* (2001), S. 24ff.; *Beckmann* (2006), S. 14f.

durch den neue, *unverwandte Geschäftsbereiche*[59] erschlossen werden. Ein neuer Geschäftsbereich gilt dann als unverwandt, wenn dieser neue Produkt-Markt-Kombinationen und keinerlei Gemeinsamkeiten hinsichtlich Produktionstechnologie oder Endprodukten mit den bereits bestehenden Geschäftsbereichen aufweist.[60] Ein weiterer Definitionsansatz betrachtet die *Diversifikation als Status*. Dieser Ansatz beschreibt den Zustand des Unternehmens, welches nach durchlaufenem Diversifikationsprozess in mehreren unverwandten Geschäftsbereichen zugleich tätig ist. Diversifikation stellt somit eine Eigenschaft des Unternehmens dar.[61] Dieser Definitionsansatz liegt auch der vorliegenden Arbeit zugrunde. In Anlehnung an *Eberl* (2010) lässt sich ein *diversifiziertes Unternehmen* entsprechend wie folgt definieren: **Ein diversifiziertes Unternehmen verfügt über mindestens zwei unverwandte Geschäftsbereiche.**[62] In Abgrenzung zu *diversifizierten Unternehmen* verfügen *nicht-diversifizierte (sog. fokussierte) Unternehmen* demnach über lediglich einen Geschäftsbereich oder über mehrere verwandte Geschäftsbereiche.[63]

Diversifizierte Unternehmen sind aufbauorganisatorisch regelmäßig als sog. *Geschäftsbereichsorganisationen* gegliedert.[64] Nach dem theoretischen Konzept von *Williamson* (1975) ist diese *„multidivisional structure (M-Form)"* die optimale Organisationsstruktur für diversifizierte Unternehmen.[65] Das Gesamtunternehmen wird hierbei in der zweiten Hierarchieebe-

---

59 Die Übersetzung des englischen Begriffs *Unrelated Businesses* erfolgt in der deutschen Literatur mitunter auch als *unverbundene Geschäftsbereiche*.

60 Vgl. *Rumelt* (1974), S. 15ff.; *Hill* (1988), S. 69; *Ramanujam/Varadarajan* (1989), S. 526; *Gertner et al.* (2002), S. 2502; *Knecht* (2014), S. 49f. m. w. N. Vgl. auch *Beckmann* (2006), S. 15f.; *Eberl* (2010), S. 10f. Die für eine empirische Untersuchung notwendige Konkretisierung des Begriffs erfolgt in Abschnitt 4.2.1.

61 Diese Eigenschaft wird auch *Diversität* genannt. Vgl. zum Begriff der Diversität *Grant et al.* (1988), S. 772. Vgl. auch *Szeless* (2001), S. 28f.; *Beckmann* (2006), S. 16.

62 Vgl. *Eberl* (2010), S. 10. Für alternative Definitionen in vergleichbaren Studien vgl. beispielhaft *Beckmann* (2006), S. 16; *Funk* (2008), S. 11; *Brinkmann* (2011), S. 12.

63 Vgl. *Beckmann* (2006), S. 16.

64 Vgl. grundlegend *Chandler* (1962), S. 91ff. sowie ausführlich *Wolf* (2000), S. 194ff.; *Jost* (2009), S. 457; *Picot et al.* (2012), S. 394. Vgl. auch *Bleicher* (1991), S. 436; *Eberl* (2010), S. 1f., Fn. 2; *Macharzina/Wolf* (2012), S. 490f.; *Vahs* (2012), S. 165. In der Literatur werden synonym auch die Begriffe *divisionale Organisation* oder *Spartenorganisation* verwendet. Vgl. hierzu *Bühner* (2004), S. 141; *Vahs* (2012), S. 162.

65 Vgl. *Williamson* (1975), S. 132. Für weitere Ausführungen zur sog. *M-Form* vgl. *Williamson* (1975), S. 136ff. Vgl. auch *Hill* (1988), S. 68ff.; *Eberl* (2010), S. 12; *Brinkmann* (2011), S. 16.

ne in weitgehend selbständige, unverwandte Geschäftsbereiche unterteilt, die für einen oder mehrere verwandte Geschäftsbereiche verantwortlich sind. Die Leitungswege zwischen der Unternehmensleitung und den Teileinheiten sind wie bei der funktionalen Organisationsform durch ein Einliniensystem gekennzeichnet. Eine Untergliederung nach betrieblichen Teilfunktionen wie zum Beispiel Beschaffung, Produktion und Vertrieb ist im Vergleich zur funktionalen Organisationsform jedoch frühestens auf der dritten, und nicht bereits auf der zweiten Hierarchieebene möglich. Neben der Unternehmensleitung und den Geschäftsbereichen bilden die Zentralfunktionen die dritte Art von Organisationseinheiten der Geschäftsbereichsorganisation (siehe Abbildung 3).[66]

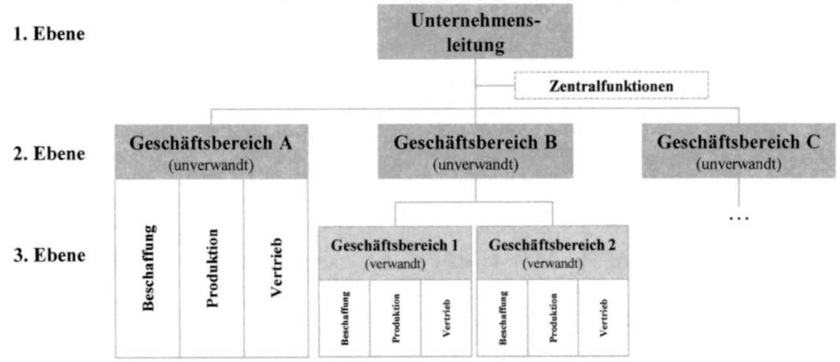

Abbildung 3: Beispielhafte Geschäftsbereichsorganisation[67]

Die organisatorische Untergliederung in unverwandte Geschäftsbereiche spiegelt sich auch in den internationalen Rechnungslegungsstandards zur Segmentberichterstattung wider.[68] Gemäß dem sog. *Management Approach* gelten Geschäftsbereiche (Segmente) dann als berichtspflichtig, wenn die Unternehmensleitung die Aktivitäten des Teilbereichs des Unternehmens regelmäßig überwacht und Entscheidungen über die Ressourcenallokation auf Basis dieser Informationen trifft.[69]

---

66 Vgl. *Krüger* (1994), S. 100ff.; *Hill et al.* (1998), S. 178ff.; *Bühner* (2004), S. 141ff.; *Kieser/Walgenbach* (2010), S. 224ff.; *Frese et al.* (2012), S. 436ff.; *Picot et al.* (2012), S. 394ff.; *Vahs* (2012), S. 162ff.

67 Eigene Darstellung in Anlehnung an *Vahs* (2012), S. 166.

68 Vgl. hierzu International Financial Reporting Standard (IFRS) 8 bzw. dessen Vorgänger International Accounting Standard (IAS) 14.

69 Für weitere Ausführungen zum sog. *Management Approach* siehe Abschnitt 2.3.2.

Aus rechtlicher Sicht können die Geschäftsbereiche als unselbständige Unternehmensteile in einem sog. *Einheitsunternehmen* oder als selbständige Unternehmensteile unter einer sog. *Holding-Obergesellschaft* gebildet werden.[70] Liegen rechtlich unselbständige Geschäftsbereiche vor, so werden diese, abhängig von der Reichweite ihrer Entscheidungskompetenz, entweder als Cost-, Profit- oder Investment-Center geführt.[71] Liegen rechtlich selbständige Geschäftsbereiche unter dem Dach einer Holding vor, so unterscheidet man abhängig vom Einfluss der Holding-Obergesellschaft zwischen einer Finanz- oder Management-Holding.[72] Stehen die rechtlich selbständigen Unternehmensteile nach § 18 AktG unter einheitlicher Leitung eines herrschenden Unternehmens, so bilden diese einen Konzern.[73] Kernaufgabe der Muttergesellschaft ist bei beiden Holding-Typen die strategische Leitung des Gesamtunternehmens. Finanz-Holdings weisen keinen operativen Führungsanspruch gegenüber den Tochtergesellschaften auf. Bei Management-Holdings übt die Muttergesellschaft hingegen vereinzelt Einfluss auf die operative Leitung der Tochterunternehmen aus.[74] Nach *Vahs* (2012) sind die Konzerntöchter einer Management-Holding bezüglich ihrer wirtschaftlichen Selbständigkeit *„[...] mit den Geschäftsbereichen der [Geschäftsbereichsorganisation, Anm. d. Verf.] vergleichbar, wobei als charakteristisches Merkmal die rechtliche Selbständigkeit hinzukommt.“*[75]

Unabhängig von der rechtlichen Struktur des diversifizierten Unternehmens werden durch die Schaffung weitgehend autonomer Geschäftsbereiche die operativen Aufgaben (nahezu) vollständig in den Kompetenzbereich der

---

70 Vgl. *Bleicher* (1979), S. 243ff., 328ff.; *Bühner* (2004), S. 143f.; *Vahs* (2012), S. 162ff., 186ff.; *Picot et al.* (2012), S. 394f.

71 Vgl. *Bühner* (2004), S. 143; *Vahs* (2012), S. 167ff.; *Picot et al.* (2012), S. 394.

72 Vgl. *Bühner* (2004), S. 420ff.; *Vahs* (2012), S. 188ff.; *Picot et al.* (2012), S. 394. Die Organisationsstruktur der *operativen Holding* (bzw. des *Stammhauskonzerns*) ist unvereinbar mit der Geschäftsbereichsorganisation. Vgl. hierzu *Vahs* (2012), S. 186f., 188f. Vgl. auch *Funk* (2008), S. 12. Für weitere Zwischen-Typen von Holdingunternehmen vgl. *Littich et al.* (1993), S. 13ff.; *Bernhardt/Witt* (1995), S. 1343f.; *Bühner* (1995), S. 419ff.; *Fechtel* (2001), S. 159; *Funk* (2008), S. 12f.

73 Vgl. *Mellewigt* (1995), S. 10ff.; *Bühner* (2004), S. 143f.; *Picot et al.* (2012), S. 394f.; *Vahs* (2012), S. 186f. Zu Rechtsproblemen divisional organisierter Konzernen vgl. ausführlich *Bühner* (2004), S. 144, Fn. 92 m. w. N.

74 Vgl. *Bühner* (1992), S. 13ff.; *Picot et al.* (2012), S. 394f.; *Vahs* (2012), S. 188ff.

75 *Vahs* (2012), S. 189. Nach *Bühner* (1995), S. 418 ist die *„[...] Management-Holding eine dezentrale Weiterentwicklung der Geschäftsbereichsorganisation.“* Vgl. ähnlich auch *Bühner* (1992), S. 14ff.

Geschäftsbereichsleitung übertragen.[76] Die zentrale Aufgabe der Unternehmensleitung besteht somit in der (strategischen) Führung und Kontrolle des Gesamtunternehmens. Neben der Formulierung der Unternehmensvision, -mission und -strategie, der laufenden Überwachung der Geschäftsbereichsergebnisse, der Sicherstellung der Compliance und der Besetzung der obersten Leitungsfunktionen in den Geschäftsbereichen gehört hierzu insbesondere die Wahrnehmung der Finanzierungsfunktion und Allokation der finanziellen Ressourcen auf die einzelnen Geschäftsbereiche.[77]

2.1.2 Begriff des internen Kapitalmarkts

Der Begriff des *internen Kapitalmarkts* (*Internal Capital Market*) geht zurück auf *Williamson* (1970). Dieser beschreibt dessen Wesen erstmals wie folgt: „*Internal resource allocation can be regarded both as market substitute and an internal control technique.*“[78] Bereits diese erste Wesensbeschreibung macht deutlich, dass unter einem internen Kapitalmarkt vielmehr ein unternehmensinterner Mechanismus zur Kapitalreallokation als ein Markt im makroökonomischen Sinne zu verstehen ist. Die Bezeichnung als Markt ist daher unglücklich gewählt.[79] Sie hat sich jedoch in der deutsch- und englischsprachigen Literatur durchgesetzt. Daher verwendet die vorliegende Arbeit auch den etablierten Begriff des internen Kapitalmarkts.

Für den Begriff des internen Kapitalmarkts finden sich in der Literatur eine Vielzahl unterschiedlicher Definitionen.[80] Sie alle haben gemeinsam, dass interne Kapitalmärkte einen Mechanismus zur unternehmensinternen Real-

---

[76] Vgl. *Williamson* (1975), S. 136. Dieser spricht von „*quasi-autonomous operating divisions*“. Siehe auch *Staehle* (1999), S. 742; *Eberl* (2010), S. 9f.; *Macharzina/Wolf* (2012), S. 492.

[77] Vgl. *Williamson* (1975), S. 149ff.; *Hill* (1988), S. 68f.; *Löffler* (1991), S. 95; *Freygang* (1993), S. 110; *Hungenberg* (1995), S. 198; *Bosse* (2000), S. 7f.; *Buermeyer* (2000), S. 104; *Hachmeister* (2000), S. 51; *Brinkmann* (2011), S. 16; *Vahs* (2012), S. 171.

[78] *Williamson* (1970), S. 129.

[79] Zur begrifflichen Problematik vgl. auch *Klein* (1999), S. 17; *Wagner* (2001), S. 2; *Laucher* (2005), S. 2, 13; *Beckmann* (2006), S. 18; *Eberl* (2010), S. 3.

[80] Für unterschiedliche Definitionen vgl. *Williamson* (1975), S. 147; *Löffler* (1991), S. 94; *Lamont* (1997), S. 85; *Spremann* (1998), S. 341f.; *Vogel* (1998), S. 2; *Klein* (1999), S. 17; *Buermeyer* (2000), S. 97; *Liebeskind* (2000), S. 59f.; *Wagner* (2001), S. 2; *Stein* (2003), S. 114; *Beckmann* (2006), S. 21; *Funk* (2008), S. 16; *Eberl* (2010), S. 15; *Brinkmann* (2011), S. 20. Für eine Kategorisierung der Definitionen des internen Kapitalmarkts vgl. ausführlich *Brinkmann* (2011), S. 17ff., XX. Vgl. auch *Beckmann* (2006), S. 18; *Eberl* (2010), S. 14f.

lokation von Kapital auf die Geschäftsbereiche beschreiben. Die Geschäftsbereiche besitzen demnach selbst keinen Zugang zum externen Kapitalmarkt. Nach *Klein* (1999) kann zwischen drei unternehmensinternen Allokationsmechanismen unterschieden werden. Bei der *hierarchischen Allokation* fällt die Unternehmensleitung die Allokationsentscheidung ohne Rückgriff auf Informationen aus den Geschäftsbereichen. Im Zuge der *Budgetierung* fließen hingegen Informationen aus den Geschäftsbereichen in die zentrale Entscheidung über die Allokation des Kapitals ein. In einem *„echten" internen Kapitalmarkt* kommt die Allokation vollständig dezentral auf Ebene der Geschäftsbereiche zu Stande, indem diese gegenseitig in die am meisten wertgenerierenden Geschäftsbereiche investieren.[81] Dem dezentralen, autonomen Allokationsmechanismus kommt keine praktische Bedeutung zu, auch ist eine vollständig hierarchische Allokationslösung in der Praxis nicht praktikabel. Einhergehend mit vergleichbaren Studien legt die vorliegende Arbeit daher einen Budgetierungsmechanismus zu Grunde.[82] Die Unternehmensleitung besitzt dabei absolute Kontrollrechte, d. h. sie allein hat das Recht über die Kapitalressourcen zu verfügen.[83] Die vorliegende Arbeit betrachtet als Kapitalressourcen neben den erwirtschafteten Cash Flows auch die bestehenden Vermögenswerte der Geschäftsbereiche. Dieses weite Begriffsverständnis wird in der Literatur mehrheitlich zugrundegelegt.[84]

Bedingung für einen internen Kapitalmarkt ist die Existenz von mindestens zwei unverwandten Geschäftsbereichen. Nur so ist ein unternehmensinterner Wettbewerb um die Kapitalressourcen möglich.[85] *Williamson* (1975) beschreibt dies auch wie folgt: *„[...] cash flows in the M-form firm are not automatically returned to their sources but instead are exposed to an inter-*

---

81 Vgl. *Klein* (1999), S. 36. Vgl. auch *Funk* (2008), S. 14f.; *Eberl* (2010), S. 13f.; *Brinkmann* (2011), S. 21f.

82 Vgl. *Gocke* (1993), S. 51f.; *Funk* (2008), S. 14f.; *Brinkmann* (2011), S. 22. Zur Koordinationsform der Investitionsbudgetierung vgl. ausführlich mit jeweils weiteren Nachweisen *Bosse* (2000), S. 164ff.; *Werkmeister* (2005), S. 11ff.

83 Vgl. *Beckmann* (2006), S. 18; *Funk* (2008), S. 13ff.; *Eberl* (2010), S. 12ff.; *Brinkmann* (2011), S. 17ff., 32.

84 Vgl. hierzu bereits *Williamson* (1975), S. 147f. Für eine Diskussion des Kapitalbegriffs und für vergleichbar weite Kapitaldefinitionen vgl. ausführlich *Stein* (1997), S. 118; *Funk* (2008), S. 15f.; *Eberl* (2010), S. 15f.; *Brinkmann* (2011), S. 18.

85 Vgl. *Beckmann* (2006), S. 18; *Eberl* (2010), S. 14f.; *Brinkmann* (2011), S. 19f.

nal competition."[86] Es muss somit ein diversifiziertes Unternehmen in Form einer Geschäftsbereichsorganisation vorliegen.[87]

Zusammenfassend wird der interne Kapitalmarkt in der vorliegenden Arbeit wie folgt definiert: **Der interne Kapitalmarkt ist ein Budgetierungsmechanismus zur unternehmensinternen Kapitalallokation in diversifizierten Unternehmen mit Geschäftsbereichsorganisation. Wesentliche Kennzeichen sind die zentral bestimmte Kapitalzuteilung durch die Unternehmensleitung sowie die Unterbindung eines eigenständigen, externen Kapitalmarktzugangs der Geschäftsbereiche.**[88]

Die Funktionsweise interner Kapitalmärkte hängt damit vom Beziehungsgeflecht zwischen externem Kapitalmarkt, Unternehmensleitung und Geschäftsbereichen ab. Unter welchen Bedingungen interne Kapitalmärkte in diesem Geflecht theoretisch effizienter Kapital umverteilen als externe Kapitalmärkte, wird im nachfolgenden Abschnitt ausführlich dargestellt.

2.2 Theoretische Modelle interner Kapitalmärkte

In der Literatur haben sich zwei Sichtweisen etabliert, weshalb interne Kapitalmärkte gegenüber externen Kapitalmärken das knappe vorhandene Kapital effizienter bzw. ineffizienter umverteilen:[89] *The Bright Side of Internal Capital Markets*[90] beschreiben Modelle effizienter, d. h. unternehmenswertsteigernder interner Kapitalmärkte (Abschnitt 2.2.1). Unter *The Dark Side of Internal Capital Markets*[91] werden hingegen Modelle ineffizienter, d. h. wertvernichtender interner Kapitalmärkte zusammengefasst (Abschnitt 2.2.2). Der Abschnitt schließt mit einer kurzen Zusammenfassung und kritischen Würdigung der gewonnenen Erkenntnisse (Abschnitt 2.2.3). Notwendige Voraussetzung für die theoretische Effizienzbeurteilung ist die An-

---

86 *Williamson* (1975), S. 147. Zum Begriff der *M-Form* siehe Abschnitt 2.1.1.

87 Zu den Begriffen *diversifiziertes Unternehmen* und *Geschäftsbereichsorganisation* siehe ausführlich Abschnitt 2.1.1.

88 Diese Definition deckt sich weitgehend mit *Eberl* (2010), S. 15.

89 Vgl. hierzu sowie für weitere ausführliche Literaturüberblicke *Liebeskind* (2000), S. 58ff.; *Stein* (2003), S. 138ff.; *Maksimovic/Phillips* (2007), S. 436ff.; *Eberl* (2008), S. 4ff.; *Funk* (2008), S. 24ff.; *Eberl* (2010), S. 25ff.; *Brinkmann* (2011), S. 3, 24ff.; *Erdorf et al.* (2013), S. 189ff.

90 Zum Begriff siehe *Khanna/Tice* (2001), S. 1489.

91 Zum Begriff siehe *Scharfstein/Stein* (2000), S. 2537.

nahme von Finanzierungsrestriktionen auf Gesamtunternehmensebene.[92] Diese Kapitalknappheit kommt durch unvollkommene externe Kapitalmärkte zu Stande. Hauptursachen hierfür können sog. *marktstruktur-störende Faktoren* (z. B. Transaktionskosten, Monopolmacht) sowie *Informationsineffizienzen* zwischen Unternehmen und Anteilseignern sein.[93]

2.2.1 Modelle effizienter interner Kapitalmärkte – *The Bright Side of Internal Capital Markets*

Ein möglicher Effizienzgewinn gegenüber externen Kapitalmärkten ist nach *Lewellen* (1971) auf die Vergrößerung des Fremdkapitalvolumens des Gesamtunternehmens zurückzuführen. Die nicht vollkommen positiv korrelierten Zahlungsströme der unverwandten Geschäftsbereiche bewirken eine Senkung der Volatilität des kombinierten Cash Flows des Gesamtunternehmens (sog. *Co-Insurance-Effekt*). Dies mindert in der Folge das Insolvenzrisiko. Externe Kapitalgeber sind daraufhin bereit, dem Unternehmen höhere Volumina an Fremdkapital zur Verfügung zu stellen. Ein diversifiziertes Unternehmen kann somit mehr Kapital am externen Markt aufnehmen als die Summe seiner unverwandten und theoretisch eigenständigen Geschäftsbereiche. Dieser Effizienzvorteil interner Kapitalmärkte wird auch als sog. *More Money-Effekt*[94] bezeichnet.[95]

---

92 Vgl. *Buermeyer* (2000), S. 97; *Funk* (2008), S. 20.

93 Vgl. allgemein zur Kapitalknappheit *Porter* (1987), S. 51f.; *Maug* (2003), S. 20. Vgl. auch *Funk* (2008), S. 18. Zu den sog. marktstruktur-störenden Faktoren vgl. *Milgrom/Roberts* (1992), S. 49; *Maug* (2003), S. 18f. Zu Informationsineffizienzen in externen Kapitalmärkten vgl. *Bühner* (1995), S. 201f.; *Fechtel* (2001), S. 28f.; *Brealey et al.* (2013), S. 328ff. Die Annahme von Finanzierungsrestriktionen aufgrund von Kapitalknappheit wird durch eine Reihe empirischer Untersuchungen bestätigt. Vgl. hierzu beispielhaft *Fischer* (1981), S. 151; *Staehelin* (1988), S. 160f.; *Arbeitskreis "Finanzierung" der Schmalenbach-Gesellschaft* (1994), S. 899. Vgl. auch *Bosse* (2000), S. 33 m. w. N. Vgl. insgesamt auch *Liebeskind* (2000), S. 59ff.; *Beckmann* (2006), S. 22; *Funk* (2008), S. 17ff.; *Brealey et al.* (2013), S. 319ff.

94 Zum Begriff des sog. *More Money-Effekts* siehe *Stein* (2003), S. 138.

95 Vgl. *Lewellen* (1971), S. 529ff. Vgl. auch *Stein* (2003), S. 138; *Funk* (2008), S. 25f.; *Eberl* (2010), S. 28f.; *Brinkmann* (2011), S. 3, 43; *Erdorf et al.* (2013), S. 190f. *Glaser/Müller* (2006), S. 5 zeigen, dass der Effekt auch durch Vermeidung von Finanzierungsrestriktionen aufgrund von Informationssymmetrien zwischen Anteilseignern und der Unternehmensleitung erreicht werden kann. *Erdorf/Heinrichs* (2011), S. 411ff. zeigen, dass der Effekt während einer Krise am höchsten ist. Für weitere Erklärungen des Effekts vgl. *Matsusaka/Nanda* (2002), S. 179. Für Kritik vgl. *Berger/Ofek* (1995), S. 43; *Hege/Ambrus-Lakatos* (2002), S. 2.

Unter der Annahme von Finanzierungsrestriktionen auf Gesamtunternehmensebene können nach *Stein* (1997) interne Kapitalmärkte dann einen positiven Unternehmenswertbeitrag leisten, wenn die Unternehmensleitung die geringeren Informationsasymmetrien zwischen ihr und den Geschäftsbereichen für eine effizientere Allokationsentscheidung nutzt. Durch die Verschiebung der Kontrollrechte von den Geschäftsbereichsleitern hin zur Unternehmensleitung wird ihr sog. *Winner Picking* ermöglicht. Dabei wird das knappe vorhandene Kapital von relativ wenig wertschaffenden Geschäftsbereichen auf relativ viel wertschaffende Geschäftsbereiche aktiv umverteilt. Hierzu bildet die Unternehmensleitung eine Rangordnung der erwarteten Investitionsmöglichkeiten der Geschäftsbereiche. Der Bereich mit dem relativ höchsten Unternehmenswertbeitrag erhält zunächst so viel Kapital, wie er für ein optimales Investitionsprogramm benötigt. Das verbleibende Kapital wird auf die in der Rangfolge nachgeordneten Geschäftsbereiche verteilt.[96] Hierdurch erzielt die Unternehmensleitung eine Maximierung des Unternehmenswerts.[97] Bei der aktiven Kapitalreallokation wird der Unternehmensleitung entweder uneigennütziges Handeln im Sinne der Anteilseignerinteressen oder zumindest eine *„[...] faktische Interessenskonvergenz mit den Anteilseignern [...]“*[98] unterstellt. Der Effizienzvorteil aus dem Winner Picking wird auch als sog. *Smarter Money-Effekt*[99] bezeichnet.

---

96 Vgl. *Stein* (1997), S. 111ff. Die Argumentationslinie geht zurück auf *Alchian* (1969), S. 337ff., *Weston* (1970), S. 66ff.; *Williamson* (1975), S. 143ff.; *Donaldson* (1984), S. 95. Vgl. auch *Liebeskind* (2000), S. 58ff.; *Stein* (2003), S. 139; *Maksimovic/Phillips* (2007), S. 438f.; *Eberl* (2008), S. 4ff.; *Funk* (2008), S. 26f.; *Eberl* (2010), S. 29f.; *Brinkmann* (2011), S. 3, 24; *Erdorf/Heinrichs* (2011), S. 190. Ergänzend zu *Stein* (1997) definiert *Liebeskind* (2000), S. 72 drei Bedingungen, unter denen *Winner Picking* einen Effizienzvorteil hervorbringen kann. Hierzu zählen die Existenz von Geschäftsgeheimnissen, ein geringer Informationsstand externer Kapitalgeber sowie die Bedingung, dass die Investitionsprogramme der Geschäftsbereiche anfällig sind für Verspätungen und Unterbrechungen. Vgl. hierzu auch *Funk* (2008), S. 27. Nach *Ahn et al.* (2006), S. 317ff. ist auch eine Allokation von Passiva möglich. Vgl. hierzu auch *Eberl* (2010), S. 30f.; *Erdorf et al.* (2013), S. 196.

97 Vgl. *Williamson* (1975), S. 146f.; *Hill* (1985b), S. 733. Vgl. hierzu auch die Modelle von *Funk* (2008), S. 87ff. und *Funk/Welge* (2009), S. 684ff., die basierend auf dem *Winner Picking*-Prinzip Portfoliostrategien entwickeln.

98 *Eberl* (2010), S. 30.

99 Zum Begriff des sog. *Smarter Money-Effekts* siehe *Stein* (2003), S. 138.

2.2.2 Modelle ineffizienter interner Kapitalmärkte – *The Dark Side of Internal Capital Markets*

Einer effizienten Kapitalallokation liegt die Annahme der Interessenkongruenz zwischen den Anteilseignern und der Unternehmensleitung zugrunde. Diese Annahme muss jedoch in der Realität nicht erfüllt sein. Ferner besteht die Möglichkeit, dass Geschäftsbereichsleiter eigene Interessen verfolgen, die wiederum von denen der Unternehmensleitung abweichen.[100] Die nachfolgenden Modelle adressieren explizit diese beiden Konfliktebenen und deren negativen Auswirkungen auf die Effizienz interner Kapitalmärkte. Kern der theoretischen Erklärungsansätze ist die Prinzipal-Agenten-Theorie, welche in ihren allgemeinen Grundzügen zunächst dargestellt wird.

2.2.2.1 Grundzüge der Prinzipal-Agenten-Theorie

Gegenstand der Prinzipal-Agenten-Theorie ist die Analyse und Gestaltung vertraglicher Beziehungen zwischen einem Auftraggeber (*Prinzipal*) und einem Auftragnehmer (*Agent*).[101] Der zwischen beiden Parteien geschlossene Vertrag ist annahmegemäß unvollständig, somit sind nicht alle zukünftigen Eventualitäten der Beziehung vertraglich fixiert. Durch den Vertrag überträgt der Prinzipal dem Agenten Verfügungsrechte, wonach dieser bei der Ausübung seiner Aufgabe selbständig zwischen mehreren, vertraglich nicht spezifizierten Handlungsalternativen wählen kann.[102] Die Wahl des Agenten beeinflusst den Nutzen beider Vertragsparteien.[103] Die Vertragsbeziehung ist jedoch potenziell konfliktbehaftet.[104]

---

100 Vgl. *Hill* (1985b), S. 746; *Eberl* (2010), S. 32.

101 Vgl. hierzu und nachfolgend für den gesamten Abschnitt *Jensen/Meckling* (1976), S. 305ff.; *Ross* (1978), S. 777ff.; *Fama* (1980), S. 288ff.; *Fama/Jensen* (1983), S. 301ff.; *Grossman/Hart* (1983), S. 7ff.; *Jost* (2001), S. 9ff. Für einen ausführlichen Literaturüberblick vgl. auch mit jeweils weiteren Nachweisen *Eisenhardt* (1989), S. 57ff.; *Neus* (1989b), S. 1ff.; *Picot* (1991), S. 150ff.; *Franke* (1993), Sp. 38ff.; *Dietz* (2004), S. 22ff.; *Meinhövel* (2004), S. 470ff.; *Ebers/Gotsch* (2006), S. 259ff.; *Dahlhaus* (2009), S. 77ff.; *Hochhold/Rudolph* (2009), S. 131ff.; *Clacher et al.* (2010), S. 141ff.; *Welge/Al-Laham* (2012), S. 51ff.; *Küpper et al.* (2013), S. 100ff.; *Müller* (2013), S. 180ff. Im Kontext interner Kapitalmärkte vgl. auch *Funk* (2008), S. 53ff.; *Brinkmann* (2011), S. 35f.

102 Vgl. *Grossman/Hart* (1986), S. 691ff.; *Hart/Moore* (1990), S. 1119ff.; *Hart* (1995), S. 73ff.; *Shleifer/Vishny* (1997), S. 741. Vgl. auch *Dahlhaus* (2009), S. 66f., 78f.; *Müller* (2013), S. 181.

103 Vgl. *Neus* (1989b), S. 21f.; *Franke* (2002), S. 38f.; *Dahlhaus* (2009), S. 78 m. w. N.

104 Vgl. *Ebers/Gotsch* (2006), S. 258f.

Das Streben nach individueller Nutzenmaximierung kann bei unterschiedlichen Nutzenfunktionen der beiden Vertragspartner zu *Interessenskonflikten* zwischen Prinzipal und Agent führen.[105] Abweichende Risiko- und Zeitpräferenzen von Prinzipal und Agent sowie empfundenes Arbeitsleid des Agenten sind dabei typische Beispiele für Interessenskonflikte.[106] Die gewährten Entscheidungsspielräume kann der Agent opportunistisch einsetzen um seinen Nutzen unabhängig davon zu maximieren, ob sein Verhalten im Einklang mit der Zielsetzung des Prinzipals steht bzw. ob es gar zu einer Nutzenreduzierung beim Prinzipal führt.[107]

Der Prinzipal-Agenten-Theorie liegt die wesentliche Annahme zugrunde, wonach Prinzipal und Agent asymmetrisch informiert sind (*Informationsasymmetrie*). Der Informationsvorsprung des Agenten soll vertragsgemäß im Interesse des Prinzipals genutzt werden. Von einem solchen Verhalten kann jedoch nicht immer ausgegangen werden, da der Agent bei divergierenden Zielen von Prinzipal und Agent den Informationsvorsprung auch zur eigenen Nutzenmaximierung einsetzen kann.[108] In Abhängigkeit von der zeitlichen Struktur lassen sich aus Sicht des Prinzipals drei grundlegende Arten von *Informationsasymmetrien* unterscheiden:[109]

---

[105] Vgl. *Ross* (1973), S. 134; *Jensen/Meckling* (1976), S. 308; *Barnea et al.* (1985), S. 25; *Eisenhardt* (1989), S. 58; *Jost* (2001), S. 15ff. Vgl. nachfolgend auch *Funk* (2008), S. 57f.; *Dahlhaus* (2009), S. 79f. *Müller* (2013), S. 181f.

[106] Zu abweichenden Zeit- und Risikopräferenzen vgl. *Amihud/Lev* (1981), S. 605ff.; *Smith/Stulz* (1985), S. 391ff.; *Williams* (1987), S. 29ff.; *Laux* (2003), S. 2; *Grothe* (2006), S. 85f. m. w. N.; *Clacher et al.* (2010), S. 141ff. Zum empfundenen Arbeitsleid vgl. *Laux* (2003), S. 12; *Clacher et al.* (2010), S. 145; *Brealey et al.* (2013), S. 296f.

[107] Vgl. *Barnea et al.* (1985), S. 25; *Picot* (1991), S. 150; *Göbel* (2002), S. 100; *Banzhaf* (2006), S. 61. Für eine Definition von Opportunismus vgl. *Williamson* (1985), S. 47; *Williamson* (1993), S. 101. Zur Arglist, dass Agenten auch eine Nutzenreduzierung des Prinzipals billigend in Kauf nehmen vgl. *Wolff* (1999), S. 114. Für eine kritische Auseinandersetzung mit der Opportunitätsannahme vgl. *Ghoshal/Moran* (1996), S. 13ff.; *Pietsch* (2005), S. 1ff.

[108] Vgl. *Eisenhardt* (1989), S. 58; *Jost* (2001), S. 21; *Funk* (2008), S. 57; *Ossadnik* (2009), S. 407ff.

[109] Vgl. hierzu und nachfolgend *Spremann* (1990), S. 561ff.; *Dietl* (1993), S. 137ff.; *Jost* (2001), S. 25; *Plaschke* (2003), S. 41f.; *Grothe* (2006), S. 86ff.; *Rödl* (2006), S. 52ff.; *Dahlhaus* (2009), S. 81ff.; *Küpper et al.* (2013), S. 101ff.; *Müller* (2013), S. 182ff. Vgl. im Kontext interner Kapitalmärkte auch *Funk* (2008), S. 59f.; *Brinkmann* (2011), S. 35f. Vereinzelt wird in der Literatur mit der sog. *Hidden Intention* eine vierte Informationsasymmetrie angeführt. Vgl. hierzu *Breid* (1995), S. 824; *Plaschke* (2003), S. 41; *Küpper et al.* (2013), S. 104.

- *Hidden Characteristics:* Die Informationsasymmetrie tritt bereits vor Vertragsschluss (*ex ante*) auf. Es fällt dem Prinzipal schwer, leistungsrelevante Eigenschaften des Agenten zu beurteilen. Daher besteht für ihn die Gefahr, einen ungeeigneten Agenten auszuwählen (sog. *Adverse Selection*[110]).
- *Hidden Information:* Dem Prinzipal bleibt verborgen, welche Informationen dem Agenten zwischen Vertragsabschluss (*ex post*) und seiner Entscheidung vorlagen. Das Verhalten des Agenten ist zwar durch den Prinzipal beobachtbar, jedoch kann dieser nicht adäquat beurteilen, ob die Entscheidung im Einklang mit seiner Zielsetzung getroffen wurde. Es besteht folglich die Gefahr von Entscheidungen zu Lasten des Prinzipals (sog. *Moral Hazard*[111]).
- *Hidden Action:* Nach Vertragsabschluss (*ex post*) und nach der Entscheidung ist für den Prinzipal nicht beobachtbar, ob die Erreichung des Ergebnisses auf das individuelle Aktivitäts- und Anstrengungsniveau des Agenten und/oder auf exogene Einflüsse zurückzuführen ist. Es besteht die Gefahr einer zweiten Ausprägung des sog. *Moral Hazard*, nämlich des unzureichenden Arbeitseinsatzes des Agenten mit der Konsequenz eines suboptimalen Leistungsergebnisses[112].

Für *ex ante* entstehende Konflikte bestehen grundsätzlich drei Lösungsansätze:[113] durch sog. *Signalling*[114] können sich Agenten als solche mit positiven Eigenschaften gegenüber dem Prinzipal zu erkennen geben, durch sog. *Screening*[115] beschafft sich der Prinzipal vor Vertragsabschluss leistungsre-

---

110 Zu *Adverse Selection* vgl. *Arrow* (1985), S. 38f. Vgl. auch *Rothschild/Stiglitz* (1976), S. 629ff.; *Spence* (1977), S. 561ff.; *Jost* (2001), S. 27ff.

111 Zu *Moral Hazard* vgl. *Alchian/Woodward* (1988), S. 68. Vgl. auch *Wenger/Terberger* (1988), S. 507; *Karmann* (1992), S. 557ff.; *Jost* (2001), S. 30ff.

112 Siehe die Verweise in Fn. 111 und *Jost* (2001), S. 25ff.

113 Vgl. hierzu und nachfolgend *Spremann* (1987), S. 11; *Karmann* (1992), S. 558; *Schneider* (1992), S. 616; *Dietl* (1993), S. 145; *Wolff/Graßmann* (2004), Sp. 1593; *Banzhaf* (2006), S. 71f.; *Picot et al.* (2008), S. 48f.; *Dahlhaus* (2009), S. 83ff.; *Kieser/Walgenbach* (2010), S. 47f.

114 Zu *Signalling* vgl. *Spence* (1973), S. 355ff.; *Riley* (1975), S. 174ff.; *Riley* (2001), S. 432ff.; *Spence* (2002), S. 434ff.

115 Zu *Screening* vgl. *Stiglitz* (1975a), S. 27ff.; *Stiglitz* (1975b), S. 283ff.; *Rothschild/Stiglitz* (1976), S. 629ff.; *Riley* (2001), S. 432ff.

levante Informationen über den Agenten und durch die sog. *Self Selection*[116] schließt der Prinzipal durch vertragliche Differenzierung auf die Selbsteinschätzung des Agenten. Für Konflikte aus *ex post* entstehenden Informationsasymmetrien bestehen grundsätzlich zwei Lösungsansätze:[117] Erstens kann mittels *Informations- und Kontrollsystemen*[118] die Informationslage des Prinzipals verbessert werden. Zweitens kann das Verhalten des Agenten durch den Einsatz von *Anreizsystemen*[119] stärker an die Interessen des Prinzipals geknüpft werden.

Informationsasymmetrien führen zu sog. *Agency-Kosten*. Diese stellen die Differenz zwischen der Referenzlösung ohne (sog. *First-Best-Lösung*) und derjenigen mit Informationsasymmetrien (sog. *Second-Best-Lösung*) dar. Die Agency-Kosten setzen sich aus drei Komponenten zusammen: den Steuerungs- und Kontrollkosten des Prinzipals (sog. *Monitoring-Kosten*), den Signalisierungs- und Garantiekosten des Agenten (sog. *Bonding-Kosten*) sowie aus dem residualen Wohlfahrtsverlust (sog. *Residualverlust*).[120]

Die dargestellten Grundüberlegungen werden in den nachfolgenden Abschnitten auf die Funktion interner Kapitalmärkte übertragen. Wesentlich für das Verständnis ineffizienter interner Kapitalmärkte sind dabei *Moral-Hazard-Probleme* und eine *zweistufige Prinzipal-Agenten-Beziehung.*[121]

---

116 Zu *Self Selection* vgl. *Salop/Salop* (1976), S. 619ff.; *Myerson* (1982), S. 67ff.; *Laux* (1990), S. 167ff.

117 Vgl. hierzu und nachfolgend *Neus* (1989a), S. 473; *Elschen* (1991a), S. 1005; *Franke* (1993), Sp. 42f.; *Weißenberger* (2003), S. 51; *Ebers/Gotsch* (2006), S. 265; *Kieser/Walgenbach* (2010), S. 47f.; *Küpper et al.* (2013), S. 102ff.

118 Zu *Informations- und Kontrollsystemen* vgl. *Spremann* (1991), S. 612ff.; *Günther* (1997), S. 48ff.; *Dahlhaus* (2009), S. 92f.

119 Vgl. zu *Anreizsystemen* als Lösungsmöglichkeit für nachvertragliche Prinzipal-Agenten-Konflikte im Rahmen interner Kapitalmärke ausführlich Abschnitt 3.2.

120 Vgl. *Jensen/Meckling* (1976), S. 308ff.; *Spremann* (1987), S. 8; *Furubotn/Richter* (2005), S. 165f.; *Ebers/Gotsch* (2006), S. 262f. Zur Kritik an dieser Definition der *Agency-Kosten* vgl. *Clark* (1985), S. 55ff.; *Schmidt* (1987), S. 495ff.; *Schneider* (1987), S. 481ff.; *Meinhövel* (1999), S. 50ff. Für eine kritische Würdigung der Prinzipal-Agenten-Theorie vgl. *Ossadnik* (2009), S. 440f.; *Kieser/Walgenbach* (2010), S. 48; *Küpper et al.* (2013), S. 111.

121 Vgl. *Brinkmann* (2011), S. 38.

2.2.2.2 Interne Kapitalmärkte als zweistufige Prinzipal-Agenten-Beziehung

Die theoretischen Erklärungsmodelle für ineffiziente interne Kapitalmärkte legen eine zweistufige Prinzipal-Agenten-Beziehung zugrunde.[122] Der erste Konflikt besteht dabei zwischen den Anteilseignern (*Prinizipal*$_1$) und der Unternehmensleitung (*Agent*$_1$). Im zweiten Konflikt nimmt die Unternehmensleitung die Rolle des Prinzipals ein (*Prinzipal*$_2$), die Geschäftsbereichsleiter sind die Agenten (*Agent*$_{X2}$).[123] Eine beispielhafte Veranschaulichung der zweistufigen Prinzipal-Agenten-Beziehung mit den zugeordneten theoretischen Modellen ist Abbildung 4 zu entnehmen:

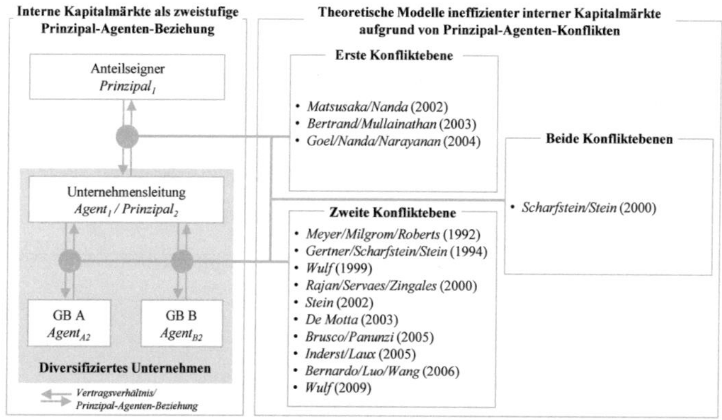

Abbildung 4: Zweistufige Prinzipal-Agenten-Beziehung und formal-analytische Modelle ineffizienter interner Kapitalmärkte

---

[122] Vgl. allgemein zur Anwendbarkeit der Prinzipal-Agenten-Theorie auf unterschiedliche Delegationsverhältnisse *Neus* (1989b), S. 19; *Vogel* (1998), S. 37 und die Beiträge in *Bamberg/Spremann* (1987). Vgl. allgemein zu mehrstufigen Prinzipal-Agenten-Beziehungen *Mirrlees* (1976), S. 105ff.; *Vogel* (1998), S. 2; *Borchers* (2000), S. 213ff. Vgl. hierzu auch *Thieme* (1982), S. 213ff.; *Müller* (2006), S. 88ff.; *Rödl* (2006), S. 57ff.; *Wiederhold* (2008), S. 15 mit jeweils weiteren Nachweisen sowie *Hoskisson et al.* (2013), S. 673ff.

[123] Vgl. *Bolton/Scharfstein* (1998), S. 108; *Stein* (2003), S. 139f.; *Bartsch* (2005), S. 90; *Funk* (2008), S. 27ff.; *Brinkmann* (2011), S. 37. *Datta et al.* (2009), S. 243 beschreibt die zweistufige Prinzipal-Agenten-Beziehung im Kontext interner Kapitalmärkte wie folgt: „*[...] conglomerate firms destroy value due to the existence of two types of agency conflicts; one between the corporate managers at headquarters and shareholders, and the other between HQ managers and rent-seeking divisional managers.*" Der Begriff *Konglomerat* wird in der Literatur synonym für den Begriff des *diversifizierten Unternehmens* gebracht. Vgl. hierzu auch *Laucher* (2005), S. 1; *Funk* (2008), S. 9ff.; *Brinkmann* (2011), S. 12f. Siehe auch ausführlich Abschnitt 2.1.1.

2.2.2.2.1 Erste Konfliktebene: Anteilseigner und Unternehmensleitung

Nicht nur bei diversifizierten Unternehmen wird der Unternehmensleitung häufig unterstellt, dass sie eine Maximierung ihres Einflussbereichs anstrebt (sog. *Empire Building*). Empire Building führt bei Existenz freier Cash Flows auf Gesamtunternehmensebene zu einem Überinvestitionsproblem und zu den zugehörigen Agency-Kosten (sog. *Agency Costs of Free Cash Flow*).[124] Oftmals wird Empire Buildung durch private Nutzensteigerung (sog. *Private Benefits*) gerechtfertigt.[125]

Matsusaka/Nanda (2002) zeigen, dass interne Kapitalmärkte aufgrund des More Money-Effekts eine solche Überinvestitionsproblematik erst herbeiführen bzw. diese verstärken können. In ihrem Modell verfügt die Unternehmensleitung im Gegensatz zum effizienten Winner Picking-Modell von *Stein* (1997) über eigene freie Kapitalressourcen durch Rückflüsse aus Geschäftsbereichen die nicht dem Druck des externen Kapitalmarkts unterliegen. So kann die Situation entstehen, dass mehr Kapitalressourcen als Investitionsmöglichkeiten vorhanden sind. Da die Unternehmensleitung eine private Nutzenmaximierung anstrebt, die nicht positiv linear mit dem Unternehmenswert verläuft, führt dies zu einem Überinvestitionsproblem und somit zu Agency-Kosten aus freien Cash Flows.[126]

Neben dem Empire Building lässt sich opportunistisches Verhalten der Unternehmensleitung auch auf alternative Verhaltensannahmen zurückführen. So bilden im Erklärungsmodell von *Goel et al.* (2004) die *Karrierebedenken* der Manager (sog. *Career Concerns*) die Grundlage für ineffiziente Alloka-

---

[124] Vgl. *Jensen* (1986), S. 323ff.; *Jensen* (1993), S. 831ff. Das Konzept des *Empire Building* geht zurück auf *Baumol* (1959), S. 1ff.; *Marris* (1964), S. 1ff.; *Williamson* (1964), S. 1ff.; *Donaldson* (1984), S. 1ff. Vgl. auch *Stein* (2003), S. 119f.; *Funk* (2008), S. 58; *Eberl* (2010), S. 32; *Brealey et al.* (2013), S. 296f.

[125] Vgl. *Grossman/Hart* (1988), S. 175ff.; *Harris/Raviv* (1990), S. 321ff.; *Harris/Raviv* (1996), S. 1140. Vgl. auch *Stein* (2003), S. 119f.; *Eberl* (2010), S. 32; *Brealey et al.* (2013), S. 296f. *Private Benefits aus Empire Building* sind z. B. Macht, Prestige oder materielle Vorzüge, die mit der Unternehmensgröße ansteigen. Zu Weiterentwicklungen des Empire Building-Konzepts vgl. *Stulz* (1990), S. 3ff.; *Hart/Moore* (1995), S. 567ff.; *Zwiebel* (1996), S. 1197ff.

[126] Vgl. *Matsusaka/Nanda* (2002), S. 177, 190ff. Vgl auch *Stein* (2003), S. 139; *Eberl* (2008), S. 14ff.; *Funk* (2008), S. 27f.; *Eberl* (2010), S. 33f. Zum *More Money-Effekt* siehe ausführlich Abschnitt 2.2.1. Als Referenzwert für die Agency-Kosten dient das Winner Picking-Modell von *Stein* (1997). Vgl. für eine alternative Argumentation *Funk* (2008), S. 28.

tionsmuster. Im Gegensatz zum Empire Building verfolgt die Unternehmensleitung hier das Ziel, ihre Reputation und nicht die Unternehmensgröße zu maximieren. Als Signal für ihre Fähigkeiten dient die Höhe der Cash Flows der Geschäftsbereiche. Geschäftsbereiche mit hohen Cash Flows werden demnach durch die Unternehmensleitung als *informativer* eingestuft. In der Folge weist die Unternehmensleitung den Geschäftsbereichen überproportional mehr Kapital zu, die bereits über vergleichsweise hohe Cash Flows verfügen. Annahmegemäß sind diese Geschäftsbereiche jedoch renditeschwach, da sie in gesättigten Märkten agieren. Ihre Investitionsmöglichkeiten sind gering. Die überdurchschnittlich hohen Kapitalzuweisungen an diese Geschäftsbereiche sind demzufolge modellgemäß ineffizient.[127]

Ein weiteres alternatives Erklärungsmodell für ineffiziente interne Kapitalmärkte lässt sich aus *Bertrand/Mullainathan* (2003) herleiten. Ihrer Theorie nach strebt das Management aus der Unternehmensleitung vielmehr nach einem *„ruhigen Leben"* als aktives Empire Building betreiben zu wollen (sog. *Quiet Life-Hypothese*[128]). Die Manager streben somit nach Konflikt- und Anstrengungsvermeidung (z. B. bei Verhandlungen mit Gewerkschaften bei Werksschließungen). Auch wenn die Studie nicht direkt interne Kapitalmärkte zum Gegenstand hat, lassen sich aus der Quiet Life-Hypothese Implikationen für interne Allokationsmechanismen herleiten. Der Wunsch nach einem konfliktfreieren Leben führt zu einem weitestgehenden Verzicht von aktiven Kapitalreallokationen. Legt man die Annahme zugrunde, dass Winner Picking Konflikte zwischen der Unternehmensleitung und den Geschäftsbereichen erzeugt, so wird die Unternehmensleitung keine starke Form der Umverteilung wählen. In einer dynamischen Betrachtung wird das Kapital weitestgehend gleichbleibend auf die Geschäftsbereiche verteilt. Ein ineffizientes Allokationsverhalten ist die Folge.[129]

---

127 Vgl. *Goel et al.* (2004), S. 99ff. Vgl. auch *Eberl* (2010), S. 34f.

128 Siehe *Bertrand/Mullainathan* (2003), S. 1043: *„[...] active empire building may not be the norm and [...] managers may instead prefer to enjoy the quiet life."*

129 Vgl. *Bertrand/Mullainathan* (2003), S. 1043ff. Vgl. auch *Eberl* (2010), S. 35f.

2.2.2.2.2 Zweite Konfliktebene: Unternehmensleitung und Geschäftsbereichsleitung

Ineffiziente interne Kapitalmärkte lassen sich auch auf Konflikte in der Beziehung zwischen Unternehmensleitung (*Prinzipal*$_2$) und Geschäftsbereichsleitung (*Agent*$_{X2}$) zurückführen. Die Geschäftsbereichsleiter nehmen somit keine passive Rolle mehr ein. Sie handeln vielmehr opportunistisch mit dem Ziel, ihren eigenen Nutzen zu maximieren. Die absoluten Kontrollrechte der Unternehmensleitung können in dieser Vertragskonstellation zu ex ante *reduzierten Leistungsanreizen* bei den Geschäftsbereichsleitern führen. Auch können *Verteilungskämpfe der Geschäftsbereiche untereinander* ineffiziente Allokationsergebnisse erzeugen.

Mit ex ante *reduzierten Leistungsanreizen* der Geschäftsbereichsleiter befassen sich besonders die Beiträge von *Gertner et al.* (1994), *Brusco/Panunzi* (2005), *De Motta* (2003), *Inderst/Laux* (2005) und *Stein* (2002). Ihre Ausführungen sind dahingehend identisch, dass die Cash Flows der Geschäftsbereiche nicht mehr nur von exogenen Umweltzuständen und von der Höhe des Kapitaleinsatzes, sondern auch vom Anstrengungsniveau der Geschäftsbereichsleiter abhängen.

In einer ersten Arbeit weisen *Gertner et al.* (1994) nach, dass eine zusätzliche Führungsebene zu ex ante verringerten Leistungsanreizen bei den Geschäftsbereichsleitern führt. In ihrem Modell sind die Geschäftsbereichsleiter der Gefahr ausgesetzt, dass ihr Bereich liquidiert wird. Während ein fokussiertes Unternehmen diese Liquidation mittels einer externen Finanzierung durch vertragsgemäße Rückzahlung abwenden kann, ist dies bei einer Finanzierung über den internen Kapitalmarkt ungewiss. Grund für die Ungewissheit sind die absoluten Kontrollrechte der Unternehmensleitung über die Kapitalressourcen des Gesamtunternehmens. Aufgrund der schutzlosen Auslieferung gegenüber dem opportunistischen Verhalten der Unternehmensleitung reduziert sich für die Geschäftsbereichsleiter der Anreiz, ihre Leistung ex ante überhaupt erst zu erbringen.[130]

---

[130] Vgl. *Gertner et al.* (1994), S. 1220ff. Vgl. auch *Stein* (2003), S. 139; *Funk* (2008), S. 31; *Eberl* (2010), S. 36f.; *Erdorf et al.* (2013), S. 190.

Der Erklärungsansatz von *Brusco/Panunzi* (2005) konkretisiert das Modell von *Gertner et al.* (1994). Sie weisen formal-analytisch nach, dass nur Geschäftsbereiche mit geringen Investitionsmöglichkeiten über ex ante verringerte Leistungsanreize verfügen. Im Rahmen des Winner Picking müssen diese damit rechnen, ihre erarbeiteten Cash Flows an andere Bereiche mit besseren Investitionsmöglichkeiten abgeben zu müssen. Folglich reduziert sich das für das Winner Picking zur Verfügung stehende Kapital.[131]

Im Modell von *De Motta* (2003) können Geschäftsbereichsleiter ex ante unbeobachtbare Handlungen vornehmen, um das Bereichsergebnis zu steigern. Dieses dient wiederum der Unternehmensleitung und dem externen Kapitalmarkt als Signal für die Produktivität des Bereichs und somit als Entscheidungsgrundlage für die Zuteilung finanzieller Ressourcen. Durch unbeobachtbare Handlungen können die Geschäftsbereichsleiter die Einschätzung interner und externer Ressourcengeber steuern. Dies führt zu einem *Trittbrettfahrer-Problem* (sog. *Free-Rider-Problem*[132]) im Rahmen des Winner Picking: Durch die Umverteilung der Kapitalressourcen des Unternehmens auf alle Geschäftsbereiche haben diese den Anreiz, ihre Leistungsanreize ex ante zu reduzieren.[133]

Inderst/Laux (2005) untersuchen in ihrem Modell interner Kapitalmärkte die Leistungsanreize der Geschäftsbereichsleiter zur Generierung neuer wertschaffender Investitionsmöglichkeiten unter der Bedingung knapper finanzieller Mittel auf Gesamtunternehmensebene. Ineffiziente interne Kapitalmärkte lassen sich in ihrem Modell dann nachweisen, wenn Geschäftsbereiche heterogen bezüglich ihrer Finanzausstattung oder ihren derzeitigen Investitionsmöglichkeiten sind. Leiter von Bereichen mit schlechter Finanzausstattung und schlechten Investitionsmöglichkeiten haben dann ex ante einen reduzierten Leistungsanreiz zur Suche nach neuen wertschaffenden Investitionsmöglichkeiten. Dieses Verhalten lässt sich darauf zurückführen,

---

131 Vgl. *Brusco/Panunzi* (2005), S. 660ff. Vgl. auch *Eberl* (2008), S. 15; *Funk* (2008), S. 31f.; *Eberl* (2010), S. 37. Für eine Kritik am Modell von *Brusco/Panunzi* (2005) siehe *Gautier/Heider* (2009), S. 622ff. Vgl. hierzu auch *Funk* (2008), S. 32.

132 Zum sog. *Free-Rider-Problem* vgl. allgemein *Baumol* (1952), S. 90ff.; *Groves/Ledyard* (1977), S. 783; *Grossman/Hart* (1980), S. 42.

133 Vgl. *De Motta* (2003), S. 1193f. Vgl. auch *Eberl* (2010), S. 37.

dass die Manager selbst bei maximaler Anstrengung den Finanzmittelabfluss nicht verhindern können. Als Empfehlung leiten die beiden Autoren daher ab, etablierte und stark wachsende Geschäftsbereiche nicht unter dem Dach eines internen Kapitalmarkts zusammenzufassen.[134]

Stein (2002) führt in seinem Modell reduzierte Leistungsanreize auf Unterschiede in der Produktion und Weitergabe von Informationen auf Geschäftsbereichsebene zurück. Er trifft die Annahme, dass die Allokationsentscheidung der Unternehmensleitung wesentlich von sog. *weichen Informationen*[135] über Investitionsmöglichkeiten abhängt, die nur die Bereiche zur Verfügung stellen können. Eine Übermittlung weicher Informationen durch den Geschäftsbereichsleiter ist jedoch regelmäßig nicht glaubhaft aus Sicht der Unternehmensleitung. Dies ist zum Beispiel auf die naturgemäß schwierige Dokumentierbarkeit zurückzuführen. Übermittelt der Manager weiche Informationen an die Unternehmensleitung, so muss dieser befürchten weniger Kapital für Investitionen zur Verfügung gestellt zu bekommen. Dies reduziert für ihn ex ante den Anreiz Informationen zu übermitteln.[136]

Neben reduzierten Leistungsanreizen können auch *Verteilungskämpfe der Geschäftsbereiche untereinander* zu ineffizienten internen Kapitalmärkten führen. Die Geschäftsbereichsleiter können versucht sein, im Wettbewerb um die knappen Kapitalressourcen die Unternehmensleitung bei der Allokationsentscheidung zugunsten ihres Bereichs zu beeinflussen. Durch das sog. *Divisional Rent-Seeking*[137] werden sog. *Influencing Costs* verursacht. Ein wesentlicher Teil dieser Beeinflussungskosten kommt durch verschwendete Zeit, Mühe und Kreativität zustande. Weitere Bestandteile sind Kosten durch Fehlentscheidungen aufgrund von Beeinflussungsaktivitäten sowie Monitoring-Kosten zur Kontrolle der beeinflussenden Aktivitäten.[138]

---

134 Vgl. *Inderst/Laux* (2005), S. 215f. Vgl. auch *Funk* (2008), S. 32; *Eberl* (2010), S. 37f.

135 Zum Konzept *harter* und *weicher Informationen* vgl. auch *Baliga* (1999), S. 434ff.; *Faure-Grimaud et al.* (2003), S. 253ff.; *Glover et al.* (2005), S. 271.

136 Vgl. *Stein* (2002), S. 1892f. Vgl. auch *Stein* (2003), S. 152; *Eberl* (2008), S. 16; *Funk* (2008), S. 32f.; *Eberl* (2010), S. 38.

137 Vgl. zum Begriff des *Divisional Rent-Seeking* vgl. *Scharfstein/Stein* (2000), S. 2537.

138 Vgl. *Milgrom* (1988), S. 42ff.; *Milgrom/Roberts* (1988), S. 154ff.; *Milgrom/Roberts* (1990), S. 80. Vgl. auch *Stein* (2003), S. 137; *Funk* (2008), S. 28f. Siehe auch allgemein zu Agency-Kosten Abschnitt 2.2.2.1.

Basierend auf dem Konzept der Influencing Costs weisen *Meyer et al.* (1992) erstmals formal-analytisch nach, dass die Gefahr des Divisional Rent-Seeking besonders bei Geschäftsbereichen mit relativ schlechten Geschäftsaussichten besteht. Durch die Beeinflussung der Unternehmensleitung versucht der Bereich eine Schrumpfung zu verzögern bzw. ganz zu verhindern. Die Unternehmensleitung erkennt jedoch die beeinflussenden Aktivitäten des Geschäftsbereichs, so dass im Ergebnis keine ineffiziente Kapitalallokation stattfindet. Auch wenn zunächst keine wertvernichtenden Kapitalallokationen durchgeführt werden, sind diese prinzipiell möglich.[139]

Im Gegensatz zum vorherigen Modell kommt es im Modell von *Wulf* (1999) und *Wulf* (2009) zu einer verzerrten Kapitalallokation. Geschäftsbereichsleiter wirtschaftlich starker Bereiche können hierbei die Signale schwächerer Bereiche manipulieren und infolgedessen private Vorteile erzielen. Da die Unternehmensleitung ein solch beeinflussendes Verhalten antizipiert, greift sie bei der Allokationsentscheidung nur auf öffentliche, weniger informative Informationen zurück. Hierdurch kommt es zu ineffizienten Kapitaltransfers. Die Höhe der Ineffizienz hängt von drei Faktoren ab: vom Ausmaß der Informationsverzerrung durch die Bereichsleiter, von der Kopplung der Vergütung der Bereichsleiter an den Gesamterfolg und von der Außendarstellung der Investitionsmöglichkeiten der Bereiche.[140]

Bernardo et al. (2006) entwickeln ein Modell, in dem die Unternehmensleitung starken Geschäftsbereichen mit qualitativ hochwertigen Investitionsmöglichkeiten nur dann Kapital zur Verfügung stellt, wenn die berichtete und wahre Qualität der Investitionsmöglichkeiten die der schwachen Bereiche mit einem Premium übersteigt. Um den starken Bereichen einen Anreiz zur Meldung unverzerrter (wahrer) Informationen zu geben, muss die Unternehmensleitung diese überproportional hoch entlohnen. Folglich wäre es teuer, den starken Bereichen Kapital zuzuweisen. Daher zieht die Unternehmensleitung eine ineffiziente Quersubvention (sog. *Cross-*

---

[139] Vgl. *Meyer et al.* (1992), S. 15ff. Vgl. auch *Stein* (2003), S. 140; *Eberl* (2008), S. 14; *Funk* (2008), S. 29f.; *Eberl* (2010), S. 40; *Erdorf et al.* (2013), S. 190.

[140] Vgl. *Wulf* (1999), S. 1ff.; *Wulf* (2009), S. 305ff. Vgl. auch *Funk* (2008), S. 30; *Eberl* (2010), S. 39; *Erdorf et al.* (2013), S. 190.

Subsidizations) der schwachen Bereiche vor.[141] Die Verzerrung der Allokation hin zu schwachen Bereichen wird auch als *Sozialismus* bzw. *sozialistische Quersubventionen* bezeichnet.[142]

Rajan et al. (2000) entwickeln ein Modell interner Machtkämpfe zwischen Geschäftsbereichen (sog. *Internal Power Struggles*), was in der Folge ebenfalls zu sozialistischen Quersubventionen führt. Zwei Annahmen liegen dem Modell zugrunde: erstens bindet sich die Unternehmensleitung nicht glaubhaft an zukünftige Umverteilungspläne und zweitens können die Bereiche ex ante beeinflussen, welchen Überschuss sie aus Investitionen am Periodenende der Unternehmensleitung zur Umverteilung zur Verfügung stellen. Durch defensive Investitionen mit geringen Renditeerwartungen können die Geschäftsbereichsleiter die Gefahr eines Kapitalabflusses an die Unternehmensleitung reduzieren. Der Geschäftsbereich unterlässt defensive Investitionen nur dann, falls er nach der Kapitalallokation mehr Mittel aus den Periodenüberschüssen erwarten kann, als wenn er die defensive Investition getätigt hätte. Die Wahrscheinlichkeit für defensive Investitionen steigt mit zunehmender Heterogenität der Geschäftsbereiche in Bezug auf deren Größe und Profitabilität. Ferner müssen die kleineren und unprofitableren Bereiche hierzu ex post eine höhere Verhandlungsmacht aufweisen. Um dem machtpolitisch schwächeren aber größeren und profitableren Bereich einen Anreiz für effiziente Investitionen zu setzen, weist die Unternehmensleitung dem schwächeren Bereich ex ante mehr Kapital zu. Hierdurch nähern sich die Überschüsse am Periodenende an. Der stärkere Bereich erhält somit anteilig mehr Kapital als zuvor. Die bewusste Verzerrung der Allokationsentscheidung verhindert somit höhere Kosten aufgrund defensiver Investitionen großer Bereiche.[143]

---

141 Vgl. *Bernardo et al.* (2006), S. 485ff. Vgl. auch *Eberl* (2008), S. 16; *Eberl* (2010), S. 39f. Das Ausmaß der Ineffizienz steigt mit der Varianz der Qualität der Investitionsmöglichkeiten. Vgl. hierzu *Bernardo et al.* (2006), S. 485.

142 Zum Begriff des *Sozialismus* im Kontext interner Kapitalmärkte siehe *Scharfstein* (1998), S. 2.

143 Vgl. *Rajan et al.* (2000), S. 37ff. Vgl. auch *Stein* (2003), S. 140; *Maksimovic/Phillips* (2007), S. 442f.; *Eberl* (2008), S. 15; *Funk* (2008), S. 30f.; *Eberl* (2010), S. 40f.; *Erdorf et al.* (2013), S. 190.

2.2.2.2.3 Konflikte auf beiden Ebenen

Sozialistische Quersubventionen lassen sich auch durch das bisher einzige integrierte Erklärungsmodell beider Konfliktebenen von *Scharfstein/Stein* (2000) begründen. Sowohl die opportunistisch handelnde Unternehmensleitung als auch die opportunistischen Geschäftsbereichsleiter erfahren Nutzen proportional zur Höhe ihrer erwirtschafteten Cash Flows. Zusätzlich kann die Unternehmensleitung einen privaten Nutzen aus ihrem eigenen Budget ziehen. Die Geschäftsbereichsleiter werden von der Unternehmensleitung vergütet. Weiteren privaten Nutzen ziehen diese aus ihrem Einflussbereich, den sie durch Beeinflussungsaktivitäten vergrößern können. Wie zuvor sind die beeinflussenden Aktivitäten besonders ein Problem unprofitabler Bereiche. Die Leiter dieser Bereiche wählen bei der Aufteilung ihrer knappen Zeit zwischen produktiver Tätigkeit und dem Ausbau ihrer Verhandlungsmacht. Da sie aufgrund der bereits geringen Cash Flows nur einen geringen Nutzenverlust hinnehmen müssen, betreiben diese vornehmlich Divisional Rent-Seeking. Um den Verlust der Erfahrungs- und Spezialisierungsvorteile der Geschäftsbereichsleiter bei externem Abwandern zu verhindern, muss die Unternehmensleitung die schlechten Bereiche umso mehr entlohnen, je mehr Divisional Rent-Seeking sie betreiben. Die Entlohnung kann entweder durch eine höhere Vergütung oder durch zusätzliche (ineffiziente) Kapitaltransfers erfolgen. Während die Anteilseigner eine Entlohnung durch monetäre Gehaltszahlung aus dem privaten Budget der Unternehmensleitung favorisieren, zieht diese eine verzerrte Kapitalallokation vor. Hierdurch kann das verbleibende private Budget, an dem sie an jeder Geldeinheit direkt profitiert, zu ihrem eigenen Vorteil verwendet werden. Der Rückgang der Cash Flows auf Gesamtunternehmensebene trifft sie hingegen nur partiell. Die Folge sind sozialistische, wertvernichtende Quersubventionen.[144]

---

[144] Vgl. *Scharfstein/Stein* (2000), S. 2537ff. Vgl. auch *Liebeskind* (2000), S. 58; *Stein* (2003), S. 140f.; *Maksimovic/Phillips* (2007), S. 442; *Eberl* (2008), S. 14f.; *Eberl et al.* (2008), S. 43ff.; *Funk* (2008), S. 33; *Eberl* (2010), S. 41; *Erdorf et al.* (2013), S. 190.

2.2.3 Zusammenfassung und kritische Würdigung

Aus der Darstellung der theoretischen Erklärungsansätze können zusammenfassend folgende Erkenntnisse gewonnen werden:[145]

- *The Bright Side of Internal Capital Markets* beschreibt Modelle effizienter interner Kapitalmärkte. Diese lassen sich auf die *More Money-* und *Smarter Money-Effekte* zurückführen. Aufgrund des *Co-Insurance-Effekts* können diversifizierte Unternehmen dabei relativ zu fokussierten Unternehmen mehr externes Kapital aufnehmen und somit die angenommene Kapitalknappheit mindern. Durch die Verschiebung der absoluten Kontrollrechte über das Unternehmenskapital von den Geschäftsbereichen hin zur Unternehmensleitung wird *Winner Picking* ermöglicht.
- *The Dark Side of Internal Capital Markets* beschreibt Modelle ineffizienter interner Kapitalmärkte. Wesentlich für deren Verständnis ist die *Moral-Hazard-Problematik* in einer *zweistufigen Prinzipal-Agenten-Beziehung*: Modelle der ersten Konfliktebene zwischen Anteilseignern und Unternehmensleitung weisen eine durch interne Kapitalmärkte verstärkte Tendenz zum *Empire Building* auf. Weitere Erklärungsmodelle gehen von *Karrierebedenken* und der *Quiet Life-Hypothese* aus. Modelle der zweiten Konfliktebene zwischen Unternehmens- und Geschäftsbereichsleitung gehen von *ex ante reduzierten Leistungsanreizen* oder von *Verteilungskämpfen der Geschäftsbereiche untereinander* aus.

Zu den vorgestellten theoretischen Erklärungsmodellen ist kritisch anzumerken, dass diese vornehmlich nur monokausale Wirkungsbeziehungen modellieren. Ein integriertes Modell aller bisherigen Theorien existiert bisher nicht. Dies ist mutmaßlich darauf zurückzuführen, dass ein formales und alle Perspektiven integrierendes Modell eine zu hohe Komplexität aufweisen würde.[146]

---

145 Vgl. hierzu und nachfolgend ähnlich *Stein* (2003), S. 141f.; *Funk* (2008), S. 33f.; *Brinkmann* (2011), S. 52f.

146 Vgl. ähnlich *Stein* (2003), S. 141f.; *Funk* (2008), S. 33f.; *Brinkmann* (2011), S. 52f.

2.3 Empirische Befunde zu internen Kapitalmärkten

Ziel dieses Abschnitts ist es, einen Überblick über den aktuellen Stand der empirischen Forschung zu internen Kapitalmärkten zu gegeben. Aus der Gesamtheit empirischer Untersuchungen der allgemeinen Diversifikationsforschung[147] werden nur diejenigen dargestellt, die sich direkt dem Phänomen des internen Kapitalmarkts widmen.[148] Auf Studien, die ihre gewonnenen Erkenntnisse indirekt oder rein argumentativ auf interne Kapitalmärkte zurückführen, wird somit nicht eingegangen.[149]

Grundlegend wird zunächst der empirische Nachweis erbracht, dass diversifizierte Unternehmen einen internen Kapitalmarkt betreiben (Abschnitt 2.3.1). Nach der überblicksartigen Darstellung von Studien zur Effizienz interner Kapitalmärkte (Abschnitt 2.3.2) wird schwerpunktmäßig auf Arbeiten eingegangen, die die Wirkung von Prinzipal-Agenten-Konflikten auf die Allokationseffizienz untersuchen (Abschnitt 2.3.3). Abschließend wird ein Überblick über Beiträge gegeben, die die Allokationseffizienz als wesentlichen Treiber des Diversification Discount identifizieren (Abschnitt 2.3.3). Der Abschnitt schließt mit einer kurzen Zusammenfassung und kritischen Würdigung der gewonnenen Erkenntnisse (Abschnitt 2.3.5).

2.3.1 Studien zum Nachweis der Existenz interner Kapitalmärkte

Erstmals geht *Lamont* (1997) explizit der Frage nach, ob diversifizierte Unternehmen aktive geschäftsbereichsübergreifende Kapitalreallokationen betreiben. In einem natürlichen Experiment untersucht er hierzu die Auswir-

---

[147] Die empirische Erforschung interner Kapitalmärkte bildet innerhalb der empirischen Diversifikationsforschung einen abgegrenzten Teilbereich. Vgl. hierzu *Liebeskind* (2000), S. 58; *Stein* (2003), S. 145f.; *Brinkmann* (2011), S. 47.

[148] Vgl. für ein vergleichbares Vorgehen sowie für weitere ausführliche Literaturüberblicke *Stein* (2003), S. 143ff.; *Maksimovic/Phillips* (2007), S. 450ff.; *Eberl* (2008), S. 20ff.; *Funk* (2008), S. 34ff.; *Eberl* (2010), S. 53ff.; *Brinkmann* (2011), S. 47ff.; *Erdorf et al.* (2013), S. 195ff.

[149] Vgl. stellvertretend *Lang/Stulz* (1994), S. 1260f.; *Berger/Ofek* (1995), S. 40f. Hierbei handelt es sich meist um Studien der allgemeinen Diversifikationsforschung. Für einen Literaturüberblick zur allgemeinen Diversifikationsforschung vgl. ausführlich *Ramanujam/Varadarajan* (1989), S. 525ff. *Fey* (2000), S. 97ff.; *Szeless* (2001), S. 61ff.; *Hellwig et al.* (2002), S. 59ff.; *Hutzschenreuter* (2003), S. 201ff.; *Martin/Sayrak* (2003), S. 37ff.; *Villalonga* (2003), S. 1ff.; *Beckmann* (2006), S. 26ff.; *Maksimovic/Phillips* (2007), S. 426ff.; *Weiss* (2009), S. 46ff.; *Eberl* (2010), S. 55ff., 379ff.; *Benito-Osorio et al.* (2012), S. 325ff.; *Hungenberg* (2012), S. 504ff.

kungen des Ölpreisschocks im Jahr 1986 auf das Investitionsverhalten von 26 diversifizierten US-Unternehmen der Ölindustrie. Er zeigt, dass durch den Preisrückgang nicht nur die Investitionen in den ölbezogenen Geschäftsbereichen, sondern auch die in den nicht-ölbezogenen Bereichen zurückgehen. Hieraus schließt er, dass sich die Ertragslage eines Geschäftsbereichs auch auf das Investitionsverhalten der anderen Bereiche auswirkt. Dies wird von ihm wiederum als Nachweis für die Existenz interner Kapitalmärkte gewertet.[150] Für weitere industrielle Branchen bestätigen die Untersuchungen von *Shin/Stulz* (1998), *Khanna/Tice* (2001) und *Billett/Mauer* (2003) die Existenz interner Kapitalmärkte.[151]

Auch für diversifizierte Unternehmen der Finanzbranche lassen sich aktive geschäftsbereichsübergreifende Kapitalreallokationen feststellen. So zeigen *Houston et al.* (1997) in ihrer Untersuchung von 237 US-amerikanischen Bank-Holdings, dass das Kreditvergabevolumen der Tochtergesellschaften stärker mit dem Cash Flow der Holding als mit dem eigenen Cash Flow korreliert. Sie werten dies als Beleg für die Existenz interner Kapitalmärkte.[152] *Campello* (2002) bestätigt die Ergebnisse für kleine, in einem Konzern eingebundene Banken.[153]

Da die gewonnenen Erkenntnisse auch in einer Vielzahl nachfolgender Studien weitere Bestätigung finden, gilt die Existenz interner Kapitalmärkte in der Literatur heute als unstrittig.[154]

---

150 Vgl. *Lamont* (1997), S. 98, 106. Vgl. auch *Stein* (2003), S. 145f.; *Maksimovic/Phillips* (2007), S. 454f.; *Eberl* (2008), S. 20; *Funk* (2008), S. 35f.; *Eberl* (2010), S. 53f.; *Brinkmann* (2011), S. 52; *Erdorf et al.* (2013), S. 195. Für eine kritische Würdigung der Untersuchung vgl. *Schnure* (1997), S. 4f. *Hill* (1985a), S. 214 liefert bereits ein erstes Indiz für die Existenz interner Kapitalmärkte anhand einer Umfrage unter großen britischen Unternehmen.

151 Vgl. *Shin/Stulz* (1998), S. 532, 539f.; *Khanna/Tice* (2001), S. 1489ff.; *Billett/Mauer* (2003), S. 1185. Vgl. auch *Stein* (2003), S. 146; *Maksimovic/Phillips* (2007), S. 454; *Eberl* (2010), S. 54; *Brinkmann* (2011), S. 52f.

152 Vgl. *Houston et al.* (1997), S. 153ff. Vgl. auch *Stein* (2003), S. 146; *Eberl* (2008), S. 21; *Funk* (2008), S. 36; *Eberl* (2010), S. 54.

153 Vgl. *Campello* (2002), S. 2775. Vgl. auch *Maksimovic/Phillips* (2007), S. 454; *Eberl* (2008), S. 21; *Eberl* (2010), S. 54.

154 Vgl. *Stein* (2003), S. 146; *Funk* (2008), S. 36; *Eberl* (2010), S. 54. Für eine Übersicht über weitere empirische Studien die neben dem Nachweis der Existenz auch die Effizienz interner Kapitalmärkte untersuchen, siehe Tabelle 1 in Abschnitt 2.3.2

2.3.2 Studien zur Effizienz interner Kapitalmärkte

Ob diversifizierte Unternehmen in der Praxis durchschnittlich effiziente oder ineffiziente interne Kapitalmärkte betreiben, wird durch eine Vielzahl empirischer Studien untersucht (siehe auch Tabelle 1).[155] Da unternehmensinterne Kapitaltransfers für unternehmensexterne regelmäßig nicht direkt beobachtbar sind, haben sich in der Literatur verschiedene Konzepte zur Messung der Allokationseffizienz herausgebildet.[156] Diese lassen sich in zwei Kategorien unterteilen:[157]

(1) umfragebasierte Messkonzepte,

(2) Cash Flow- und investitionsbasierte Messkonzepte.

Ad (1) – Umfragebasierte Messkonzepte: Eine erste Kategorie empirischer Untersuchungen ermittelt die Allokationseffizienz durch die Befragung diversifizierter Unternehmen. Umfragebasierte Messkonzepte bieten den Vorteil, tiefe Einblicke in unternehmensinterne Allokationsprozesse zu erhalten. Nachteilhaft ist jedoch der hohe Erhebungsaufwand.[158] Eine erstmalige Anwendung eines umfragebasierten Messkonzepts erfolgt durch *Hill* (1988). Er zeigt in einer Umfrage unter Finanzvorständen britischer diversifizierter Unternehmen dass eine aktiv praktizierte Kapitalreallokation negativ mit der Profitabilität korreliert. Er wertet dies als Anzeichen für durchschnittlich ineffiziente interne Kapitalmärkte.[159] Auch *Khanna/Palepu* (1999), *Mudambi* (1999) und *Glaser et al.* (2013) weisen mittels umfragebasierter Messkonzepte durchschnittlich ineffiziente interne Kapitalmärkte nach.[160]

---

155 Vgl. hierzu sowie für einen weiteren ausführlichen Literaturüberblick *Stein* (2003), S. 146ff.; *Maksimovic/Phillips* (2007), S. 450ff.; *Eberl* (2008), S. 23ff.; *Funk* (2008), S. 36ff.; *Eberl* (2010), S. 58ff.; *Brinkmann* (2011), S. 47ff.; *Erdorf et al.* (2013), S. 195ff. Nachfolgend werden nur die jeweils ersten Studien einer (Sub)Kategorie sowie weitere, für die vorliegende Arbeit relevante Studien vorgestellt.

156 Vgl. *Maksimovic/Phillips* (2007), S. 430; *Eberl* (2010), S. 58.

157 Vgl. ähnlich auch *Brinkmann* (2011), S. 56f.

158 Vgl. *Brinkmann* (2011), S. 57.

159 Vgl. *Hill* (1988), S. 78. Vgl. auch *Eberl* (2010), S. 61. Bereits *Bower* (1970) wendet bei der Erforschung des Kapitalallokationsprozesses unternehmensinterne Umfragen an. Vgl. hierzu *Bower* (1970), S. 26ff. Vgl. auch *Glaser et al.* (2013), S. 1579.

160 Vgl. *Khanna/Palepu* (1999), S. 271ff.; *Mudambi* (1999), S. 1979ff.; *Glaser et al.* (2013), S. 1577ff. Vgl. auch *Brinkmann* (2011), S. 57; *Erdorf et al.* (2013), S. 197.

Autor(en) (Jahr)	Untersuchungs-zeitraum	Land[161]	Existenz ICM	Effizienz ICM
(1) Umfragebasierte Messkonzepte				
Hill (1988)*	1980-1985	GBR	Ja	Ineffizient
Khanna/Palepu (1999)	1987-1997	CHL, IND	Ja	Ineffizient
Mudambi (1999)	1994	GBR	Ja	Ineffizient
Glaser et al. (2013)[162]	-	-	Ja	Ineffizient
(2) Cash Flow- und investitionsbasierte Messkonzepte				
Datengrundlage: *Segmentberichte*				
Scharfstein (1998)*	1979	USA	Ja	Ineffizient
Shin/Stulz (1998)*	1980-1992	USA	Ja	Ineffizient
Shin/Park (1999)*	1994-1995	KOR	Ja	Ineffizient
Billett/Mauer (2000)	1980-1997	USA, CAN, NZL	Ja	Ineffizient
Rajan et al. (2000)*	1980-1993	USA	Ja	Ineffizient
Peyer/Shivdasani (2001)	1982-1994	USA	Ja	Effizient
Whited (2001)*	1993-1998	USA	Kein Nachweis	Kein Nachweis
Campello (2002)	1981-1997	USA	Ja	(In)Effizient
Lee/Lee (2002)	1997-2001	KOR	Ja	Ineffizient
Billett/Mauer (2003)*	1990-1998	USA	Ja	Ineffizient
Joh (2003)	1993-1997	KOR	Ja	Ineffizient
Lundstrum (2003)	1991-1996	USA	Ja	Ineffizient
Chevalier (2004)*	1980-1995	USA	Kein Nachweis	Kein Nachweis
Desai et al. (2004)	1982-1994	USA	Ja	(In)Effizient
Buasook (2005)	1994-1998	KOR	Ja	(In)Effizient
Gautier/Hamadi (2005)	1991-1996	BEL	Ja	Ineffizient
Kim et al. (2005)	1998-2001	KOR	Ja	(In)Effizient
Lee et al. (2005)	1991-2000	KOR	Ja	Ineffizient
Ahn et al. (2006)	1982-1997	USA	Ja	Ineffizient
Beckmann (2006)*	1998-2002	GER	Ja	Ineffizient
Gopalan et al. (2007)	1989-2001	IND	Ja	Effizient
Datta et al. (2009)	1992-2003	USA	Ja	Ineffizient
Kolasinski (2009)	1985-2003	USA	Ja	Ineffizient
Lee et al. (2009)	1993-2005	KOR	Ja	(In)Effizient
McNeil/Smythe (2009)	1998-2000	USA	Ja	Ineffizient
Duchin (2010)	1990-2006	USA	Ja	Effizient
Ozbas/Scharfstein (2010)	1979-2000	USA	Ja	Ineffizient
Sautner/Villalonga (2010)*	2000	GER	Ja	Ineffizient
Brinkmann (2011)*	2009	18 Länder	Ja	Ineffizient
Schneider/Spalt (2011)	1990-2009	USA	Ja	Ineffizient
Almeida/Kim (2012)	1996-1998	KOR	Ja	Effizient
Georgieva et al. (2013)	1990-2001	USA	Ja	Ineffizient
Duchin/Sosyura (2013)	2000-2008	USA	Ja	Ineffizient
Datengrundlage: *Spin-Offs / Kauf von Geschäftsbereichen*				
Gertner et al. (2002)*	1981-1996	USA	Ja	Ineffizient
Burch/Nanda (2003)	1979-1996	USA	Ja	Ineffizient
Dittmar/Shivdasani (2003)	1983-1994	USA	Ja	Ineffizient
Siddiqi/Warganegara (2003)	1980-1996	USA	Ja	Ineffizient
Ahn/Denis (2004)	1981-1996	USA	Ja	Ineffizient
McNeil/Moore (2005)	1980-1996	USA	Ja	Ineffizient

Fortsetzung auf nächster Seite

161 Dreistellige Länderabkürzungen gemäß ISO 3166-1 alpha-3. Siehe hierzu auch http://unstats.un.org/unsd/tradekb/Knowledgebase/Country-Code.

162 Zeitraum und exaktes Land der Untersuchung (innerhalb Europas) sind nicht angegeben, da es sich um Daten eines einzigen anonymisierten Unternehmens handelt.

Chen (2006)	1989-1999	USA	Ja	Ineffizient
Rovetta (2006)	1973-2000	USA	Ja	Ineffizient
Çolak/Whited (2007)*	1981-1996	USA	Kein Nachweis	Kein Nachweis
Doukas/Kan (2008)*	1991-1997	USA	Ja	(In)Effizient
Francoeur/Niyubahwe (2009)	1999-2000	CAN	Ja	Ineffizient
Chen/Chen (2011)*	1984-2003	USA	Ja	Ineffizient
Mazur (2011)	1992-2006	USA	Ja	Ineffizient
Guo (2012)*	1992-2003	USA	Ja	Ineffizient
Datengrundlage: *Betriebsstätten-Daten*				
Khanna/Tice (2001)*	1975-1996	USA	Ja	Effizient
Maksimovic/Phillips (2002)*	1974-1992	USA	Ja	Effizient

* = im Text besprochen
Ineffizient = interner Kapitalmarkt durchschnittlich ineffizient
Effizient = interner Kapitalmarkt durchschnittlich effizient
(In)Effizient = interner Kapitalmarkt gemischt effizient

Tabelle 1: Empirische Studien zur Effizienz interner Kapitalmärkte[163]

Ad (2) – Cash Flow- und investitionsbasierte Messkonzepte: Grundidee der Cash Flow- und investitionsbasierten Konzepte ist die Beurteilung von Cash Flows zwischen den Geschäftsbereichen zur Finanzierung von Investitionen.[164]

Als Datengrundlage für die Mehrheit der vorliegenden Studien zur Messung der Allokationseffizienz dienen die *Segmentberichte* der diversifizierten Unternehmen. Die Segmente stehen hierbei stellvertretend für die Geschäftsbereiche des diversifizierten Unternehmens. Diese Vereinfachung ist möglich, da nach dem früher IAS 14 und heute IFRS 8 zugrunde liegenden *Management Approach* dann Segmente separat auszuweisen sind, wenn die Unternehmensleitung die Aktivitäten des Teilbereichs des Unternehmens regelmäßig überwacht und Entscheidungen über die Ressourcenallokation auf Basis dieser Informationen trifft.[165]

Nach *Billett/Mauer* (2003) lassen sich die Cash Flow- und investitionsbasierten Messkonzepte ferner in *indirekte* und *direkte* untergliedern.[166]

---

163 Vgl. für ähnliche Übersichten *Funk* (2008), S. 48; *Eberl* (2010), S. 384ff.

164 Vgl. *Brinkmann* (2011), S. 57.

165 Zum *Management Approach* in der IFRS-Rechnungslegung vgl. ausführlich *Weißenberger* (2006), S. 2077ff. Zur Kritik an der Verwendung von Segmentdaten vgl. beispielhaft mit jeweils weiteren Nennungen *Martin/Sayrak* (2003), S. 51f.; *Maksimovic/Phillips* (2007), S. 431f.; *Eberl* (2010), S. 59f.

166 Vgl. *Billett/Mauer* (2003), S. 1172. Vgl. *Guedj et al.* (2009), S. 1ff. für eine Mischung eines indirekten und direkten Verfahrens.

Indirekte Messkonzepte erfassen nicht die Finanzmitteltransfers zwischen den Segmenten. Vielmehr erfolgt eine Beurteilung der Allokationseffizienz über einen Quervergleich der Investitionsmöglichkeiten der Segmente mit fokussierten Unternehmen, die in den jeweils gleichen Branchen (bezogen auf *Standard Industry Classification* (SIC)-Codes[167]) wie die Segmente des diversifizierten Unternehmens aktiv sind. Allen Modellen der indirekten Messkonzepte liegt zu Grunde, dass die Investitionsmöglichkeiten der Segmente über den Mittelwert oder Median des *Tobin's Q* aller fokussierten Unternehmen derselben Branche abgeleitet werden.[168]

Die Modelle von *Shin/Stulz* (1998) und *Shin/Park* (1999) beurteilen die Effizienz interner Kapitalmärkte über eine Regression der Segmentinvestitionen gegen die Investitionsmöglichkeiten (approximiert über Tobin's Q) und den Cash Flow des Segments sowie dem Cash Flow der anderen Segmente. Ein positiver Koeffizient beim Cash Flow der anderen Segmente wird durch die Autoren als Indiz für ineffiziente interne Kapitalmärkte interpretiert, ein negativer Koeffizient als Indiz für effiziente interne Kapitalmärkte. Beide Studien zeigen durchschnittlich ineffiziente interne Kapitalmärkte.[169]

Die Studien von *Scharfstein* (1998) und *Rajan et al.* (2000) messen die Effizienz interner Kapitalmärkte über einen Vergleich der Segmentinvestitionen mit den durchschnittlichen Investitionen fokussierter Unternehmen der gleichen Branche. Die Investitionen der Segmente werden den Investitionsmöglichkeiten fokussierter Unternehmen gegenübergestellt, wobei die Investitionsmöglichkeiten wiederum über Tobin's Q approximiert werden. Hohe Segmentinvestitionen in Branchen mit hohen Investitionsmöglichkeiten

---

167 Für weitere Erläuterungen zu SIC-Codes siehe ausführlich Abschnitt 4.2.1.

168 *Tobin's Q* wird berechnet, indem der Marktwert des Unternehmens ins Verhältnis zum Reproduktionswert des Unternehmens gesetzt wird. Vgl. hierzu *Brainard/Tobin* (1968), S. 99ff.; *Tobin* (1969), S. 15ff. In der Praxis wird Tobin's Q auf der Basis der Marktkapitalisierung und dem Buchwert des Gesamtvermögens berechnet. Vgl. hierzu beispielhaft *Shin/Stulz* (1998), S. 534; *Kaplan/Zingales* (1997), S. 169ff. Für weitere Ausführungen zur Verwendung von Tobin's Q für die Beurteilung der Investitionsmöglichkeiten vgl. *Maksimovic/Phillips* (2007), S. 450.

169 Vgl. *Shin/Stulz* (1998), S. 531ff.; *Shin/Park* (1999), S. 169ff. Vgl. auch *Billett/Mauer* (2003), S. 1172; *Martin/Sayrak* (2003), S. 43; *Stein* (2003), S. 146f.; *Maksimovic/Phillips* (2007), S. 450ff.; *Eberl* (2008), S. 24; *Funk* (2008), S. 36f.; *Eberl* (2010), S. 59; *Brinkmann* (2011), S. 49, 52f.; *Erdorf et al.* (2013), S. 195.

deuten auf effiziente Allokationsmaßnahmen hin. Hohe Segmentinvestitionen in Branchen mit geringen Investitionsmöglichkeiten deuten auf ineffiziente interne Kapitalmärkte hin. Wie die beiden vorherigen Studien weisen auch *Scharfstein* (1998) und *Rajan et al.* (2000) durchschnittlich ineffiziente interne Kapitalmärkte nach.[170]

Whited (2001) und *Chevalier* (2004) führen die Ergebnisse bisheriger Studien auf Messfehler durch die Verwendung von Tobin's Q als Indikator für die Investitionsmöglichkeiten eines Segments zurück. Nachdem die Autoren das Tobin's Q der Segmente diversifizierter Unternehmen um den sog. *Diversification Discount*[171] anpassen, verschwinden die Effekte vorheriger Studien. Weder eine Existenz noch eine (In)Effizienz interner Kapitalmärkte kann in ihren Studien nachgewiesen werden.[172] Neben der bereits dargestellten Kritik stellen weitere Studien die Annahme der Messverfahren in Frage, wonach die Investitionsmöglichkeiten der Segmente diversifizierter Unternehmen identisch mit denen fokussierter Unternehmen der gleichen Branche sein müssen.[173] Durch die Verletzung der Annahme ist es grundsätzlich problematisch, Investitionen fokussierter Unternehmen als Basis für die Beurteilung der Allokationseffizienz diversifizierter Unternehmen heranzuziehen.[174] Die Kritik an der dargestellten Messmethodik verliert jedoch deutlich an Bedeutung, da Studien, die explizit die methodischen Probleme adressieren, im Wesentlichen ebenso durchschnittlich ineffiziente interne Kapitalmärkte nachweisen.[175]

---

170 Vgl. *Scharfstein* (1998), S. 1ff.; *Rajan et al.* (2000), S. 35ff. Vgl. auch *Billett/Mauer* (2003), S. 1172; *Martin/Sayrak* (2003), S. 43; *Stein* (2003), S. 146f.; *Maksimovic/Phillips* (2007), S. 450f.; *Eberl* (2008), S. 24; *Funk* (2008), S. 37f.; *Eberl* (2010), S. 61; *Erdorf et al.* (2013), S. 195f.

171 Zum Begriff und zur Berechnung des *Diversification Discount* siehe ausführlich Abschnitt 2.3.4.

172 Vgl. *Whited* (2001), S. 1667ff.; *Chevalier* (2004), S. 1ff. Vgl. auch *Gehrke* (1994), S. 28ff.; *Billett/Mauer* (2003), S. 1172f.; *Stein* (2003), S. 147; *Maksimovic/Phillips* (2007), S. 452f.; *Eberl* (2008), S. 22; *Funk* (2008), S. 38f.; *Eberl* (2010), S. 60; *Brinkmann* (2011), S. 53f.; *Erdorf et al.* (2013), S. 201.

173 Vgl. *Campa/Kedia* (2002), S. 1731ff.; *Hyland/Diltz* (2002), S. 51ff.; *Chevalier* (2004), S. 18; *Villalonga* (2004a), S. 479ff. Vgl. auch *Maksimovic/Phillips* (2007), S. 453 und *Maksimovic/Phillips* (2008), S. 707 für Probleme bei der Messung der getätigten Investitionen.

174 Vgl. *Billett/Mauer* (2003), S. 1173.

175 Vgl. *Burch/Nanda* (2003), S. 71; *Ahn/Denis* (2004), S. 492; *Eberl* (2010), S. 60.

Billett/Mauer (2003) entwickeln für ihre Studie das bisher einzige *direkte Messkonzept* basierend auf Segmentberichtsdaten. Im Gegensatz zu den zuvor dargestellten Konzepten werden hierbei direkt die Finanzmitteltransfers zwischen den Segmenten abgebildet. Das von den Autoren angewandte Verfahren klassifiziert die Segmente zunächst als Subventionsnehmer bzw. als potenzielle Transfergeber. Subventionsnehmer weisen einen negativen Saldo aus Segment-Cash Flow nach Steuern und Segmentinvestitionen auf; potenzielle Transfergeber weisen hingegen einen positiven Saldo auf. Potenzielle Transfersegmente können somit maximal den Betrag an subventionsbedürftige Segmente abgeben, der ihren eigenen Investitionsbedarf übersteigt. Insgesamt werden nur so viele Mittel transferiert, wie maximal an Subventionen benötigt werden. Alle transfergebenden Segmente partizipieren zu gleichen Quoten. Dies stellt sicher, dass nicht mehr Transfers als nötige Subventionen geleistet werden. Transfers oder Subventionen können dabei effizient oder ineffizient sein. Die Beurteilung dessen erfolgt über einen Vergleich der Gesamtkapitalrentabilität vor Steuern und Zinsen des abgebenden Segments mit der aller übrigen Segmente. Aus der Summe aller effizienten Subventionen und Transfers abzüglich der ineffizienten Subventionen und Transfers ergibt sich je diversifiziertem Unternehmen eine kardinal skalierte Kennzahl. Diese bildet ab, wie viel Gesamtkapitalrentabilität vor Steuern und Zinsen das diversifizierte Unternehmen im Vergleich zu einem fokussierten Unternehmen durch (in)effiziente Kapitalallokationen vernichtet (Kennzahl $\leq 0\%$) bzw. generiert (Kennzahl $> 0\%$) hat. Für eine US-amerikanische Stichprobe weisen *Billett/Mauer* (2003) nach, dass rund drei Viertel der diversifizierten Unternehmen sozialistische Quersubventionen vornehmen, ein Viertel betreibt effizientes Winner Picking. Insgesamt sind interne Kapitalmärkte somit durchschnittlich ineffizient.[176]

---

[176] Vgl. *Billett/Mauer* (2003), S. 1167ff. Vgl. auch *Stein* (2003), S. 146f.; *Maksimovic/Phillips* (2007), S. 456ff.; *Eberl* (2008), S. 25f.; *Eberl* (2010), S. 61; *Brinkmann* (2011), S. 61f.; *Erdorf et al.* (2013), S. 204f. Erste Grundüberlegungen für das Messverfahren von *Billett/Mauer* (2003) finden sich bereits in *Billett/Mauer* (2000), S. 1457ff. und *Peyer/Shivdasani* (2001), S. 477ff. Für ein intuitiv verständliches Beispiel sowie für eine Anwendung des Messverfahren siehe *Beckmann* (2006), S. 111ff. Für eine weitere Anwendung des Messverfahrens siehe *Brinkmann* (2011), S. 103ff.

Als Alternative zu den auf Segmentberichtsdaten basierenden Messkonzepten können durch Beobachtung des Investitionsverhaltens von Geschäftsbereichen vor und nach sog. *Spin-Offs*[177] bzw. *Käufen von Geschäftsbereichen* Rückschlüsse auf die Allokationseffizienz gezogen werden.[178] Der Vorteil dieser Messkonzepte besteht darin, dass das Investitionsverhalten eines Geschäftsbereichs in zwei verschiedenen Kapitalmarktumgebungen (intern versus extern und vice versa) analysiert werden kann. Nicht beobachtbare Unterschiede bezüglich der Investitionsmöglichkeiten zwischen fokussierten und diversifizierten Unternehmen werden somit sichtbar gemacht.[179] Besonders bei Studien auf Basis von Spin-Offs besteht jedoch ein Selbstselektionsproblem, wonach diese vornehmlich in diversifizierten Unternehmen mit bereits ineffizienten Allokationsmustern durchgeführt werden. Die Übertragbarkeit der Ergebnisse auf die Grundgesamtheit aller diversifizierten Unternehmen ist daher mitunter nur eingeschränkt möglich.[180]

Die Veränderung des Investitionsverhaltens im Zuge von *Spin-Offs* untersucht erstmals *Gertner et al.* (2002). Die Autoren zeigen, dass das Investitionsverhalten von abgespalteten Geschäftsbereichen nach dem Spin-off deutlich sensitiver auf die eigenen Investitionsmöglichkeiten (gemessen an Tobin's Q) reagiert als zuvor. Unprofitable Bereiche zeigen hierbei rückläufige Investitionen, profitable Bereiche zeigen nach dem Spin-Off steigende Investitionen. Dies wird von den Autoren als Indiz dafür gewertet, dass vor dem Spin-Off ineffiziente interne Kapitalmärkte vorhanden waren.[181] Auch die methodisch an *Gertner et al.* (2002) eng angelehnten Studien von

---

177 Unter einem *Spin-Off* wird nach *Müller* (2013), S. 49 *„[...] die verhältniswahrende ("pro rata") und gegenleistungsfreie Übertragung der Anteile an einem (rechtlich selbstständigen) Unternehmensteil an die bisherigen Anteilseigner des Mutterunternehmens verstanden."* Vgl. ähnlich auch *Funk* (2008), S. 39; *Eberl* (2010), S. 62. Für konkretisierende Ausführungen siehe auch *Müller* (2013), S. 49 m. w. N.

178 Vgl. hierzu und nachfolgend *Stein* (2003), S. 149; *Maksimovic/Phillips* (2007), S. 469ff.; *Eberl* (2008), S. 24f.; *Funk* (2008), S. 39ff.; *Eberl* (2010), S. 62f.; *Brinkmann* (2011), S. 65; *Erdorf et al.* (2013), S. 201.

179 Siehe hierzu auch die kritischen Ausführungen von *Whited* (2001), S. 1667ff. und *Chevalier* (2004), 1ff. an den indirekten Messkonzepten zu Beginn dieses Abschnitts.

180 Die Autoren der entsprechenden Studien weisen auf dieses Problem jedoch explizit hin. Vgl. hierzu beispielhaft *Gertner et al.* (2002), S. 2481f.; *Burch/Nanda* (2003), S. 70. Vgl. auch *Funk* (2008), S. 39f.; *Eberl* (2008), S. 24; *Eberl* (2010), S. 62f.

181 Vgl. *Gertner et al.* (2002), S. 2479ff. Vgl. auch *Stein* (2003), S. 149; *Maksimovic/Phillips* (2007), S. 469f.; *Eberl* (2008), S. 24f.; *Funk* (2008), S. 40; *Eberl* (2010), S. 62; *Brinkmann* (2011), S. 52; *Erdorf et al.* (2013), S. 201.

Burch/Nanda (2003), *Dittmar/Shivdasani* (2003), *Siddiqi/Warganegara* (2003), *Ahn/Denis* (2004), *McNeil/Moore* (2005), *Chen* (2006), *Rovetta* (2006), *Francoeur/Niyubahwe* (2009) und *Mazur* (2011) kommen zu dem Ergebnis, dass diversifizierte Unternehmen vor dem Spin-Off ineffiziente interne Kapitalmärkte betreiben.[182] *Çolak/Whited* (2007) hingegen führen die Erkenntnisse vorheriger Studien auf Messfehler zurück. Unter Kontrolle von Endogenität zeigen die Autoren, dass Spin-Offs nicht zu Verbesserungen der Allokationseffizienz führen. Sie können daher weder die Existenz, noch die (In)Effizienz interner Kapitalmärkte nachweisen.[183]

Angelehnt an die Betrachtung von Spin-Offs untersucht erstmals *Doukas/Kan* (2008) die Veränderung des Investitionsverhaltens im Zuge von *Unternehmenskäufen.* Kauft ein diversifiziertes Unternehmen einen zu den bestehenden Geschäftsbereichen verwandten Geschäftsbereich, so finden die beiden Autoren nach dem Unternehmenskauf weiterhin durchschnittlich ineffiziente interne Kapitalmärkte vor. Wird hingegen ein unverwandter Geschäftsbereich akquiriert, sind keine Ineffizienzen im Rahmen der Kapitalallokation mehr beobachtbar. In Abhängigkeit vom Verwandtschaftsgrad des akquirierten Geschäfts zeigt sich somit eine gemischte Effizienzbeurteilung interner Kapitalmärkte.[184] Sowohl *Chen/Chen* (2011) als auch *Guo* (2012) weisen mit einer vergleichbaren Methodik ineffiziente Kapitalallokationsmaßnahmen vor dem Zusammenschluss nach. Während *Chen/Chen* (2011) durch die Akquisition eine weitere Verschlechterung der durchschnittlichen Allokationseffizienz beobachten, bleibt diese bei *Guo* (2012) konstant.[185]

---

182 Vgl. *Burch/Nanda* (2003), S. 69ff.; *Dittmar/Shivdasani* (2003), S. 2711ff.; *Siddiqi/Warganegara* (2003), S. 35ff.; *Ahn/Denis* (2004), S. 489ff.; *McNeil/Moore* (2005), S. 253ff.; *Chen* (2006), S. 341ff.; *Rovetta* (2006), S. 287ff.; *Francoeur/Niyubahwe* (2009), S. 376ff.; *Mazur* (2011), S. 40. Vgl. auch *Stein* (2003), S. 149; *Maksimovic/Phillips* (2007), S. 470; *Funk* (2008), S. 40f.; *Eberl* (2010), S. 62f.; *Brinkmann* (2011), S. 65; *Erdorf et al.* (2013), S. 201.

183 Vgl. *Çolak/Whited* (2007), S. 557ff. Vgl. auch *Maksimovic/Phillips* (2007), S. 470f.; *Erdorf et al.* (2013), S. 201.

184 Vgl. *Doukas/Kan* (2008), S. 1484ff. Vgl. auch *Brinkmann* (2011), S. 53; *Erdorf et al.* (2013), S. 201.

185 Vgl. *Chen/Chen* (2011), S. 887ff.; *Guo* (2012), S. 1ff.

Eine dritte Unterkategorie verwendet nicht Segmentberichts- oder Unternehmenstransaktionsdaten für die Messung der Allokationseffizienz. Vielmehr kommen detaillierte *Betriebsstätten-Daten* zum Einsatz.

Khanna/Tice (2001) beurteilen als erste Autoren die Allokationseffizienz US-amerikanischer Einzelhandelsunternehmen auf Basis Betriebsstätten-bezogener Investitions- und Produktivitätsdaten. Als Reaktion auf den Markteintritt von Wal-Mart zeigen sich bei Betriebsstätten diversifizierter Handelsunternehmen im Falle der Verteidigung des Marktes höhere Investitionsvolumina als bei Betriebsstätten fokussierter Einzelhandelsunternehmen. Da die Betriebsstätten diversifizierter Unternehmen gegenüber denen fokussierter Einzelhandelsunternehmen bereits vor dem Markteintritt eine höhere Produktivität aufweisen, wird dieses Investitionsverhalten von den Autoren als Indiz für effiziente interne Kapitalmärkte gewertet.[186]

Effizientes Allokationsverhalten zeigen auch *Maksimovic/Phillips* (2002). In einer umfangreichen Analyse Betriebsstätten-bezogener Investitions- und Produktivitätsdaten der sog. *Longitudinal Research Database*[187] (LRD) beobachten die beiden Autoren dass sich das Investitionsverhalten fokussierter und diversifizierter Unternehmen auf die individuelle Produktivität der Betriebsstätten und auf fundamentale Industriefaktoren (wie z. B. der Nachfragesituation) zurückführen lässt. Der Diversifikationsgrad zeigt hingegen keine Wirkung auf das Investitionsverhalten. Dies werten die Autoren als Evidenz dafür, dass diversifizierte Unternehmen durchschnittlich effiziente interne Kapitalmärkte betreiben.[188]

---

186 Vgl. *Khanna/Tice* (2001), S. 1489ff. Vgl. auch *Stein* (2003), S. 149f.; *Maksimovic/Phillips* (2007), S. 455; *Eberl* (2008), S. 25; *Funk* (2008), S. 41; *Eberl* (2010), S. 63; *Brinkmann* (2011), S. 54; *Erdorf et al.* (2013), S. 196.

187 Für eine Beschreibung der *LRD-Datenbank* vgl. *McGuckin/Pascoe* (1988), S. 31ff.; *Maksimovic/Phillips* (2007), S. 431f. Die in den USA vorhandenen *Business Information Tracking Series* (BITS) eignen sich hingegen nicht für die Messung der Allokationseffizienz. Vgl. hierzu *Billett/Mauer* (2003), S. 1181. Allgemein zu BITS-Daten vgl. mit weiteren Nachweisen *Maksimovic/Phillips* (2007), S. 432f.

188 Vgl. *Maksimovic/Phillips* (2002), S. 721ff.; *Maksimovic/Phillips* (2007), S. 443ff. Vgl. auch *Stein* (2003), S. 150; *Eberl* (2008), S. 25; *Funk* (2008), S. 41f.; *Eberl* (2010), S. 63f.; *Brinkmann* (2011), S. 54; *Erdorf et al.* (2013), S. 196.

Insgesamt betrachtet konzentrieren sich die Studien zur Beurteilung der durchschnittlichen Allokationseffizienz vornehmlich auf den US-amerikanischen Kapitalmarkt sowie auf die Wachstumsländer Asiens. Mit der Allokationseffizienz deutscher diversifizierter Unternehmen befassen sich bisher nur drei Untersuchungen. Die Studien von *Beckmann* (2006), *Sautner/Villalonga* (2010) und *Brinkmann* (2011)[189] weisen auch für diversifizierte deutsche börsennotierte Unternehmen durchschnittlich ineffiziente interne Kapitalmärkte nach.[190]

Wenngleich vereinzelte Untersuchungen auf effiziente interne Kapitalmärkte und somit Winner Picking in der Praxis hindeuten, überwiegt die Evidenz für durchschnittlich ineffiziente interne Kapitalmärkte.[191] Wie der nachfolgende Abschnitt zeigt, untersuchen trotz des theoretisch hohen Erklärungsgehalts jedoch nur wenige Studien die Wirkung von Prinzipal-Agenten-Konflikten auf die Allokationseffizienz.[192]

2.3.3 Studien zur Wirkung von Prinzipal-Agenten-Konflikten auf die Effizienz interner Kapitalmärkte

Gemäß den theoretischen Erklärungsansätzen aus Abschnitt 2.2.2 sind ineffiziente interne Kapitalmärkte wesentlich auf Prinzipal-Agenten-Konflikte zwischen Anteilseignern und der Unternehmens- und Geschäftsbereichsleitung zurückzuführen. Die empirischen Studien, die eine direkte Wirkung von Prinzipal-Agenten-Konflikten auf die Allokationseffizienz untersuchen, werden nachfolgend dargestellt (für eine Übersicht siehe Tabelle 2).[193]

---

189 *Brinkmann* (2011) beobachtet die Ineffizienz interner Kapitalmärkte für eine globale Stichprobe von Unternehmen (18 Länder), wobei diversifizierte deutsche börsennotierte Unternehmen mit ca. 13% Anteil in die Stichprobe einfließen. Länderspezifische Ergebnisse sind demnach nicht vorhanden. Vgl. hierzu *Brinkmann* (2011), S. 129ff.

190 Vgl. *Beckmann* (2006), S. 121ff.; *Sautner/Villalonga* (2010), S. 1ff.; *Brinkmann* (2011), S. 134f.

191 Vgl. beispielhaft *Stein* (2003), S. 147; *Maksimovic/Phillips* (2007), S. 472; *Eberl* (2010), S. 64.

192 Vgl. *Suh* (2011), S. 8.

193 Studien die nur indirekt oder argumentativ einen Wirkungszusammenhang zwischen Prinzipal-Agenten-Konflikten und der Allokationseffizienz herstellen werden nicht näher beleuchtet. Wesentliche indirekte oder argumentative Wirkungszusammenhänge finden sich in *Yong* (2005), S. 1ff.; *Yong* (2007), S. 1ff.; *Mazur* (2011), S. 1ff.; *Suh* (2011), S. 1ff. Vgl. auch *Eberl* (2010), S. 72ff.

Autor(en) (Jahr)	Untersuchungszeitraum	Land[194]	Wirkungsmechanismus
Scharfstein (1998)	1979	USA	Eigenkapitalbeteiligung des Board of Directors
Shin/Park (1999)	1994-1995	KOR	Eigenkapitalbeteiligung der Eigentümer-Manager
Datta et al. (2009)	1992-2003	USA	Pay-Performance-Sensitivität des CEO
Ozbas/Scharfstein (2010)	1979-2000	USA	Eigenkapitalbeteiligung von Top Officer
Sautner/Villalonga (2010)	2000	GER	Anteilskonzentration großer Anteilseigner
Georgieva et al. (2013)	1990-2001	USA	wertbeitragsorientierte Vergütung
Wulf (2002)	1989-1993	USA	Vergütung der Geschäftsbereichsleiter
McNeil/Smythe (2009)	1999	USA	Lobby und Eigenkapitalbeteiligung der Geschäftsbereichsleiter
Duchin/Sosyura (2013)	2000-2008	USA	persönliche und soziale Verbindungen der Bereichsleiter zum CEO
Glaser et al. (2013)[195]	-	-	Machtverteilung und Verbindungen der Bereichsleiter

Tabelle 2: Empirische Studien zur Wirkung von Prinzipal-Agenten-Konflikten auf die Effizienz interner Kapitalmärkte

Erstmals untersucht *Scharfstein* (1998) empirisch die Wirkung von Prinzipal-Agenten-Konflikten auf die Allokationseffizienz. Anhand einer US-amerikanischen Stichprobe überprüft er die Hypothese, wonach mit zunehmender Eigenkapitalbeteiligung des *Board of Directors*[196] der Prinzipal-Agenten-Konflikt zwischen Anteilseignern und Unternehmensleitung gemindert und somit ineffiziente Überinvestitionen reduziert werden müssten. Auch wenn er bei höheren Eigenkapitalbeteiligungen signifikant geringere Allokationsineffizienzen beobachtet, werden diese auch bei sehr hohen Beteiligungsquoten nicht vollständig eliminiert.[197] Vergleichbare Ergebnisse liefert auch die Untersuchung von *Ozbas/Scharfstein* (2010). Sie zeigen wiederum anhand einer US-amerikanischen Stichprobe, dass das Allokationsverhalten diversifizierter Unternehmen bei geringen Eigenkapitalbeteili-

194 Dreistellige Länderabkürzungen gemäß ISO 3166-1 alpha-3. Siehe hierzu auch http://unstats.un.org/unsd/tradekb/Knowledgebase/Country-Code.

195 Zeitraum und exaktes Land der Untersuchung (innerhalb Europas) sind nicht angegeben, da es sich um Daten eines einzigen anonymisierten Unternehmens handelt.

196 Zum Begriff des *Board of Directors* vgl. *Werder* (2008), S. 146f. m. w. N. Aus der Studie geht nicht hervor, ob nur neu gewährte oder alle in der Vergangenheit gewährten Eigenkapitalbeteiligungen berücksichtigt werden. Für eine Diskussion des Unterschieds siehe auch Abschnitt 4.3.3.1.2.

197 Vgl. *Scharfstein* (1998), S. 16ff. Vgl. auch *Eberl* (2008), S. 24; *Eberl* (2010), S. 72.

gungen der sog. *Top Officers*[198] ineffizienter ist als bei hohen Beteiligungsquoten.[199] Für die USA konkretisieren *Datta et al.* (2009) die Ergebnisse der vorherigen beiden Studien. Wiederum bezugnehmend auf das theoretische Erklärungsmodell von *Scharfstein/Stein* (2000) leiten sie die Hypothese her, wonach die Pay-Performance-Sensitivität einen positiven Einfluss auf die Effizienz interner Kapitalmärkte haben sollten. Für die Pay-Performance-Sensitivität des *Chief Executive Officer* (CEO), bestehend aus Anteilen und Optionen,[200] lässt sich im Einklang mit den beiden vorherigen Studien ein signifikant positiver Einfluss auf die Allokationseffizienz beobachten. Werden jedoch beide Einzelkomponenten separat in das Regressionsmodell aufgenommen zeigt sich nur für die Pay-Performance-Sensitivität aus gewährten Anteilen ein signifikant positiver Zusammenhang; für die Pay-Performance-Sensitivität aus gewährten Optionen ist hingegen ein negativer, nicht signifikanter Einfluss zu beobachten. Die Autoren schließen daraus, dass nur anteilsbasierte Vergütungskomponenten die Allokationseffizienz positiv beeinflussen können.[201] Im Gegensatz zu den vorherigen Studien finden *Shin/Park* (1999) für koreanische diversifizierte Unternehmen unter Führung sog. *Eigentümer-Manager* eine signifikant negative Wirkung von Eigenkapitalbeteiligungen. Da Eigentümer-Manager in der Regel über eine hohe Eigenkapitalbeteiligung und somit über einen hohen Anreiz für Winner Picking verfügen sollten, ist dieses Ergebnis beachtenswert.[202]

---

198 Zum Begriff des *Officers* vgl. allgemein *Werder* (2008), S. 149. Eine weitere Konkretisierung der sog. *Top Officers* erfolgt in der Studie nicht. Die Eigenkapitalbeteiligung besteht aus dem Portfolio aller von den Top Officers gehaltenen Anteilen und Optionen. Für eine weitere Erläuterung der Portfoliosicht siehe auch Abschnitt 4.3.3.1.2.

199 Vgl. *Ozbas/Scharfstein* (2010), S. 594ff. Die geprüften Hypothesen basieren auf dem in Abschnitt 2.2.2.2.3 dargestellten Erklärungsmodell von *Scharfstein/Stein* (2000).

200 Die Eigenkapitalbeteiligung besteht aus dem Portfolio aller vom CEO gehaltenen Anteile und Optionen. Zur sog. Portfoliosicht siehe auch Abschnitt 4.3.3.1.2. Für eine ausführliche Erläuterung der Pay-Performance-Sensitivität siehe Abschnitt 3.2.2.2.

201 Vgl. *Datta et al.* (2009), S. 242ff. Vgl. auch *Sautner/Villalonga* (2010), S. 1f.; *Suh* (2011), S. 3; *Georgieva et al.* (2013), S. 2. Für eine Abgrenzung des Begriffs der *anteilsbasierten Vergütung* gegenüber dem in IFRS 2 ebenfalls verwendeten Begriff siehe ausführlich Fn. 277 in Abschnitt 3.2.1.

202 Vgl. *Shin/Park* (1999), S. 172ff. Vgl. auch *Eberl* (2010), S. 73. Die beiden Autoren leiten ihre Hypothese aus dem theoretischen Erklärungsmodell von *Scharfstein/Stein* (2000) ab (sie beziehen sich jedoch noch auf das der finalen Publikation zugrundeliegende Arbeitspapier). Siehe hierzu ausführlich bereits Abschnitt 2.2.2.2.3. Diversifizierte Unternehmen in Korea mit dem mehrheitlichen Einfluss einer Familie in der Obergesellschaft werden auch als sog. *Chaebols* bezeichnet. Vgl. hierzu *Lee et al.*

Neben der Eigenkapitalbeteiligung des obersten Managements können nach *Sautner/Villalonga* (2010) auch Anteilskonzentrationen großer Anteilseigner (sog. *Concentrated Ownership/Blockholder*) einen Einfluss auf die Allokationseffizienz interner Kapitalmärkte haben. Die Hypothese, wonach diversifizierte Unternehmen mit wenigen aber großen Anteilseignern und somit höherer Anteilskonzentration effizientere interne Kapitalmärkte betreiben, findet für eine deutsche Stichprobe signifikante Bestätigung.[203] Die beiden Autoren führen dies darauf zurück, dass große Eigentümer einen höheren Anreiz besitzen, die Unternehmensleitung im Rahmen der Kapitalallokation zu überwachen. Die Vorteile aus dem Effekt der effektiveren Überwachung überwiegen somit die Kosten aus dem zusätzlichen Prinzipal-Agenten-Konflikt zwischen großen und kleinen Anteilseignern[204].[205]

Als bisher einzige Studie überprüfen *Georgieva et al.* (2013) die Hypothese, wonach die Einführung einer wertbeitragsorientierten Vergütung (sog. *Economic Profit Plans*[206]) eine Steigerung der Allokationseffizienz mit sich bringt. Basierend auf einer US-amerikanischen Stichprobe können die Autoren einen signifikant positiven Anstieg der Allokationseffizienz bei den diversifizierten Unternehmen nachweisen, die eine wertbeitragsorientierte Vergütung einführen.[207]

(2009), S. 326ff. Die private Nutzenbereicherung des Mehrheitsaktionärs durch das Verschieben von Gewinnen oder Unternehmenswerten (sog. *Tunneling*) ist eine spezielle Form der Ineffizienz in internen Kapitalmärkten asiatischer diversifizierter Unternehmen. Vgl. hierzu *Bae et al.* (2002), S. 2695ff.; *Bertrand et al.* (2002), S. 121ff.; *Joh* (2003), S. 287ff.; *Dow/McGuire* (2009), S. 1817ff. Vgl. hierzu auch *Brinkmann* (2011), S. 50f.

203 Die beiden Autoren leiten ihre Hypothese aus dem theoretischen Erklärungsmodell von *Scharfstein/Stein* (2000) ab. Siehe hierzu ausführlich bereits Abschnitt 2.2.2.2.3. Für die Untersuchung machen sich die beiden Autoren die *Unternehmenssteuerreform 2001* als natürliches Experiment zu nutze. Unternehmen dürfen demnach ab 01.01.2002 Kapitalbeteiligungen an anderen Unternehmen steuerfrei veräußern. Vgl. allgemein zu den gesetzlichen Neuregelungen *Bergemann* (2001), S. 1409ff., besonders S. 1415. Natürliche Experimente bieten dabei forschungsmethodische Vorteile. Siehe hierzu Abschnitt 4.1 und die dort angegebene Literatur.

204 Zum zusätzlichen Prinzipal-Agenten-Konflikt zwischen großen und kleinen Anteilseignern vgl. *Burkart et al.* (2003), S. 2167ff.

205 Vgl. *Sautner/Villalonga* (2010), S. 1ff.

206 Eine wertbeitragsorientierte Vergütung kann auf einer Vielzahl wertbeitragsorientierter Kennzahlen basieren. Für eine Darstellung und Definition möglicher Kennzahlen siehe ausführlich Abschnitt 3.2.2.1.

207 Vgl. *Georgieva et al.* (2013), S. 1ff.

Basierend auf Vergütungsdaten von Geschäftsbereichsleitern US-amerikanischer Unternehmen bestätigt *Wulf* (2002) erstmals die Theorie des Divisional Rent-Seeking und der Influencing Activities.[208] Wie theoretisch hergeleitet zeigt die Autorin, dass das Ausmaß der Ineffizienz in internen Kapitalmärkten wesentlich von der Zusammensetzung der variablen Barvergütung (Bonus) der Geschäftsbereichsleiter abhängt: bemisst sich deren Bonus zu einem hohen Anteil am Ergebnis des Gesamtunternehmens (und somit zu einem geringen Teil am Ergebnis des eigenen Geschäftsbereichs), so fällt die Ineffizienz geringer aus.[209] Bereichsleiter haben somit einen geringeren Anreiz, Divisional Rent-Seeking zu betreiben, so dass sich die Unternehmensleitung bei ihrer Allokationsentscheidung wieder verstärkt auf die subjektiven Informationen der Bereichsleiter verlässt.[210] Eine weitere empirische Bestätigung der Theorie der Influencing Activities liefern *McNeil/Smythe* (2009). In ihrer Studie US-amerikanischer diversifizierter Unternehmen zeigen sie, dass Bereichsleiter mit einer relativ starken Lobby im Unternehmen (d. h. mit höherer sog. *Lobbying Power*[211]) die Kapitalallokation der Unternehmensleitung zugunsten ihres Bereichs verzerren können. Ineffiziente interne Kapitalmärkte sind die Folge. Einhergehend mit der Erkenntnissen aus *Wulf* (2002) zeigen sie ferner, dass eine höhere Eigenkapitalbeteiligung der Bereichsleiter die Lobby-Aktivitäten und somit die Ineffizienzen reduzieren kann. Insgesamt betrachtet stellen die beiden Autoren jedoch fest, dass die Monitoring- und Anreizsysteme die beeinflussenden Aktivitäten der Bereichsleiter nicht vollständig verhindern können.[212] *Duchin/Sosyura* (2013) erweitern die von *McNeil/Smythe* (2009) aufgestellte Lobbying Power-Hypothese um informelle Aspekte. So zeigen sie anhand einer US-amerikanischen Stichprobe, dass Geschäftsbereichsleiter die über

---

208 Zu den beiden theoretischen Erklärungsmodellen siehe ausführlich Abschnitt 2.2.2.2.2.

209 Für eine Definition der variablen Barvergütung siehe ausführlich Abschnitt 3.2.2.1.

210 Vgl. *Wulf* (2002), S. 219ff. Vgl. auch *Yong* (2005), S. 22; *Brinkmann* (2011), S. 63; *Mishra et al.* (2012), S. 3.

211 Die sog. *Lobbying Power* wird über folgende Kennzahlen gemessen: Unternehmenszugehörigkeit, Zeit in der aktuellen Position, Top Executive Status (Top 5 Executives des Gesamtunternehmens) und Mitgliedschaft im Board of Directors. Vgl. hierzu *McNeil/Smythe* (2009), S. 63.

212 Vgl. *McNeil/Smythe* (2009), S. 59ff. Vgl. auch *Fakhfakh et al.* (2012), S. 179 *Mishra et al.* (2012), S. 1.

enge persönliche und soziale Beziehungen zum CEO verfügen,[213] bei geringen Informationsasymmetrien zwischen Bereichs- und Unternehmensleitung überproportional viel Kapital zugewiesen bekommen. Dies führt in der Folge zu ineffizienten internen Kapitalmärkten. Bestehen hingegen große Informationsasymmetrien, so wirken die engen persönlichen und sozialen Bindungen effizienzsteigernd.[214] Ergänzende Evidenz zur dargestellten Studie liefern *Glaser et al.* (2013). Sie zeigen am Beispiel eines namentlich nicht genannten europäischen Unternehmens, dass unerwartete Mittelzuflüsse aus dem Verkauf von Unternehmensbeteiligungen maßgeblich den Geschäftsbereichen zufließen, deren Leiter über mehr Macht und bessere Verbindungen zur Unternehmensleitung verfügen.[215] Da diese Bereiche nach der verzerrten Allokationsentscheidung eine vergleichsweise geringere Profitabilität und Produktivität aufweisen, sehen die Autoren die ungleiche Machtverteilung unter den Bereichsleitern als eine wesentliche Quelle für ineffiziente interne Kapitalmärkte.[216]

Auch wenn die dargestellten Studien erste Evidenz für einen effizienzmindernden Einfluss der zweistufigen Prinzipal-Agenten-Beziehung erbringen, besteht aufgrund der teils widersprüchlichen Ergebnisse weiterer Forschungsbedarf. Mitunter wesentliche Abweichungen in den gewonnenen Erkenntnissen ergeben sich besonders bei der Frage der Wirkung von Anreizsystemen der obersten Unternehmensleitung. Der Untersuchung der zweiten Konfliktebene nehmen sich bisher nur vereinzelte Studien an. Auch liegt der wesentliche Fokus bisheriger Arbeiten auf der Untersuchung US-amerikanischer diversifizierter Unternehmen.

---

213 Die engen persönlichen und sozialen Verbindungen zum CEO werden über folgende Kennzahlen gemessen: Zusammenarbeit mit dem CEO bei vorherigem Arbeitgeber, in Bildungseinrichtungen und in Non-Profit Organisationen. Vgl. hierzu *Duchin/Sosyura* (2013), S. 388. Teile der Informationen entstammen der *BoardEx*-Datenbank. Vgl. hierzu http://corp.boardex.com/. Für weitere Informationen zur *BoardEx*-Datenbank vgl. auch *Fracassi/Tate* (2012), S. 157ff.; *Engelberg et al.* (2013), S. 80, 87f.

214 Vgl. *Duchin/Sosyura* (2013), S. 387ff. Vgl. auch *Glaser et al.* (2013), S. 1581.

215 Die Messung der Macht und der Verbindungen zur Unternehmensleitung erfolgt mittels 13 sog. *Managerial Power and Connection Indices*. Zur genauen Operationalisierung siehe ausführlich *Glaser et al.* (2013), S. 1624ff.

216 Vgl. *Glaser et al.* (2013), S. 1577ff. Vgl. auch *Duchin/Sosyura* (2013), S. 404.

2.3.4 Studien zum Zusammenhang zwischen der Effizienz interner Kapitalmärkte und dem Diversification Discount

Wie durch eine Vielzahl empirischer Studien gezeigt wird (siehe Anhang 1), erfahren diversifizierte Unternehmen durchschnittlich einen Wertabschlag gegenüber fokussierten Unternehmen (sog. *Diversification Discount*[217] bzw. *Conglomerate Discount*). Der Börsenwert des gesamten diversifizierten Unternehmens ist somit geringer als die erwartete Summe der Einzelwerte der Geschäftsbereiche (sog. *Sum of the Parts-Bewertung*[218]).[219]

Die Ineffizienz des internen Kapitalmarkts wird in mehreren Studien als wesentlicher Treiber des Diversification Discount identifiziert (für eine Übersicht siehe Tabelle 3). Diversifizierte Unternehmen mit ineffizienten internen Kapitalmärkten erfahren demnach einen Wertabschlag. Unternehmen mit effizienten Allokationsmechanismen werden hingegen mit einem sog. *Diversification Premium*[220] belohnt.[221]

***Autor(en)* (Jahr)**	**Untersuchungszeitraum**	**Land[222]**	**Untersuchungsmethodik**
Berger/Ofek (1995)	1986-1991	USA	Excess-Value Korrelation
Hubbard/Palia (1999)	1961-1970	USA	abnormale Renditen
Billett/Mauer (2000)	1984-1996	USA	abnormale Renditen
Rajan et al. (2000)	1980-1993	USA	Excess-Value Korrelation
Klein (2001)	1966-1974	USA	abnormale Renditen
Billett/Mauer (2003)	1990-1998	USA	Excess-Value Korrelation
Dittmar/Shivdasani (2003)	1980-1993	USA	Spin-Off
Ahn/Denis (2004)	1981-1996	USA	Spin-Off
Beckmann (2006)	1998-2002	DEU	Excess-Value Korrelation

Tabelle 3: Empirische Studien zum Zusammenhang zwischen der Effizienz interner Kapitalmärkte und dem Diversification Discount[223]

217 Zum Begriff des *Diversification Discount* siehe beispielhaft *Villalonga* (2004a), S. 479.

218 Eingang in die Theorie fand die *Sum of the Parts-Bewertung* durch die Veröffentlichung von *LeBaron/Speidell* (1987), S. 78ff. Erstmalige Anwendung zur Berechnung des Diversification Discount fand die Bewertungsmethode in *Berger/Ofek* (1995), S. 39ff. Vgl. allgemein zum *Sum of the Parts*-Bewertungsverfahren auch *Langguth* (2008), S. 42; *Vernimmen et al.* (2011), S. 617ff.; *Brealey et al.* (2013), S. 182.

219 Vgl. hierzu und für einen weiteren ausführlichen Literaturüberblick *Hellwig et al.* (2002), S. 60; *Martin/Sayrak* (2003), S. 42ff.; *Stein* (2003), S. 143ff.; *Villalonga* (2003), S. 1ff.; *Beckmann* (2006), S. 26ff.; *Maksimovic/Phillips* (2007), S. 426ff.; *Eberl* (2010), S. 55ff.; *Benito-Osorio et al.* (2012), S. 326ff.; *Erdorf et al.* (2013), S. 192ff.

220 Zum Begriff des *Diversification Premium* siehe beispielhaft *Villalonga* (2004a), S. 479.

221 Vgl. hierzu und nachfolgend auch *Funk* (2008), S. 42ff.; *Eberl* (2010), S. 57f.; *Brinkmann* (2011), S. 64ff.; *Erdorf et al.* (2013), S. 195.

222 Dreistellige Länderabkürzungen gemäß ISO 3166-1 alpha-3. Siehe hierzu auch http://unstats.un.org/unsd/tradekb/Knowledgebase/Country-Code.

223 Eine vergleichbare Darstellung findet sich in *Funk* (2008), S. 48.

Berger/Ofek (1995) erbringen erstmals empirische Evidenz dafür, dass ineffiziente interne Kapitalmärkte wesentlich den Diversification Discount treiben. Sie zeigen, dass ihr Maß für ineffiziente Quersubventionen signifikant mit ihrem Maß des Bewertungsunterschieds, dem sog. *Excess-Value*, korreliert (*Excess-Value-Korrelation*).[224] Sowohl *Rajan et al.* (2000) und *Billett/Mauer* (2003) als auch die einzige deutsche Studie von *Beckmann* (2006) liefern mittels gleicher Methodik vergleichbare Ergebnisse.[225]

Hubbard/Palia (1999) wählen ein indirektes Vorgehen zur Untersuchung des Zusammenhangs zwischen Allokationseffizienz und Diversification Discount. Sie zeigen, dass der Ankündigungseffekt (gemessen als sog. *abnormale Rendite*) einer diversifizierenden Akquisition dann am größten ist, wenn ein finanziell unbeschränktes ein finanziell beschränktes Unternehmen übernimmt. Die Autoren werten die beim Aufbau eines internen Kapitalmarkts vergleichsweise hohen abnormalen Renditen als Indiz für einen positiven Zusammenhang zwischen Allokationseffizienz und Diversification Discount.[226] Zu vergleichbaren Ergebnissen kommen auch die Studien von *Billett/Mauer* (2000) und *Klein* (2001).[227]

In einer empirischen Untersuchung von *Spin-Offs* beobachten erstmals *Dittmar/Shivdasani* (2003), dass die Zunahme der Allokationseffizienz nach der Abspaltung eines Geschäftsbereichs mit einem Rückgang des Diversification Discount einhergeht.[228] *Ahn/Denis* (2004) bestätigen den positiven Zusammenhang in einer vergleichbaren Untersuchung.[229]

In der integrierten Betrachtung aller dargestellten Studien lässt sich somit festhalten, dass der Diversification Discount maßgeblich durch die Ineffizienz interner Kapitalmärkte getrieben wird.

---

224 Vgl. *Berger/Ofek* (1995), S. 55ff. Vgl. auch *Funk* (2008), S. 42f.

225 Vgl. *Rajan et al.* (2000), S. 69ff.; *Billett/Mauer* (2003), S. 1185ff.; *Beckmann* (2006), S. 140. Vgl. auch *Funk* (2008), S. 44ff.; *Eberl* (2010), S. 58; *Brinkmann* (2011), S. 65f.

226 Vgl. *Hubbard/Palia* (1999), S. 1134. Vgl. auch *Funk* (2008), S. 43; *Eberl* (2010), S. 57f.

227 Vgl. *Billett/Mauer* (2000), S. 1169f.; *Klein* (2001), S. 747. Vgl. auch *Funk* (2008), S. 43f.; *Eberl* (2010), S. 58; *Brinkmann* (2011), S. 64f.

228 Vgl. *Dittmar/Shivdasani* (2003), S. 2739. Vgl. auch *Funk* (2008), S. 46; *Eberl* (2010), S. 58.

229 Vgl. *Ahn/Denis* (2004), S. 509. Vgl. auch *Funk* (2008), S. 46; *Eberl* (2010), S. 58; *Brinkmann* (2011), S. 65.

2.3.5 Zusammenfassung und kritische Würdigung

Aus der Darstellung der empirischen Studien können zusammenfassend folgende Erkenntnisse gewonnen werden:[230]

- Die *Existenz interner Kapitalmärkte* wird durch eine Vielzahl empirischer Studien belegt. Sie gilt in der Literatur als unstrittig.
- Wenngleich vereinzelte Studien effizientes Winner Picking nachweisen, misst die überwiegende Mehrheit der Studien *durchschnittlich ineffiziente interne Kapitalmärkte*. Die Mehrheit der Studien weist keine generalisierte Ineffizienz, sondern *sozialistische Quersubventionen* nach.
- Nur wenige Studien untersuchen bislang die *Wirkung von Prinzipal-Agenten-Konflikten* auf die Allokationseffizienz. Auch wenn die Erkenntnisse noch kein vollständig konklusives Bild der theoretischen Modelle liefern, erbringen sie *erste Evidenz* dafür, dass Prinzipal-Agenten-Konflikte wesentlich die Ineffizienz interner Kapitalmärkte treiben.
- Die (In)Effizienz interner Kapitalmärkte ist ihrerseits ein wesentlicher Treiber des *Diversification Discount* bzw. *Diversification Premium*.

Zu den vorgestellten empirischen Studien ist anzumerken, dass sie überwiegend die Existenz sowie die Effizienz interner Kapitalmärkte im Allgemeinen untersuchen. Die Treiber der durchschnittlich beobachteten Ineffizienz sind hingegen nur Gegenstand von vergleichsweise wenigen Studien. So untersuchen trotz des hohen theoretischen Erklärungsgehalts international bisher auch nur wenige Studien die direkte Wirkung von Prinzipal-Agenten-Konflikten auf die Effizienz interner Kapitalmärkt. Nur die Studie von *Sautner/Villalonga* (2010) widmet sich dabei spezifisch dem deutschen Kapitalmarkt. Auch sonst existiert nur eine weitere Studie, die explizit interne Kapitalmärkte diversifizierter deutscher börsennotierter Unternehmen untersucht.[231]

---

[230] Vgl. hierzu und nachfolgend für den gesamten Abschnitt ähnlich *Stein* (2003), S. 150; *Funk* (2008), S. 47f.; *Eberl* (2010), S. 79f.; *Brinkmann* (2011), S. 66ff.

[231] Vgl. *Beckmann* (2006). In der Studie von *Brinkmann* (2011) ist Deutschland eines von 18 Ländern der Stichprobe. Spezifische Ergebnisse für Deutschland liefert er nicht. Siehe hierzu bereits ausführlich Abschnitt 2.3.2.

2.4 Konzeptioneller Bezugsrahmen der Arbeit

Zur Systematisierung und Strukturierung der weiteren Forschungsbemühungen wird ein konzeptioneller Bezugsrahmen entwickelt (siehe Abbildung 5).[232] Basis hierfür sind die zuvor gewonnen theoretischen und empirischen Erkenntnisse. Aus ihnen wird zunächst die Problemstellung der vorliegenden Arbeit weiter herausgearbeitet, anschließend werden Ansätze zur Problemlösung aufgezeigt. Entlang derer werden im weiteren Verlauf der Arbeit konkrete Forschungshypothesen abgeleitet und empirisch überprüft.

Eine wesentliche Erkenntnis aus den vorherigen Diskussionen ist die Feststellung, dass der bei diversifizierten Unternehmen durchschnittlich beobachtete *Diversification Discount* wesentlich durch *ineffiziente interne Kapitalmärkte* getrieben wird.[233] Die in einer Vielzahl empirischer Studien nachgewiesene Ineffizienz lässt darauf schließen, dass die negativen Effekte einer aktiven internen Kapitalreallokation (zurückzuführen auf *Prinzipal-Agenten-Konflikte*) die positiven (zurückzuführen auf den *Co-Insurance-Effekt* und *Winner Picking*) übersteigen.[234]

Moral Hazard-Probleme in einer *zweistufigen Prinzipal-Agenten-Beziehung* zwischen Anteilseignern, Unternehmens- und Geschäftsbereichsleitung beeinflussen somit wesentlich den Wertbeitrag interner Kapitalmärkte. Die Reduzierung der Prinzipal-Agenten-Konflikte birgt daher ein *hohes Wertsteigerungspotenzial*.[235] Von besonderer Bedeutung ist dieses Wertpotenzial für *börsennotierte Unternehmen*, da bei diesen die wertorientierte Unternehmensführung (sog. *Shareholder Value-Ansatz*) regelmäßig oberstes Unternehmensziel und somit zentraler Bestandteil der Unternehmensstrategie ist.[236]

---

[232] Vgl. *Wolf* (2013), S. 37. Zum Stellenwert und der Notwendigkeit der Entwicklung konzeptioneller Bezugsrahmen im Rahmen empirischer Forschungsarbeiten vgl. *Kirsch* (1971), S. 241ff.; *Kubicek* (1977), S. 17ff.; *Staehle* (1977), S. 108ff.

[233] Siehe hierzu ausführlich Abschnitt 2.3.4.

[234] Für einen Überblick über die theoretischen Erklärungsmodelle sowie über Studien zur Effizienz interner Kapitalmärkte siehe ausführlich die Abschnitte 2.2 und 2.3.2.

[235] Siehe hierzu ausführlich Abschnitt 2.2.2.

[236] Vgl. *Rappaport* (1986), S. 1ff.; *Copeland et al.* (1990), S. 1ff.; *Stewart* (1991), S. 1ff. Vgl. auch *Coenenberg/Salfeld* (2007), S. 1ff.; *Funk* (2008), S. 20ff. Vgl. kritisch *Schneider* (1998), S. 1473ff.; *Maug* (2003), S. 20ff.; *Töpfer/Duchmann* (2006), S. 6ff. Im Vergleich zum *Stakeholder Value-Ansatz* vgl. *Speckbacher* (1997), S. 630ff.

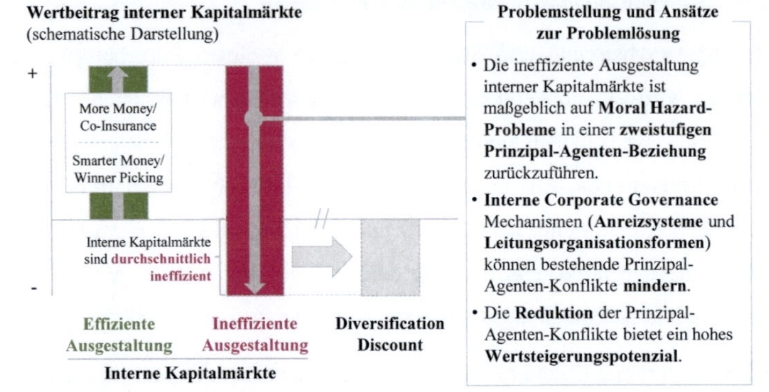

Abbildung 5: Konzeptioneller Bezugsrahmen der Arbeit

Zur Reduzierung der Prinzipal-Agenten-Konflikte in internen Kapitalmärkten bieten sich besonders direkt durch das Unternehmen gestaltbare, interne Corporate Governance-Mechanismen an. Die Disziplinierung mittels monetärer Anreize (*Anreizsysteme*) und mittels der Kontrolle der Geschäftsbereiche durch die Unternehmensleitung (*Leitungsorganisation*) erscheinen besonders geeignet, Konflikte auf mehreren Hierarchieebenen zu reduzieren.[237] Die vorliegende Arbeit geht somit zwei Forschungsfragen nach:

(1) Können *Anreizsysteme* von Vorständen den ersten Prinzipal-Agenten-Konflikt in internen Kapitalmärkten diversifizierter deutscher börsennotierter Unternehmen reduzieren und hierdurch eine Steigerung der Allokationseffizienz bewirken, und wenn ja, wie müssen diese hierzu ausgestaltet sein?

(2) Können *Leitungsorganisationen* den zweiten Prinzipal-Agenten-Konflikt in internen Kapitalmärkten diversifizierter deutscher börsennotierter Unternehmen reduzieren und hierdurch eine Steigerung der Allokationseffizienz bewirken, und wenn ja, wie müssen diese hierzu ausgestaltet sein?

Um die Forschungsfragen konfirmatorisch durch empirisches Testen überprüfen zu können (siehe hierzu ausführlich Kapitel 4 und Kapitel 5), werden im nachfolgenden Kapitel systematisch Forschungshypothesen hergeleitet.

---

[237] Siehe hierzu ausführlich Abschnitt 1.1 und das nachfolgende Kapitel 3.

Kapitel 3 Forschungshypothesen und Untersuchungsmodell

Zur Disziplinierung des Managements bieten sich im Kontext interner Kapitalmärkte besonders interne Corporate Governance-Mechanismen an (Abschnitt 3.1). Zu den internen Disziplinierungsmechanismen zählen hierbei besonders monetäre Anreizmechanismen (Anreizsysteme) und die Kontrolle der Geschäftsbereiche durch die Unternehmensleitung (Leitungsorganisation). Entlang dieser beiden internen Mechanismen werden nachfolgend systematisch Forschungshypothesen zur Gestaltung effizienter interner Kapitalmärkte abgeleitet (Abschnitt 3.2 und Abschnitt 3.3). Den Abschluss des Kapitels bildet ein Überblick über das Untersuchungsmodell und die Forschungshypothesen (Abschnitt 3.4).

3.1 Corporate Governance-Mechanismen im Überblick

Wie in Abschnitt 2.2.2 bereits ausführlich erläutert, lassen sich ineffiziente interne Kapitalmärkte wesentlich auf Interessenskonflikte und Informationsasymmetrien zwischen den Prinzipalen (Anteilseigner bzw. Unternehmensleitung) und den Agenten (Unternehmens- bzw. Geschäftsbereichsleitung) zurückführen. Um das Delegationsrisikos zwischen Prinzipal und Agent einzugrenzen bzw. sicherzustellen, dass der Agent im Sinne des Prinzipals handelt und somit keine privaten Vorteile aus der unvollständigen Vertragsbeziehung zieht, bieten sich insbesondere *Corporate Governance-Mechanismen* an.[238] In Anlehnung an *Shleifer/Vishny* (1997) definiert *Pfeil* (2002) Corporate Governance-Mechanismen wie folgt: „*In general, corporate governance mechanisms are legal and economic institutions, which safeguard fund providers' investment into the firm against the misbehavior of other parties involved into the firm's business.*"[239]

---

[238] Vgl. *Kester* (1992), S. 26; *Witt* (2001), S. 85; *Neubürger* (2003), S. 186. Für einen ausführlichen Literaturüberblick vgl. mit jeweils weiteren Nachweisen *Grothe* (2006), S. 14ff.; *Feser* (2009), S. 13; *Baker/Anderson* (2010), S. 3ff. Der Begriff der *Corporate Governance* ist in der Literatur uneinheitlich definiert. Vgl. für eine ausführliche Übersicht von Definitionsansätzen *Grothe* (2006), S. 14ff. m. w. N.

[239] *Pfeil* (2002), S. 46. Vgl. ähnlich auch *Hess* (1996), S. 10; *Grothe* (2006), S. 20. Für die allgemeine Definition von Corporate Governance siehe auch *Shleifer/Vishny* (1997), S. 737: "*Corporate Governance deals with the ways in which suppliers of finance to corporations assure themselves of getting a return on their investment.*" (im Original teilweise Wörter in Großbuchstaben).

Die Untersuchung der disziplinierenden Wirkung von Corporate Governance-Mechanismen im Kontext interner Kapitalmärkte wird als erfolgversprechend angesehen. Dies betonen erstmals auch *Sautner/Villalonga* (2010): *„The few studies that have explored the link between the two topics [(corporate governance and internal capital markets), Anm. d. Verf.] suggest that this can be a fruitful avenue for research.“*[240]

Die Gesamtheit an Corporate Governance-Mechanismen kann in *externe* und *interne Mechanismen* unterteilt werden (siehe Abbildung 6).[241]

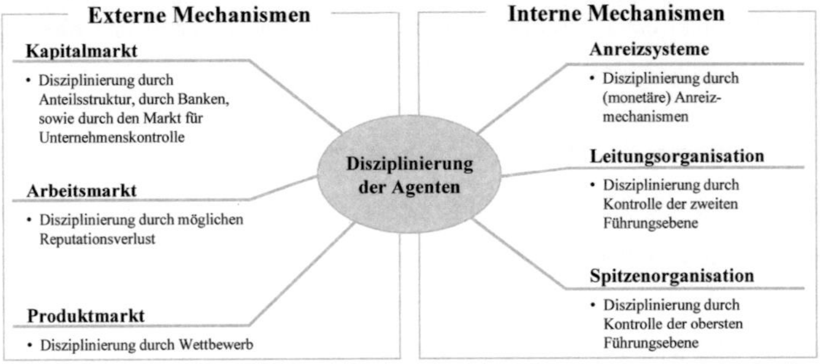

Abbildung 6: Kategorisierung der Corporate Governance-Mechanismen[242]

Externe Mechanismen werden auch als Markmechanismen bezeichnet, da sie von außen auf das Unternehmen einwirken. Die wichtigsten externen Mechanismen sind der Kapitalmarkt, der Arbeitsmarkt und der Produktmarkt.[243]

240 *Sautner/Villalonga* (2010), S. 1. Für eine Übersicht über die wenigen empirischen Studien siehe ausführlich Abschnitt 2.3.3.

241 Vgl. *Walsh/Seward* (1990), S. 422; *Hopt* (2000), S. 782; *Zingales* (2000), S. 1642; *Schmidt* (2001), S. 76f. Vgl. auch *Grothe* (2006), S. 28f.; *Werder* (2008), S. 2; *Feser* (2009), S. 13; *Baker/Anderson* (2010), S. 9ff. Für eine ähnliche Kategorisierung vgl. *Jensen* (1993), S. 862ff. Für eine alternative Kategorisierung vgl. *Rechkemmer* (2003), S. 4. Im deutschsprachigen Raum beschränkt sich der Corporate Governance-Begriff historisch bedingt oftmals auf die interne Perspektive der sog. *Unternehmensverfassung*. Vgl. hierzu *Schmidt* (1992), Sp. 1854f.; *Kübler* (1994), S. 141f.; *Schmidt* (2001), S. 65; *Werder* (2008), S. 1f. Vgl. auch *Werder/Minuth* (2000), S. 1; *Grothe* (2006), S. 20. Vgl. allgemein zur Unternehmensverfassung auch *Gerum* (1992), Sp. 2480ff.; *Chmielewicz* (1993), Sp. 4399ff.; *Schewe* (2010), S. 1ff.

242 Eigene Darstellung in enger Anlehnung an *Grothe* (2006), S. 29.

243 Vgl. *Grothe* (2006), S. 29ff.; *Feser* (2009), S. 18ff.; *Baker/Anderson* (2010), S. 11ff.

Interne Corporate Governance-Mechanismen werden hingegen innerhalb des Unternehmens gesteuert („*[...] directly controlled from within the firm [...]*“[244]). Zu den wesentlichen internen Mechanismen zählen Anreizsysteme sowie die Führungsorganisation, welche wiederum in die Leitungs- und in die Spitzenorganisation untergliedert werden kann.[245]

Um interne Kapitalmärkte effizienter auszugestalten und somit eine mögliche Unternehmenswertsteigerung erreichen zu können, ist eine direkte Ausgestaltung der Corporate Governance-Mechanismen durch das Unternehmen notwendig. Dies ist nur bei internen Mechanismen gewährleistet, externe Mechanismen werden infolgedessen fortan nicht weiter betrachtet.[246] Für Anreizsysteme (Abschnitt 3.2) und die Leitungsorganisation (Abschnitt 3.3) werden daher nachfolgend Forschungshypothesen für eine effizienz- und somit wertsteigernde Ausgestaltung hergeleitet.

Für die Ausgestaltung der Kontrolle des Vorstands durch den Aufsichtsrat im Rahmen der Kapitalallokation (Spitzenorganisation) werden hingegen nachfolgend keine Hypothesen abgeleitet. Dies ist wesentlich auf zwei Probleme zurückzuführen: erstens wird durch die Komplexität der Unternehmensführung die Bewertung der Leistung des Aufsichtsrats im Rahmen der Kontrolle des Vorstands maßgeblich erschwert. Zweitens ist durch die fehlende Offenlegung der Aktivitäten eines Aufsichtsrats eine Datenerhebung nicht ohne weiteres bzw. nur für eine sehr kleine Stichprobe (z. B. durch persönliche Befragungen[247]) möglich.[248]

---

244 *Pfeil* (2002), S. 47.

245 Vgl. *Grothe* (2006), S. 42ff.; *Werder* (2008), S. 40ff.; *Feser* (2009), S. 13ff.; *Baker/Anderson* (2010), S. 9ff.

246 Vgl. für eine ähnliche Argumentation *Funk* (2008), S. 128.

247 Siehe hierzu die explorative Studie von *Funk* (2008). Dieser zieht durch Befragung von Vorständen und sonstigen Managern diversifizierter Unternehmen Rückschlüsse auf die Kontrollfunktion des Aufsichtsrats im Rahmen der Kapitalallokation. Eine direkte Befragung von Aufsichtsräten erfolgt bei ihm jedoch nicht. Vgl. hierzu auch *Funk* (2008), S. 163ff. und S. 200ff.

248 Vgl. *Baums* (1994), S. 2ff.; *Baums* (1995), S. 14; *Eglau* (1995), S. 28; *Schmidt et al.* (1997), S. 38; *Mann* (2003), S. 173, 176. Vgl. auch *Grothe* (2006), S. 53f. Die Kritik von *Theisen* (1987), S. 170, wonach noch kein umfassendes, theoretisch fundiertes Konzept zur Kontrolle des Vorstands durch den Aufsichtsrat existiert, wird erstmals durch das Modell von *Grothe* (2006), S. 55ff. adressiert. Dieses wird auch von *Funk* (2008) im Rahmen seiner explorativen Untersuchung interner Kapitalmärkte aufgegriffen. Siehe hierzu *Funk* (2008), S. 135ff.

3.2 Ausgestaltung von Anreizsystemen zur Steigerung der Effizienz interner Kapitalmärkte

Zur Schaffung eines einheitlichen Begriffsverständnisses werden zunächst problemrelevante Grundlagen von Anreizsystemen dargestellt (Abschnitt 3.2.1). Auf Basis dieser werden dann systematisch Forschungshypothesen zur Gestaltung von Anreizsystemen zur Steigerung der Effizienz interner Kapitalmärkte hergeleitet (Abschnitt 3.2.2).

3.2.1 Problemrelevante Grundlagen von Anreizsystemen

Wie bereits in Abschnitt 2.2.2.1 einführend dargestellt, kann bei *ex post* entstehenden Informationsasymmetrien (Moral Hazard-Probleme) das Verhalten des Agenten durch den Einsatz von Anreizsystemen an die Interessen des Prinzipals angeglichen werden.[249] Die wesentliche Oberfunktion von Anreizsystemen liegt somit in der Verhaltensbeeinflussung und -steuerung des Agenten.[250] Der Wirksamkeit von Anreizsystemen zur Verhaltenssteuerung liegt in der vorliegenden Arbeit demnach der sog. *Optimal Contracting Approach* zugrunde.[251]

In der deutschsprachigen Literatur existieren verschiedene Betrachtungsperspektiven und Definitionen des Begriffs des Anreizsystems.[252] Die vorlie-

---

249 Vgl. *Neus* (1989a), S. 473; *Elschen* (1991a), S. 1005; *Franke* (1993), Sp. 43; *Ebers/Gotsch* (2006), S. 265; *Weißenberger* (2006), S. 52; *Kieser/Walgenbach* (2010), S. 48; *Küpper et al.* (2013), S. 102ff. Für Wechselwirkungen zwischen Anreiz- und Kontrollsystemen vgl. ausführlich mit jeweils weiteren Nachweisen *Rödl* (2006), S. 60; *Dahlhaus* (2009), S. 92f.

250 Vgl. *Schanz* (1991), S. 8; *Elbers et al.* (2010), S. 82; *Hungenberg/Wulf* (2011), S. 425. Aus der Oberfunktion ergeben sich drei untergeordnete Funktionen von Anreizsystemen: die Aktivierungs- und Motivationsfunktion, die Koordinationsfunktion und die Risikoallokationsfunktion. Vgl. hierzu ausführlich *Coenenberg et al.* (2012), S. 824 m. w. N. Für eine ähnliche Kategorisierung der untergeordneten Funktionen vgl. auch mit jeweils weiteren Nennungen *Winter* (1996), S. 39ff.; *Plaschke* (2003), S. 98ff.

251 Als alternative Sicht wurde der sog. *Managerial Power Approach* entwickelt. Demnach nutzen Vorstände ihre Macht aus, um die ihnen angebotenen Anreizsysteme zu ihren Gunsten zu beeinflussen. Die Wirksamkeit zur Reduzierung von Prinzipal-Agenten-Konflikten ist hierbei nicht mehr gegeben. Vgl. ausführlich zu beiden Ansätzen *Bebchuk et al.* (2002), S. 753ff.; *Bebchuk/Fried* (2003), S. 71ff. Vgl. auch mit jeweils weiteren Nennungen *Hart/Holmström* (1987), S. 71ff.; *Murphy* (1999), S. 2519ff.; *Core et al.* (2003), S. 27ff.; *Welker* (2012), S. 44ff.; *Müller* (2013), S. 244ff.

252 Vgl. *Kossbiel* (1994), S. 75; *Winter* (1996), S. 16; *Brandenberg* (2001), S. 18. Vgl. für eine Übersicht möglicher Begriffsdefinitionen *Kossbiel* (1994), S. 77; *Winter* (1996), S. 16ff.; *Zaunmüller* (2005), S. 34; *Lehmann* (2006), S. 9ff. In der Literatur wird häufig zwischen Anreizsystemen *i. e. S.* und Anreizsystemen *i. w. S.* unterschieden. An-

gende Arbeit folgt weitestgehend der Definition von *Friedl* (2003), wonach *Anreizsysteme die Art und Höhe von positiven (negativen) Anreizen festlegen, die als Folge einer (un)erwünschten Leistung des Agenten eintreten bzw. veranlasst werden und ein Motiv oder mehrere Motive des Agenten tangieren.*[253] Aus dieser Definition lassen sich die fünf wesentlichen *Elemente von Anreizsystemen* extrahieren:[254]

(1) Adressatenkreis,

(2) Bemessungsgrundlage,

(3) Belohnungsfunktion,

(4) Anreize,

(5) Ausschüttungsmodus.

Ad (1) – Adressatenkreis: Der Adressatenkreis beschreibt den Umfang der Agenten, auf die ein Anreizsystem zielt.[255] Für die vorliegende Fragestellung nach der Ausgestaltung von Anreizsystemen zur Beeinflussung der Kapitalallokationsentscheidung erfolgt eine Einschränkung des Adressatenkreises auf die *Vorstände* diversifizierter deutscher börsennotierter Unternehmen. Es wird somit ausschließlich die erste Konfliktebene zwischen den Aktionären (Prinzipal) und den Vorständen (Agent) betrachtet.[256] Durch die Verschiebung der Kontrollrechte von den Geschäftsbereichsleitern hin zu den Vorständen verfügen diese über das ausschließliche Recht zum Winner

---

reizsysteme i. e. S. beschränken sich auf die materiellen Vergütungsaspekte, wohingegen Anreizsysteme i. w. S. das gesamte Führungssystem des Unternehmens umfassen. Vgl. hierzu ausführlich *Becker* (1990), S. 8; *Wälchli* (1995), S. 30; *Dahlhaus* (2009), S. 125 m. w. N.; *Müller* (2013), S. 67f. m. w. N.

253 Vgl. *Friedl* (2003), S. 502. Vgl. ähnlich auch *Rödl* (2006), S. 60. Alternativ wird in Arbeiten auch die systemorientierte Definition von *Kossbiel* (1994), S. 78 verwendet.

254 Vgl. hierzu und nachfolgend *Hofmann* (2002), Sp. 70ff.; *Arbeitskreis "Wertorientierte Führung in mittelständischen Unternehmen" der Schmalenbach Gesellschaft* (2006), S. 2068ff.; *Becker/Kunz* (2008), S. 291ff. Vgl. für ähnliche Elemente auch *Bleicher* (1992), S. 30ff.; *Riegler* (2000a), S. 150ff.; *Friedl* (2003), S. 505ff.; *Weber et al.* (2004), S. 195ff.; *Hungenberg* (2006), S. 358ff.

255 Vgl. *Riegler* (2000a), S. 169ff.; *Weber et al.* (2004), S. 198. Nach *Guthof* (1995), S. 77 wird der Adressatenkreis auch als *Beteiligtenkreis* bezeichnet. Ein weiteres Synonym ist die *Beteiligtenbasis*. Vgl. hierzu *Tausend et al.* (2006), S. 25. Vgl. auch ausführlich mit jeweils weiteren Nachweisen *Rödl* (2006), S. 109ff.; *Müller* (2013), S. 80f.

256 Mit dem *Vorstand* wird allgemein das oberste Führungsorgan einer Aktiengesellschaft bezeichnet. Nach § 876 Abs. 1 AktG leitet der Vorstand die Gesellschaft strategisch und operativ unter eigener Verantwortung. Vgl. hierzu und zu den weiteren Organen einer Aktiengesellschaft *Hungenberg* (2012), S. 34. Vgl. auch *Müller* (2013), S. 252ff.

Picking.[257] Auch das einzige beide Konfliktebenen integrierende Modell für ineffiziente interne Kapitalmärkte nach *Scharfstein/Stein* (2000) hebt die wesentliche Bedeutung des Vorstands als entscheidendes Organ im Rahmen der Kapitalallokation hervor.[258] Mit der Einschränkung auf das oberste Führungsorgan folgt die vorliegende Arbeit dem Vorgehen vergleichbarer US-amerikanischer Studien.[259] Beispielhaft rechtfertigt *Datta et al.* (2009) die Beschränkung des Adressatenkreises auf den CEO wie folgt: *"[...] resolving the first type of agency conflict, which exists between the CEO (HQ managers) and the shareholders, lies at the heart of stemming value destruction in multi-segment firms."*[260]

Ad (2) – Bemessungsgrundlage: Die Bemessungsgrundlage ist der Indikator für die Leistungsbeurteilung des Agenten. Sie dient als Entscheidungsgrundlage für das Ausmaß der gewährten Vergütung. Die Bemessungsgrundlage stellt somit die Beziehung zwischen der Zielsetzung des Prinzipals und der des Agenten her.[261] Um eine hohe Akzeptanz beim Agenten zu erreichen, sollten Bemessungsgrundlagen die Anforderungen der *Anreizkompatibilität*, *Beeinflussbarkeit* (Controllability) und *Manipulationsfreiheit* erfüllen.[262]

Da inputbasierte Bemessungsgrundlagen nicht oder nur mit großem Aufwand vom Prinzipal überwacht werden können, werden in der vorliegenden Arbeit ausschließlich *outputbasierte Bemessungsgrundlagen* berücksichtigt.[263] Sowohl input- als auch outputbasierte Bemessungsgrundlagen kön-

---

257 Siehe hierzu ausführlich Abschnitt 2.2.1.

258 Siehe hierzu ausführlich Abschnitt 2.3.3.

259 Siehe hierzu ausführlich Abschnitt 2.3.3.

260 *Datta et al.* (2009), S. 244.

261 Vgl. *Riegler* (2000a), S. 152; *Friedl* (2003), S. 508; *Küpper et al.* (2013), S. 317f.

262 Vgl. *Friedl* (2003), S. 509; *Küpper et al.* (2013), S. 319f. m. w. N. Vgl. ähnlich auch *Müller* (2013), S. 86. Die drei genannten Anforderungen entsprechen auch den allgemein wesentlichen Anforderungen an Anreizsysteme. Vgl. hierzu und für weitere Erläuterungen jeweils mit weiteren Nennungen *Riegler* (2000a), S. 161ff.; *Rödl* (2006), S. 64ff.; *Dahlhaus* (2009), S. 134ff.; *Müller* (2013), S. 73ff. Eine Übersicht für die den Elementen eines Anreizsystems zugordneten Anforderungen vgl. *Friedl* (2003), S. 512.

263 Vgl. allgemein zu *input- und outputbasierten Bemessungsgrundlagen Riegler* (2000b), S. 34; *Plaschke* (2003), S. 25; *Laux/Liermann* (2005), S. 507f. Vgl. auch ausführlich *Müller* (2013), S. 86ff. m. w. N. Zur Problematik inputbasierter Bemessungsgrundlagen vgl. *Stewart* (1991), S. 228; *Riegler* (2000a), S. 152; *Laux/Liermann* (2005), S. 507; *Laux* (2006a), S. 26. Vgl. ähnlich auch *Dahlhaus* (2009), S. 128.

nen nicht-monetär und monetär ausgeprägt sein.[264] Da die Effizienz interner Kapitalmärkte regelmäßig durch finanzielle Größen gemessen wird, kommen für die vorliegende Arbeit ausschließlich *outputbasierte, monetäre Bemessungsgrundlagen* in Betracht.

Ad (3) – Belohnungsfunktion: Durch die Belohnungsfunktion wird eine funktionale Verknüpfung zwischen einer (oder mehreren) Bemessungsgrundlage(n) und der Höhe der Anreize hergestellt. Der Belohnungsfunktion liegt die Annahme zugrunde, dass ein höherer Anreiz eine größere Motivation beim Agenten bewirkt, die Bemessungsgrundlage(n) im Sinne des Unternehmens zu steigern.[265] Die Belohnungsfunktion kann über unterschiedliche Verläufe (linear, degressiv, progressiv), Unter- (sog. Floors) und Obergrenzen (sog. Caps) sowie über eine Verknüpfung mehrerer Bemessungsgrundlagen mit dem Anreiz verfügen.[266]

Ad (4) – Anreize: Grundsätzlich ist zwischen intrinsischen und extrinsischen Anreizen zu unterscheiden.[267] Intrinsische Anreize sind dabei stets immateriell, bei extrinsischen kann zwischen immateriellen und materiellen Anreizen unterschieden werden.[268] Materielle Anreize lassen sich zudem weiter in nicht-monetäre (z. B. Firmenwagen, Büroausstattung, Altersvorsorge) und monetäre Anreize (fixe und variable Vergütungsbestandteile) unterteilen.[269]

---

264 Vgl. *Hofmann* (2002), Sp. 71f.; *Friedl* (2003), S. 508; *Weber et al.* (2004), S. 202; *Grewe* (2006), S. 18f.; *Dahlhaus* (2009), S. 128f.; *Müller* (2013), S. 88f. m. w. N. Für eine ausführlich Darstellung von Beispielen siehe *Dahlhaus* (2009), S. 129, Fn. 23.

265 Vgl. *Baker et al.* (1988), S. 612; *Riegler* (2000a), S. 153; *Hofmann* (2002), Sp. 72; *Friedl* (2003), S. 510; *Weber et al.* (2004), S. 204; *Laux* (2006a), S. 27. Die Vergütung kann auch alternativ auf Basis einer *subjektiven Beurteilung* des Prinzipals erfolgen. Vgl. hierzu *Prendergast* (1999), S. 29; *Mayer et al.* (2005), S. 20; *Hirsch* (2007), S. 161f.

266 Vgl. *Friedl* (2003), S. 510; *Anthony/Govindarajan* (2006), S. 525; *Hungenberg* (2006), S. 360f. Vgl. auch ausführlich mit jeweils weiteren nachweisen *Rödl* (2006), S. 98ff.; *Müller* (2013), S. 92ff.

267 Vgl. *Laux/Liermann* (2005), S. 502ff. Vgl. auch *Dahlhaus* (2009), S. 126f.; *Müller* (2013), S. 81f. Vgl. allgemein zur Differenzierung *Becker* (1990), S. 9f.; *Wälchli* (1995), S. 26ff.; *Friedl* (2003), S. 506f. Zum Spannungsverhältnis zwischen extrinsischen und intrinsischen Anreizen vgl. *Brandenberg* (2001), S. 43ff.; *Lindert* (2001), S. 231ff.; *Kunz* (2005), S. 58ff.; *Hirsch* (2007), S. 159f.

268 Vgl. *Petersen* (1989), S. 4f.; *Guthof* (1995), S. 23; *Brose* (2006), S. 50f.

269 Vgl. *Lehmkühler* (2001), S. 116ff.; *Pfaff* (2007), Sp. 31; *Holtbrügge* (2013), S. 204ff. Für eine Grafische Veranschaulichung der unterschiedlichen Anreizarten siehe beispielhaft *Winter* (1996), S. 15; *Brandenberg* (2001), S. 37; *Plaschke* (2003), S. 24; *Holtbrügge* (2013), S. 205.

Aufgrund der schwierigen Vereinbarkeit intrinsischer Anreize mit der Annahme der Prinzipal-Agenten-Theorie, wonach Agenten rein rational handeln, sind diese für die vorliegende Fragestellung ungeeignet.[270] Ebenso ungeeignet sind immaterielle und nicht-monetäre Anreize, da diese stark von den Individualinteressen des Agenten abhängen und eine Aufteilung gemäß dem Zielerreichungsgrad nicht möglich ist. Daher werden für die vorliegende Arbeit ausschließlich *monetäre Anreize in Form von Geldzahlungen* an den Vorstand betrachtet.[271] Dies bietet den grundsätzlichen Vorteil, dass diese Anreize flexibel einsetzbar sind und dass dem Agenten die Möglichkeit gegeben wird, hiermit verschiedene Bedürfnisse zu erfüllen.[272]

Anreizsysteme mit rein monetären Anreizen werden auch als *finanzielle Anreizsysteme* oder *(Vorstands)Vergütungssysteme* bezeichnet.[273] Monetäre Anreize bestehen aus fixen und variablen Bestandteilen. Die Fixvergütung ist grundsätzlich unabhängig von der Zielerreichung und wird üblicherweise monatlich ausbezahlt. Sie sichert dem Vorstand eine Mindestvergütung. Variable Vergütungsbestanteile lassen sich weiter in Erfolgs- und Kapitalbeteiligungen unterteilen. Abhängig von der zugrundeliegenden Bemessungsgrundlage handelt es sich bei den Erfolgsbeteiligungen um Leistungs-, Ertrags- oder Gewinnbeteiligungen (sog. *variable Barvergütung*). Kapitalbeteiligungen können grundsätzlich am Fremd- oder Eigenkapital bestehen.[274] Fremdkapitalbeteiligungen können entweder als Darlehen oder als Mischform zwischen Fremd- und Eigenkapitalbeteiligung in Form von Wandelschuldverschreibungen[275] gewährt werden.[276] Durch die Gewährung von Eigenkapitalbeteiligungen (sog. *aktienkursbasierte Vergütung*) werden

---

270 Vgl. hierzu auch grundlegend *Kunz* (2004), S. 143ff.

271 Vgl. *Dahlhaus* (2009), S. 127; *Müller* (2013), S. 82f. m. w. N.

272 Vgl. *Dycke/Schulte* (1986), S. 578f.; *Schanz* (1991), S. 14; *Laux* (2006a), S. 24. Vgl. auch *Winter* (1997), S. 624.

273 Vgl. *Arbeitskreis "Wertorientierte Führung in mittelständischen Unternehmen" der Schmalenbach Gesellschaft* (2006), S. 2066. Nachfolgend werden die Begriffe *Anreizsystem* und *Vergütungssystem* analog verwendet.

274 Vgl. *Rosenstiel* (1975), S. 231; *Winter* (1996), S. 15f.; *Drumm* (2008), S. 524ff.; *Hungenberg* (2012), S. 365; *Holtbrügge* (2013), S. 204ff.

275 Zur Mischform der Wandelschuldverschreibung siehe ausführlich Abschnitt 3.2.2.2.

276 Vgl. *Holtbrügge* (2013), S. 206. Wandelschuldverschreibungen werden teilweise auch den Eigenkapitalbeteiligungen zugerechnet. Vgl. hierzu *Kramarsch* (2000), S. 130, 135f.

die Vorstände in die Position der Aktionäre versetzt (sog. *anteilsbasierte Vergütung*) bzw. erhalten ein Optionsrecht (sog. *optionsbasierte Vergütung*) eine solche Position später zu erreichen.[277]

Ad (5) – Auszahlungsmodus: Der Auszahlungsmodus legt fest, zu welchem Zeitpunkt bzw. nach welchem Zeitraum erworbene Vergütungsansprüche an den Vorstand ausgezahlt werden. Es kann grundsätzlich zwischen einer sofortigen (einperiodigen) und einer verzögerten (mehrperiodigen) Auszahlung unterschieden werden.[278] Als Möglichkeit zur operativen Umsetzung einer verzögerten Auszahlung eignen sich generell sog. *Bonusbanken.*[279]

Aufbauend auf den vorherigen Ausführungen werden im nachfolgenden Abschnitt konkrete Gestaltungsformen von Anreizsystemen zur Steigerung der Effizienz interner Kapitalmärkte diskutiert und hierauf basierend Forschungshypothesen abgeleitet.

3.2.2 Ausgestaltung von Anreizsystemen zur Steigerung der Effizienz interner Kapitalmärkte

Da die Effizienz interner Kapitalmärkte ein wesentlicher Werttreiber von diversifizierten börsennotierten Unternehmen ist, bieten sich für die Verhaltensbeeinflussung und -steuerung der Vorstände besonders Anreizsysteme an, deren Bemessungsgrundlage(n) einen direkten Bezug zur Wertentwicklung des Unternehmens aufweisen (sog. *wertorientierte Anreizsysteme*).[280]

---

277 Für eine vergleichbare Untergliederung der *aktienkursbasierten Vergütung* in eine *anteils-* und in eine *optionsbasierte Vergütung* vgl. *Schulz* (2010), S. 83, 431; *Müller* (2013), S. 276. Der in der vorliegenden Arbeit verwendete Begriff der *anteilsbasierten Vergütung* ist dabei klar abzugrenzen gegenüber dem in IFRS 2 verwendeten Begriff der anteilsbasierten Vergütung. Dieser umfasst in IFRS 2 sowohl Aktien als auch Aktienoptionen. Siehe hierzu ausführlich IFRS 2.1ff. und IFRS 2.B1ff.

278 Vgl. *Baker et al.* (1988), S. 612; *Friedl* (2003), S. 511; *Hungenberg* (2006), S. 361; *Dahlhaus* (2009), S. 131f.; *Hungenberg* (2012), S. 369. Vgl. auch mit jeweils weiteren Nachweisen *Rödl* (2006), S. 103ff.; *Müller* (2013), S. 96ff.

279 Vgl. zur Ausgestaltung und Funktionsweise einer Bonusbank beispielhaft *Plaschke* (2003), S. 200ff.; *Witzemann/Currle* (2004), S. 631ff.; *Arbeitskreis "Wertorientierte Führung in mittelständischen Unternehmen" der Schmalenbach Gesellschaft* (2006), S. 2074f.; *Plaschke* (2006), S. 561ff.; *Fründ* (2011), S. 132f.; *Crasselt/Fründ* (2014), S. 165ff. Vgl. auch ausführlich mit jeweils weiteren Nachweisen *Rödl* (2006), S. 105ff.; *Müller* (2013), S. 98. Zu möglichen Fehlanreizen einer Bonusbank auf Basis des EVA® vgl. *Laux* (2006b), S. 629ff.

280 Zu *wertorientierten Anreizsystemen* vgl. ausführlich *Pellens et al.* (1998), S. 3ff.; *Stelter* (1999), S. 207ff.; *Riegler* (2000a), S. 145ff.; *Plaschke* (2003), S. 26; *Weber et al.* (2004), S. 189ff.; *Arbeitskreis "Finanzierungsrechnung" der Schmalenbach-*

Das Ziel zur Steigerung der Allokationseffizienz wird somit indirekt über das Ziel zur Steigerung des Unternehmenswerts adressiert. Folglich müsste für Vorstände der Anreiz für effiziente Kapitalreallokationen umso größer ausfallen, je stärker das Anreizsystem auf das Ziel der Unternehmenswertsteigerung ausgerichtet ist (siehe Abbildung 7).[281] *Gleißner/Lienhard* (2001) prägen hierfür den Begriff der *wertorientierten Kapitalallokation.*[282] Ihnen zufolge ist die *„[...] „richtige" Eigenkapitalallokation [...] diejenige, die den Unternehmenswert maximiert."*[283]

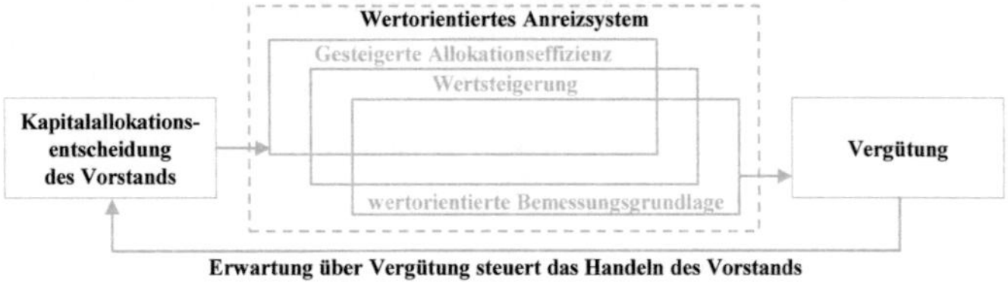

Abbildung 7: Ausgestaltung von Anreizsystemen zur Steigerung der Effizienz interner Kapitalmärkte[284]

Unter wertorientierten Gesichtspunkten sind bei börsennotierten Unternehmen Anreize auf Basis unternehmensinterner Wertkennzahlen und/oder Aktienkursentwicklungen besonders geeignet, den Prinzipal-Agenten-Konflikt zwischen Aktionären und Vorständen zu mindern.[285] Die wertorientierten Bemessungsgrundlagen korrespondieren dabei weitestgehend mit den variablen Vergütungsbestandteilen: die *variable Barvergütung* basiert vornehmlich auf internen Wertkennzahlen, die *aktienkursorientierte Vergütung* basiert vornehmlich auf der Aktienkursentwicklung.[286] Aufgrund der fehlenden Wertorientierung besitzt die *fixe Vergütung* keine Anreizwirkung.[287]

Gesellschaft (2005), S. 137ff. Für eine vergleichbare Anwendung wertorientierter Anreizsysteme im Kontext interner Kapitalmärkte vgl. *Funk* (2008), S. 129ff.

281 Vgl. ähnlich auch *Funk* (2008), S. 129.

282 Vgl. *Gleißner/Lienhard* (2001), S. 269.

283 *Gleißner/Lienhard* (2001), S. 269.

284 Eigene Darstellung modifiziert und erweitert nach *Wagenhofer* (1999), S. 188; *Arbeitskreis "Finanzierungsrechnung" der Schmalenbach-Gesellschaft* (2005), S. 142.

285 Vgl. *Pellens et al.* (1998), S. 11ff.; *Riegler* (2000a), S. 151ff.; *Arbeitskreis "Finanzierungsrechnung" der Schmalenbach-Gesellschaft* (2005), S. 140ff.

286 Neben der Bemessungsgrundlage und dem Anreiz muss auch die *Belohnungsfunktion* und der *Auszahlungsmodus* so ausgestaltet sein, dass die Veränderung der Vorstandsvergütung positiv mit der Veränderung des Unternehmenswerts abhängig gemacht

Nachfolgend werden für die *variable Barvergütung* und die *aktienkursorientierte Vergütung* Ausgestaltungsformen im Hinblick auf ihren Beitrag zur Steigerung der Allokationseffizienz interner Kapitalmärkte hin diskutiert und hierauf basierend Forschungshypothesen abgeleitet.

3.2.2.1 Variable Barvergütung

Vorstände deutscher börsennotierter Unternehmen erhalten neben der fixen Vergütung regelmäßig eine jährliche variable Vergütung in bar, die auch als Bonus bezeichnet wird.[288] Ihre weite Verbreitung wird durch eine Vielzahl empirischer Studien belegt.[289]

Variable Barvergütungen sind dann als wertorientiert einzustufen, wenn die zur Berechnung der Anreizhöhe/Barauszahlung zugrundeliegende(n) monetäre(n) Bemessungsgrundlage(n) einen direkten Zusammenhang mit dem Unternehmenswert aufweist(-en).[290] In der Literatur haben sich vier Kategorien an monetären Bemessungsgrundlagen herausgebildet. Diese werden nachfolgend zunächst kurz erläutert. Jeweils im Anschluss daran wird deren Eignung für die aufgeworfene Fragestellung diskutiert. Die vier Kategorien monetärer Bemessungsgrundlagen lauten wie folgt:[291]

(1) aktienkursorientierte Kennzahlen,

(2) wertbeitragsorientierte Kennzahlen,

---

wird. Vgl. hierzu *Elschen* (1991b), S. 213; *Riegler* (2000a), S. 153; *Velthuis* (2003), S. 115. Vgl. auch *Müller* (2013), S. 249, 268ff. m. w. N.

287 Vgl. allgemein *Wosnitza* (1991), S. 24; *Lazar* (2007), S. 37; *Müller* (2013), S. 273.

288 Vgl. *Lazar* (2007), S. 38. In den gesetzlichen Regelungen wird die variable Barvergütung auch als *variabler Vergütungsbestandteil* (§ 87 Abs. 1 Satz 3 AktG), als *Gewinnbeteiligungen* (§ 285 Satz 1 Nr. 9a) HGB und § 314 Abs. 1 Nr. 6a) HGB) oder als *variable Tantieme und Boni* (DRS 17.41a) i. d. F. 20.01.2011) bezeichnet. Für eine Übersicht über die gesetzlichen Regelungen in Deutschland vgl. *Friedl et al.* (2011), S. 7ff.; *Schmeisser et al.* (2010), S. 61ff.; *Friedl/Pfeiffer* (2014), S. 148f.

289 Vgl. beispielhaft *Pellens et al.* (1998), S. 7ff.; *Bassen et al.* (2000), S. 9ff.; *Pellens et al.* (2000a), S. 33ff.; *Pellens et al.* (2000b), S. 1831f.; *KPMG* (2003), S. 37ff.; *Langguth* (2008), S. 291ff.; *Evers* (2009), S. 361; *Kara* (2010), S. 124ff.; *Rapp/Wolff* (2010a), S. 1086f.; *Rapp/Wolff* (2010b), S. 41ff.; *Kuhner et al.* (2011), S. 38ff.; *Schäffer/Lewerenz* (2011), S. 295ff.; *Koch et al.* (2012), S. 113; *Welker* (2012), S. 25f.; *Gitt et al.* (2013), S. 100ff.; *Kuhner et al.* (2013), S. 38ff.; *Friedl/Pfeiffer* (2014), S. 150ff.

290 Vgl. *Murphy* (1999), S. 2498ff. Für weitere Verweise zur wertorientierten Ausgestaltung der Belohnungsfunktion siehe bereits die Anmerkungen in Fn. 286. Zur Eingrenzung auf rein monetäre Bemessungsgrundlagen siehe ausführlich Abschnitt 3.2.1.

291 Vgl. für die Auswahl der diskutierten Bemessungsgrundlagen *Dahlhaus* (2009), S. 158ff.; *Küpper et al.* (2013), S. 321ff.; *Müller* (2013), S. 254ff. Für empirische Evidenz vgl. beispielhaft *Bassen et al.* (2000), S. 12f.

(3) wertorientierte Rentabilitäts-Spreads,

(4) sonstige unternehmensinterne Kennzahlen.

Ad (1) – Aktienkursorientierte Kennzahlen: Als aktienkursorientierte Bemessungsgrundlagen kommen grundsätzlich der *Aktienkurs* und der Aktienkurs zuzüglich der Dividendenzahlung (sog. *Total Shareholder Return*, kurz: *TSR*[292]) in Frage. Unter der Annahme eines vollkommenen Kapitalmarktes spiegeln diese beiden Kennzahlen direkt die Wertentwicklung des Unternehmens wider und sind somit am wesentlichen Ziel wertorientierter Anreizsysteme ausgerichtet.[293] Auch wenn diese Annahme regelmäßig nicht erfüllt ist, ist langfristig davon auszugehen, dass der Börsenwert einen objektivierten Indikator für den „wahren" Unternehmenswert darstellt.[294]

Insofern stellen aktienkursorientierte Kennzahlen einen geeigneten Maßstab für eine eigentümerorientierte Leistungsbeurteilung des Vorstands dar.[295] Eine variable Barvergütung auf Basis aktienkursorientierter Kennzahlen ist daher geeignet, den Prinzipal-Agenten-Konflikt zwischen Aktionären und Vorständen im Rahmen der Kapitalallokation zu mindern.

Die variable Barvergütung auf Basis aktienkursorientierter Kennzahlen unterscheidet sich im Vergleich zu den im nachfolgenden Abschnitt dargestellten virtuellen aktienkursbasierten Vergütungskomponenten (*Phantom Stocks*, *Performance Share Units* oder *Stock Appreciation Rights*) im Wesentlichen dadurch, dass sie sich nicht an der langfristigen, mehrjährigen Entwicklung aktienkursorientierter Kennzahlen bemisst. Vielmehr beziehen sich diese Kennzahlen regelmäßig auf die Entwicklung während des jewei-

---

292 Für eine Definition des *TSR* vgl. auch ausführlich *Plaschke* (2003), S. 115ff. m. w. N. Eine ausschließliche Verwendung von *Dividenden* als Bemessungsgrundlage ist aus Sicht vieler Autoren mit Fehlanreizen verbunden. Vgl. hierzu beispielhaft *Bernhardt* (1998), S. 20; *Weiß* (1999), S. 70f.; *Laux/Liermann* (2005), S. 590ff.; *Koch/Nenning* (2006), S. 6; *Küpper et al.* (2013), S. 337.

293 Vgl. *Pellens et al.* (1998), S. 11; *Riegler* (2000a), S. 156; *Weber et al.* (2004), S. 201, 208f.; *Arbeitskreis "Finanzierungsrechnung" der Schmalenbach-Gesellschaft* (2005), S. 156; *Langguth* (2008), S. 190; *Küpper et al.* (2013), S. 337. Als wesentliche Annahme ist die des vollkommenen Kapitalmarkts zu nennen. Vgl. hierzu beispielhaft *Copeland/Weston* (1988), S. 330f.

294 Vgl. *Pellens et al.* (1998), S. 15; *Küpper et al.* (2013), S. 337. Zur Verletzung der Annahme des vollkommenen Kapitalmarkts vgl. beispielhaft *Mandl/Rabel* (1997), S. 308f. Für weitere Ausführungen zu Gründen eines in der Realität unvollkommenen Kapitalmarkts siehe bereits Fn. 93.

295 Vgl. *Heitzer et al.* (2000), S. 346f. Vgl. auch *Müller* (2013), S. 261.

ligen aktuellen Geschäftsjahres.[296] Dies wird auch durch die vorliegende Untersuchung bestätigt.[297]

Ad (2) – Wertbeitragsorientierte Kennzahlen: Zu den wertbeitragsorientierten Bemessungsgrundlagen der variablen Barvergütung zählt insbesondere die auf dem Residualgewinn basierende Absolutgröße des *Economic Value Added* (*EVA*®).[298] Allgemein wird der Residualgewinn als Differenz zwischen einer adjustierten operativen Ergebnisgröße und den durchschnittlichen gewichteten Gesamtkapitalkosten als Verzinsung für eine adjustierte betriebliche Vermögensgröße berechnet.[299] Eine den beiden Kennzahlen ähnliche, jedoch stärker zahlungsorientierte, absolute Kennzahl ist der *Cash Value Added* (*CVA*).[300]

Sofern die Aktionäre und Vorstände identische Zeitpräferenzen und Zeithorizonte haben und beide risikoneutral sind, reicht es für eine wertorientierte Verhaltenssteuerung der Vorstände aus, dass die Bedingungen des *Preinreich-Lücke-Theorems* erfüllt sind.[301] Durch einen mehrperiodigen Zeitbezug der Bemessungsgrundlage und/oder durch einen mehrperiodigen Auszahlungsmodus lässt sich die Anreizkompatibilität wertbeitragsorientierter

---

296 Vgl. *Bassen et al.* (2000), S. 12; *Evers* (2009), S. 363; *Rapp/Wolff* (2010b), S. 45ff. Für weitere Ausführungen zu virtuellen aktienkursbasierten Vergütungskomponenten siehe ausführlich Abschnitt 3.2.2.2 und die dort angegebene Literatur.

297 Siehe hierzu ausführlich Abschnitt 5.1.2.2.

298 Zur Berechnung des *EVA*® vgl. *Rödl* (2006), S. 134; *Langguth* (2008), S. 182; *Dahlhaus* (2009), S. 186ff.; *Coenenberg et al.* (2012), S. 841ff. Eine mit dem EVA® vergleichbare absolute Residualgewinngröße ist der *Economic Profit* (EP). Vgl. hierzu ausführlich mit jeweils weiteren Nachweisen *Rödl* (2006), S. 134; *Langguth* (2008), S. 179; *Dahlhaus* (2009), S. 188f.

299 Vgl. *Crasselt/Schremper* (2000), S. 813ff.; *Ewert/Wagenhofer* (2000), S. 7; *Dahlhaus* (2009), S. 184f.; Vgl. allgemein zum Residualgewinn mit jeweils weiteren Nachweisen *Dahlhaus* (2009), S. 184f., Fn. 190; *Küpper et al.* (2013), S. 325ff. Das in der Praxis wenig verbreitete *Value-Added-Konzept* der London Business School basiert ebenso auf dem Residualgewinn. Vgl. hierzu *Davis/Kay* (1990), S. 1ff.; *Davis et al.* (1991), S. 1ff.; *Röttger* (1994), S. 1ff. Die Beratungsfirma KPMG propagiert in jüngerer Zeit das ebenso auf dem Residualgewinn basierende *Earnings less Riskfree Interest Charge* (*ERIC*®)*-Konzept*. Vgl. hierzu *Velthuis* (2003), S. 111ff.; *Velthuis* (2004), S. 295ff.; *Hebertinger et al.* (2005), S. 159ff.

300 Vgl. hierzu und zur Berechnung des CVA *Lewis/Stelter* (1995), S. 23ff.; *Stelter* (1999), S. 237f.; *Stelter et al.* (2001), 9f.; *Plaschke* (2003), S. 161ff. Vgl. auch *Crasselt et al.* (2000), S. 206; *Crasselt/Schremper* (2001), S. 271ff.; *Hirsch* (2007), S. 37ff. Vgl. auch mit jeweils weiteren Nachweisen *Rödl* (2006), S. 134; *Langguth* (2008), S. 182; *Dahlhaus* (2009), S. 196f.

301 Vgl. zum *Preinreich-Lücke-Theorem Preinreich* (1937), S. 209ff.; *Lücke* (1955), S. 310ff. Vgl. auch mit jeweils weiteren Nachweisen *Crasselt* (2003), S. 68f.; *Coenenberg et al.* (2012), S. 843ff.; *Küpper et al.* (2013), S. 202ff.; *Müller* (2013), S. 264.

Kennzahlen weiter verbessern.[302] Auch wenn in der Realität die genannten Bedingungen nicht immer erfüllt sind, ist von einer positiven Anreizwirkung wertorientierter Kennzahlen weiterhin auszugehen.[303] Es wird somit davon ausgegangen, dass eine positive Verbindung zwischen der erwarteten Vergütung des Vorstands und dem durch die effiziente Allokationsentscheidung induzierten Unternehmenswertzuwachs hergestellt werden kann. Diesen Zusammenhang bestätigt auch die Studie von *Georgieva et al.* (2013), die eine Steigerung der Effizienz interner Kapitalmärkte und einhergehend eine Reduzierung des Diversification Discount nach der Einführung einer wertbeitragsorientierten Vergütung beobachtet.[304]

Ad (3) – Wertorientierte Rentabilitäts-Spreads: Im Unterschied zu rechnungswesenorientierten Kapitalrenditen wie dem *Return on Investment* (*ROI*) weisen modifizierte Kapitalrentabilitätskennzahlen modifizierte operative Ergebnisse und modifizierte betriebliche Vermögenswerte auf. Hierdurch wird versucht, eine Annäherung an zahlungs- und marktorientierte Kennzahlen zu erreichen.[305] Zu den modifizierten Kapitalrentabilitätskennzahlen zählen der *Return on Capital Employed* (*ROCE*), der *Return on Net Assets* (*RONA*), der *Return on Invested Capital* (*ROIC*) sowie der zahlungsorientierte *Cash Flow Return on Investment* (*CFROI*[306]).[307]

Aufgrund der Vernachlässigung von Kapitalkosten(-sätzen) sind die vier genannten Kennzahlen aus wertorientierten Gesichtspunkten nicht anreiz-

---

302 Vgl. *Friedl/Döscher* (2009), S. 36f. Vgl. ähnlich auch *Smith/Watts* (1982), S. 145ff.; *Grewe* (2006), S. 22; *Judith/Sommer* (2012), S. 114; *Müller* (2013), S. 266 m. w. N.

303 Vgl. allgemein zur Anreizwirkung wertbeitragsorientierter Kennzahlen *Reichelstein* (1997), S. 157ff.; *Rogerson* (1997), S. 770ff. Vgl. hierzu auch mit jeweils weiteren Nachweisen *Crasselt* (2003), S. 77ff.; *Laux* (2006a), S. 1ff.

304 Vgl. *Georgieva et al.* (2013), S. 1ff. Siehe auch bereits Abschnitt 2.3.3. Vgl. allgemein auch *Wallace* (1997), S. 275ff. *Kleiman* (1999), S. 80ff. *Garvey/Milbourn* (2000), S. 209ff.; *Riceman et al.* (2002), S. 537ff.; *Fatemi et al.* (2003), S. 159ff.; *Tortella/Brusco* (2003), S. 265ff.; *Dutta/Reichelstein* (2005), S. 1069ff.; *Hogan/Lewis* (2005), S. 721ff.; *Dutta/Fan* (2009), S. 405ff. Vgl. kritisch *Fernándes* (2002), S. 1ff.; *Fernándes/Reinoso* (2003), S. 1ff.; *Barniv et al.* (2009), S. 1015ff.

305 Vgl. *Dahlhaus* (2009), S. 178f. Zum *ROI* siehe auch ausführlich Fn. 313.

306 Für die Berechnung des CFROI vgl. besonders *Lewis/Lehmann* (1992), S. 1ff.; *Stelter* (1999), S. 233ff. Vgl. auch *Crasselt/Schremper* (2001), S. 271ff.

307 Vgl. hierzu und zur Berechnung der einzelnen Kennzahlen *Rödl* (2006), S. 134; *Langguth* (2008), S. 166ff., 177ff.; *Dahlhaus* (2009), S. 178ff., 180ff. Der ROCE und CFROI dienen auch als Grundlage für die Berechnung des EVA® bzw. des CVA.

kompatibel.[308] Werden hingegen von den Kennzahlen die Kapitalkosten(-sätze) abgezogen und somit sog. *Spreads* berechnet, wird von einigen Autoren die Anreizkompatibilität im Sinne der Wertorientierung als erfüllt erachtet.[309] Wertorientierte Rentabilitäts-Spreads bieten somit den Vorständen einen Anreiz für effiziente und somit wertsteigernde Kapitalallokationen.

Ad (4) – Sonstige unternehmensinterne Kennzahlen: Als Bemessungsgrundlage für variable Barvergütung können auch *Cash Flow-Größen* dienen.[310] Hierzu zählen besonders der *Operating Cash Flow* sowie der *Free Cash Flow*.[311] Ferner können „traditionelle" rechnungswesenorientierte Kennzahlen als Bemessungsgrundlage herangezogen werden.[312] Zu den in der Unternehmenspraxis beliebten Messgrößen zählen der *ROI* sowie mehrere *Periodenerfolgskennzahlen*.[313] Als wesentliche absolute Periodenerfolgskennzahlen sind hierbei folgende zu nennen: das *(ordentliche) Betriebsergebnis* (oft auch gleichgesetzt mit den *Earnings before Taxes*, kurz: *EBT*), das *operative Ergebnis* (oft auch gleichgesetzt mit den *Earnings before Interest and Taxes*, kurz: *EBIT*), die *Earnings before Interest, Taxes and Amortization*

---

308 Vgl. *Plaschke* (2003), S. 195f.; *Dahlhaus* (2009), S. 179f., 184; *Coenenberg et al.* (2012), S. 865; *Küpper et al.* (2013), S. 324. *Pellens et al.* (1998), S. 8f. rechnen den ROCE in ihrer Studie hingegen den wertbeitragsorientierten Kennzahlen zu. *Funk* (2008), S. 133 lehnt eine Anwendung des CFROI im Kontext interner Kapitalmärkte als wertorientierte Bemessungsgrundlage ebenfalls ab.

309 Vgl. *Dahlhaus* (2009), S. 179; *Coenenberg et al.* (2003), S. 14f.; *Langguth* (2008), S. 138; *Coenenberg et al.* (2012), S. 859; *Gitt et al.* (2013), S. 103f. Alternativ werden auch sog. *Hurdle Rates* von den Rentabilitätskennzahlen abgezogen. Diese werden pauschal ermittelt und sind ohne theoretische Fundierung. Vgl. hierzu *Pellens et al.* (1997), S. 1933ff.; *Pellens et al.* (2000b), S. 1827f.; *Ewert/Wagenhofer* (2000), S. 37f. Für die ausschließliche Berücksichtigung des sog. *ROCE-Spreads* vgl. *Ruhwedel/Schultze* (2002), S. 620; *Langguth* (2008), S. 138, 178.

310 Vgl. *Rödl* (2006), S. 135; *Dahlhaus* (2009), S. 161; *Müller* (2013), S. 255.

311 Vgl. *Rödl* (2006), S. 135; *Müller* (2013), S. 255. Für die Berechnung der beiden Kennzahlen vgl. ausführlich *Coenenberg et al.* (2014), S. 1086ff. Nach *Dahlhaus* (2009) können ferner der *Kapitalwert*, der *Endwert*, die *kumulierten, realisierten Cash Flows* sowie der *Ökonomische Gewinn* als Messgröße herangezogen werden. Vgl. hierzu und zur Berechnung ausführlich mit jeweils weiteren Nachweisen *Dahlhaus* (2009), S. 161ff., 163ff., 166ff. und S. 168ff. Grundsätzlich könnte auch der *interne Zinsfuß* als periodenübergreifende Messgröße verwendet werden. Dies ist in der Literatur jedoch umstritten. Vgl. hierzu *Weber et al.* (2004), S. 101f.; *Copeland et al.* (2008), S. 62ff.; *Franke/Hax* (2009), S. 174ff.

312 Vgl. *Rödl* (2006), S. 129f.; *Dahlhaus* (2009), S. 173, 176f.; *Müller* (2013), S. 255.

313 Vgl. zu den unterschiedlichen Berechnungsmöglichen des ROI beispielhaft *Haeseler* (1993), S. 68; *Günther* (1997), S. 210; *Langguth* (2008), S. 179; *Dahlhaus* (2009), S. 173f.

(*EBITA*) sowie die *Earnings before Interest, Taxes, Depreciation and Amortization* (*EBITDA*).[314]

Die periodenübergreifenden Cash Flow-Größen erfüllen die Anreizkompatibilität im Sinne der Wertorientiertheit nur, falls die Aktionäre und die Vorstände über gleiche Risiko- und Zeitpräferenzen sowie auch gleiche Zeithorizonte verfügen. Diese Annahme ist in der Praxis jedoch regelmäßig nicht erfüllt.[315] Traditionellen rechnungswesenorientierten Kennzahlen fehlt selbst bei identischen Risikopräferenzen und Zeithorizonten die Berücksichtigung der Verzinsungsansprüche der Aktionäre durch Abzug von Kapitalkosten(-sätzen). Daher sind diese Messgrößen generell nicht als wertorientierte Bemessungsgrundlage für die variable Barvergütung geeignet.[316] Zusammenfassend bleibt somit festzuhalten, dass sonstige unternehmensinterne Kennzahlen als Bemessungsgrundlage der variablen Barvergütung den Prinzipal-Agenten-Konflikt zwischen Aktionären und Vorständen im Kontext internen Kapitalmärkte nicht reduzieren können.

Wie die vorangegangenen Diskussionen gezeigt haben, eignen sich besonders aktienkurs- und wertbeitragsorientierte Kennzahlen zur wertorientierten Ausgestaltung der variablen Barvergütung. Eine anreizkompatible Verhaltenssteuerung der Vorstände ist mittels modifizierten Kapitalrentabilitätskennzahlen hingegen nur möglich, wenn sog. Spreads als Bemessungsgrundlage verwendet werden. Die Kennzahlen der drei Kategorien sind dabei regelmäßig einperiodig ausgestaltet, d. h. dass sich die Bemessungsgrundlage(n) nur auf das jeweilige Geschäftsjahr bezieht(-en) und dass die Vergütung sofort, d. h. nach Ablauf des Geschäftsjahres in bar ausbezahlt

---

314 Vgl. *Dahlhaus* (2009), S. 176f.; *Müller* (2013), S. 255. Für die Berechnung der Kennzahlen vgl. ausführlich *Coenenberg et al.* (2014), S. 1048f. Vgl. auch *Dahlhaus* (2009), S. 176f. m. w. N.

315 Vgl. *Plaschke* (2003), S. 135f.; *Dahlhaus* (2009), S. 167f.; *Küpper et al.* (2013), S. 323f. Vgl. auch *Müller* (2013), S. 255f.

316 Vgl. *Plaschke* (2003), S. 134; *Dahlhaus* (2009), S. 177f.; *Küpper et al.* (2013), S. 321f.; *Müller* (2013), S. 256. Vgl. auch *Lazar* (2007), S. 39 m. w. N.

wird.[317] Variable Barvergütungen die so ausgestaltet sind, werden auch als *(einperiodige) wertorientierte variable Barvergütungen* bezeichnet.[318]

Wie zuvor dargelegt, zeigen wertorientierte variable Barvergütungen einen positiven Effekt auf die Effizienz interner Kapitalmärkte. Somit lässt sich die **Forschungshypothese H1** wie folgt formulieren:

H1	**Wertorientierte variable Barvergütungen von Vorständen steigern die Effizienz interner Kapitalmärkte.**

Durch das am 05.08.2009 in Kraft getretene *Gesetz zur Angemessenheit der Vorstandsvergütung* (*VorstAG*) sollen börsennotierte Gesellschaften ihre Vorstandsvergütungsstruktur auf eine nachhaltige Unternehmensentwicklung ausrichten.[319] *„Variable Vergütungsbestandteile sollen daher eine mehrjährige Bemessungsgrundlage haben.“*[320] Als weitere Ausrichtung der Vorstandsvergütung auf die Nachhaltigkeit wird in der Literatur eine verzögerte, mehrperiodige Auszahlung der variablen Barvergütung (z. B. mittels Bonusbanken) vorgeschlagen.[321]

Durch die mehrperiodige Ausgestaltung der variablen Barvergütung wird die Ausrichtung der Vorstände auf eine langfristige Unternehmenswertentwicklung und somit eine Angleichung des Zeithorizonts zwischen Aktionären und Vorständen angestrebt.[322] Die positive Wirkung mehrperiodig ausgestalteter Boni auf den Unternehmenswert wird auch durch mehrere empi-

---

317 Vgl. *Smith/Watts* (1982), S. 141; *Grewe* (2006), S. 21. Vgl. auch *Müller* (2013), S. 274.

318 Vgl. ähnlich *Smith/Watts* (1982), S. 141; *Kuhner et al.* (2013), S. 38; *Müller* (2013), S. 276. Auf den Zusatz „einperiodig“ wird im weiteren Verlauf der Arbeit verzichtet.

319 Vgl. § 87 Abs. 1 Satz 2 AktG. Der Nachhaltigkeitsbegriff wird dabei nicht näher definiert. Für eine Konkretisierung sowie für weitere vertiefende Ausführungen zum VorstAG in Gänze vgl. *Fleischer* (2009), S. 801ff.; *Lingemann* (2009), S. 1918ff.; *Suchan/Winter* (2009), S. 2531ff.; *Regierungskommission DCGK* (2010), S. 24ff.; *Werder* (2011), S. 53ff. Die Regelungen des VorstAG wurden unter auch in den Deutschen Corporate Governance Index aufgenommen. Vgl. hierzu *Regierungskommission DCGK* (2013), S. 7.

320 § 87 Abs. 1 Satz 3 AktG.

321 Die konkrete Ausgestaltung der Nachhaltigkeit lässt der Gesetzgeber offen. Zur Ausgestaltung mittels verzögerter Auszahlung vgl. beispielhaft *Lingemann* (2009), S. 1919; *Werder* (2011), S. 55. Siehe allgemein zu Bonusbanken auch Abschnitt 3.2.1.

322 Vgl. *Brickley et al.* (1985), S. 128; *Kramarsch* (2000), S. 2; *Becker/Kramarsch* (2006), S. 25.

rische Studien belegt.[323] So beobachtet *Larcker* (1983) bei börsennotierten Unternehmen, die mehrperiodige nicht-wertorientierte Vergütungspläne einführen, einen positiven Ankündigungseffekt am Tag nach der Bekanntgabe.[324] Zu vergleichbaren Ergebnissen kommen die Studien von *Brickley et al.* (1985) und *Kumar/Sopariwala* (1992).[325]

Auf Basis der theoretischen Überlegungen und der Erkenntnisse aus den empirischen Studien ist davon auszugehen, dass eine mehrperiodige variable Barvergütung auch bereits ohne eine wertorientierte Bemessungsgrundlage einen positiven Effekt auf den Unternehmenswert und somit auf die Effizienz interner Kapitalmärkte hat.[326] Somit lässt sich die **Forschungshypothese H2** wie folgt formulieren:

H2	**Mehrperiodige variable Barvergütungen von Vorständen steigern die Effizienz interner Kapitalmärkte.**

Wenn der variablen Barvergütung bereits eine wertorientierte Bemessungsgrundlage zugrunde liegt, lässt sich die Anreizkompatibilität durch einen mehrperiodigen Zeitbezug der Bemessungsgrundlage und/oder durch einen mehrperiodigen Auszahlungsmodus weiter verbessern.[327] Dieser Zusammenhang spiegelt sich in Forschungshypothese H3 wider:

H3	**Wertorientierte variable Barvergütungen von Vorständen die mehrperiodig ausgestaltet sind, steigern die Effizienz interner Kapitalmärkte.**

Neben der variablen Barvergütung ist besonders von aktienkursbasierten Vergütungskomponenten ein positiver Beitrag zu Steigerung der Allokationseffizienz zu erwarten. Im nachfolgenden Abschnitt werden daher die

---

323 Vgl. nachfolgend auch *Welker* (2012), S. 38ff. Einzig die Studie von *Gaver et al.* (1992) zeigt keine positive Kapitalmarktreaktion auf die Einführung langfristiger, nicht-wertorientierter Vergütungspläne. Vgl. hierzu *Gaver et al.* (1992), S. 172ff.

324 Vgl. *Larcker* (1983), S. 3ff.

325 Vgl. *Kumar/Sopariwala* (1992), S. 561ff. *Brickley et al.* (1985), S. 115ff. untersuchen neben nicht-wertorientierten, auch aktienkursbasierte Vergütungspläne.

326 Zum Zusammenhang zwischen dem Unternehmenswert und der Effizienz interner Kapitalmärkte siehe ausführlich Abschnitt 2.3.4 und 3.2.2.

327 Siehe hierzu ausführlich Fn. 302.

grundsätzliche Anreizkompatibilität für die vorliegende Fragestellung und spezifische Gestaltungsformen diskutiert. Hierauf basierend werden im Anschluss Forschungshypothesen für die anteils- und optionsbasierten Vergütungskomponenten abgeleitet.

3.2.2.2 Aktienkursbasierte Vergütung

Da Aktienkurse direkt die Wertentwicklung börsennotierter Unternehmen widerspiegeln, ist das Ziel der Unternehmenswertsteigerung in der aktienkursbasierten Vergütung besonders effektiv verankert.[328] So stellen *Hall/Liebman* (1998) hierzu fest: *„The most direct solution to this agency problem [between shareholders and executives, Anm. d. Verf.] is to align the incentives of executives with the interests of shareholders by granting (or selling) stock and stock options […].“*[329]

Wie bereits in Abschnitt 3.2.1 ausgeführt, kann die aktienkursbasierte Vergütung in *anteils- und optionsbasierte* Vergütungskomponenten unterteilt werden.[330] Diese können ferner in *echte und virtuelle Eigenkapitalinstrumente* ausdifferenziert werden (für eine Systematisierung siehe Tabelle 4).[331] Echte Eigenkapitalinstrumente machen die Vorstände zu Mitaktionären bzw. sie erhalten das Optionsrecht, eine solche Position zu erreichen. Virtuelle Eigenkapitalinstrumente bilden den Wertverlauf zugehöriger echter Eigenkapitalinstrumente durch Geldleistungen nach. Eine Ausgabe von (echten) Aktien oder -optionen erfolgt hierbei nicht. Vorstände erhalten daher weder die Rechte noch müssen sie die Pflichten erfüllen, die mit der

328 Vgl. *Murphy* (1985), S. 11ff.; *Jensen/Murphy* (1990), S. 225ff.; *Hall/Liebman* (1998), S. 653ff. Vgl. auch *Gillenkirch* (2004), S. 290ff.; *Arbeitskreis "Finanzierungsrechnung" der Schmalenbach-Gesellschaft* (2005), S. 156; *Kettenring* (2012), S. 57. Grundvoraussetzung hierfür ist ein vollkommener Kapitalmarkt. Auch wenn diese Voraussetzung regelmäßig in der Realität verletzt ist, ist langfristig davon auszugehen, dass der Börsenwert einen objektivierten Indikator für den „wahren“ Unternehmenswert darstellt. Siehe hierzu ausführlich Abschnitt 3.2.2.1 (besonders Fn. 293 und 294).

329 *Hall/Liebman* (1998), S. 656.

330 Siehe besonders Fn. 277 für eine Abgrenzung der Begrifflichkeiten (besonders gegenüber dem ebenfalls in IFRS 2 verwendeten Begriff der anteilsbasierten Vergütung).

331 Vgl. *Pellens et al.* (1998), S. 11f.; *Kramarsch* (2000), S. 130; *Blecher* (2008), S. 18f.; *Schulz* (2010), S. 83. Vgl. auch *Rödl* (2006), S. 177 m. w. N. Für die vorgenommene Unterscheidung siehe auch bereits Abschnitt 3.2.1. Für eine Abgrenzung virtueller Eigenkapitalinstrumente gegenüber aktienkursorientierten Boni siehe ausführlich Abschnitt 3.2.2.1.

Aktionärsstellung verbunden sind.[332] Im Gegensatz zu echten entstehen bei virtuellen Eigenkapitalinstrumenten geringere Transaktionskosten.[333] Auch bieten sie den Vorteil, dass das Aktienvermögen nicht explizit verwässert wird.[334]

	Anteilsbasierte Vergütung	**Optionsbasierte Vergütung**
Echte Eigenkapitalinstrumente	Belegschaftsaktien (Restricted Stocks)	Aktienoptionen (Stock Options)
	Performance Shares	Wandelschuldverschreibungen
Virtuelle Eigenkapitalinstrumente	Phantom Stocks	Stock Appreciation Rights
	Performance Share Units	

Tabelle 4: Systematisierung aktienkursbasierte Vergütung[335]

Zu den anteilsbasierten Vergütungskomponenten mit echtem Eigenkapitalcharakter zählen *Belegschaftsaktien* (sog. *Restricted Stocks*) und sog. *Performance Shares*. Belegschaftsaktien werden entweder unentgeltlich oder zu bevorzugten Konditionen ausgegeben. Durch Sperrfristen (sog. *Vesting Periods*) wird häufig die Verfügung über die ausgegebenen Aktien zeitlich beschränkt.[336] Zusätzlich zu den zeitlichen Beschränkungen weisen Performance Shares auch erfolgsabhängige Verfügungsbeschränkungen auf. Die Höhe der Vergütung hängt somit von der Erfüllung vorab definierter Erfolgsziele und vom Aktienkurs am Ende der Erfolgsbeteiligungsperiode

[332] Vgl. *Pellens/Crasselt* (1998), S. 128f.; *Pellens et al.* (1998), S. 11ff.; *Arbeitskreis "Finanzierungsrechnung" der Schmalenbach-Gesellschaft* (2005), S. 157. Zu den Rechten und Pflichten der Aktionärsstellung vgl. beispielhaft *Drumm* (2008), S. 540.

[333] Vgl. *Arbeitskreis "Finanzierungsrechnung" der Schmalenbach-Gesellschaft* (2005), S. 157. Vgl. auch *Müller* (2013), S. 276.

[334] Vgl. hierzu ausführlich *Rödl* (2006), S. 179ff. m. w. N. Vgl. auch *Schwetzler* (1999), S. 342; *Reinke/Nissen-Schmidt* (2008), S. 96 m. w. N. Zum impliziten Verwässerungseffekt siehe ausführlich *Knoll* (1999), S. 4ff.

[335] Vgl. für eine ähnliche Systematisierung auch *Kramarsch* (2000), S. 130; *Rudolph/Schäfer* (2000), S. 45; *Plaschke* (2003), S. 123; *Rödl* (2006), S. 178; *Blecher* (2008), S. 18; *Schulz* (2010), S. 84; *Müller* (2013), S. 277.

[336] Vgl. hierzu und für weitere Ausführungen *Peterssen* (1968), S. 1ff.; *Baus* (1978), S. 1ff.; *Knepper* (1985), S. 419ff.; *Becker/Kramarsch* (2006), S. 45f.; Vgl. auch mit jeweils weiteren Nachweisen *Pellens/Crasselt* (1998), S. 129; *Plaschke* (2003), S. 123f.; *Schulz* (2010), S. 83; *Müller* (2013), S. 281f.

ab.[337] Die sog. *Phantom Stocks* sind virtuelle Belegschaftsaktien. Nach Ablauf der Sperrfrist wird der Differenzbetrag zwischen dem Wert bei Gewährung und dem gegenwärtigen Wert der Phantom Stocks in Bar ausbezahlt.[338] Die sog. *Performance Share Units* sind virtuelle Performance Shares, wobei die Auszahlung am Ende der Sperrfrist ebenso in Bar erfolgt.[339]

Aktienoptionen (sog. *Stock Options*) sind das wesentliche echte Eigenkapitalinstrument innerhalb der optionsbasierten Vergütungskomponenten. Bei der Gewährung von Aktienoptionen erhält der Bezugsberechtige das nicht übertragbare Recht (aber nicht die Pflicht), zwischen dem Ende der Sperrfrist und dem Laufzeitende der Option eine bestimmte Anzahl an Aktien zu einem vorher festgelegten Betrag je Aktie (sog. Ausübungskurs[340]) zu kaufen. Das Unternehmen nimmt somit die Stillhalteposition (sog. Short-Position) ein, der Bezugsberechtigte ist Inhaber der sog. Long-Position. Für den Inhaber der Option ist es ökonomisch nur sinnvoll die Kaufoptionen ausüben, wenn sie „im Geld" ist, d. h. wenn der vereinbarte Ausübungskurs kleiner ist als der Aktienkurs zum Ausübungszeitpunk. Die Möglichkeit zur Ausübung kann durch zu erreichende Erfolgsziele beschränkt werden.[341] Da die Gewährung von Aktienoptionen bis zur Einführung des *Gesetzes zur Kontrolle und Transparenz im Unternehmensbereich* (KonTraG) im Jahr 1998 praktisch unmöglich war, nutzten Unternehmen *Wandelschuldverschreibungen* kreativ um de facto Aktienoptionen nachzubilden. Wandelschuldverschreibungen kombinieren das Wahlrecht in Aktien (ähnlich wie

---

337 Vgl. hierzu und für weitere Ausführungen *Becker* (1990), S. 45f.; *Lynch/Perry* (2003), S. 50f.; *Becker/Kramarsch* (2006), S. 46. Vgl. auch mit jeweils weiteren Nachweisen *Schmeisser et al.* (2010), S. 78; *Müller* (2013), S. 282. Für eine Abgrenzung virtueller Eigenkapitalinstrumente gegenüber aktienkursorientierten Boni siehe ausführlich Abschnitt 3.2.2.1.

338 Vgl. hierzu und für weitere Ausführungen *Becker* (1990), S. 41f.; *England* (1992), S. 39ff.; *Kramarsch* (2000), S. 137ff.; *Lynch/Perry* (2003), S. 55f.; *Becker/Kramarsch* (2006), S. 50. Vgl. auch mit jeweils weiteren Nachweisen *Pellens/Crasselt* (1998), S. 130f.; *Schmeisser et al.* (2010), S. 77f.; *Schulz* (2010), S. 83; *Müller* (2013), S. 282f.

339 Vgl. hierzu und für weitere Ausführungen *Becker* (1990), S. 37. Vgl. auch mit jeweils weiteren Nachweisen *Schmeisser et al.* (2010), S. 78; *Müller* (2013), S. 283.

340 Synonyme Begriffe sind der *Ausübungspreis*, *Basispreis* oder sog. *Strike Price*.

341 Vgl. hierzu und für weitere Ausführungen *Becker* (1990), S. 37ff.; *Kramarsch* (2000), S. 133ff.; *Lynch/Perry* (2003), S. 51ff.; *Becker/Kramarsch* (2006), S. 47ff.; *Lazar* (2007), S. 47. Vgl. auch mit jeweils weiteren Nachweisen *Pellens/Crasselt* (1998), S. 129; *Plaschke* (2003), S. 124ff.; *Schulz* (2010), S. 84; *Müller* (2013), S. 284ff.

bei Optionen) mit einem verzinslichen Darlehen an das Unternehmen.[342] Die sog. *Stock Appreciation Rights* sind das virtuelle Pendant von *Aktienoptionen*. Die Auszahlung berechnet sich als Differenzbetrag zwischen dem zum Ausübungszeitpunkt gültigen Aktienkurs und dem vorab vereinbarten Ausübungskurs.[343]

Wie zu Beginn des Abschnitts bereits ausgeführt, ist die Wertorientierung in der aktienkursbasierten Vergütung besonders effektiv verankert. Fraglich ist jedoch, ob anteils- und optionsbasierte Vergütungskomponenten in gleichem Maße zu einer Steigerung der Effizienz interner Kapitalmärkte und somit zu einer Unternehmenswertsteigerung beitragen können.

Anteilsbasierte Vergütungskomponenten sind aufgrund ihres direkten Bezugs zur Aktienkursentwicklung besonders geeignet, langfristig den Börsenwert zu steigern.[344] Durch die erwartete Steigerung der Vergütung bei steigendem Aktienkurs hat der Vorstand den Anreiz, effiziente und somit wertsteigernde Kapitalallokationen vorzunehmen.[345] Ferner bieten sie den weiteren Vorteil, dass die Vorstände auch an sinkenden Aktienkursen beteiligt werden.[346] Anteilsbasierte Vergütungskomponenten sind somit anreizkompatibel für die aufgeworfene Fragestellung.

Aufgrund des asymmetrischen Chancen-Risiko-Profils von optionsbasierten Vergütungskomponenten partizipieren Vorstände grundsätzlich unbegrenzt bei steigenden Aktienkursen. Der Verlust wird jedoch auf die eventuell zu

---

342 Vgl. hierzu und für weitere Ausführungen *Kramarsch* (2000), S. 135f.; *Weißenberger* (2003), S. 151f.; *Schmeisser et al.* (2010), S. 73 m. w. N. Vgl. auch *Seibert* (1998), S. 36f. m. w. N.; *Müller* (2013), S. 277, Fn. 277. Für eine Abgrenzung virtueller Eigenkapitalinstrumente gegenüber aktienkursorientierten Boni siehe ausführlich Abschnitt 3.2.2.1.

343 Vgl. hierzu und für weitere Ausführungen *Bühner* (1989), S. 2183; *Becker* (1990), S. 41; *Kramarsch* (2000), S. 136f.; *Lynch/Perry* (2003), S. 54f.; *Becker/Kramarsch* (2006), S. 49. Vgl. auch mit jeweils weiteren Nachweisen *Pellens/Crasselt* (1998), S. 131; *Schulz* (2010), S. 84; *Müller* (2013), S. 287f.

344 Vgl. modelltheoretisch *Jensen/Meckling* (1976), S. 305ff.; *Stulz* (1988), S. 305ff. Vgl. *Becker* (1990), S. 37; *Lazar* (2007), S. 44; *Heitzer et al.* (2000), S. 346f. m. w. N.; *Funk* (2008), S. 130. Vgl. auch *Müller* (2013), S. 283 m. w. N. Für eine Abgrenzung des Begriffs der *anteilsbasierten Vergütung* gegenüber dem in IFRS 2 ebenfalls verwendeten Begriff siehe ausführlich Fn. 277 in Abschnitt 3.2.1.

345 Zum allgemeinen Zusammenhang zwischen Allokationseffizienz und Unternehmenswert siehe auch bereits Abschnitt 3.2.2.

346 Vgl. *Pellens et al.* (1998), S. 17 m. w. N. Vgl. auch *Rödl* (2006), S. 180.

zahlende Optionsprämie begrenzt.[347] Vorstände erhalten somit den Anreiz, durch effiziente Kapitalallokationsmaßnahmen den Unternehmenswert langfristig zu steigern um so die Vergütung als Differenz zwischen dem bei Ausübung aktuellen Aktienkurs und dem bei Gewährung festgelegten Ausübungskurs zu maximieren.[348] Durch eine Steigerung der Varianz der Aktienkursrenditen lässt sich die erwartete Vergütung aufgrund der konvexen Vergütungsfunktion weiter erhöhen.[349] Dies könnte die grundsätzlich risikoaversen Vorstände dazu veranlassen, risiko- und somit regelmäßig renditereichere Investitionen bzw. Kapitalallokationen vorzunehmen, die wiederum mit einem höheren Unternehmenswertanstieg einhergehen können.[350] Eine Vielzahl empirischer Studien bestätigt die Hypothese, wonach eine optionsbasierte Vergütung zu einer höheren Risikobereitschaft und somit zu einem höheren Unternehmenswert führt.[351] Optionsbasierte Vergütungskomponenten können jedoch auch die Risikobereitschaft von Vorständen mindern. Das Humankapital, welches Vorstände in das Unternehmen einbringen und welches sich nicht wie das Kapital der Aktionäre diversifizieren lässt, ist einem hohen unternehmensspezifischen Risiko ausgesetzt. Um dieses zu mindern und so den Fortbestand des Unternehmens zu sichern, könnten Vorstände versucht sein, Investitionen bzw. Kapitalallokationen mit vergleichsweise geringerem Risiko und somit geringerer Rendite durchzuführen (z. B. diversifizierende Akquisitionen). Dies würde zu einer geringeren

---

347 Vgl. *Hull* (2012), S. 334f. Vgl. auch mit jeweils weiteren Nachweisen *Heitzer et al.* (2000), S. 346; *Plaschke* (2003), S. 125; *Rödl* (2006), S. 180f.; *Müller* (2013), S. 286. Sog. *Caps* können die Auszahlung beschränken. Vgl. *Rapp/Wolff* (2010b), S. 57. Vgl. auch § 87 Abs. 1 Satz 2 Hs. 2 AktG.

348 Vgl. modelltheoretisch *Haugen/Senbet* (1981), S. 629ff. Vgl. allgemein *Winter* (2000), S. 34ff.; *Hall/Murphy* (2003), S. 49; *Lynch/Perry* (2003), S. 52. Im Kontext interner Kapitalmärkte vgl. *Funk* (2008), S. 130f. Zum allgemeinen Zusammenhang zwischen Allokationseffizienz und Unternehmenswert siehe auch bereits Abschnitt 3.2.2.

349 Vgl. *Lazar* (2007), S. 50; *Yong* (2005), S. 16f.

350 Vgl. *Winter* (2000), S. 39f.; *Lazar* (2007), S. 50. Zur Annahme der Risiko-Rendite-Korrelation vgl. *Winter* (2000), S. 44.

351 Vgl. *Smith/Stulz* (1985), S. 391ff.; *Agrawal/Mandelker* (1987), S. 823ff.; *DeFusco et al.* (1990), S. 617ff.; *Guay* (1999), S. 43ff.; *Cohen et al.* (2000), S. 1ff.; *Rajgopal/Shevlin* (2002), S. 145ff.; *Coles et al.* (2006), S. 431ff.; *Lam/Chng* (2006), S. 249ff.; *Sanders/Hambrick* (2007), S. 1055ff.; *Xue* (2007), S. 659ff.; *Low* (2009), S. 470ff. Vgl. auch *Yong* (2005), S. 19ff.; *Lazar* (2007), S. 50f.; *Suh* (2011), S. 4ff.

Unternehmenswertsteigerung führen.[352] Auch diese Hypothese wird von mehreren empirischen Studien bestätigt.[353]

Insgesamt betrachtet weisen optionsbasierte Vergütungskomponenten ebenso eine hohe Anreizkompatibilität mit den wertorientierten Zielen auf. Von der anteilsbasierten Vergütung unterscheidet sich die optionsbasierte Vergütung besonders durch das asymmetrische Chancen-Risiko-Profil und durch den Einfluss der individuellen Risikoneigung der risikoaversen Vorstände.

Da die beiden aktienkursbasierten Vergütungskomponenten die geforderte Anreizkompatibilität unterschiedlich erfüllen, wird bei der nachfolgenden Herleitung der Forschungshypothesen zwischen anteils- und optionsbasierten Vergütungskomponenten unterschieden.[354]

Ausgehend von den zuvor dargestellten, theoretischen Überlegungen müssten Vorstände einen umso größeren Anreiz zur Steigerung der Allokationseffizienz und somit zur Steigerung des Unternehmenswerts haben, je größer der *Anteil der aktienkursbasierten Vergütungskomponenten an deren jährlicher Gesamtvergütung* ist.[355] Dies ist darauf zurückzuführen, dass die Gesamtvergütung der Vorstände bei einem hohen (geringen) Anteil aktienkursbasierter Vergütungskomponenten c. p. stärker (schwächer) auf Unternehmenswertänderungen reagieren müsste.[356] Das unsystematische, unternehmensspezifische und nicht diversifizierbare Risiko steigt somit für die

---

[352] Vgl. *Amihud/Lev* (1981), S. 605ff.; *Schwetzler* (1999), S. 333; *Winter* (2000), S. 39, 44f. Vgl. auch *Lazar* (2007), S. 50.

[353] *Hirshleifer/Suh* (1992), S. 308ff.; *May* (1995), S. 1291ff.; *Schwetzler* (1999), S. 333; *Winter* (2000), S. 44f.; *Ju et al.* (2002), S. 1ff.; *Lewellen* (2006), S. 551ff. Vgl. auch *Lazar* (2007), S. 50; *Suh* (2011), S. 4ff. Risikominimierendes Verhalten von Vorständen könnte bisweilen noch verstärkt werden, sofern diese zusätzlich aktienbasierte Komponenten gewährt bekommen haben. Vgl. hierzu *Tufano* (1998), S. 1015ff.

[354] Vgl. für eine ähnliche Argumentation *Feltham/Wu* (2001), S. 7; *Datta et al.* (2009), S. 247; *Kara* (2010), S. 95. Für eine Diskussion der mit aggregierten Vergütungskennzahlen (wie z. B. Summe aus variabler Barvergütung, anteils- und optionsbasierter Vergütung, oder Summe der aktienkursorientierten Vergütung) einhergehenden Probleme vgl. ausführlich *Lambert et al.* (1991), S. 129ff.

[355] Vgl. allgemein auch *Mehran* (1995), S. 169; *Pellens et al.* (1998), S. 17; *Hungenberg* (2006), S. 359; *Schmidt/Schwalbach* (2007), S. 116. Für eine Definition der (monetären) Gesamtvergütung siehe ausführlich Abschnitt 3.2.1. Zum Zusammenhang zwischen dem Unternehmenswert und der Effizienz interner Kapitalmärkte siehe ausführlich Abschnitt 2.3.4 und 3.2.2. Für eine Abgrenzung virtueller Eigenkapitalinstrumente gegenüber aktienkursorientierten Boni siehe ausführlich Abschnitt 3.2.2.1.

[356] Vgl. *Müller* (2013), S. 330.

Vorstände mit zunehmendem Gewichtungsanteil anteils- und optionsbasierter Vergütungskomponenten.[357]

Der erwartete, positive Einfluss des relativen Anteils aktienkursbasierter Vergütungskomponenten auf den Unternehmenswert börsennotierter Unternehmen wird auch durch mehrere empirische Studien belegt.[358] So beobachtete *Mehran* (1995) in seiner Studie, dass ein steigender relativer Anteil der aktienkursbasierten Vergütung an der Gesamtvergütung zu einer Unternehmenswertsteigerung führt.[359] Zu einem vergleichbaren Ergebnis kommen auch *Hanlon et al.* (2003), *Lam/Chng* (2006) und *Smith/Swan* (2008).[360] Weitere Studien finden einen positiven Ankündigungseffekt bei der Einführung aktienkursbasierter Vergütungskomponenten.[361] Den Effekt der Höhe des relativen Anteils der aktienkursbasierten Vergütung auf den Diversification Discount untersuchen erstmals *Nam et al.* (2006). Sie finden geringere Wertabschläge bei den diversifizierten Unternehmen, die ihrem CEO einen hohen Anteil an aktienkursbasierter Vergütung gewähren.[362]

Auf Basis der theoretischen Überlegungen und der Erkenntnisse aus den empirischen Studien ist zu erwarten, dass die Höhe des Anteils der aktienkursbasierten Vergütungskomponenten an der jährlichen Gesamtvergütung einen positiven Effekt auf den Unternehmenswert und somit auf die Effizienz interner Kapitalmärkte hat.[363] Dieser Zusammenhang spiegelt sich, getrennt nach den beiden Vergütungskomponenten, in den **Forschungshypothesen H4 und H5** wider:

---

357 Vgl. *Pellens et al.* (1998), S. 17; *Kramarsch* (2000), S. 17f.

358 Vgl. nachfolgend auch *Schaller* (2011), S. 38f. Für eine kritische Auseinandersetzung mit dem Untersuchungsdesign und der Untersuchungsmethodik der Mehrzahl der Studien siehe *Palia* (2001), S. 735ff.

359 Vgl. *Mehran* (1995), S. 163ff.

360 Vgl. *Hanlon et al.* (2003), S. 3ff.; *Lam/Chng* (2006), S. 249ff.; *Smith/Swan* (2008), S. 1ff.

361 Vgl. hierzu beispielhaft die Studien von *Brickley et al.* (1985), S. 115ff.; *DeFusco et al.* (1990), S. 617ff.; *Yermack* (1995), S. 237ff. Für Deutschland vgl. beispielhaft *Langmann* (2007), S. 85ff.

362 Vgl. *Nam et al.* (2006), S. 761ff.

363 Zum Zusammenhang zwischen dem Unternehmenswert und der Effizienz interner Kapitalmärkte siehe ausführlich Abschnitt 2.3.4 und 3.2.2.

H4	**Ein höherer Anteil anteilsbasierter Vergütung an der jährlichen Gesamtvergütung der Vorstände steigert die Effizienz interner Kapitalmärkte.**

H5	**Ein höherer Anteil optionsbasierter Vergütung an der jährlichen Gesamtvergütung der Vorstände steigert die Effizienz interner Kapitalmärkte.**

Neben der Betrachtung der relativen Höhe aktienkursbasierter Vergütungskomponenten an der jährlich gewährten Gesamtvergütung kann mittels sog. *Pay-Performance-Sensitivitäten* beurteilt werden, wie sich das Vermögen des Vorstands aus gewährten Eigenkapitalinstrumenten bei einer Erhöhung (Verringerung) des Börsenwerts um 1.000 € verändert.[364] Die Pay-Performance-Sensitivität ist *„[...] als Indiz dafür zu interpretieren, wie intensiv Anreizproblemen Rechnung getragen wird.“*[365]

Für die anteilsbasierte Vergütung ergibt sich die Pay-Performance-Sensitivität über die prozentuale anteilsbasierte Eigenkapitalbeteiligung der Vorstände an den insgesamt frei in Umlauf befindlichen Aktien des Unternehmens. Bei einer Eigenkapitalbeteiligung von 1% verändert sich das Vermögen der Vorstände bei einer Börsenwertsteigerung von 1.000 € somit beispielhaft um 10 €.[366] Für die optionsbasierte Vergütung ist die Pay-Performance-Sensitivität hingegen keine lineare Funktion des Börsenwerts. Berechnet wird diese durch Multiplikation der partiellen Ableitung der Optionswerte nach dem Aktienkurs (sog. Options-Delta) mit der prozentualen

364 Vgl. *Jensen/Murphy* (1990), S. 225ff.; *Boschen/Smith* (1995), S. 577ff.; *Hall/Liebman* (1998), S. 653ff.; *Murphy* (1999), S. 2527ff. Vgl. auch *Gillenkirch* (2004), S. 290ff.; *Hengartner* (2006), S. 16ff.; *Lazar* (2007), S. 59f.; *Welker* (2012), S. 29. Anstatt der Messung absoluter Größen berechnet *Murphy* (1985) Elastizitäten. Diese messen, um wie viel Prozent sich das Vermögen der Vorstände ändert, wenn der Aktienkurs um 1% steigt. Vgl. hierzu *Murphy* (1985), S. 11ff. Vgl. auch *Welker* (2012), S. 29, 33f. Zur besseren Vergleichbarkeit der Ergebnisse mit vorherigen Studien misst die vorliegende Arbeit absolute Veränderungen (Sensitivitäten).

365 *Gillenkirch* (2004), S. 290.

366 Vgl. *Jensen/Murphy* (1990), S. 225ff.; *Yong* (2005), S. 46; *Lazar* (2007), S. 60; *Yong* (2007), S. 27; *Datta et al.* (2009), S. 257.

optionsbasierten Eigenkapitalbeteiligung der Vorstände.[367] Die Pay-Performance-Sensitivität aus anteils- und optionsbasierter Vergütung kann somit jeweils Werte zwischen 0 € und 1.000 € annehmen.

Gemäß den vorherigen theoretischen Überlegungen müssten Vorstände mit einer c. p. höheren (geringeren) Pay-Performance-Sensitivität aus aktienkursbasierten Vergütungskomponenten einen c. p. höheren (geringeren) Anreiz zu Steigerung des Unternehmenswerts und somit zur Steigerung der Effizienz interner Kapitalmärkte haben.[368] *Murphy* (2013) beschreibt diesen Wirkungszusammenhang wie folgt: *"[...] CEOs with higher pay-performance sensitivities are defined as having better incentives to create shareholder value."*[369] Der erwartete positive Zusammenhang wird auch durch mehrere empirische Studien belegt.[370] So zeigen beispielsweise *Jensen/Murphy* (1990), *Hall/Liebman* (1998) und *Murphy* (1999), dass besonders anteils- und optionsbasierte Vergütungskomponenten einen positiven Effekt auf den Unternehmenswert haben.[371] Wie bereits in Abschnitt 2.3.3 ausführlich dargestellt, untersuchen weitere empirische Studien den Zusammenhang zwischen der Eigenkapitalbeteiligung und der Effizienz interner Kapitalmärkte. Auch wenn diese kein vollständig konklusives Bild ergeben, liefern sie doch erste Evidenz dafür, dass mit steigender Pay-Performance-Sensitivität dem Anreizproblem zwischen Aktionären und Vorständen verstärkt Rechnung getragen wird und einhergehend damit effi-

---

367 Vgl. *Jensen/Murphy* (1990), S. 225ff.; *Murphy* (1999), S. 2527f.; *Habib/Ljungqvist* (2005), S. 2053ff.; *Yong* (2005), S. 45; *Lazar* (2007), S. 60; *Yong* (2007), S. 26f.; *Datta et al.* (2009), S. 257; *Murphy* (2013), S. 234. Zur Berechnung der Optionswerte und Optionsdeltas siehe ausführlich Abschnitt 4.3.3.1.2. Das Optionsdelta kann Werte zwischen 0 € und 1 € je frei in Umlauf befindlicher Aktie annehmen.

368 Vgl. *Jensen/Murphy* (1990), S. 225ff.; *Hall/Liebman* (1998), S. 653ff.; *Hengartner* (2006), S. 16. Für eine kritische Sichtweise vgl. auch *Demski/Sappington* (1999), S. 21ff.; *Gillenkirch* (2004), S. 291. Zum Zusammenhang zwischen dem Unternehmenswert und der Effizienz interner Kapitalmärkte siehe ausführlich Abschnitt 2.3.4 und 3.2.2.

369 *Murphy* (2013), S. 233.

370 Vgl. nachfolgend für einen Überblick auch *Gillenkirch* (2004), S. 290f.; *Hengartner* (2006), S. 17ff.; *Siegers* (2012), S. 5ff.; *Welker* (2012), S. 30ff. Vgl. kritisch *Rost/Osterloh* (2009), S. 123ff. m. w. N.

371 Vgl. *Jensen/Murphy* (1990), S. 225ff.; *Hall/Liebman* (1998), S. 653ff.; *Murphy* (1999), S. 2528ff. *Murphy* (1985) beobachtet hingegen einen negativen, nicht signifikanten Effekt für optionsbasierte Vergütungskomponenten, für die anderen Komponenten beobachtet er positive signifikante Effekte.

zientere interne Kapitalmärkte geschaffen werden können.[372] Dieser Zusammenhang spiegelt sich, getrennt nach den beiden Vergütungskomponenten, in den **Forschungshypothesen H6 und H7** wider:

H6	**Eine höhere anteilsbasierte Pay-Performance-Sensitivität der Vorstände steigert die Effizienz interner Kapitalmärkte.**

H7	**Eine höhere optionsbasierte Pay-Performance-Sensitivität der Vorstände steigert die Effizienz interner Kapitalmärkte.**

Wie zuvor gezeigt, eignen sich aus theoretischer Sicht besonders wertorientiert ausgestaltete Anreizsysteme um den Prinzipal-Agenten-Konflikt zwischen Aktionären und Vorständen zu reduzieren und somit eine Steigerung der Allokationseffizienz interner Kapitalmärkte zu bewirken.

[372] Siehe hierzu ausführlich Abschnitt 2.3.3.

3.3 Ausgestaltung der Leitungsorganisation zur Steigerung der Effizienz interner Kapitalmärkte

Stand im vorherigen Abschnitt der Prinzipal-Agenten-Konflikt zwischen Aktionären und Vorständen im Fokus der Betrachtung, soll nachfolgend diskutiert werden, ob, und wenn ja, wie gewisse Formen der Leitungsorganisation den Prinzipal-Agenten-Konflikt zwischen Vorständen und Geschäftsbereichsleitungen reduzieren und somit eine Steigerung der Allokationseffizienz interner Kapitalmärkte bewirken können. Zur Schaffung eines einheitlichen Begriffsverständnisses werden zunächst problemrelevante Grundlagen der Leitungsorganisation dargestellt (Abschnitt 3.3.1). Auf Basis dieser werden dann systematisch Forschungshypothesen zur Gestaltung der Leitungsorganisation zur Steigerung der Effizienz interner Kapitalmärkte hergeleitet (Abschnitt 3.3.2).

3.3.1 Problemrelevante Grundlagen der Leitungsorganisation

Gegenstand der Leitungsorganisation ist die Kompetenzverteilung zwischen den Vorständen des börsennotierten diversifizierten Unternehmens und die Regelung ihrer Zusammenarbeit mit den nachgeordneten Geschäftsbereichen.[373] Die Leitungsorganisation umfasst somit grundsätzlich zwei Gestaltungsfelder:[374]

(1) Kompetenzverteilung zwischen den Vorstandsmitgliedern und

(2) Zusammenarbeit des Vorstands mit den Geschäftsbereichen.

Ad (1) – Kompetenzverteilung zwischen den Vorstandsmitgliedern: Die Regelung der Kompetenzverhältnisse der Vorstände untereinander kann entweder nach dem *Kollegial-* oder nach dem *Direktorialprinzip* erfolgen. Gemäß dem Kollegialprinzip nehmen alle Vorstandsmitglieder grundsätzlich gleichberechtigt an der Unternehmensführung teil. Alle zur Führung des

---

373 Vgl. *Werder* (2008), S. 42. Vgl. ähnlich auch *Abegglen* (1966), S. 27; *Oesterle/Krause* (2004), S. 272ff. m. w. N.; *Becker* (2007), S. 52. Gemäß § 33 Abs. 1 MitbestG besteht der Vorstand eines deutschen börsennotierten Unternehmens ab 2.000 Arbeitnehmern aus mindestens zwei Vorständen (einer hiervon ist der gesetzlich vorgeschriebene Arbeitsdirektor). Gemäß DCGK Tz. 4.2.1 Satz 1 soll der Vorstand börsennotierter Unternehmen aus mehreren Mitgliedern bestehen. Vgl. hierzu *Regierungskommission DCGK* (2013), S. 6. Vgl. auch *Werder* (2008), S. 42, 187ff. m. w. N.

374 Vgl. hierzu und nachfolgend *Werder* (1987), S. 2265ff.; *Frese et al.* (1987), S. 333ff.; *Werder* (2008), S. 173.

Unternehmens notwendigen Entscheidungen werden von sämtlichen Vorständen gemeinsam getroffen. Hierarchische Abstufungen bestehen nicht. Demgegenüber steht das Direktorialprinzip, wonach in der Regel einem oder einigen wenigen Vorstandsmitglied(ern) Weisungsbefugnisse gegenüber den anderen eingeräumt werden. Die Führung des Unternehmens erfolgt somit nicht mehr durch den Gesamtvorstand, sondern nur durch die hierarchisch übergeordneten Mitglieder.[375] Gemäß § 77 Abs. 1 Satz 1 AktG ist für Vorstände deutscher börsennotierter Unternehmen das Kollegialprinzip geboten, wonach *„[...] sämtliche Vorstandsmitglieder nur gemeinschaftlich zur Geschäftsführung befugt“* sind.[376] Auch wenn mittels Satzung oder Geschäftsordnung abweichendes bestimmt werden kann, sind Entscheidungen durch einzelne privilegierte Vorstandsmitglieder wie beim Direktorialprinzip nicht möglich.[377] Den weiteren Ausführungen liegt somit die Annahme des Kollegialprinzips zugrunde.

Ad (2) – Zusammenarbeit des Vorstands mit den Geschäftsbereichen: Der Grad der Arbeitsteilung innerhalb des Vorstands determiniert die Kompetenzen der einzelnen Vorstandsmitglieder für Zuständigkeiten unterhalb der Ebene der Unternehmensleitung.[378] Besitzen Vorstände keine Zuständigkeiten für nachgelagerte Teilbereiche des Unternehmens, ist der Gesamtvorstand gemeinsam für alle Aufgabengebiete verantwortlich.[379] Alternativ

---

375 Vgl. hierzu und für weitere Ausführungen zu den beiden Prinzipen *Gutenberg* (1962), S. 44ff.; *Kosiol* (1962), S. 117f.; *Werder* (2008), S. 174.

376 Vgl. auch mit jeweils weiteren Nennungen *Hoffmann-Becking* (1998), S. 506ff.; *Grundei* (2008), S. 1ff. In der Unternehmenspraxis etablieren sich jedoch vermehrt direktoriale Züge, wonach z. B. der Vorstandsvorsitzende bzw. -sprecher als sog. *primus inter pares* fungiert. Vgl. hierzu *Oesterle* (2003), S. 199ff.; *Oesterle/Krause* (2004), S. 276; *Grundei* (2008), S. 3ff. Für beispielhafte Studien vgl. *Trenkle* (1983), S. 1ff.; *Bleicher/Paul* (1986), S. 263ff.; *Bleicher et al.* (1989), S. 1ff.; *Leker/Salomo* (1998), S. 156ff.; *Oesterle* (1999), S. 203ff.; *Salomo* (2001), S. 1ff.; *Oesterle* (2003), S. 199ff.

377 Vgl. § 77 Abs. 1 Satz 2 AktG.

378 Vgl. *Wälter* (1972), S. 21f.; *Kuhn* (1987), S. 462; *Werder* (1987), S. 2265ff.; *Hahn* (1988), S. 129; *Werder* (1988), S. 107ff.; *Holtmann* (1989), S. 24f.; *Bühner* (1992), S. 125ff.; *Bühner* (1995), S. 409ff.; *Bernhardt/Witt* (1999), S. 827f.; ; *Becker* (2007), S. 123ff.; *Werder* (2008), S. 175. Die Arbeitsteilung wird auch als sog. *Ressortierung* bezeichnet. Vgl. hierzu mit jeweils weiteren Nachweisen *Höhn* (1972), S. 1ff.; *Frühauf* (1998), S. 410; *Becker* (2007), S. 123ff.; *Werder* (2008), S. 175.

379 Vgl. hierzu und für weitere Ausführungen mit jeweils weiteren Nennungen *Höhn* (1972), S. 102ff.; *Werder* (2008), S. 175ff. Synonyme Begriffe für diese oft als *ressortlos* bezeichnete Unternehmensleitung sind nach *Becker* (2007), S. 125: *unressortierte Spitzeninstanz*, *Gesamtressortierung* und *portfeuillegebundene Unternehmensführung*.

können einzelne oder alle Vorstandsmitglieder, unbeschadet der Entscheidungszuständigkeiten des Gesamtvorstands gemäß dem Kollegialprinzips, Verantwortung für funktionale, divisionale oder regionale Teilbereiche der zweiten Hierarchiestufe übernehmen. Neben der gemeinsamen Unternehmensleitung agieren die Vorstandsmitglieder in *Personalunion* folglich als Leiter eines organisatorischen Teilbereichs, den sie in Abhängigkeit von den gewährten Kompetenzen selbständig führen.[380] In diversifizierten Unternehmen ist hierbei besonders die Führung der unverwandten Geschäftsbereiche der zweiten Hierarchieebene von Relevanz.[381] Bei Holding-Unternehmen und Konzernen wird die Personalunion auch als *Doppelvorstandschaft* bezeichnet. Holding-Vorstände besetzen dabei Vorstandsposten in den Tochtergesellschaften.[382] Organisationstheoretisch entsprechen Doppelvorstandschaften der Personalunion in Unternehmen mit rechtlich unselbständigen Teilbereichen.[383] Daher werden beide Begriffe nachfolgend unter den Begriff der *personellen Verflechtung* subsumiert.

Unter der Annahme der Kollegialprinzips werden im nachfolgenden Abschnitt konkrete Gestaltungsformen der Leitungsorganisation zur Steigerung der Effizienz interner Kapitalmärkte diskutiert und hierauf basierend Forschungshypothesen abgeleitet.

---

[380] Vgl. hierzu und für weitere Ausführungen mit jeweils weiteren Nennungen *Potthoff* (1976), S. 104f.; *Bleicher et al.* (1984), S. 26; *Bleicher et al.* (1989), S. 272f.; *Holtmann* (1989), S. 25f.; *Krüger* (1994), S. 254; *Hungenberg* (1995), S. 272ff.; *Bernhardt/Witt* (1999), S. 827f.; *Frese* (2000), S. 562; *Becker* (2007), S. 125ff.; *Werder* (2008), S. 175. Synonyme Begriffe für diese oft als *ressortgebunden* bezeichnete Unternehmensleitung sind: *Ressortkollegialität mit ressortierten Spitzeninstanzen* und *ressortgebundene Unternehmensführung*. Vgl. hierzu *Becker* (2007), S. 125. Zur rechtlichen Zulässigkeit der Übernahme nachgelagerter Teilbereiche durch Vorstände vgl. ausführlich mit jeweils weiteren Nennungen *Schwark* (1978), S. 216f.; *Säcker* (1987), S. 59ff.; *Semler* (1987), S. 736f.; *Werder* (1987), S. 2268f.; *Werder* (1988), S. 108; *Decher* (1990), S. 198ff., 205ff.; *Kleindiek* (2009), S. 815f.

[381] Vgl. *Holtmann* (1989), S. 27f.; *Bühner* (1992), S. 125; *Bühner* (1995), S. 411. Zum Begriff des diversifizierten Unternehmens siehe ausführlich Abschnitt 2.1.1.

[382] Vgl. hierzu und für weitere Ausführungen mit jeweils weiteren Nennungen *Hoffmann-Becking* (1986), S. 570ff.; *Werder* (1989), S. 37ff.; *Decher* (1990), S. 67ff.; *Bühner* (1992), S. 125ff.; *Bühner* (1995), S. 428; *Mellewigt* (1995), S. 127ff.; *Borchers* (2000), S. 206ff.; *Becker* (2007), S. 186f.; *Werder* (2008), S. 352ff.

[383] Vgl. ausführlich *Werder* (2008), S. 357ff.

3.3.2 Ausgestaltung der Leitungsorganisation zur Steigerung der Effizienz interner Kapitalmärkte

Neben dem Prinzipal-Agenten-Konflikt zwischen den Aktionären und den Vorständen wurde in einer Vielzahl theoretischer Erklärungsmodelle der Konflikt zwischen den Vorständen und den Geschäftsbereichsleitern als wesentliche Ursache für Ineffizienzen in der Kapitalallokation identifiziert. Gemäß den Theorien versuchen die Geschäftsbereichsleiter durch reduzierte Leistungsanstrengungen sowie durch Verteilungskämpfe der Geschäftsbereiche untereinander ihren eigenen Nutzen zu maximieren, was in der Folge zu ineffizienten und somit wertvernichtenden internen Kapitalmärkten führt.[384]

Durch eine Reduzierung der Interessenskonflikte und Informationsasymmetrien zwischen dem Vorstand und den Geschäftsbereichsleitern des diversifizierten Unternehmens müsste den theoretischen Modellen nach c. p. eine Steigerung der Allokationseffizienz und somit eine Steigerung des Unternehmenswerts erzielt werden.[385] Nach *Fechtel* (2001) sind dabei *„[...] die Leitungsstrukturen insbesondere in ihrer Ausgestaltung zwischen der Unternehmensleitung und den [...] Teileinheiten“*[386] von besonderer Relevanz für die langfristige Steigerung des Unternehmenswerts.[387] Inwiefern die im vorherigen Abschnitt dargestellten personellen Verflechtungen zu einer solchen Reduzierung der Konflikte und somit zu einer Steigerung der Allokationseffizienz beitragen können, wird nachfolgend diskutiert.

Nach dem *Prinzip der Leiteridentität* sind grundsätzlich drei Gestaltungsformen der personellen Verflechtung möglich:[388]

---

384 Siehe hierzu ausführlich Abschnitt 2.2.2.2.2 und 2.2.2.2.3. Zum Zusammenhang zwischen dem Unternehmenswert und der Effizienz interner Kapitalmärkte siehe ausführlich Abschnitt 2.3.4 und 3.2.2.

385 Siehe hierzu ausführlich Abschnitt 2.2.2.2.2 und 2.2.2.2.3.

386 *Fechtel* (2001), S. 154. Vgl. ähnlich auch *Bolton/Scharfstein* (1998), S. 109; *Ozbas/Scharfstein* (2010), S. 596.

387 Zum Begriff des wertorientierten Managements siehe ausführlich Abschnitt 2.4.

388 Vgl. hierzu und nachfolgend ausführlich *Abegglen* (1966), S. 66; *Krüger* (1994), S. 260ff.; *Rühli* (1996), S. 228ff. Vgl. auch *Bühner* (1992), S. 125ff.; *Meiser* (1994), S. 8ff.; *Bühner* (1995), S. 411ff.; *Bühner* (2004), S. 146f.; *Becker* (2007), S. 146, 182ff.

- *Volle Leiteridentität:* Alle Vorstände der Unternehmensleitung besetzen wesentliche Leitungsfunktionen in den nachgeordneten Geschäftsbereichen des diversifizierten Unternehmens.
- *Teilweise Leiteridentität:* Nur ein Teil der Vorstände der Unternehmensleitung besetzen wesentliche Leitungsfunktionen in den nachgeordneten Geschäftsbereichen des diversifizierten Unternehmens.
- *Keine Leiteridentität:* Besetzt kein Vorstand der Unternehmensleitung eine wesentliche Leitungsfunktion in den nachgeordneten Geschäftsbereichen, besteht keine personelle Verflechtung. Somit übernimmt der Gesamtvorstand die gemeinsame Verantwortung für alle Aufgabengebiete.

Tabelle 5 verdeutlicht die drei Gestaltungsformen der Leiteridentität am Beispiel einer singular bzw. plural besetzten Geschäftsbereichsleitung.

Unternehmensleitung (Vorstand)	Geschäftsbereichsleitung als **Singularinstanz**	Geschäftsbereichsleitung als **Pluralinstanz**
Volle Leiteridentität	AB A – B	AB AC – BD
Teilweise Leiteridentität	AB A – C	AB AC – DE
Keine Leiteridentität	AB C – D	AB CD – EF

Tabelle 5: Drei Formen der Leiteridentität in singular und plural besetzten Geschäftsbereichsleitungen[389]

Inwiefern eine volle bzw. teilweise Leiteridentität eine Reduzierung des Prinzipal-Agenten-Konflikts zwischen Vorständen und Geschäftsbereichsleitern bewirken kann, wird in der Literatur kontrovers diskutiert.[390] Grundsätzlich bietet sie den Vorteil einer verminderten Informationsasymmetrie

389 Vgl. ähnlich auch *Rühli* (1996), S. 230f.; *Bühner* (2004), S. 185.

390 Vgl. hierzu und für einen Überblick mit jeweils weiteren Nachweisen *Holtmann* (1989), S. 49ff.; *Bühner* (1992), S. 128ff.; *Bühner* (1995), S. 428f.; *Borchers* (2000), S. 208f.; *Bühner* (2004), S. 147; *Funk* (2008), S. 116f.

zwischen dem Vorstand und der Geschäftsbereichsleitung. Ferner kann hierdurch eine realitätsnähere Strategieentwicklung sowie eine verbesserte Strategiedurchsetzung erreicht werden. Auch wird eine Identifikation der Teilbereiche mit dem Gesamtunternehmen gefördert.[391]

Aus Sicht der Prinzipal-Agenten-Theorie ist besonders die verringerte Informationsasymmetrie von Bedeutung. Sofern die Geschäftsbereiche als Singularinstanz ausgestaltet sind (d. h. die Geschäftsbereichsleitung ist mit nur einer Person besetzt), verschwindet bei voller Leiteridentität der Prinzipal-Agenten-Konflikt zwischen der ersten und zweiten Hierarchieebene gänzlich. Zwangsläufig besteht eine vollständige Informationssymmetrie. Für die Anreiz- und Kontrollsysteme der Geschäftsbereichsleiter fallen somit keinerlei zusätzliche Agency-Kosten an.[392] Bei teilweiser Leiteridentität ist durch die größere Erfahrungsvielfalt und durch das größere Wissensspektrum der Vorstände weiterhin eine verminderte Informationsasymmetrie gegeben. Ist die Leitung eines Geschäftsbereichs als Pluralinstanz ausgestaltet (d. h. die Geschäftsbereichsleitung ist mit mindestens zwei Personen besetzt), kann der in Personalunion bzw. Doppelvorstandschaft arbeitende Vorstand die Funktion eines perfekten Monitors über die anderen Mitglieder der Geschäftsbereichsleitung übernehmen.[393] Hierdurch können die Agency-Kosten ebenso gesenkt werden.[394] Somit bleibt festzuhalten, dass eine volle oder teilweise Leiteridentität eine Reduzierung des Prinzipal-Agenten-Konflikts zwischen Vorständen und Geschäftsbereichsleitung bewirken kann. Durch effektiveres Winner Picking kann hierdurch c. p. eine Steigerung der Allokationseffizienz erreicht werden.[395]

---

[391] Vgl. hierzu ausführlich mit jeweils weiteren Nennungen *Holtmann* (1989), S. 27ff.; *Decher* (1990), S. 72ff.; *Hillebrand/Linden* (1990), S. 233; *Bühner* (1992), S. 128f.; *Naumann* (1993), S. 269; *Bühner* (1995), S. 429; *Ringlstetter* (1995), S. 220; *Borchers* (2000), S. 208; *Funk* (2008), S. 116.

[392] Vgl. *Ridder-Aab* (1980), S. 70f.; *Picot/Michaelis* (1984), S. 256; *Holtmann* (1989), S. 50. Zu Agency-Kosten siehe bereits ausführlich Abschnitt 2.2.2.1.

[393] Vgl. *Petersen* (1988), S. 27. Dieser betrachtet einen persönlich haftenden Gesellschafter einer KGaA als eben solchen. Vgl. hierzu auch *Holtmann* (1989), S. 53.

[394] Vgl. *Holtmann* (1989), S. 51ff.; *Decher* (1990), S. 72f.; *Hillebrand/Linden* (1990), S. 233; *Bühner* (1992), S. 128f.; *Naumann* (1993), S. 269; *Bühner* (1995), S. 428f.; *Ringlstetter* (1995), S. 220; *Borchers* (2000), S. 208.

[395] Für die theoretischen Erklärungsmodelle siehe ausführlich Abschnitt 2.2.

Die volle oder teilweise Leiteridentität kann jedoch auch zu einer Arbeitsüberlastung der Vorstände sowie zu zukunftsblinden Gesamtstrategien führen, da diese zu sehr operativ ausgerichtet sind. Sind Interessensdivergenzen zwischen dem Gesamtwohl des Unternehmens und dem einzelnen Teilbereich eines Vorstands vorhanden, kann dies zu Loyalitätskonflikten sowie zu Ressortegoismen führen.[396]

Aus Sicht der Prinzipal-Agenten-Theorie sind besonders die aus Interessenskonflikten heraus entstehenden Loyalitätskonflikte und Ressortegoismen von Bedeutung. Als Gesamtvorstand müssten Mitglieder mit Verantwortung für nachgeordnete Geschäftsbereiche im Sinne des Winner Picking auch dann eine aktive Kapitalreallokationen hin zu den relativ wertschaffendsten Geschäftsbereichen befürworten, wenn hierdurch der ihnen unterstellte Bereich in der Folge weniger Kapital als geplant bekommen würde, oder wenn ihr Bereich mitunter sogar Vermögenswerte veräußern müsste. Durch die direkte Vertretung der Geschäftsbereichsleitung im Vorstand kann diese ihre eigenen, opportunistischen Ziele durch bewusstes Verfälschen oder Zurückhalten von Informationen besonders effektiv durchsetzen. Diese Gefahr ist bei teilweiser Leiteridentität wesentlich höher als bei voller Leiteridentität. Dies ist auf die Bildung von Koalitionen zwischen Mitgliedern mit zusätzlicher Bereichsverantwortung zurückzuführen, die nach dem Motto *„[...] hilfst Du mir, so helf ich Dir!“*[397] handeln.[398] Es ist zu erwarten, dass dieses Verhalten zu c. p. geringerer Allokationseffizienz führt.[399]

---

396 Vgl. hierzu ausführlich mit jeweils weiteren Nennungen *Holtmann* (1989), S. 27ff.; *Decher* (1990), S. 128f., 199ff.; *Hillebrand/Linden* (1990), S. 233; *Löffler* (1991), S. 120; *Bühner* (1992), S. 130ff.; *Lewis/Lehmann* (1992), S. 2; *Naumann* (1993), S. 270; *Stein* (1993), S. 40; *Bühner* (1995), S. 429; *Ringlstetter* (1995), S. 222; *Borchers* (2000), S. 208f.; *Bühner* (2004), S. 147; *Funk* (2008), S. 116f.

397 *Bühner* (2004), S. 147. Alternativ beschreibt *Bühner* (2004), S. 147 dies auch als *„[...] Kuhhandel hinter den Kulissen“*.

398 Vgl. *Decher* (1990), S. 128f.; *Hillebrand/Linden* (1990), S. 233; *Schmidt* (1990), S. 130f.; *Löffler* (1991), S. 120; *Bühner* (1992), S. 130; *Lewis/Lehmann* (1992), S. 2; *Naumann* (1993), S. 270; *Bühner* (1995), S. 429; *Ringlstetter* (1995), S. 222; *Borchers* (2000), S. 209; *Bühner* (2004), S. 147; *Funk* (2008), S. 116.

399 Für die theoretischen Erklärungsmodelle siehe ausführlich Abschnitt 2.2.

Auch in der bislang einzigen empirischen Studie von *Funk* (2008) ist keine eindeutige Wirkungsrichtung einer personellen Verflechtung auf die Allokationseffizienz zu beobachten. Bei neun Experteninterviews mit Vorständen und Führungskräften aus dem Finanzbereich diversifizierter deutscher börsennotierter Unternehmen werden sowohl die Vorteile als auch die Nachteile der beiden zuvor hergeleiteten Wirkungsmechanismen betont.[400]

Auf Basis der theoretischen Überlegungen und der Erkenntnisse aus Empirie ist somit zu erwarten, dass personelle Verflechtungen einen in der Richtung nicht näher konkretisierbaren Effekt auf die Effizienz interner Kapitalmärkte haben. Dieser Zusammenhang spiegelt sich in **Forschungshypothese H8** wider:

H8	**Personelle Verflechtungen zwischen Vorstand und Geschäftsbereichsleitung haben eine Wirkung auf die Effizienz interner Kapitalmärkte.**

Wie zuvor dargestellt, entsprechen die Doppelvorstandschaften in Holding- und Konzernunternehmen organisationstheoretisch der Personalunion in Einheitsunternehmen mit rechtlich unselbständigen Geschäftsbereichen. Die Effekte sollten somit unabhängig von der Unternehmensorganisationsform sein.[401] Daraus folgernd werden nachfolgend die **Forschungshypothesen H9 und H10** aufgestellt:

H9	**Die Unternehmensorganisationsform hat keine Wirkung auf die Effizienz interner Kapitalmärkte.**

H10	**Die Wirkungen der personellen Verflechtung auf die Effizienz interner Kapitalmärkte werden durch die Unternehmensorganisationsform nicht beeinflusst.**

---

400 Vgl. *Funk* (2008), S. 181f., 191ff. Im US-amerikanischen Corporate Governance-Umfeld beobachten erstmals *Jiraporn et al.* (2008) einen negativen Effect sog. *Multiple Directorships* auf den Diversification Discount. Vgl. hierzu *Jiraporn et al.* (2008), S. 418ff. Für eine Übersicht über allgemeine empirische Studien zu den sog. Multiple Directorships vgl. *Jiraporn et al.* (2008), S. 420 m. w. N.

401 Siehe hierzu ausführlich die Abschnitte 2.1.1 und 3.3.1.

Wie die vorherigen Ausführungen gezeigt haben, können personelle Verflechtungen zwischen dem Vorstand und den Geschäftsbereichsleitungen eine Wirkung auf die Effizienz interner Kapitalmärkte haben. Die Effektrichtung ist jedoch nicht näher konkretisierbar.

Die zehn zuvor theoretisch hergeleiteten Forschungshypothesen werden im nachfolgenden Abschnitt im Untersuchungsmodell zusammengeführt. Ferner werden nicht im Fokus dieser Arbeit stehende Faktoren identifiziert, die die Effizienz interner Kapitalmärkte beeinflussen können.

3.4 Untersuchungsmodell und Forschungshypothesen im Überblick

Ziel der vorliegenden Arbeit ist es, die beiden eingangs formulierten Forschungsfragen konfirmatorisch durch empirische Tests zu beantworten.[402] Hierzu wurden in den vorangegangenen Abschnitten systematisch Forschungshypothesen hergeleitet. Sowohl für den internen Corporate Governance-Mechanismus des Anreizsystems von Vorständen, als auch für den Mechanismus der Leitungsorganisation lassen sich Wirkungen auf die Effizienz interner Kapitalmärkte herleiten. Somit integriert die vorliegende Arbeit erstmals in einer empirischen Studie beide Ebenen der für die Erklärung ineffizienter interner Kapitalmärkte maßgeblichen, zweistufigen Prinzipal-Agenten-Beziehung in einem Untersuchungsmodell (siehe Abbildung 8).[403]

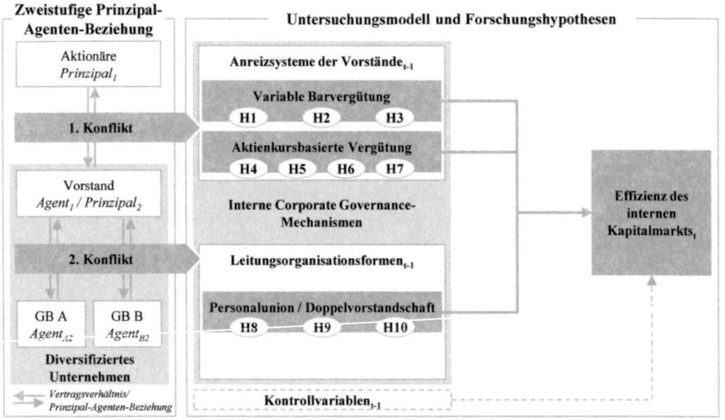

Abbildung 8: Untersuchungsmodell und Forschungshypothesen im Überblick

Für die *Anreizsysteme von Vorständen* diversifizierter deutscher börsennotierter Unternehmen lassen sich sowohl für die variable Barvergütung, als auch für die aktienkursbasierte Vergütung direkte effizienzsteigernde Wirkungsbeziehungen herleiten. So wirkt sich bei der variablen Barvergütung eine wertorientierte und/oder mehrperiodige Ausgestaltung positiv auf die Allokationseffizienz aus (**Forschungshypothesen H1 bis H3**). Für die ak-

[402] Siehe hierzu ausführlich Abschnitt 1.2 und Abschnitt 2.4.

[403] Für weitere Ausführungen zur zweistufigen Prinzipal-Agenten-Beziehung siehe ausführlich Abschnitt 2.2.2.2. Für einen Überblick über bisherige Studien zur Wirkung von Prinzipal-Agenten-Konflikten auf die Effizienz interner Kapitalmärkte siehe ausführlich Abschnitt 2.3.3.

tienkursbasierte Vergütung müsste mit einem steigenden Anteil der anteils- und optionsbasierten Vergütungskomponenten an der jährlichen Gesamtvergütung ein Anstieg der Allokationseffizienz einhergehen (**Forschungshypothesen H4 und H5**). Auch müsste mit zunehmender Höhe der anteils- und optionsbasierten Pay-Performance-Sensitivität eine Steigerung der Effizienz interner Kapitalmärkte zu beobachten sein (**Forschungshypothesen H6 und H7**).

Für die *Leitungsorganisation* lässt sich ein in der Richtung nicht näher konkretisierbarer Effekt auf die Effizienz interner Kapitalmärkte herleiten. Dabei ist zu erwarten, dass die Unternehmensorganisationsform des diversifizierten Unternehmens keine beeinflussende Wirkung auf den allgemein hergeleiteten Effekt einer personellen Verflechtung hat (**Forschungshypothesen H8 bis H10**).

Wie in Abschnitt 2.1.2 ausführlich dargestellt, fasst die vorliegende Arbeit den internen Kapitalmarkt eines diversifizierten Unternehmens als unternehmensinternen Budgetmechanismus auf.[404] Da das Investitionsbudget regelmäßig mit einem Jahr Vorlauf zum aktuellen Geschäftsjahr aufgestellt wird, entfalten die hergeleiteten Effekte aus dem Anreizsystem des Vorstands und die Effekte aus der Leitungsorganisation ihre (messbare) Wirkung auf die Effizienz interner Kapitalmärkte erst im Jahr nach der Budgeterstellung.[405] **Folglich ist im weiteren Verlauf der Arbeit von einer zeitlich nachgelagerten Wirkung der hergeleiteten Effekte auf die Allokationseffizienz von einem Jahr auszugehen.**[406] Diese Vorgehen ist im Einklang mit den vergleichbaren Studien von *Yong* (2005), *Yong* (2007) und *Datta et al.* (2009). Diese gehen ebenfalls von einer zeitlich nachgelagerten Wirkung von Vergütungskomponenten des CEOs auf die Allokationseffizienz von einem Jahr aus.[407]

---

404 Siehe hierzu bereits ausführlich Abschnitt 2.1.2 und die dort angegebene Literatur.

405 Für eine zeitliche Verortung des Budgetierungsmechanismus im Vorjahr vgl. beispielhaft mit jeweils weiteren Nennungen *Anthony/Govindarajan* (2006), S. 380ff.; *Horváth* (2011), S. 193ff.; *Weber/Schäffer* (2014), S. 289ff.

406 Dieser zeitverzögerte Effekt wird auch als sog. *Lagging Effect* bezeichnet.

407 Vgl. *Yong* (2005), S. 41f.; *Yong* (2007), S. 19; *Datta et al.* (2009), S. 247. Vgl. ähnlich auch die Studien von *Tehranian et al.* (1987), S. 933ff.; *Datta et al.* (2001), S. 2316.

Neben den im Fokus dieser Untersuchung stehenden Effekten können weitere Faktoren die Effizienz interner Kapitalmärkte beeinflussen. Diese werden im Untersuchungsmodell durch zusätzliche Kontrollvariablen adressiert. Hierdurch wird eine möglichst verzerrungsfreie Untersuchung der zuvor hergeleiteten Wirkungsmechanismen ermöglicht.[408] Die Auswahl der Kontrollvariablen orientiert sich an vergleichbaren empirischen Studien zu den Determinanten der Effizienz interner Kapitalmärkte.[409] Die vorliegende Untersuchung berücksichtigt drei Gruppen an Kontrollvariablen:[410]

(1) strukturelle Kontrollvariablen,
(2) finanzielle Kontrollvariablen,
(3) untersuchte Jahre.

Ad (1) – Strukturelle Kontrollvariablen: Zur Kontrolle struktureller Unterschiede zwischen den diversifizierten Unternehmen werden der *Diversifikationsgrad*, das *Ausmaß der verwandten Diversifikation* und die *Unternehmensgröße* ins Untersuchungsmodell aufgenommen. Durch den Diversifikationsgrad und das Ausmaß der verwandten Diversifikation finden unterschiedliche Typen an Diversifikationsstrategien Berücksichtigung.[411] Die Unternehmensgröße gilt als anerkannter Schätzer für das Ausmaß etablierter Informations- und Entscheidungsstrukturen.[412]

Ad (2) – Finanzielle Kontrollvariablen: Zur Kontrolle finanzieller Unterschiede zwischen den diversifizierten Unternehmen werden die *Profitabilität*, der *Verschuldungsgrad* und die *Liquidität* des Unternehmens ins Untersuchungsmodell aufgenommen. Durch die Profitabilität und Liquidität wird

---

408 Vgl. hierzu beispielhaft *Bortz/Schuster* (2010), S. 7f., 321ff.; *Schnell et al.* (2011), S. 226ff.; *Urban/Mayerl* (2011), S. 34. Durch die Aufnahme von Kontrollvariablen wird eine Reduzierung der unbeobachteten Heterogenität erreicht. Zur Rolle von Kontrollvariablen bei ex-post-facto Anordnungen siehe ausführlich Abschnitt 4.1.

409 Vgl. hierzu und nachfolgend für den gesamten Abschnitt *Billett/Mauer* (2003), S. 1182; *Beckmann* (2006), S. 130; *Datta et al.* (2009), S. 249ff.; *Brinkmann* (2011), S. 95f. Vgl. auch *Eberl* (2010), S. 42ff. für einen allgemeinen Überblick über Determinanten der Allokationseffizienz.

410 Vgl. für eine ähnliche Untergliederung *Brinkmann* (2011), S. 95.

411 Zur Anwendung in vergleichbaren Studien vgl. *Billett/Mauer* (2003), S. 1182; *Datta et al.* (2009), S. 249f.; *Brinkmann* (2011), S. 95. Vgl. allgemein auch *Wulf* (2007), S. 9ff.; *Eberl* (2010), S. 46ff., 50f., 51f.; *Hungenberg* (2012), S. 494ff.

412 Zur Anwendung in vergleichbaren Studien vgl. *Billett/Mauer* (2003), S. 1182; *Beckmann* (2006), S. 130; *Datta et al.* (2009), S. 250; *Brinkmann* (2011), S. 95. Vgl. allgemein auch *Hill/Hoskisson* (1987), S. 336ff.; *Wulf* (2007), S. 142.

erfasst, inwieweit ein Unternehmen Spielräume für Investitionen aufweist. Der Verschuldungsgrad dient als Kontrollgröße für das Insolvenzrisiko.[413]

Ad (3) – Untersuchte Jahre: Zur Kontrolle des Effekts der allgemeinen Wirtschaftslage werden die untersuchten Jahre ins Untersuchungsmodell aufgenommen.[414]

Da auch die Kontrollvariablen Auswirkungen auf die Entscheidungsfindung im Rahmen der Budgetierung haben, gehen diese wie die zuvor hergeleiteten Effekte mit einem zeitlichen Versatz von einem Jahr ins Untersuchungsmodell ein.

Das zuvor spezifizierte Untersuchungsmodell wird im weiteren Verlauf der Arbeit mittels empirischer Daten überprüft. Kapitel 4 geht zunächst auf die Methodik der empirischen Untersuchung ein. Kapitel 5 stellt die Ergebnisse der statistischen Analysen dar. Kapitel 6 diskutiert schließlich die gewonnen Erkenntnisse aus Sicht der Forschung und aus Sicht der Unternehmenspraxis.

---

413 Zur Anwendung in vergleichbaren Studien vgl. *Billett/Mauer* (2003), S. 1182; *Beckmann* (2006), S. 130; *Brinkmann* (2011), S. 95. Vgl. allgemein *Chakrabarti et al.* (2007), S. 101ff.

414 Zur Anwendung in vergleichbaren Studien vgl. *Billett/Mauer* (2003), S. 1195; *Beckmann* (2006), S. 132; *Datta et al.* (2009), S. 249; *Brinkmann* (2011), S. 96. Vgl. allgemein *Wooldridge* (2010), S. 191. Vergleichbare Studien verwenden auch noch Kontrollvariablen für die *Branchenzugehörigkeit*. Für Gründe weshalb diese in der vorliegenden Untersuchung nicht berücksichtigt werden siehe Fn. 573.

Kapitel 4 Methodik der empirischen Untersuchung

Wie in Abschnitt 1.2 bereits einleitend ausgeführt, wird zur Überprüfung der zuvor hergeleiteten Forschungshypothesen auf ein quantitatives empirisches Forschungsdesign zurückgegriffen (Abschnitt 4.1). Grundsätzlich muss ein quantitativer Forschungsprozess mehrere Voraussetzungen erfüllen. So ist es erforderlich, dass nach der theoriegeleiteten Herleitung der Forschungshypothesen zunächst eine klare Definition der Grundgesamtheit und Stichprobe vorgenommen wird (Abschnitt 4.2). Darauf folgt die korrekte Operationalisierung der Variablen (Abschnitt 4.3).[415] Zur Wahrung der Übersichtlichkeit werden die Ausführungen zu den verwendeten statistischen Analysemethoden den einzelnen Auswertungen im nachfolgenden Kapitel jeweils vorangestellt.

4.1 Empirisches Forschungsdesign

Die Wahl des Forschungsdesigns wird im Wesentlichen dadurch beeinflusst, inwiefern es dazu geeignet ist die Forschungsfragen zu beantworten.[416] Wie in Abschnitt 1.2 bereits dargestellt, werden für die vorliegende Untersuchung quantitative Designs angewendet. Diese lassen sich weiter in echte experimentelle Designs, quasi-experimentelle Designs sowie ex-post-facto-Anordnungen unterteilen.[417] Echte experimentelle und quasi-experimentelle Forschungsdesigns ermöglichen Aussagen über kausale Zusammenhänge zweier Variablen. Wesentliche Merkmale experimenteller Forschungsdesigns sind die Manipulation der Ursachenvariable und die Kontrolle aller Drittvariablen. Echte Experimente finden in einem Laborumfeld statt, quasi-experimentellen Designs werden in einem realen Umfeld durchgeführt.[418] Entziehen sich die zu untersuchenden Zusammenhänge einer experimentellen Erfassung, muss auf eine ex-post-facto-Anordnung zurückgegriffen werden. Die Analyse des zu untersuchenden Zusammenhangs erfolgt dann

---

415 Vgl. *Riesenhuber* (2007), S. 7f.

416 Vgl. *Kromrey* (2009), S. 64.

417 Vgl. *Kromrey* (2009), S. 79ff.; *Schnell et al.* (2011), S. 216ff.

418 Vgl. *Sedlmeier/Renkewitz* (2008), S. 124; *Kromrey* (2009), S. 87ff. Beiden Designs ist gemeinsam, dass eine zufällige Zuweisung von Probanden erfolgt. Vgl. hierzu *Rack/Christophersen* (2007), S. 18.

mit Hilfe von Vergangenheitsdaten. Experimentelle Kontrolltechniken können dabei nicht eingesetzt werden.[419]

Die Untersuchung des Einflusses interner Corporate Governance-Mechanismen auf die Effizienz interner Kapitalmärkte ist mittels Experimenten nicht realisierbar, da sich eine bewusste Veränderung der unabhängigen Variablen in einem experimentellen Modell nicht durchführen lässt. Daher wird eine Erhebung und Auswertung in Form einer ex-post-facto-Anordnung durchgeführt.

Grundsätzlich bringen ex-post-facto-Anordnungen drei methodische Problemfelder mit sich. Erstens muss gewährleistet sein, dass ausreichend Varianz in den unabhängigen Variablen vorhanden ist. Nur so können statistische Analysemethoden die Auswirkungen unterschiedlicher Variablenausprägungen adäquat erfassen. Zweitens muss versucht werden, Variablen zu mehreren Zeitpunkten zu messen. Hierdurch können kausale Zusammenhänge direkt untersucht werden (sog. *Problem der kausalen Reihenfolge der Variablen*). Abschließend muss die Untersuchung explizit Dritt- bzw. Kontrollvariablen in die Analyse mit einbeziehen, die ansonsten bei experimentellen Designs direkt kontrollierbar wären (sog. *Problem der Kontrolle von Drittvariablen*).[420]

Durch die Erhebung eines breiten Spektrums an Unternehmen wird in der vorliegenden Arbeit die Wahrscheinlichkeit erhöht, dass eine möglichst große Varianz in den unabhängigen Variablen vorhanden ist. Auch werden mehrere Unternehmensjahre erhoben, so dass eine ex-post-facto-Anordnung in Form eines Paneldesigns entsteht.[421] Dies schwächt das Problem der kausalen Reihenfolge der Variablen deutlich ab. Durch die Operationalisierung von Kontrollvariablen wird das Problem der Kontrolle von Drittvariablen adressiert.[422]

---

[419] Vgl. *Kerlinger* (1979), S. 579ff.; *Schnell et al.* (2011), S. 223.
[420] Vgl. *Schnell et al.* (2011), S. 224ff.
[421] Für weitere Ausführungen zum Paneldesign vgl. *Schnell et al.* (2011), S. 230ff.
[422] Für einen vergleichbaren Umgang mit den Problemfeldern der ex-post-facto-Anordnung im Kontext der Untersuchung interner Kapitalmärkte vgl. *Brinkmann* (2011), S. 100.

4.2 Datenbasis der Untersuchung

4.2.1 Abgrenzung der Grundgesamtheit

Als Grundgesamtheit wird die „*[...] Menge von Objekten [definiert, Anm. d. Verf.], für die die Aussagen der Untersuchung gelten sollen [...].*“[423] Die Stichprobe ist eine Teilmenge der Grundgesamtheit, für die Daten erhoben und statistisch ausgewertet werden. Mittels inferenzstatistischer Verfahren können Rückschlüsse auf die Zusammenhänge in der Grundgesamtheit gezogen werden.[424]

Die Unternehmen der Grundgesamtheit der nachfolgenden empirischen Untersuchung lassen sich wie folgt charakterisieren:

(1) Hauptsitz in Deutschland,

(2) Börsennotierung im *Composite Dax* (CDAX®) für mindestens ein Geschäftsjahr zwischen 01.01.2007 und 31.12.2011,

(3) Gesamtumsatz von mindestens 20 Mio. €,

(4) mindestens zwei unverwandte Geschäftsbereiche, wobei jeder unverwandte Geschäftsbereich mindestens einen Anteil von 10% am Gesamtumsatz aufweist,

(5) keine Geschäftstätigkeit im Banken-, Versicherungs- oder Finanzdienstleistungsbereich.

Ad (1) – Hauptsitz in Deutschland: Wie in Abschnitt 1.2 bereits dargelegt, liegt der geografische Fokus der Untersuchung auf Unternehmen mit Hauptsitz in Deutschland.[425] Hierdurch grenzt sich die vorliegende Arbeit von der Mehrheit der Studien ab, die sich mutmaßlich aufgrund der sehr guten Datenverfügbarkeit über einen großen Zeitraum hinweg auf Unternehmen mit US-amerikanischem Hauptsitz fokussiert.[426]

---

[423] *Schnell et al.* (2011), S. 257.

[424] Vgl. *Bortz/Döring* (2006), S. 32; *Opp* (2010), S. 26; *Schnell et al.* (2011), S. 11.

[425] Als Selektionskriterium kann hierzu für börsengelistete Unternehmen die *International Securities Identification Number* (ISIN) herangezogen werden, welche für Unternehmen mit Hauptsitz in Deutschland mit *DE* beginnt. Vgl. für das Selektionskriterium der ISIN *Rapp/Wolff* (2010b), S. 68. Unternehmen mit ausländischer ISIN werden aus der Grundgesamtheit ausgeschlossen.

[426] So besteht z. B. für die größten US-amerikanischen börsengelisteten Unternehmen mit *ExecuComp* eine Datenbank, die explizit Daten zur Höhe und Struktur der Vorstands-

Ad (2) – Börsennotierung im CDAX® für mindestens ein Geschäftsjahr zwischen 01.01.2007 und 31.12.2011: Die bewusste Einschränkung der Grundgesamtheit auf börsennotierte Unternehmen erfolgt insbesondere vor dem Hintergrund der Datenverfügbarkeit. Auch erleichtert dies die Vergleichbarkeit mit vorherigen Studien. Für die Operationalisierung der abhängigen Variable werden eine Vielzahl an Kennzahlen aus der Konzernbilanz, der Konzern-Gewinn- und Verlustrechnung sowie der Segmentberichterstattung benötigt (siehe hierzu Abschnitt 4.3.2). Die Daten zur Berechnung der Kennzahlen stehen für alle deutschen börsennotierten Unternehmen über die Datenbank *Worldscope* zur Verfügung. Weitere Kapitalmarktdaten wie zum Beispiel Aktienkurse sind über *Datastream* verfügbar.[427]

Des Weiteren muss eine vollständige Datenverfügbarkeit für die Operationalisierung der unabhängigen Variablen gewährleistet sein (siehe hierzu Abschnitt 4.3.3). Neben Daten zur Ausgestaltung der Leitungsorganisation sind hierbei insbesondere Daten zur Struktur und Höhe der Vorstandsvergütung relevant. Diese Daten müssen mehrheitlich händisch erhoben werden.[428] Unabdingbar hierfür ist eine für den Stichprobenzeitraum durchgängige Verfügbarkeit von Geschäftsberichten. Auch müssen aufgrund der verzögerten Wirkung der unabhängigen Variablen und der Kontrollvariablen Geschäftsberichte aus den Vorjahren vorliegen.[429] Die zeitnahe Veröffentlichung nach Geschäftsjahresende ist hierbei nur für börsennotierte Unternehmen sichergestellt.[430]

Die Erhebung der Daten für die Variablen zur Vergütungsstruktur und -höhe wird dabei erst durch eine Gesetzesänderung im Jahre 2005 möglich. Seit der Verabschiedung des *Vorstandsvergütungs-Offenlegungs-Gesetzes*

---

vergütung beinhaltet. Für einen Überblick über die regionale Ausrichtung bisheriger Studien siehe Abschnitt 2.3.2.

427 Die Zugriffsrechte für die Worldscope- und Datastream-Datenbank wurden freundlicherweise von der *Siemens AG* zur Verfügung gestellt. Zur Validierung der Daten wurde auf die jeweiligen Geschäftsberichte zurückgegriffen.

428 Vgl. hierzu die einzelnen Datenquellen im Rahmen der Operationalisierung der unabhängigen Variablen in Abschnitt 4.3. Vgl. auch *Lazar* (2007), S. 101f.

429 Zur verzögerten Wirkung siehe ausführlich Abschnitt 3.4.

430 Börsennotierte Unternehmen müssen gemäß § 341i Abs. 3 HGB innerhalb von vier Monaten nach Geschäftsjahresende einen Konzernabschluss aufstellen. Nichtbörsennotierte Unternehmen haben hierzu zwölf Monate Zeit.

(VorstOG) besteht für börsennotierte Unternehmen mit Geschäftsjahresbeginn ab dem 01.01.2006 erstmals grundsätzlich die Pflicht, im Anhang detaillierte Informationen zu individuellen Vorstandsbezügen und zu den Grundzügen des Vergütungssystems zu publizieren.[431] Da die internen Corporate Governance-Mechanismen ihre Wirkung auf die Effizienz interner Kapitalmärkte erst im Folgejahr entfalten, werden die Daten für die unabhängigen Variablen zum Ende des vorherigen Geschäftsjahres erhoben.[432] Somit können erstmals Geschäftsjahre beginnend ab dem 01.01.2007 in die Untersuchung eingehen. Aufgrund der oft stark verzögerten Veröffentlichung der Geschäftsberichte beinhaltet die Untersuchung nur Geschäftsjahre, die spätestens zum 31.12.2011 enden. Folglich können maximal fünf Beobachtungen je Unternehmen erhoben werden.[433]

Der Untersuchung liegt der CDAX®-Index zugrunde. Dieser bildet den gesamten amtlichen und regulierten Aktienmarkt (sog. *Prime* und *General Standard*) der Deutschen Börse ab. Er eignet sich daher gut für Analysezwecke.[434] Um mit einer Beobachtung in die Untersuchung einzugehen, muss das jeweilige Unternehmen in seinem Geschäftsjahr börsentäglich mit mindestens einer Aktiengattung im CDAX® vertreten sein.

---

431 Die grundsätzliche Verpflichtung ergibt sich aus § 285 Nr. 9 a HGB bzw. § 314 Abs. 1 Nr. 6 a HGB. Gem. § 286 Abs. 5 HGB und § 314 Abs. 2 Satz 2 HGB besteht die Möglichkeit zur Befreiung von der Pflicht zur Offenlegung für maximal fünf Jahre, sofern dies mit Dreiviertelmehrheit von der Hauptversammlung beschlossen wird. Die Regelungen des VorstOG werden seit dem Jahr 2007 durch den vom *Deutschen Rechnungslegungs Standards Committee* (DRSC) herausgegebenen *Deutschen Rechnungslegungsstandard* (DRS) 17 konkretisiert. Für die genauen Regelungen des DRS 17 vgl. *DRSC* (2008); *DRSC* (2011). Für einen Überblick über DRS 17 vgl. auch *Mujkanovic* (2011), S. 995ff. Vgl. auch die Empfehlungen des *Deutschen Corporate Governance Kodex* (DCGK), Tz. 4.2. Siehe hierzu ausführlich *Regierungskommission DCGK* (2013), S. 6ff.

432 Siehe hierzu ausführlich Abschnitt 3.4.

433 Auch Vergleichbare Studien decken meist einen Zeitraum von mehreren Jahren ab. Für eine Übersicht über bisherige Studien siehe ausführlich Abschnitt 2.3.2.

434 Einzig die Unternehmen des gering regulierten Markts (sog. *Entry All Share Index*) werden von der vorliegenden Untersuchung nicht abgedeckt. Für eine genaue Definition der einzelnen Börsensegmente in Deutschland vgl. *Deutsche Börse (Hrsg.)* (2014). Die Indexzusammensetzung des CDAX® (sog. Constituents List) für alle betrachteten Kalenderjahre wurde zunächst mittels Daten aus Datastream erstellt (Mnemonic: LCDAXGEN). Zur Validierung wurde auf Daten der Deutschen Börse (http://www.dax-indices.com) zurückgegriffen. *Beckmann* (2006) verwendet für eine empirische Untersuchung deutscher diversifizierter Unternehmen ebenso den CDAX®. Vgl. hierzu *Beckmann* (2006), S. 82.

Ad (3) – Gesamtumsatz von mindestens 20 Mio. €: Vor allem große Unternehmen lassen Schwierigkeiten im Rahmen der Kapitalallokation erwarten. Grund hierfür können insbesondere eine größere Entscheidungskomplexität und die Vielzahl möglicher widerstreitender Interessen sein.[435] In vorherigen Studien zum Diversification Discount sowie zur Effizienz interner Kapitalmärkte hat sich daher eine Mindestgröße der untersuchten Unternehmen durchgesetzt. So muss jedes Unternehmen je Beobachtungsjahr über einen Umsatz von mindestens 20 Mio. € verfügen.[436]

Ad (4) – Mindestens zwei unverwandte Geschäftsbereiche, wobei jeder unverwandte Geschäftsbereich mindestens einen Anteil von 10% am Gesamtumsatz aufweist: Aus der Menge aller im CDAX® gelisteten Unternehmen müssen im Rahmen der Untersuchung zunächst die diversifizierten Unternehmen selektiert werden. Gemäß der Definition eines diversifizierten Unternehmens in Abschnitt 2.1.1 muss dieses über mindestens zwei unverwandte Geschäftsbereiche verfügen. Die Klassifizierung der Geschäftsbereiche in Branchen wird auf Basis der SIC-Codes vorgenommen.[437] Die Verwendung von SIC-Codes ist objektiv nachprüfbar und ermöglicht eine gute Vergleichbarkeit mit vorherigen Studien.[438]

Die Branchenklassifizierung mittels SIC-Codes wurde von der US-Regierung entwickelt. Der vierstellige Code ordnet einen Geschäftsbereich einer Branche zu. Der dreistellige Code steht für den Wirtschaftsbereich, der

---

435 Vgl. *Funk* (2008), S. 161f.

436 Vgl. beispielhaft *Berger/Ofek* (1995), S. 43; *Datta et al.* (2009), S. 245; *Ozbas/Scharfstein* (2010), S. 584. Für eine vergleichbare Anwendung in einer deutschen Studie siehe *Beckmann* (2006), S. 82.

437 Das Verfahren der Branchenklassifizierung mittels SIC-Codes geht auf die Ansätze von *Weston/Mansinghka* (1971), S. 919ff. und *Montgomery* (1982), S. 299ff. zurück.

438 Alternativ zur Verwendung von SIC-Codes wäre die Verwendung von sog. *NACE*- oder *NAICS*-Codes. NACE steht für *Nomenclature statistique des activités économiques dans la Communauté*. Er ist ein den SIC-Codes ähnliches Pendant für Europa. NAICS steht für *North American Industry Classification System*. Es wurde entwickelt um die SIC-Codes abzulösen. Alle Klassifikationen sind ineinander überleitbar. Trotz NACE und NAICS verwendet die finanzwissenschaftliche Forschung noch fast ausschließlich SIC-Codes für die Klassifizierung. Siehe hierzu auch *Martin/Sayrak* (2003), S. 49: *„However, due to the widespread usage of the SIC system in financial research, we use this system as the basis for our discussions."* Für die Verwendung von SIC-Codes in deutschen Studien über diversifizierte Unternehmen vgl. *Laucher* (2005), S. 73; *Beckmann* (2006), S. 84f.; *Brinkmann* (2011), S. 122f. *Kolasinski* (2009) greift in seiner Untersuchung interner Kapitalmärkte erstmals auf NAICS-Codes zurück. Vgl. hierzu *Kolasinski* (2009), S. 331.

zweistellige Code für den Wirtschaftszweig und der einstellige Code für den Hauptwirtschaftszweig. Die Zuordnungslogik wird durch das nachfolgende Beispiel in Tabelle 6 nochmals verdeutlicht:[439]

SIC	Bezeichnung	Beispiel	
1xxx	Hauptwirtschaftszweig	5xxx	Hauptwirtschaftszweig Handel
11xx	Wirtschaftszweig	51xx	Wirtschaftszweig Großhandel-Verbrauchsgüter
111x	Wirtschaftsbereich	511x	Wirtschaftsbereich Papier und Papierprodukte
1111	Branche	5111	Branche Druck und Schreibpapier

Tabelle 6: Beispiel zur Zuordnungslogik von SIC-Codes[440]

SIC-Codes sind für alle deutschen börsennotierten Unternehmen elektronisch über die Datenbank Worldscope verfügbar.[441] In der vorliegenden Untersuchung wird ein Unternehmen dann als diversifiziert eingestuft, wenn es mindestens zwei Geschäftsbereiche in unterschiedlichen Wirtschaftszweigen aufweist, d. h. wenn sich die SIC-Codes an der zweiten Stelle unterscheiden.[442] Segmente die kein operatives Geschäft besitzen (regelmäßig handelt es sich hierbei um sog. Konsolidierungssegmente) fließen nicht mit in die Bewertung ein, ob ein Unternehmen diversifiziert ist oder nicht. Für detaillierte Ausführungen zum Umgang mit diesen Segmenten sei an dieser Stelle auf den nachfolgenden Abschnitt verwiesen.

Vereint ein Wirtschaftszweig eines diversifizierten Unternehmens mehr als 90% des Gesamtumsatzes auf sich, wird das Unternehmen trotzdem nicht als diversifiziert eingestuft. Die Bereinigung um sog. *Pseudo Conglomerates* findet auch verstärkt Anwendung in vergleichbaren Studien.[443] Sie verhindert, dass Unternehmen mit marginalen Nebengeschäften die Aussagekraft der Analysen verfälschen.

Ad (5) – Keine Geschäftstätigkeit im Banken-, Versicherungs- oder Finanzdienstleistungsbereich: Unternehmen mit Geschäftsbereichen aus dem Banken-, Versicherungs- oder Finanzdienstleistungsbereich (SIC 6000-6999)

---

439 Vgl. *Beckmann* (2006), S. 84, 206.

440 Tabelle entnommen aus *Beckmann* (2006), S. 206.

441 In Worldscope sind jedem Geschäftssegment und dem gesamten Unternehmen SIC-Codes zugeordnet. Für Erläuterungen hierzu vgl. *Thomson Reuters* (2014), S. 41. Für die vorliegende Untersuchung wird auf die SIC-Codes der Segmente zurückgegriffen.

442 Deutsche Studien definieren diversifizierte Unternehmen ebenso auf der Basis zweistelliger SIC-Codes. Vgl. hierzu *Beckmann* (2006), S. 84; *Brinkmann* (2011), S. 123.

443 Vgl. für eine solche Bereinigung *Beckmann* (2006), S. 83f.; *Datta et al.* (2009), S. 245.

unterliegen speziellen Rechnungslegungsvorschriften. Auch werden diese Segmente regelmäßig nach anderen Kennzahlen als realwirtschaftliche Geschäftsbereiche gesteuert.[444] Um dieser Tatsache gerecht zu werden, müsste die Operationalisierung der abhängigen Variable die Spezifika dieser Branche abbilden. Dies erscheint unter dem gewählten Operationalisierungsansatz (siehe hierzu Abschnitt 4.3.2) nicht möglich. Vor diesem Hintergrund sind Unternehmen mit Geschäften im Bereich von SIC 6000-6999 nicht Bestandteil der Grundgesamtheit.[445]

4.2.2 Ziehung der Stichprobe

Für die vorliegende Untersuchung erfolgt die bewusste Auswahl einer Stichprobe.[446] Die hiermit verbundenen Nachteile einer höheren systematischen Verzerrung und einer somit etwas geringeren Repräsentativität können durch die Vorteile einer verbesserten Datenqualität und einem somit geringeren Risiko der Verzerrung der Analyseergebnisse kompensiert werden.[447]

---

444 Vgl. *Beckmann* (2006), S. 83; *Funk* (2008), S. 163. Für Spezifika der IFRS-Rechnungslegung und wertorientierten Steuerungskonzepten in Banken vgl. *Scherrer* (2005), S. 233ff. Für eine Einführung in die Risikokapitalallokation in der Gesamtbanksteuerung vgl. *Schierenbeck et al.* (2005), S. 185ff.

445 Die Bereinigung der Grundgesamtheit um diese Unternehmen wird in vergleichbaren Studien unterschiedlich rigide gehandhabt. Für eine vollständige Eliminierung von Unternehmen mit Geschäftssegmenten im Bereich Banken, Versicherungen und Finanzdienstleistungen vgl. beispielhaft *Berger/Ofek* (1995), S. 43; *Datta et al.* (2009), S. 245. Eine Teileliminierung von Finanzsegmenten (zum Beispiel nur gewisse Branchen von SIC 6) findet sich beispielhaft in *Ozbas/Scharfstein* (2010), S. 584 Eine Vielzahl an Studien ist in ihrer Beschreibung nicht ganz präzise, ob nur originäre Banken, Versicherungen und Finanzdienstleister oder auch Unternehmen mit einzelnen Segmenten aus diesen Bereichen (Beispiel: *Siemens AG* mit dem Finanzdienstleister SFS) aus der Grundgesamtheit ausgeschlossen werden. Vgl. hierzu beispielhaft *Beckmann* (2006), S. 83; *Funk* (2008), S. 163. Die Liste der Stichprobenunternehmen lässt bei diesen beiden Studien jedoch den Rückschluss zu, dass nur originäre Banken etc. aus der Grundgesamtheit ausgeschlossen werden. *Brinkmann* (2011) schließt explizit nur Unternehmen aus, deren gesamte Geschäftstätigkeit im SIC 6000-6999 Bereich liegt. Vgl. hierzu *Brinkmann* (2011), S. 130. Um jegliche Verzerrung der statistischen Analysen aufgrund von Finanzsegmenten ausschließen zu können, wählt die vorliegende Untersuchung die stärkste Form der Eliminierung.

446 Für einen Überblick über Methoden zur Stichprobenbildung sowie für detaillierte Ausführungen zur bewussten Stichprobenziehung vgl. *Bortz/Döring* (2006), S. 394ff.; *Kaya/Himme* (2007), S. 79ff.; *Riesenhuber* (2007), S. 11; *Fahrmeir et al.* (2011), S. 25ff. Für Ausführungen zur Notwendigkeit der Stichprobenbildung bei sehr kleinen oder heterogenen Grundgesamtheiten vgl. *Riesenhuber* (2007), S. 11.

447 Vgl. zu den Nachteilen der bewussten Stichprobenbildung *Kaya/Himme* (2007), S. 81.

Ein strukturierter und objektiv nachprüfbarer Prozess der Datenaufbereitung entscheidet darüber, ob eine Beobachtung aus der Grundgesamtheit in die Stichprobe aufgenommen wird. Dieser Datenaufbereitungsprozess ist eng an vorherige Studien angelehnt.[448] Die Aufbereitung in der vorliegenden Arbeit gliedert sich in vier Schritte:

(1) Ausschluss von Beobachtungen aufgrund inkonsistenter oder fehlender Daten,

(2) Bereinigung und Korrektur der Datenbasis,

(3) Ausschluss von Beobachtungen aufgrund ökonomischer Extremwerte,

(4) Ausschluss von Beobachtungen mit Rumpfgeschäftsjahren.

Ad (1) – Ausschluss von Beobachtungen aufgrund inkonsistenter oder fehlender Daten: In die Stichprobe gehen nur Beobachtungsjahre ein, für die ein vollständiger und konsistenter Datensatz zur Verfügung steht, so dass alle in Abschnitt 4.3 beschriebenen Variablen berechnet werden können.

Die Aufnahme in die Stichprobe wird im Wesentlichen durch die Verfügbarkeit und Konsistenz der Daten für die Berechnung der abhängigen Variable bestimmt.[449] Als Datengrundlage für deren Operationalisierung dienen die Segmentberichte der Unternehmen. Daher wird zunächst besonderes Augenmerk auf die gemäß IAS 14 bzw. IFRS 8 offenzulegenden Segmentberichtsdaten gelegt. Bei der Überprüfung der Vollständigkeit werden sog. Konsolidierungssegmente und fehlende Werte für Segmentabschreibungen und -investitionen zunächst außer Acht gelassen. Diese werden in Schritt (2) einer speziellen Aufbereitung unterzogen. Nach der Überprüfung der Vollständigkeit wird die Datenkonsistenz überprüft. Da gemäß IAS 14 bzw. IFRS 8 nicht alle Elemente der Konzernbilanz und Konzern-Gewinn- und

---

[448] Vgl. *Berger/Ofek* (1995), S. 43ff.; *Billett/Mauer* (2003), S. 1171; *Beckmann* (2006), S. 83ff., 155ff.; *Datta et al.* (2009), S. 245; *Ozbas/Scharfstein* (2010), S. 584f.; *Brinkmann* (2011), S. 131, XXVf. Vgl. allgemein zur Notwendigkeit der Datenaufbereitung bei der Nutzung von Archivdaten aus Datenbanken *Schmittig/Wöhrmann* (2013), S. 578f.

[449] Für die Berechnung der abhängigen Variable siehe ausführlich Abschnitt 4.3.2. Die Vollständigkeit und Konsistenz der Daten zur Berechnung der anderen Variablen ist weniger kritisch, da für diese deutlich weniger Grunddaten notwendig sind und diese großteils händisch aus den Geschäftsberichten erhoben werden können.

Verlustrechnung den Geschäftssegmenten zugeordnet werden müssen, kann es zu Inkonsistenzen zwischen den konsolidierten Gesamtkonzernwerten und den Werten in der Segmentberichterstattung kommen.[450] Nach *Berger/Ofek* (1995) werden daher die Beobachtungen ausgeschlossen, deren Summe der Segmentumsätze um mehr als +/- 1% vom konsolidierten Umsatz und deren Summe der Vermögenswerte um mehr als +/- 25% von den konsolidierten Vermögenswerten abweichen.[451] Ferner werden Beobachtungen ausgeschlossen, die gegen IAS 14.37 bzw. IFRS 8.15 verstoßen, wonach mindestens 75% der konsolidierten Umsatzerlöse den Geschäftssegmenten zugeordnet sein müssen.[452] Nach *Ozbas/Scharfstein* (2010) werden des Weiteren Beobachtungen aus der Stichprobe ausgeschlossen, die sog. *Accounting-Anomalien* aufweisen (Segmentabschreibungen gleich Null oder Segmentinvestitionen kleiner oder gleich Null).[453] Aufgrund fehlerhafter oder inkonsistenter Daten werden von den 558 Unternehmensjahren der Grundgesamtheit 380 Beobachtungen aus der Untersuchung ausgeschlossen.

Ad (2) – Bereinigung und Korrektur der Datenbasis: Im Hinblick auf das in Abschnitt 4.1 gewählte Paneldesign ist es vorteilhaft, mehrere Beobachtungen je Unternehmen für die statistische Auswertung zur Verfügung zu haben. Dies mindert das Problem der kausalen Reihenfolge der Variablen.

---

450 Für Geschäftsjahre beginnend ab dem 01.01.2009 ist für die Unternehmen der Stichprobe verpflichtend IFRS 8 anzuwenden. Er ersetzt IAS 14, welcher zuvor Anwendung fand. Vgl. hierzu IFRS 8.IN10. Kern der Segmentberichterstattung ist die verpflichtende Offenlegung des Umsatzes, der Vermögensgegenstände, Investitionen, Abschreibungen und des Ergebnisses je Segment. Für die genauen Regelungen, welche vom *International Accounting Standards Board* (IASB) erlassen wurden, siehe *IASB* (2004); *IASB* (2009).

451 Vgl. *Berger/Ofek* (1995), S. 43, 61. Auch andere Untersuchungen wenden dieses Vorgehen an. Vgl. hierzu beispielhaft *Billett/Mauer* (2003), S. 1171; *Datta et al.* (2009), S. 245; *Brinkmann* (2011), S. XXV.

452 *Beckmann* (2006) argumentiert diese Selektion mit DRS 3.12. Vgl. hierzu *Beckmann* (2006), S. 85. DRS 3 konkretisiert die in § 297 Abs. 1 HGB festgelegten Vorschriften zu Segmentberichterstattung. Zum DRS 3 vgl. *DRSC* (2005). Gemäß DRS 3.3b findet dieser für die vorliegende Stichprobe jedoch keine Anwendung, da die Unternehmen der Stichprobe ihren Konzernabschluss gemäß § 315 a HGB nach internationalen Rechnungslegungsstandards aufstellen müssen.

453 Vgl. *Ozbas/Scharfstein* (2010), S. 584. Die dritte von *Ozbas/Scharfstein* (2010) vorgeschlagene Stichprobenbereinigung um Beobachtungen, wo die Segmentinvestitionen größer als die Segmentumsätze oder -vermögensgegenstände sind, wird nicht durchgeführt. Grund hierfür ist die Möglichkeit, dass es sich dabei um strategische Wachstumssegmente handelt die zunächst hohe Anfangsinvestitionen bedürfen. Diese Annahme deckt sich auch mit der Erweiterung der abhängigen Variable um eine Wachstumskomponente (siehe hierzu ausführlich Abschnitt 4.3.2.2).

Wie eine stichprobenmäßige Datenvalidierung zeigt, weisen die aus Worldscope erhobenen Daten oftmals Lücken oder kleine Fehler auf, wie z. B. Zahlendreher oder Fehler in den Dezimalstellen. Für alle Unternehmen, die mit mindestens einem Beobachtungsjahr in der Stichprobe vertreten sind, werden daher alle grundsätzlich möglichen Beobachtungsjahre (d. h. auch diejenigen, die bei diesen Unternehmen bereits in Schritt (1) ausgeschlossen wurden), nochmals einer intensiven Datenvalidierung unterzogen.[454] Durch die händische Korrektur fehlender oder fehlerhafter Worldscope-Daten können zusätzliche Beobachtungen generiert werden. Durch die Validierung weiterer 30 zufällig gezogener Unternehmen, die bisher mit keinem Unternehmensjahr in der Stichprobe vertreten sind, können hingegen keine weiteren Beobachtungen generiert werden.

Dem Vorgehen mehrerer Studien folgend, wird anschließend eine Validierung der Segment-SIC-Codes mit den Segmentbeschreibungen in den Geschäftsberichten und mit den Beschreibungen auf den Internetseiten der Unternehmen durchgeführt.[455] Vorherige Studien zeigen, dass die Zuordnung der SIC-Codes durch Worldscope nicht immer korrekt erfolgt.[456] Sind die SIC-Code-Zuordnungen inkorrekt oder im Zeitverlauf inkonsistent, werden diese händisch angepasst. Die Validierung der SIC-Codes ergibt eine Korrektur von 24% bis 30% der Zuordnungen je Untersuchungsjahr.[457] Dies stellt eine Korrektur von erheblichem Ausmaß dar. Die verbesserte Datenqualität scheint die Nachteile der subjektiven Beurteilung jedoch zu überwiegen.

Nach *Billett/Mauer* (2003) werden alle Segmente der Unternehmen, die die vorherigen Selektionskriterien erfüllen, händisch und einzeln darauf über-

---

454 Auch wird die Stichprobenzusammensetzung mit der von *Beckmann* (2006), S. 192ff. verglichen. Hierbei ist jedoch zu beachten, dass dieser Unternehmen mit Finanzsegmenten (Beispiel: *Siemens AG*) in seiner Analyse berücksichtigt hat.

455 Vgl. beispielhaft *Martin/Sayrak* in *Villalonga* (2003), S. 18f.; *Martin/Sayrak* (2003), S. 49f.; *Beckmann* (2006), S. 85; *Brinkmann* (2011), S. XXVI.

456 Vgl. *Palepu* (1985), S. 245; *Ulbricht/Weiner* (2005), S. 1ff.; *Stratmann* (2005), S. 215ff.

457 *Beckmann* (2006) führt Korrekturen im Umfang von etwa 15-20% der SIC-Codes durch. Vgl. hierzu *Beckmann* (2006), S. 85. *Brinkmann* (2011), S. XXVI nennt keine Werte für den Anteil korrigierter SIC-Codes.

prüft, ob es sich um sog. *Konsolidierungssegmente* handelt.[458] Die Einzelpositionen der Konsolidierungssegmente werden auf die anderen Segmente umverteilt. Der Verteilungsschlüssel berechnet sich aus dem relativen Anteil an der Gesamtsumme der Position der anderen Segmente. Da die Summe der Segmente je Position in gewissen Grenzen (siehe hierzu Schritt (1) der Bereinigung) von den konsolidierten Werten im Abschluss abweichen kann, werden die Segmentdaten nachfolgend auf die Werte der konsolidierten Gesamtwerte skaliert.[459]

Sofern in den verbliebenen Datensätzen Werte für Segmentabschreibungen oder -investitionen fehlen, werden diese nach der Methode von *Brinkmann* (2011) berechnet. Fehlende Abschreibungswerte werden über die Abschreibungsrate des Gesamtunternehmens approximiert.[460] Fehlende Werte für die Segmentinvestitionen werden aus der Differenz der Segmentvermögenswerte zum Vorjahr und der -abschreibung im laufenden Jahr ermittelt.[461]

Abschließend werden abweichende Geschäftsjahre jenem Kalenderjahr zugeordnet, in dem die Mehrheit der Monate des Geschäftsjahres liegen.[462]

Bei allen in diesem Schritt erläuterten Bereinigungen und Korrekturen haben die Ausschlusskriterien von Schritt (1) weiterhin Bestand. Die meist händisch durchzuführenden Validierungen erhöhen die Datenqualität nochmals deutlich. Insgesamt können hierdurch 85 zusätzliche Unternehmensjahre in die Stichprobe aufgenommen werden.

---

458 Anhaltspunkte bei der Identifikation von Konsolidierungssegmenten liefern die Segmentbezeichnung (z. B. Elimination, Consolidation, Reconciliation) oder der SIC-Code (meist SIC 99xx). Für ein vergleichbares Vorgehen siehe *Brinkmann* (2011), S. XXV. Segmente mit SIC 99xx können jedoch auch eine sonstige Geschäftstätigkeit abbilden. Vgl. hierzu auch IFRS 8.16. In einem solchen Fall wurde der SIC-Code korrigiert.

459 Vgl. hierzu detailliert *Billett/Mauer* (2003), S. 1171. Für eine leicht angepasste Anwendung dieser Bereinigung in einer deutschen Studie vgl. *Brinkmann* (2011), S. XXV.

460 Die Abschreibungsrate des Gesamtkonzerns (in %) wird wie folgt ermittelt: Gesamtabschreibung der Periode / (Gesamtvermögenswerte am Ende der Periode + Gesamtabschreibung der Periode).

461 Zum allgemeinen Vorgehen vgl. *Brinkmann* (2011), S. XXV. Die Approximation fehlender Segmentinvestitionen wird nur durchgeführt, wenn die Geschäftssegmente im Vorjahr die gleiche Bezeichnung und den gleichen SIC-Code aufweisen, d. h. wenn sich die Geschäftstätigkeit nicht verändert hat.

462 Für ein vergleichbares Vorgehen siehe *Brinkmann* (2011), S. XXVI. Geschäftsjahre die zum 30.06. des Kalenderjahres enden, werden dem vorigen Kalenderjahr zugeordnet.

Ad (3) – Ausschluss von Beobachtungen aufgrund ökonomischer Extremwerte: Da Extremwerte die statistischen Analysen verfälschen können, werden alle erhobenen Daten und berechneten Variablen auf ihre ökonomische Plausibilität hin überprüft. Zusätzlich werden für die Beurteilung ökonomischer Sondersituationen drei Kennzahlen verwendet.[463] Erstens werden Beobachtungen ausgeschlossen, die auf Gesamtunternehmensebene oder in einem Geschäftssegment eine Gesamtkapitalrentabilität vor Steuern und Zinsen von mehr als 50% oder weniger als -50% aufweisen.[464] Zweitens werden Unternehmensjahre aus der Stichprobe ausgeschlossen, die ein negatives Eigenkapital aufweisen.[465] Beobachtungen, die über eine Aktivität des internen Kapitalmarkts von mehr als 100% verfügen, werden ebenso aus der Stichprobe ausgeschlossen. Die Aktivität des internen Kapitalmarkts gibt dabei an, wie viel Prozent des Gesamtvermögens des Unternehmens zwischen den Geschäftssegmenten umgeschichtet wird.[466] Durch den Ausschluss ökonomischer Extremwerte verringert sich die Stichprobe um insgesamt 34 Unternehmensjahre.

Ad (4) – Ausschluss von Beobachtungen mit Rumpfgeschäftsjahren: Im letzten Bereinigungsschritt werden noch die Unternehmensjahre aus der Stichprobe ausgeschlossen, die über ein Rumpfgeschäftsjahr verfügen, d. h. deren Geschäftsjahr nicht volle zwölf Monate umfasst. Durch diese Aufbereitung verringert sich die Stichprobe nochmals um zwei Unternehmensjahre (siehe Abbildung 9).

---

463 Die ersten beiden Kennzahlen sind an die von *Brinkmann* (2011) verwendeten angelehnt. Vgl. hierzu *Brinkmann* (2011), S. XXVI. Die Bewertung der Zahlungsunfähigkeit von Unternehmen mittels Rating-Stufen führte zu keinem Ausschluss an Beobachtungen, daher wird dieses Selektionskriterium nicht weiter ausgeführt.

464 Für eine Definition der Gesamtkapitalrentabilität vgl. beispielhaft *Ewert/Wagenhofer* (2014), S. 473f., 519ff.; *Schalwat* (2011), S. 660ff.; *Küting/Weber* (2012), S. 308ff.; *Coenenberg et al.* (2014), S. 1163ff. Bei *Brinkmann* (2011) lässt sich aus den Ausführungen nicht erkennen, ob er diese Kennzahl nur auf Gesamtunternehmensebene oder auch auf Ebene einzelner Segmente anwendet. Als Datenquelle wird Worldscope verwendet. Vgl. hierzu *Brinkmann* (2011), S. XXVI.

465 *Brinkmann* (2011) verwendet anstatt des negativen Eigenkapitals einen Verschuldungsgrad von mehr als 100% als Beurteilungskriterium. Vgl. hierzu *Brinkmann* (2011), S. 124, XXVI. Für eine Diskussion verschiedener Definition des Verschuldungsgrads siehe Abschnitt 4.3.4. Als Datenquelle wird Worldscope verwendet.

466 Für eine Definition der Kennzahl siehe ausführlich Abschnitt 4.3.2.1.

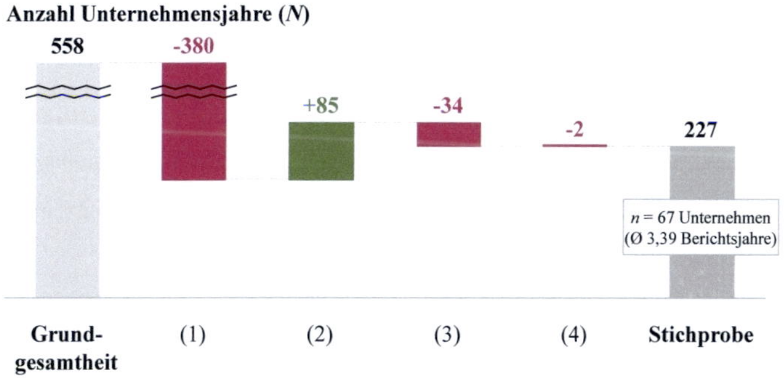

Abbildung 9: Datenaufbereitung und Umfang der Stichprobe

Insgesamt umfasst die Stichprobe 67 Unternehmen (*n*) mit durchschnittlich 3,39 Berichtsjahren. Dies ergibt in Summe 227 Unternehmensjahre (*N*).[467] Der nachfolgenden empirischen Untersuchung liegt somit ein unbalancierter Paneldatensatz mit bis zu fünf Beobachtungen (*T*) zugrunde (sog. *small T, large N Panel*).[468]

---

[467] Eine Liste der Stichprobenunternehmen findet sich in Anhang 2.

[468] Zu den Spezifika eines unbalancierten Panels sowie eines sog. *small T, large N* Paneldatensatzes (wobei $T < 20$ und $N > 100$) vgl. *Schröder* (2007), S. 262; *Greene* (2008), S. 184; *Giesselmann/Windzio* (2012), S. 12, 26. Siehe hierzu auch Abschnitt 5.3.1.

4.3 Operationalisierung der Variablen

4.3.1 Vorüberlegungen und Variablenübersicht

Im Zuge der Variablenoperationalisierung werden den theoriegeleiteten Begrifflichkeiten der Forschungshypothesen real beobachtbare Sachverhalte zugeordnet. Hierdurch können die in den Hypothesen theoretisch formulierten Zusammenhänge statistisch messbar gemacht werden.[469]

Um die Qualität der nachfolgenden empirischen Untersuchung sicherzustellen, müssen die zu operationalisierenden Messinstrumente insbesondere die beiden Gütekriterien der *Reliabilität* und *Validität* erfüllen.[470] Unter dem Begriff der Reliabilität wird der Grad der Messgenauigkeit eines Instruments verstanden, d. h. bei wiederholter Anwendung müssen die Messergebnisse reproduzierbar sein. Die vorliegende Untersuchung gewährleistet die Reliabilität durch eine standardisierte Berechnungslogik der Variablen. Unter dem Begriff der Validität wird die Gültigkeit und materielle Genauigkeit eines Messinstruments verstanden, d. h. ob mit dem Messinstrument genau das gemessen wird, was es vorgibt zu messen. Durch die mehrheitliche Verwendung bewährter Operationalisierungen stellt die vorliegende Untersuchung die notwendige Validität sicher.[471]

Die Variablenoperationalisierung gliedert sich in drei Teile: die Operationalisierung der abhängigen Variable zur Messung der Effizienz des internen Kapitalmarkts (Abschnitt 4.3.2), die Operationalisierung der unabhängigen Variablen zur Messung von Anreizsystemen und von Leitungsorganisationen (Abschnitt 4.3.3), sowie die Operationalisierung der Kontrollvariablen (Abschnitt 4.3.4). Einen Überblick über die operationalisierten Variablen und die jeweils verwendeten Datenquelle(n) findet sich in nachfolgender Tabelle 7.

---

469 Vgl. *Riesenhuber* (2007), S. 8; *Kromrey* (2009), S. 173ff.; *Mosler/Schmid* (2009), S. 9f.

470 Vgl. *Peter* (1979), S. 6; *Himme* (2007), S. 376.

471 Vgl. für ausführliche Erläuterungen der beiden wesentlichen Gütekriterien *Lienert/Raatz* (1998), S. 7ff.; *Hammond/Erichson* (2000), S. 92ff.; *Himme* (2007); *Bortz/Döring* (2006), S. 195ff.; *Himme* (2007), S. 375ff.

#	Name	Einheit	Variablenbeschreibung	Datenquelle(n)
Abhängige Variable				
#1	*ICME*	%	Effizienz des internen Kapitalmarkts (Grundmodell)	Worldscope Geschäftsberichte
#2	$ICME^{SGI}$	%	Effizienz des internen Kapitalmarkts (Modellerweiterung um Wachstumskomponente)	Worldscope Geschäftsberichte OECD STAN Datenbank
Unabhängige Variablen				
Variable Barvergütung				
#3	$BONUS^{VB}_{ALL}$	bin	Wertorientierte [alle Kennzahlen] oder nicht-wertorientierte variable Barvergütung	Vergütungsberichte
#4	$BONUS^{VB}_{RED}$	bin	Wertorientiert [nur aktienkursorientierte und wertbeitragsorientierte Kennzahlen] oder nicht-wertorientierte variable Barvergütung	
#5	$BONUS^{LT}$	bin	Mehrperiodige oder einperiodige variable Barvergütung	Vergütungsberichte
#6	$BONUS^{VBxLT}_{ALL}$	bin	Wertorientierte mehrperiodig ausgestaltete variable Barvergütung [Interaktionseffekt: #3 x #5]	Vergütungsberichte
#7	$BONUS^{VBxLT}_{RED}$	bin	Wertorientierte mehrperiodig ausgestaltete variable Barvergütung [Interaktionseffekt: #4 x #5]	
Aktienkursbasierte Vergütung				
#8	SBC^{BS}_{AR}	%	Anteilsbasierte Vergütung / jährliche Gesamtvergütung [abhängig vom gewählten Optionsbewertungsmodell (*BS*;*IASB*) und der hierfür genutzten Datenquelle (*AR*;*OWN*)]	Vergütungsberichte Worldscope Datastream
#9	SBC^{BS}_{OWN}	%		
#10	SBC^{IASB}_{AR}	%		
#11	SBC^{IASB}_{OWN}	%		
#12	OBC^{BS}_{AR}	%	Optionsbasierte Vergütung / jährliche Gesamtvergütung [abhängig vom gewählten Optionsbewertungsmodell (*BS*;*IASB*) und der hierfür genutzten Datenquelle (*AR*;*OWN*)]	Vergütungsberichte Worldscope Datastream
#13	OBC^{BS}_{OWN}	%		
#14	OBC^{IASB}_{AR}	%		
#15	OBC^{IASB}_{OWN}	%		
#16	*SBPPS*	€	Pay-Performance-Sensitivität anteilsbasierte Vergütung	Vergütungsberichte Datastream
#17	$OBPPS^{BS}_{AR}$	€	Pay-Performance-Sensitivität optionsbasierte Vergütung [abhängig vom gewählten Optionsbewertungsmodell (*BS*;*IASB*) und der hierfür genutzten Datenquelle (*AR*;*OWN*)]	Vergütungsberichte Worldscope Datastream
#18	$OBPPS^{BS}_{OWN}$	€		
#19	$OBPPS^{IASB}_{AR}$	€		
#20	$OBPPS^{IASB}_{OWN}$	€		
Leitungsorganisation				
#21	ORG^{LINK}	bin	Leitungsorganisationsform (volle/teilweise Leiteridentität oder keine Leiteridentität)	Geschäftsberichte Thomson Reuters Bisnode Datenbank Sonstige Quellen
#22	ORG^{COMP}	bin	Unternehmensorganisationsform (Einheits- oder Holdingunternehmen)	
#23	$ORG^{LINKxCOMP}$	bin	Leitungs- x Unternehmensorganisationsform [Interaktionseffekt: #21 x #22]	
Kontrollvariablen				
#24	*ENTROPY*	#	Entropiemaß	Worldscope
#25	*SEGMENTS*	#	Anzahl der Geschäftsbereiche in den gleichen Wirtschaftszweigen (gemessen am 2-stelligen SIC-Code)	Worldscope
#26	*PROFITABILITY*	%	EBITDA / Gesamtvermögen	Worldscope
#27	*LEVERAGE*	%	Lang- und kurzfristiges Fremdkapital / Gesamtvermögen	Worldscope
#28	*LIQUIDITY*	%	Liquide Mittel / Gesamtvermögen	Worldscope
#29	*SIZE*	#	Gesamtvermögen (logarithmiert)	Worldscope
#30	*YEAR*	bin	Dummy-Variablen für die Jahre 2007 bis 2011	Worldscope

Tabelle 7: Übersicht Variablen

4.3.2 Abhängige Variable – Effizienz des internen Kapitalmarkts

Die Operationalisierung der abhängigen Variable zur Messung der Allokationseffizienz hat zum Ziel, einen kardinalen skalierten und über alle diversifizierten Unternehmen hinweg vergleichbaren Wert zu generieren, der die Finanzmitteltransfers zwischen den Geschäftsbereichen direkt abbildet.[472]

Wie bereits ausführlich in Abschnitt 2.3.2 dargestellt, bestehen grundsätzlich zwei Konzepte zur Messung der Allokationseffizienz. Für die vorliegende Untersuchung scheiden umfragebasierte Messverfahren aus, da hierbei keine hohe Objektivität und eine große Anzahl an Stichprobenunternehmen erreicht werden kann.[473] Aus den Cash Flow- und investitionsbasierten Messkonzepten ermöglicht nur das Verfahren von *Billett/Mauer* (2003) eine direkte Abbildung der Finanzmitteltransfers zwischen den Geschäftsbereichen. Auch unterliegt dieses nicht der Kritik der indirekten Messverfahren.[474]

Wie bereits die anderen Studien des deutschen Kapitalmarkts von *Beckmann* (2006) und *Brinkmann* (2011) verwendet die vorliegende Arbeit daher das Messverfahren von *Billett/Mauer* (2003). Nach einer detaillierten Erläuterung im nachfolgenden Abschnitt wird anschließend die bestehende Operationalisierung um eine Wachstumskomponente erweitert.

4.3.2.1 Grundmodell

Die Berechnung der Kennzahl zur Messung der Allokationseffizienz nach *Billett/Mauer* (2003) erfolgt in drei Schritten:[475]

(1) Berechnung der Transfers und Subventionen,

(2) Bewertung der Effizienz der Transfers und Subventionen,

(3) Berechnung der Kennzahl *ICME*.

---

[472] Für eine ähnliche Zielsetzung vgl. *Beckmann* (2006), S. 111f.

[473] Vgl. ähnlich auch *Brinkmann* (2011), S. 103.

[474] Siehe hierzu ausführlich Abschnitt 2.3.2.

[475] Vgl. hierzu und nachfolgend für den gesamten Abschnitt *Billett/Mauer* (2003), S. 1172ff. Die von *Billett/Mauer* (2003) verwendeten englischen Variablenbezeichnungen werden nahezu unverändert übernommen. Vgl. nachfolgend für den gesamten Abschnitt auch *Beckmann* (2006), S. 113ff.; *Maksimovic/Phillips* (2007), S. 458; *Brinkmann* (2011), S. 104ff.

Ad (1) – Berechnung der Transfers und Subventionen: Im ersten Schritt wird jedes Segment $i = 1 \ldots m$ zunächst als sog. potenzielles Transfersegment oder als sog. Subventionssegment klassifiziert. Die Klassifikation erfolgt über den Vergleich des Segment-Cash Flows nach Steuern (dem sog. *After Tax Cash Flow*, kurz: $ATCF_i$) mit den Segmentinvestitionen (den *Capital Expenditures*, kurz: $CAPEX_i$). Die segmentspezifischen Cash Flows nach Steuern werden mittels folgender Formel berechnet:[476]

$$ATCF_i = (EBIT_i - IE_i) \, x \, (1 - TR) + DA_i - DIV_i \quad (4.1)$$

mit: $ATCF_i$ = *After Tax Cash Flow* des Segments i;
$EBIT_i$ = *Earnings Before Interests and Taxes* des Segments i;
IE_i = *Interest Expenses* des Segments i;
TR = *Tax Rate* des Unternehmens;
DA_i = *Depreciation and Amortization* des Segments i;
DIV_i = anteilige *Total Dividends* des Segments i.

Die Segmentinvestitionen ($CAPEX_i$) sowie die Abschreibungen und Wertberichtigungen (DA_i) des Segments sind direkt der Segmentberichterstattung zu entnehmen. In der Regel wird in den Segmentberichten das Ergebnis vor Steuern und Zinsen ($EBIT_i$) als Gewinngröße angegeben. Wird hingegen ein Ergebnis vor Steuern und nach Zinsen (die *Earnings Before Taxes*, kurz: EBT_i) oder gar der Jahresüberschuss (der *Net Income*, kurz: NI_i) berichtet, fallen die Bereinigungen um die segmentspezifischen Zinsaufwendungen (IE_i) bzw. um den effektiven durchschnittlichen Unternehmenssteuersatz (TR) weg.[477] Da aus den Segmentberichten nicht ersichtlich ist, welche Gewinngröße angegeben wird, muss diese für jeden Datensatz händisch ermit-

---

[476] Die Berechnungsmethodik weicht leicht von der Methodik von *Billett/Mauer* (2003) ab: anteilige Gesamtdividendenzahlungen (DIV_i) werden im vorliegenden Modell nicht nur bei Segmenten berücksichtigt die Transfers leisten, sondern bei allen Segmenten. Auch werden im vorliegenden Modell unternehmens- und keine branchenspezifischen Zinsaufwendungen (IE_i) und Steuersätze (TR) verwendet. Die Verwendung potenzieller branchenspezifischer Zahlungsströme würde eine Entfernung von der Unternehmensrealität bedeuten. Vgl. zum ursprünglichen Vorgehen *Billett/Mauer* (2003), S. 1173f. Für ein vergleichbares Vorgehen siehe *Beckmann* (2006), S. 114; *Brinkmann* (2011), S. 105.

[477] Für eine Definition der verschiedenen Gewinngrößen vgl. beispielhaft *Coenenberg et al.* (2014), S. 1048f.

telt werden.[478] Segmentspezifische Zinsaufwendungen (IE_i) müssen gemäß IAS 14 und IFRS 8 nicht auf Segmentebene berichtet werden. Daher erfolgt eine Approximation durch Verteilung des Zinsaufwands des Unternehmens im Verhältnis des Segmentvermögens zum Gesamtvermögen (den *Total Assets*, kurz: *TA*). Bei den anteiligen Gesamtdividendenzahlungen je Segment (den *anteiligen Total Dividends*, kurz: DIV_i) wird gleich verfahren.

Ein Segment gilt dann als Subventionssegment, wenn die Segmentinvestitionen die Segment-Cash Flows nach Steuern übersteigen. Die Höhe des nötigen Subventionsvolumens ($Subsidy_i$) lässt sich wie folgt berechnen:

$$Subsidy_i = max(CAPEX_i - ATCF_i; 0) \quad (4.2)$$

Übersteigt hingegen der Segment-Cash Flow nach Steuern die Segmentinvestitionen, so ist das Segment als potenzielles Transfersegment ($PTransfer_i$) zu klassifizieren. Die Höhe des potenziellen Transfervolumens lässt sich wie folgt berechnen:

$$PTransfer_i = max(ATCF_i - CAPEX_i; 0) \quad (4.3)$$

Übersteigt die Summe des potenziellen Transfervolumens die Summe des benötigten Subventionsvolumens, so wird auf Unternehmensebene ein Liquiditätsüberschuss erwirtschaftet. Für diesen Fall müssen potenzielle Transfersegmente maximal nur so viel an Mitteln transferieren, wie maximal an Subventionen benötigt werden. Alle potenziell transfergebenden Segmente partizipieren dann zu gleichen Quoten. Im umgekehrten Fall einer Unterdeckung an potenziellen Transfers müsste extern Kapital aufgenommen oder Segmentvermögen veräußert werden, um den Liquiditätsbedarf zu stillen.[479] Die Höhe der tatsächlichen zu leistenden Transfers ($Transfer_i$) lässt sich mittels folgender Formel berechnen:

$$Transfer_i = min\left(PTransfer_i; \frac{PTransfer_i}{\sum_{i=1}^{m} PTransfer_i} \; x \sum_{i=1}^{m} Subsidy_i\right) \quad (4.4)$$

---

[478] Gemäß IFRS 8.23 können Unternehmen wählen, welche Gewinngröße sie ausweisen.

[479] Vgl. *Billett/Mauer* (2003), S. 1169, *Beckmann* (2006), S. 114; *Brinkmann* (2011), S. 106.

Aus dem Minimum aller Transfers und Subventionen lässt sich das Volumen des internen Kapitalmarkts berechnen. Dieses gibt Auskunft darüber, wie viel Kapital zwischen den Segmenten umverteilt wird, d. h. wie viel zusätzliche Innenfinanzierungsmöglichkeiten für das diversifizierte Unternehmen im Vergleich zu fokussierten Unternehmen besteht. Die Berechnung des Volumens des internen Kapitalmarkts (*ICMVOL*) erfolgt mittels folgender Formel:[480]

$$ICMVOL = min\left(\sum_{i=1}^{m} Transfer_i \; ; \; \sum_{i=1}^{m} Subsidy_i\right) \quad (4.5)$$

Um das Volumen des internen Kapitalmarkts über verschiedene Unternehmen hinweg vergleichen zu können, wird dieses mit dem Gesamtvermögen (*TA*) normiert. Die Aktivität des internen Kapitalmarkts gibt an, wie viel Prozent des Gesamtvermögens im Unternehmen zwischen den Segmenten umgeschichtet wird. Die Berechnung der Aktivität des internen Kapitalmarkts (*ICMACT*) erfolgt mittels folgender Formel:[481]

$$ICMACT = \left(\frac{ICMVOL}{TA}\right) x\ 100 \quad (4.6)$$

Wie bereits im Abschnitt 4.2.2 erläutert, erscheint es als ökonomisch sinnvoll, Unternehmen mit einer *ICMACT* > 100% aus der Stichprobe auszuschließen. Für die weitere Berechnung der Effizienz des internen Kapitalmarkts sind das Volumen sowie die Aktivität des internen Kapitalmarkts nicht notwendig.

Ad (2) – Bewertung der Effizienz der Transfers und Subventionen: Durch den Vergleich der Gesamtkapitalrentabilität vor Steuern und Zinsen des abgebenden Segments (ROA_i)[482] mit der durchschnittlichen Gesamtkapital-

480 Vgl. hierzu und nachfolgend *Brinkmann* (2011), S. 106f.
481 Vgl. hierzu und nachfolgend *Brinkmann* (2011), S. 107f.
482 Im angelsächsischen Sprachgebrauch wird die Gesamtkapitalrentabilität vor Steuern und Zinsen auch als *Return on Assets* (ROA) bezeichnet. Vgl. hierzu beispielhaft *Coenenberg et al.* (2014), S. 1163.

rentabilität vor Steuern und Zinsen aller übrigen Segmente (ROA_{avg})[483], erfolgt eine Effizienzbewertung der Transfers und Subventionen.[484] Die Effizienzbewertung fließt in der Variable $Efficiency_i$ zusammen. Effiziente Kapitalflüsse nehmen den Wert 1 an, ineffiziente den Wert -1. Findet kein Kapitalfluss statt, nimmt die Modellvariable den Wert 0 an (Funktion 4.7):[485]

$$Efficiency_i = \begin{cases} 1, & wenn \quad CAPEX_i > ATCF_i \wedge ROA_i > ROA_{avg} \\ -1, & wenn \quad CAPEX_i > ATCF_i \wedge ROA_i \leq ROA_{avg} \\ 0, & wenn \quad CAPEX_i = ATCF_i \\ -1, & wenn \quad CAPEX_i < ATCF_i \wedge ROA_i > ROA_{avg} \\ 1, & wenn \quad CAPEX_i < ATCF_i \wedge ROA_i \leq ROA_{avg} \end{cases}$$

Ad (3) – Berechnung der Kennzahl ICME: Aus den absoluten Transfer- bzw. Subventionsvolumen, den Rentabilitätsunterschieden der Segmente sowie der Variable $Efficiency_i$ werden vier Einzelwerte für *effiziente Subventionen (ES)*, *ineffiziente Subventionen (IS)*, *effiziente Transfers (ET)* sowie *ineffiziente Transfers (IT)* gebildet. Zur Skalierung werden alle vier Einzelwerte mit dem Gesamtvermögen (*TA*) des Unternehmens gewichtet:[486]

$$ES = \sum_{i=1}^{m} \frac{\left(ROA_i\text{-}ROA_{avg}\right) x \left(Subsidy_i\right) x\ 1_{\{Efficiency_i=1\}}}{TA} \qquad (4.8)$$

$$IS = \sum_{i=1}^{m} \frac{\left(ROA_i\text{-}ROA_{avg}\right) x \left(Subsidy_i\right) x\ 1_{\{Efficiency_i=-1\}}}{TA} \qquad (4.9)$$

$$ET = \sum_{i=1}^{m} \frac{\left(ROA_{avg}\text{-}ROA_i\right) x \left(Transfer_i\right) x\ 1_{\{Efficiency_i=1\}}}{TA} \qquad (4.10)$$

$$IT = \sum_{i=1}^{m} \frac{\left(ROA_{avg}\text{-}ROA_i\right) x \left(Transfer_i\right) x\ 1_{\{Efficiency_i=-1\}}}{TA} \qquad (4.11)$$

---

483 Die Berechnung der durchschnittlichen Gesamtkapitalrentabilität vor Steuern und Zinsen aller übrigen Segmente erfolgt gewichtet nach den Vermögensgegenständen der Segmente. Vgl. hierzu *Billett/Mauer* (2003), S. 1176.

484 Zur Kritik an der Verwendung der Kennzahl ROA vgl. *Beckmann* (2006), S. 157. Theoretisch wäre als Alternative die Verwendung des EVA® möglich. Da für die Berechnung des EVA® jedoch eine Vielzahl weiterer Daten erhoben und weitere Annahmen zum Beispiel über die Finanzierungsstruktur der einzelnen Segmente getroffen werden müssten, unterbleibt die Verwendung dieser Kennzahl in der vorliegenden Untersuchung. Vgl. hierzu auch ausführlich *Beckmann* (2006), S. 124.

485 Die nachfolgende Darstellung ist eng angelehnt an *Beckmann* (2006), S. 115.

486 Die vorliegende Arbeit folgt dem Vorgehen von *Beckmann* (2006), S. 114f., wonach Dividendenzahlungen nicht nur auf transfergebende Segmente verteilt werden. Zur ursprünglichen Modellierung siehe *Billett/Mauer* (2003), S. 1179f.

Aus den vier Einzelwerten ergibt sich die kardinale und über alle Unternehmen vergleichbare, abhängige Variable *ICME*:

$$ICME = ES - IS + ET - IT \quad (4.12)$$

Diese sagt aus, wie viel *ROA* (in Prozent) das diversifizierte Unternehmen (im Vergleich zu einem fokussierten Unternehmen ohne internen Kapitalmarkt) durch ineffiziente Quersubventionen im Geschäftsjahr vernichtet ($ICME \leq 0\%$) bzw. generiert ($ICME > 0\%$) hat.[487]

4.3.2.2 Modellerweiterung um Wachstumskomponente

Wie zuvor ausführlich erläutert, basiert die Effizienzbeurteilung der Kapitalflüsse bisher rein auf den Rentabilitätsunterschieden zwischen den Segmenten. Um Kapitalflüsse langfristig und strategisch beurteilen zu können, sollte neben der internen Dimension der Rentabilitätsunterschiede noch eine externe Dimension in die Effizienzbewertung einfließen. Dies würde die den strategischen Portfolioansätzen zugrundeliegende Annahme abbilden, wonach sich Investitionen in stark wachsende Geschäftssegmente langfristig auszahlen.[488] In den am weitesten verbreiteten Portfolioansätzen dienen Marktwachstumsaussichten der einzelnen Geschäftssegmente als externe Dimension bei der Beurteilung des Geschäftsportfolios.[489] Um eine wirklichkeitsgetreuere Modellierung der Kapitalflüsse zu erreichen, wird das bestehende Modell daher um eine Wachstumskomponente erweitert. So kann gewährleistet werden, dass Investitionen in stark wachsende aber noch ertragsschwache Segmente nicht mehr als ineffizient beurteilt werden.

---

487 Vgl. *Beckmann* (2006), S. 116.

488 Zum Konzept der strategischen Portfolioplanung vgl. *Hungenberg* (2012), S. 459ff.

489 Als Beispiel für ein Portfolio welches als externe Dimension explizit die Marktwachstumsaussichten berücksichtigt ist das sog. *Marktwachstums-/Marktanteils-Portfolio* der *Bosten Consulting Group* (BCG) zu nennen. Vgl. hierzu *BCG* (1970), S. 1f. Vgl. auch *Henderson* (1998), S. 35ff.; *Hungenberg* (2012), S. 461ff. Auch das sog. *Marktattraktivitäts-/Geschäftsfeldstärken-Portfolio* von *McKinsey & Company* greift in seiner externen Dimension das Marktwachstum auf. Vgl. hierzu *Hax/Majluf* (1984), S. 154ff.; *Timmermann* (1988), S. 85ff. Vgl. auch *Hungenberg* (2012), S. 466ff.

Die Erweiterung um eine Wachstumskomponente folgt dem Vorgehen von *Beckmann* (2006).[490] Die Kernidee besteht darin, die Effizienz der Kapitalflüsse auch danach zu beurteilen, ob die Branche des betrachteten Segments im Vergleich zu allen anderen Branchen über- oder unterdurchschnittlich wächst. Als Datenbasis für die Erhebung der Wachstumsaussichten dient die *STAN Database for Industrial Analysis* der *Organisation for Economic Co-operation and Development* (*OECD*).[491] Diese beinhaltet historische Wachstumszahlen für die 20 Hauptwirtschaftszweige der *International Standard Industrial Classification* (*ISIC*)-Branchenklassifikation der Vereinten Nationen. Aus den Branchenwachstumszahlen der EU15-Länder und der USA wird ein mittels Bruttoinlandsprodukt gewichteter durchschnittlicher Wachstumswert für alle 20 ISIC-Hauptwirtschaftszweige berechnet.[492] Aus den prozentualen Wachstumszahlen wird im Anschluss ein Wachstumsindex, der sog. *Segment Growth Index* (SGI_i) berechnet. Dieser nimmt den Wert 1 an, wenn die Branche bezogen auf das jeweilige Betrachtungsjahr überdurchschnittlich gemessen am Median der Wachstumsraten aller 20 Branchen wächst. Die zehn unterdurchschnittlich wachsenden Branchen erhalten den Wert 0. Über sog. *Korrespondenztabellen* werden die ISIC-Hauptwirtschaftszweige im Nachgang den SIC-Branchen zugeordnet.[493] Die Rentabilitätsdifferenzen, der Wachstumsindex sowie die Art der Kapitalflüsse münden in der Modellvariable $Efficiency_i^{SGI}$ (Funktion 4.13):[494]

---

490 Vgl. hierzu und nachfolgend für den gesamten Abschnitt *Beckmann* (2006), S. 116ff. Vgl. auch *Brinkmann* (2011), S. 111f., XXIV.

491 Die *STAN-Datenbank* ist öffentlich zugänglich unter http://www.oecd.org/.

492 Als Datenfeld für das Branchenwachstum wird *PROD Production (gross output), current prices* verwendet. Aus Konsistenzgründen wird das Bruttoinlandsprodukt ebenso über die OECD-Datenbank erhoben. Das Datenfeld hierfür lautet: *CPC: US $, current prices, current PPPs, millions.* Formal müsste für jedes Segment ein spezifisches Umsatzwachstum berechnet werden, welches sich aus dem jeweiligen Länder-Umsatz-Mix zusammensetzt. Die Verteilung der Umsätze nach Ländern auf Segmentebene wird jedoch regelmäßig nicht veröffentlicht. Siehe hierzu und für weitere Ausführungen auch *Beckmann* (2006), S. 118.

493 Die ISIC Rev. 4 werden zunächst in NAICS 2007, diese dann in NAICS 2002 und diese dann in SIC 87-Codes umgewandelt. Vgl. für die jeweiligen Korrespondenztabellen http://unstats.un.org/ (ISIC Rev. 4 auf NAICS 2007); http://www.census.gov/ (NAICS 2007 auf NAICS 2002 sowie NAICS 2002 auf SIC 87).

494 Die nachfolgende Darstellung ist eng angelehnt an *Beckmann* (2006), S. 117.

$$Efficiency_i^{SGI} = \begin{cases} 1, & wenn \quad CAPEX_i > ATCF_i \wedge ROA_i > ROA_{avg} \\ 0, & wenn \quad CAPEX_i > ATCF_i \wedge ROA_i \leq ROA_{avg} \wedge SGI_i = 1 \\ -1, & wenn \quad CAPEX_i > ATCF_i \wedge ROA_i \leq ROA_{avg} \wedge SGI_i = 0 \\ 0, & wenn \quad CAPEX_i = ATCF_i \\ -1, & wenn \quad CAPEX_i < ATCF_i \wedge ROA_i > ROA_{avg} \wedge SGI_i = 1 \\ 0, & wenn \quad CAPEX_i < ATCF_i \wedge ROA_i > ROA_{avg} \wedge SGI_i = 0 \\ 1, & wenn \quad CAPEX_i < ATCF_i \wedge ROA_i \leq ROA_{avg} \end{cases}$$

Subventionen von Segmenten mit unterdurchschnittlichem ROA und überdurchschnittlichen Wachstumsaussichten (SGI_i=1) werden in der Folge als *neutrale Subventionen* bewertet. Des Weiteren werden Transfers von Segment mit überdurchschnittlichem ROA und unterdurchschnittlichen Wachstumsaussichten (SGI_i=0) als *neutrale Transfers* gewertet.

Analog zur Berechnung der Kennzahl *ICME* lässt sich die auf dem erweiterten Modell basierende Kennzahl $ICME^{SGI}$ berechnen:[495]

$$ES^{SGI} = \sum_{i=1}^{m} \frac{(ROA_i - ROA_{avg})\ x\ (Subsidy_i)\ x\ 1_{\{Efficiency_i^{SGI}=1\}}}{TA} \quad (4.14)$$

$$IS^{SGI} = \sum_{i=1}^{m} \frac{(ROA_i - ROA_{avg})\ x\ (Subsidy_i)\ x\ 1_{\{Efficiency_i^{SGI}=-1\}}}{TA} \quad (4.15)$$

$$ET^{SGI} = \sum_{i=1}^{m} \frac{(ROA_{avg} - ROA_i)\ x\ (Transfer_i)\ x\ 1_{\{Efficiency_i^{SGI}=1\}}}{TA} \quad (4.16)$$

$$IT^{SGI} = \sum_{i=1}^{m} \frac{(ROA_{avg} - ROA_i)\ x\ (Transfer_i)\ x\ 1_{\{Efficiency_i^{SGI}=-1\}}}{TA} \quad (4.17)$$

$$ICME^{SGI} = ES^{SGI} - IS^{SGI} + ET^{SGI} - IT^{SGI} \quad (4.18)$$

Die neutrale Bewertung ineffizienter Kapitalflüsse mit Wachstumsaussichten lässt eine durchschnittlich geringere Ausprägung der Variable $ICME^{SGI}$ im Vergleich zum Grundmodell (*ICME*) erwarten, da Investitionen in derzeit wenig profitable aber zukünftig stark wachsende Geschäftssegmente langfristig nicht mehr negativ sondern neutral bewertet werden.

---

495 Die nachfolgende Darstellung ist eng angelehnt an *Beckmann* (2006), S. 119.

4.3.3 Unabhängige Variablen – interne Corporate Governance-Mechanismen

4.3.3.1 Anreizsysteme

Als Datengrundlage für die Operationalisierungen der unabhängigen Variablen zur Messung von Anreizsystemen dienen im Wesentlichen die Vergütungsberichte (siehe hierzu auch Abschnitt 4.2.1).[496] Da oftmals keine durchgängige Datenverfügbarkeit auf Einzelvorstandsebene vorhanden ist, beziehen sich die Vergütungsvariablen immer auf den Gesamtvorstand.[497] Dieses Vorgehen ist in wissenschaftlichen Studien, die den deutschen Kapitalmarkt als Grundlage haben, weit verbreitet.[498]

4.3.3.1.1 Variable Barvergütung

Zur Untersuchung der Wirkungszusammenhänge zwischen unterschiedlichen Ausgestaltungsmöglichkeiten variabler Barvergütungskomponenten und der Effizienz interner Kapitalmärkte (siehe hierzu die Forschungshypothesen *H1* bis *H3*), werden nachfolgend fünf Dummy-Variablen operationalisiert.[499] Die Kodierung der fünf Variablen erfolgt mittels theoriegestützter Interpretationen der Informationen aus den Vergütungsberichten:[500]

---

[496] Vereinzelt werden auch Daten aus Worldscope und Datastream verwendet. Siehe hierzu insbesondere den Abschnitt 4.3.3.1.2.

[497] Vgl. hierzu die Ausführungen in Abschnitt 4.2.1, welche explizit auf die Möglichkeiten zur Unterlassung von Angaben über die Vergütung von Vorständen unter HGB, DRS 17 und DCGK eingehen. Für eine Übersicht über das Offenlegungsverhalten der DAX®- und MDAX®-Unternehmen in den Jahren 2001 bis 2008 vgl. *Schmidt* (2012), S. 31f. Wo möglich, wurden bei der Datenerhebung individualisierte Angaben erhoben und diese dann zu Gesamtwerten aufsummiert.

[498] Vgl. beispielhaft *Kara* (2010), S. 124ff.; *Rapp/Wolff* (2010a), S. 1084; *Rapp/Wolff* (2010b), S. 1ff.; *Rapp et al.* (2011), S. 316; *Schaller* (2011), S. 97ff. Die Beschränkung auf den Gesamtvorstand erscheint auch vor dem Hintergrund der gleichberechtigten Unternehmensführung aller Vorstände (Kollegialprinzip) sinnvoll. Zum Kollegialprinzip siehe auch ausführlich Abschnitt 3.3.1. Als Beispiel für eine Studie die sich rein auf die Vergütung der Finanzvorstände in deutschen gelisteten Unternehmen fokussiert vgl. *Kettenring* (2012), S. 84ff. Als Beispiele für deutsche Studien die zwischen dem Vorstandsvorsitzenden und dem restlichen Vorstand unterscheiden vgl. *Kuhner et al.* (2011), S. 1ff.; *Kuhner et al.* (2013), S. 1ff.

[499] Für eine ähnliche Operationalisierung mit Dummy-Variablen vgl. *Müller* (2013), S. 434. Für Ausgestaltungsmöglichkeiten der variablen Barvergütung siehe auch ausführlich Abschnitt 3.2.2.1.

[500] Die benötigten Informationen sind hierbei den Beschreibungen über die Grundzüge des Vergütungssystems meist direkt und sehr einfach zu entnehmen. Für Ausführungen zur gesetzlichen Offenlegungspflicht siehe ausführlich Abschnitt 4.2.1.

(1) wertorientierte variable Barvergütung ($BONUS^{VB}_{ALL}$); ($BONUS^{VB}_{RED}$),

(2) mehrperiodige variable Barvergütung ($BONUS^{LT}$),

(3) Interaktionseffekt variable Barvergütung ($BONUS^{VBxLT}_{ALL}$); ($BONUS^{VBxLT}_{RED}$).

Ad (1) – Wertorientierte variable Barvergütung ($BONUS^{VB}_{ALL}$); ($BONUS^{VB}_{RED}$): Wie in Abschnitt 3.2.2.1 ausführlich dargestellt, wird eine variable Barvergütung dann als wertorientiert eingestuft, wenn deren Höhe oder Entwicklung von einer oder mehreren einperiodig wertorientierten (sog. *Value-Based*, kurz: *VB*) Bemessungsgrundlagen abhängt und wenn die Auszahlung jährlich am Ende des Geschäftsjahres in Bar erfolgt.[501] Die nachfolgende Tabelle 8 stellt die Kodierung der beiden Dummy-Variablen dar. Die Variable $BONUS^{VB}_{ALL}$ basiert auf allen zuvor abgeleiteten wertorientierten Kennzahlen, die Variable $BONUS^{VB}_{RED}$ greift die Diskussion aus der Literatur auf, wonach wertorientierte Rentabilitäts-Spreads nicht als wertorientiert einzustufen sind.[502]

Art der monetären Bemessungsgrundlage	*Kennzahlen (Beispiele[503])*	$BONUS^{VB}_{ALL}$	$BONUS^{VB}_{RED}$
aktienkurs-orientiert	Aktienkurs	1	1
	TSR	1	1
wertbeitrags-orientiert	EVA®	1	1
	EP	1	1
	CVA	1	1
wertorientierte Rentabilitäts-Spreads	ROCE*	1	0
	RONA*	1	0
	ROIC*	1	0
	CFROI*	1	0
sonstige unternehmensinterne Kennzahlen		0	0

* Kennzahl abzüglich Kapitalkosten(-satz)

Tabelle 8: Kodierung wertorientierte variable Barvergütung

[501] Bei den weiteren Ausführungen wird auf den Zusatz „einperiodig" verzichtet. Siehe hierzu bereits Fn. 318.

[502] Für ausführliche Erläuterungen zur Auswahl der dargestellten Kennzahlen und zu deren Definition, sowie zur Diskussion, inwiefern die dargestellten Rentabilitätskennzahlen als wertorientiert einzustufen sind oder nicht, siehe Abschnitt 3.2.2.1. Weist die variable Barvergütung weitere, nicht-wertorientierte Kennzahlen auf, so ist dies für eine Kodierung mit dem Wert 1 unschädlich.

[503] Kodierung nach dem inhaltlichen Gehalt der Kennzahl und nicht rein nach Begriff.

Ad (2) – Mehrperiodige variable Barvergütung ($BONUS^{LT}$): Wie in Abschnitt 3.2.2.1 ausführlich dargestellt, kann die variable Barvergütung eine mehrperiodige Bemessungsgrundlage und/oder eine mehrperiodige verzögerte Auszahlung aufweisen. Für jeden dieser drei möglichen Fälle einer mehrperiodigen (sog. *Long-Term*, kurz: *LT*) Ausgestaltung wird die Dummy-Variable $BONUS^{LT}$ mit dem Wert 1 kodiert, andernfalls mit dem Wert 0.

Ad (3) – Interaktionseffekt variable Barvergütung ($BONUS_{ALL}^{VBxLT}$); ($BONUS_{RED}^{VBxLT}$): Durch Multiplikation der zuvor definierten Dummy-Variablen lassen sich die Dummy-Variablen $BONUS_{ALL}^{VBxLT}$ und $BONUS_{RED}^{VBxLT}$ berechnen. Nehmen diese den Wert 1 an, so ist die wertorientierte variable Barvergütung auch mehrperiodig ausgestaltet. Nehmen die Variablen hingegen den Wert 0 an, so spiegeln diese die anderen drei Kombinationen der Variablen wider. Die nachfolgende Tabelle 9 stellt die vier möglichen Ausprägungen der beiden Variablen dar. Durch die Multiplikation zweier Variablen wird methodisch von einem sog. *Interaktionseffekt* gesprochen:[504]

		$BONUS_{ALL}^{VB}$; $BONUS_{RED}^{VB}$	
		nicht wertorientiert (0)	wertorientiert (1)
$BONUS^{LT}$	einperiodig (0)	nicht wertorientierte einperiodige variable Barvergütung ($BONUS_{ALL}^{VBxLT} = 0$) ($BONUS_{RED}^{VBxLT} = 0$)	wertorientierte einperiodige variable Barvergütung ($BONUS_{ALL}^{VBxLT} = 0$) ($BONUS_{RED}^{VBxLT} = 0$)
	mehrperiodig (1)	nicht wertorientierte mehrperiodige variable Barvergütung ($BONUS_{ALL}^{VBxLT} = 0$) ($BONUS_{RED}^{VBxLT} = 0$)	wertorientierte mehrperiodige variable Barvergütung ($BONUS_{ALL}^{VBxLT} = 1$) ($BONUS_{RED}^{VBxLT} = 1$)

Tabelle 9: Kodierung Interaktionseffekt variable Barvergütung

[504] Vgl. allgemein zu Interaktionseffekten in multivariaten Regressionen *Aiken/West* (1991), S. 1ff.; *Bortz/Döring* (2006), S. 532ff.; *Dawson/Richter* (2006), S. 917ff.; *Müller* (2007), S. 245ff.; *Klarmann* (2008), S. 66ff.; *Fahrmeir et al.* (2009), S. 84ff.; *Giesselmann/Windzio* (2012), S. 44; *Dawson* (2014), S. 1ff. Für eine Umsetzung von Interaktionseffekten in Stata vgl. *Cameron/Trivedi* (2010), S. 10; *Kohler/Kreuter* (2012), S. 292ff. Zur allgemeinen Interpretation von Interaktionseffekten siehe ausführlich Abschnitt 5.3.1.3.

4.3.3.1.2 Aktienkursbasierte Vergütung

Zur Überprüfung der Forschungshypothesen *H4* bis *H7* sind nachfolgend zwei Kategorien von Variablen zu operationalisieren. Eine Kategorie misst die relative Höhe der aktienkursbasierten Vergütungskomponenten an der jährlichen Gesamtvergütung. Eine weitere Kategorie misst die Pay-Performance-Sensitivität der aktienkursbasierten Vergütungskomponenten bei einer Veränderung des Aktienkurses und somit bei der Veränderung des Börsenwerts.[505] Eine wesentliche Grundlage für die Operationalisierung beider Kategorien an Variablen ist die Bewertung neu gewährter Anteile und Optionen.

Die vorliegende Untersuchung folgt dem Vorgehen vergleichbarer deutscher Studien, wonach nur die im Geschäftsjahr neu gewährten Anteile und Optionen zum Tag der Gewährung bewertet werden.[506] Die Bildung gesamter Portfolios der vom Vorstand insgesamt gehaltenen und noch nicht ausgeübten Anteile und Optionen ist aufgrund mangelnder Datenverfügbarkeit nicht möglich.[507] So müssten für die Berechnung eines Portfolios aufgrund der Maximallaufzeit von Optionen von zehn Jahren ebenso jährliche Optionsportfolios und bewertungsrelevante Parameter bis zu zehn Jahre rückwirkend vorhanden sein. Für die vorliegende Untersuchung kann jedoch erst eine Offenlegung für Geschäftsjahre beginnend ab dem 01.01.2006 sichergestellt werden (siehe hierzu ausführlich Abschnitt 4.2.1).[508] Die Anwendung alternativer Verfahren zur Approximation eines Portfoliowerts auf Basis nur eines Beobachtungsjahres ist zwar theoretisch möglich, sie scheitert jedoch ebenso an einer mangelnden Datenverfügbarkeit.[509]

---

505 Für eine Übersicht über das Untersuchungsmodell und die Forschungshypothesen siehe ausführlich Abschnitt 3.4.

506 Vgl. beispielhaft *Rapp et al.* (2011), S. 316; *Schaller* (2011), S. 56; *Kuhner et al.* (2011), S. 36f.; *Heimes* (2014), S. 19. Für eine Diskussion des Unterschieds zwischen *neu gewährter* und *realisierter* Vergütung vgl. ausführlich *Murphy* (2013), S. 218ff.

507 Zum Anreizcharakter unausgeübter Optionen aus den Vorjahren vgl. beispielhaft *Jensen/Murphy* (1990), S. 232.

508 Vgl. hierzu auch *Core/Guay* (2002), S. 614. Vgl. für methodische Nachteile bei der Verwendung von Portfolios auch beispielhaft *Mehran* (1995), S. 169.

509 Das bekannteste Hilfsverfahren ist die sog. *One-Year Approximation Method* nach *Core/Guay* (1999), S. 181 und *Core/Guay* (2002), S. 613ff. Für eine Anwendung dieser Methode in vergleichbaren US-amerikanischen Studien siehe beispielhaft *Datta et al.* (2009), S. 247, 255; *Mazur* (2011), S. 31ff.

Der Wert der im Kalenderjahr *neu gewährten Anteile* wird direkt aus den Vergütungsberichten erhoben.[510] Gemäß den nationalen (VorstOG, DRS 17) und internationalen (IFRS 2) Rechnungslegungsvorschriften sind für neu gewährte Anteile Angaben über den beizulegenden Zeitwert bei Gewährung sowie über die Anzahl der gewährten anteilsbasierten Instrumente auszuweisen.[511] Durch Multiplikation des Zeitwerts mit der Anzahl neu gewährter Anteile ergibt sich der absolute Wert neu gewährter Anteile, der sog. *Stock Value* (SV_{AR}). Insgesamt werden für 46 anteilsbasierte Vergütungspläne Daten erhoben.

Den Vergütungsberichten sind grundsätzlich auch die beizulegenden Zeitwerte und die Anzahl der *neu gewährten Optionen* zu entnehmen. Da für die nachfolgende Berechnung der Pay-Performance-Sensitivität der Optionen jedoch die erste partielle Ableitung des Optionswerts nach dem Aktienkurs notwendig ist, muss eine approximative Neubewertung aller Optionen vorgenommen werden. Hierzu hat sich in wissenschaftlichen Studien das Modell von *Black/Scholes* (*BS*) durchgesetzt.[512] Zur Berücksichtigung einer frühzeitigen Optionsausübung sowie eines Ausscheidens aus dem Vorstand während der Sperrfrist werden Optionen ferner mit dem an das sog. *International Accounting Standards Board (FASB)-Modell* angelehnte *IASB-Modell* bewertet. Ein vereinfachtes Modell, welches den Optionswert als 25% des Ausübungskurses ansetzt, ist für die vorliegende Untersuchung ungeeignet, da hiermit keine Pay-Performance-Sensitivität berechnet werden kann.[513]

---

[510] Für eine vergleichbare Vorgehensweise siehe beispielhaft *Lazar* (2007), S. 69; *Schaller* (2011), S. 97f.; *Kuhner et al.* (2013), S. 37.

[511] Vgl. § 285 Nr. 9 a HGB bzw. § 314 Abs. 1 Nr. 6 a HGB. Vgl. auch DRS 17.34 und IFRS 2.11, B1ff. Vgl. auch *Hoffmann/Lüdenbach* (2004), S. 786ff.; *Küting/Dürr* (2004), S. 609ff.; *Pellens/Crasselt* (2004), S. 113ff.; *Kleinknecht* (2008), S. 1ff.; *Zülch/Hendler* (2009), S. 507ff. m. w. N. Für drei Unternehmen der Stichprobe mussten die Anzahl der gewährten Anteile über die Investor Relations Abteilungen erfragt werden. Hierbei handelte es sich im die *Celesio AG*, die *Metro AG* und die *Symrise AG*. Siehe auf Fn. 277 in Abschnitt 3.2.1 für weitere Ausführungen zum unterschiedlich verwendeten aber gleichlautenden Begriff der *anteilsbasierten Vergütung* aus IFRS 2.

[512] Vgl. *Conyon/Sadler* (2001), S. 252; *Lazar* (2007), S. 53.

[513] Vgl. zum vereinfachten Modell *Lambert et al.* (1993), S. 444. Für Anwendungen vgl. beispielhaft *Henderson/Fredrickson* (1996), S. 585; *Finkelstein/Boyd* (1998), S. 187. Mit Hilfe des vereinfachten Modells von *Lambert et al.* (1993) werden annähernd gleiche Optionswerte abgeleitet wie durch Anwendung des *Black/Scholes-Modells*. Vgl. hierzu *Henderson/Fredrickson* (1996), S. 585. Vgl. für weitere alternative Bewertungs-

Zu erreichende Erfolgsziele vor Ausübung einer Option werden bei der Bewertung mittels Black/Scholes- und IASB-Modell nicht berücksichtigt, da die in der vorliegenden Arbeit bewerteten Optionen mehrheitlich einen Mindestkurs bei Ausübung als Bedingung für die Ausübung zum niedrigeren Kurs bei Gewährung besitzen und diese Bedingung nach einer Untersuchung von *Crasselt* (2008) nur eine geringe Abweichung des Optionswerts zur Folge hätte.[514] Für eine Übersicht der Erfolgsziele der neu bewerteten Optionen siehe Anhang 3. Insgesamt sind 33 optionsbasierte Vergütungspläne neu zu bewerten.

Zur Bewertung optionsbasierter Vergütungskomponenten verwendet die vorliegende Arbeit das um konstante kontinuierliche Dividenden erweiterte Modell nach *Black/Scholes* (1973) und *Merton* (1973).[515]

Für die Berechnung des Optionswerts einer europäischen Kaufoption sind sechs Parameter zu erheben:

(1) Aktienschlusskurs zum Zeitpunkt der Gewährung (S),

(2) Ausübungskurs (X),

(3) Volatilität der Aktienrendite (σ),

(4) risikofreier Zinssatz (r),

(5) Laufzeit (T),

(6) Dividendenrendite (q).

---

ansätze *Benston* (1985), S. 73f.; *Kerr/Kren* (1992), S. 379ff. Vgl. für weitere Ausführungen auch *Hengartner* (2006), S. 109; *Lazar* (2007), S. 69.

514 Vgl. *Crasselt* (2008), S. 279ff., besonders S. 281. Zur Rechtsgrundlage für die Berücksichtigung von Erfolgszielen bei Gewährung von Bezugsrechten vgl. § 193 Abs. 2 Nr. 4 AktG. Für vergleichbare Befunde siehe *Winter* (2003), S. 121ff.; *Leuner et al.* (2004), S. 258ff.; *Leuner/Lehmaier* (2007), S. 364ff. Für Möglichkeiten zur Berücksichtigung von Erfolgszielen bei der Bewertung von Aktienoptionen vgl. beispielhaft *Siddiqui* (1999), S. 85ff.; *Schnusenberg/McDaniel* (2000), S. 45ff.; *Siddiqui* (2000), S. 296ff.; *Johnson/Tian* (2000a), S. 35ff.; *Johnson/Tian* (2000b), S. 3ff.; *Câmara* (2001), S. 1149ff.; *Johnson/Tian* (2004), S. 11ff.; *Crasselt* (2008), S. 273ff.; *Schaller* (2011), S. 63ff.

515 Vgl. *Black/Scholes* (1973), S. 637ff.; *Merton* (1973), S. 141ff. Neben der Dividendenrendite können auch absolute Dividendenzahlungen berücksichtigt werden. Vgl. hierzu *Musiela/Rutkowski* (2007), S. 144f. Vgl. hierzu und nachfolgend für den gesamten Abschnitt *Lazar* (2007), S. 54ff., 69ff. Vgl. auch ausführlich zur Bewertung von Aktienoptionen nach *Black/Scholes* mit jeweils weiteren Nachweisen *Dietz* (2004), S. 48ff.; *Kleinknecht* (2008), S. 43ff.

Die modifizierte *Black/Scholes*-Formel für die Berechnung des Optionswerts einer neu gewährten Option, dem sog. *Options Value* (OV^{BS}) unter Berücksichtigung kontinuierlicher Dividendenzahlungen, ergibt sich wie folgt:[516]

$$OV^{BS} = S\ e^{-qT}\ N(d_1) - X\ e^{rT}\ N(d_2) \quad (4.19)$$

mit:

$$d_1 = \frac{ln\left(\frac{S}{X}\right) + \left(r - q + \frac{\sigma^2}{2}\right) T}{\sigma\sqrt{T}} \quad (4.20)$$

$$d_2 = d_1 - \sigma\sqrt{T} \quad (4.21)$$

Für die 33 optionsbasierten Vergütungspläne können die sechs Parameter direkt aus den Vergütungsberichten entnommen werden (*AR*-Daten).[517] Zur Durchführung von Robustheitstests (siehe hierzu Abschnitt 5.3.2.1.2.1 und 5.3.2.2.2.1) erfolgt ferner eine Bewertung der Optionen auf Basis alternativ erhobener, bewertungsrelevanter Parameter (*OWN*-Daten). Dies erlaubt eine Schätzung der Effekte optionsbasierter Vergütungskomponenten auf Basis unternehmensübergreifend konsistenter Daten. Folglich kann nachfolgend zwischen zwei Optionswerten unterschieden werden: OV^{BS}_{AR}, der auf Daten aus den Geschäftsberichten basiert, und OV^{BS}_{OWN}, welcher auf vollständig alternativ erhobenen Daten beruht.[518] Für deskriptive Analysen wird auch der verpflichtend anzugebende, beizulegende Zeitwert (OV_{AR}) aus den Vergütungsberichten erhoben.[519] Die alternative Erhebung der sechs Parameter ist eng angelehnt an vergleichbare Studien.[520]

---

516 Die Notation der Formel ist eng angelehnt an *Lazar* (2007), S. 55.

517 Für die neu gewährten Optionen der *Süss Microtec AG* aus dem Jahr 2010 sind keine Angaben zur erwarteten Dividendenrendite, zum risikofreien Zinssatz sowie zur erwarteten Dividendenrendite vorhanden.

518 Für die Berechnung des OV^{BS}_{AR} werden nur dann alternative Daten herangezogen, wenn Angaben zu den Parametern in den Vergütungsberichten fehlen.

519 Für einen Vergleich der Optionswerte siehe Abschnitt 5.1.2.2.

520 Vgl. hierzu und nachfolgend ausführlich *Lazar* (2007), S. 69ff. Vgl. auch *Schwetzler/Lazar* (2003), S. 6ff.

Ad (1) – Aktienschlusskurs zum Zeitpunkt der Gewährung (S): Für die Bewertung ist der Aktienkurs zum Tag der Gewährung zu erheben. Als alternative Datenquelle dient der nicht um Kapitalmaßnahmen bereinigte Aktienschlusskurs am Gewährungstag, erhoben über Datastream.

Ad (2) – Ausübungskurs (X): Der Ausübungskurs kann für alle neu zu bewertenden Optionen direkt aus den Vergütungsberichten erhoben werden. Alternative Datenquellen sind nicht vorhanden.

Ad (3) – Volatilität der Aktienrendite (σ): Sofern die erwartete Volatilität der Aktienrendite nicht direkt dem Vergütungsbericht zu entnehmen ist, wird diese historisch aus Datastream-Daten geschätzt. Die Schätzung basiert auf 252 Handelstagen.[521] Als Grundlage dienen die stetigen Aktienrenditen (u_t) von handelstäglichen Aktienschlusskursen (S_t). Die Schätzung der Volatilität der Aktienrenditen (σ) erfolgt auf Basis der geschätzten Standardabweichung (*SD*) der $j = 1 \dots k$ beobachteten handelstäglichen Aktienrenditen:

$$\sigma = SD\sqrt{252} \quad (4.22)$$

mit:

$$SD = \sqrt{\frac{1}{k-1}\sum_{j=1}^{k} u_t^2 - \frac{1}{k(k-1)}\left(\sum_{j=1}^{k} u_t\right)^2} \quad (4.23)$$

$$u_t = ln\left(\frac{S_t}{S_{t-1}}\right) \quad (4.24)$$

Ad (4) – Risikofreier Zinssatz (r): Als alternative Quelle für risikofreie Zinssätze dienen annualisierte Renditen langfristiger Bundesanleihen. Diese werden historisch jeweils zum Monatsende für alle Fälligkeiten zwischen einem und zehn Jahren über Datastream erhoben.[522] Nach der Umwandlung

---

521 Handelstage sind Kalendertagen bei der Volatilitätsberechnung vorzuziehen. Vgl. hierzu *Hull* (2012), S. 303ff. Sind weniger als 252 Handelstage verfügbar, wird aus den maximal verfügbaren Tagen die Volatilität der Aktienkursrendite berechnet. Für ein vergleichbares Vorgehen siehe *Lazar* (2007), S. 71.

522 In Abweichung zu *Lazar* (2007), S. 72 werden die *Thomson Reuters Germany Government Benchmark Bid Yields* (Item: *TRBTyyT*) mit jährlichen Laufzeiten verwendet. Diese sind inhaltlich vergleichbar, haben aber den Vorteil dass alle jährlichen Fälligkeiten vorhanden sind.

der jährlichen diskreten in jährliche stetige Renditen werden mittels linearer Interpolation monatliche Renditen berechnet.[523]

Ad (5) – Laufzeit (T): Die Laufzeiten können für alle Optionen direkt den Vergütungsberichten entnommen werden.

Ad (6) – Dividendenrendite (q): Alternativ zu den teils vorhandenen, erwarteten Dividendenrenditen aus den Vergütungsberichten, werden stetige Dividendenrenditen über Worldscope erhoben. Diese berechnen sich aus der Dividendenzahlung des Geschäftsjahres der Gewährung in Relation gesetzt zum Aktienschlusskurs am Tag des Geschäftsjahresendes. Es wird angenommen, dass die historische Dividendenrendite über die gesamte Laufzeit der zu bewertenden Option konstant bleibt. Wurden in der Vergangenheit keine Dividenden ausgeschüttet, wird angenommen dass auch zukünftig keine Dividenden ausgeschüttet werden.[524]

Der Bewertung einer Aktienoption nach dem Black/Scholes-Modell liegt die Annahme zugrunde, dass der Investor die Option niemals vor dem Laufzeitende ausüben würde.[525] Internationale Studien zeigen jedoch, dass das Ausübungsverhalten bei zur Vergütung eingesetzten Aktienoptionen nicht dem eines rationalen Investors entspricht. So werden diese nach Ablauf ihrer Sperrfrist regelmäßig noch vor Ende ihrer Laufzeit ausgeübt.[526] Ein Grund hierfür ist eine mögliche Risikoaversion der Vorstände. Durch die freiwerdenden Mittel können diese das Risiko ihres Portfolios diversifizieren.[527] Auch ist häufig zu beobachten, dass ausscheidenden Vorständen kurz vor Vertragsende ein Recht eingeräumt wird, die Optionen noch während der Sperrfrist auszuüben, andernfalls würden diese verfallen.[528]

---

523 Alternativ zur linearen Interpolation wäre eine Interpolation mit *kubischen Splines* möglich. Vgl. hierzu beispielhaft *Deventer et al.* (2013), S. 78ff. Zur Vorteilhaftigkeit der linearen Interpolation vgl. ausführlich *Wiedemann* (2013), S. 28ff.

524 Vgl. zu den getroffenen Annahmen auch *Lazar* (2007), S. 72; *Hull* (2012), S. 337.

525 Vgl. hierzu und nachfolgend für den gesamten Abschnitt *Lazar* (2007), S. 55ff.

526 Vgl. *Huddart/Lang* (1996), S. 5ff.; *Hemmer et al.* (1996), S. 45ff.; *Carpenter* (1998), S. 127ff.; *Bettis et al.* (2005), S. 445ff.

527 Vgl. *Schwetzler* (1999), S. 333; *Hall/Murphy* (2002), S. 3ff.; *Crasselt* (2008), S. 276.

528 Vgl. *Jennergren/Naslund* (1993), S. 179ff.; *Cuny/Jorion* (1995), S. 193ff.; *Aboody* (1996), S. 357ff.

Im Gegensatz zum Black/Scholes-Modell berücksichtigt das an das *FASB-Modell* angelehnte *IASB-Modell* aus IFRS 2 explizit die Möglichkeit einer frühzeitigen Optionsausübung und eines Ausscheidens eines Vorstandsmitglieds während der Sperrfrist.[529] Um dies abzubilden wird in Formel 4.19 die Laufzeit (T) mit einer *erwarteten Laufzeit* (T_E) ersetzt. Der so ermittelte Optionswert ($OV^{BS_{IASB}}$) wird um die Fluktuationsrate, die sog. *Exit Rate* (f) angepasst. Diese spiegelt die Wahrscheinlichkeit wider, dass ein Vorstand während der Sperrfrist, der sog. *Vesting Period* (T_v), das Unternehmen verlässt und die Optionsrechte verfallen. Der Optionswert (OV^{IASB}) ergibt sich somit als:

$$OV^{IASB} = OV^{BS_{IASB}} (1 - f)^{T_V} \quad (4.25)$$

mit:

$$OV^{BS_{IASB}} = S\ e^{-qT_E}\ N(d_1) - X\ e^{rT_E}\ N(d_2) \quad (4.26)$$

$$d_1 = \frac{ln\left(\frac{S}{X}\right) + \left(r - q + \frac{\sigma^2}{2}\right)\ T_E}{\sigma\sqrt{T_E}} \quad (4.27)$$

$$d_2 = d_1 - \sigma\sqrt{T_E} \quad (4.28)$$

Durch die Berücksichtigung einer Optionsausübung vor Laufzeitende sowie einer Fluktuation von Vorständen ist ein im Vergleich zum Black/Scholes-Modell geringerer Optionswert zu erwarten.[530]

Für die Berechnung des Optionswerts mittels *IASB-Modell* sind somit drei weitere Parameter zu erheben:[531]

---

529 Vgl. hierzu und nachfolgend IFRS 2.B1ff., besonders IFRS 2.B16ff. Ausführungen zum FASB-Modell aus *Financial Accounting Standard* (FAS) 123 sind ebenso anzuwenden. Siehe hierzu FAS 123 (1995), Paragrafen 19, 169 und Appendix B. Vgl. FAS 123 (2004), Paragrafen 22, A18 und B175. Vgl. auch *Hull/White* (2004), S. 114ff.; *Ammann/Seiz* (2005), S. 381ff.; *Crasselt* (2008), S. 276. Zur Kritik am FASB/IASB-Modell vgl. *Kulatilaka/Marcus* (1994), S. 47; *Hull/White* (2004), S. 115f. Alternativ können Optionen mittels komplexer *Nutzenmaximierungsmodelle* berechnet werden. Vgl. hierzu *Kulatilaka/Marcus* (1994), S. 46ff.; *Huddart* (1994), S. 207ff.; *Hall/Murphy* (2000), S. 209ff. Diese sind für die vorliegende Untersuchung jedoch nicht handhabbar. Für einen Modellvergleich siehe *Carpenter* (1998), S. 127ff.

530 Vgl. *Lazar* (2007), S. 60.

531 Vgl. hierzu und nachfolgend *Lazar* (2007), S. 70ff.

(1) Sperrfirst (T_V),

(2) erwartete Laufzeit (T_E),

(3) Fluktuationsrate (f).

Ad (1) – Sperrfirst (T_V): Sperrfristen können direkt den Vergütungsberichten entnommen werden. Alternative Quellen sind nicht vorhanden.

Ad (2) – Erwartete Laufzeit (T_E): Bei 9 von 33 neu zu bewertenden Optionen können die erwarteten Laufzeiten direkt den Vergütungsberichten entnommen werden. Im Mittelwert (Median) betragen diese 62,0% (64,0%) der Gesamtlaufzeit (T) und bewegen sich somit in der Bandbreite vergleichbarer Studien.[532] Lassen die Geschäftsberichte keinen Rückschluss auf die erwartete Laufzeit zu, wird eine erwartete Laufzeit auf Basis des beobachteten Medians von 64,0% approximiert. Dies entspricht dem Vorgehen vergleichbarer Studien.[533]

Ad (3) – Fluktuationsrate (f): Fluktuationsraten für Vorstandsmitglieder sind für keines der Stichprobenunternehmen direkt zu erheben, daher müssen diese alternativ approximiert werden. Zur Berechnung der durchschnittlichen Fluktuationsrate wird hierzu die Anzahl ausscheidender Vorstände in Relation zur Anzahl aller Vorstände gesetzt. Die Erhebung der Vorstandswechsel erfolgt händisch auf Einzelvorstandsebene.[534] Für die vorliegende Stichprobe ergeben sich 251 Vorstandswechsel bezogen auf insgesamt 1.484 Vorstandspersonenjahre. Die sich ergebende, durchschnittliche Fluktuationsrate für den Gesamtvorstand von 16,91% bewegt sich in der Bandbreite vergleichbarer Untersuchungen. Daher wird der Berechnung der Optionswerte eine Fluktuationsrate von 16,91% zu Grunde gelegt.[535]

---

532 *Carpenter* (1998), S. 139, 144 errechnet einen Mittelwert (Median) von 58,3% (60,8%). *Lazar* (2007), S. 71 errechnet einen Mittelwert (Median) von 63,0% (60,0%).

533 Vgl. *Lazar* (2007), S. 70f.

534 Zur Berechnung von Fluktuationsraten vgl. *Warner et al.* (1988), S. 461ff.; *Kaplan* (1994a), S. 510ff.; *Kaplan* (1994b), S. 142ff.; *Hadlock/Lumer* (1997), S. 153ff.; *Fee/Hadlock* (2004), S. 3ff.

535 *Warner et al.* (1988), S. 467ff. berechnen eine Fluktuationsrate für den Gesamtvorstand von 18,3%. *Kaplan* (1994b), S. 146 berechnen für Deutschland eine Fluktuationsrate von 9,93%. *Fee/Hadlock* (2004), S. 10 berechnen einen Wert von 15,46%. *Lazar* (2007), S. 73 verwendet in seiner Untersuchung den Durchschnittswert der drei dargestellten Vergleichsstudien. Diesem Ansatz wird nicht gefolgt, da die selbst berechnete Exit Rate in der Bandbreite der vergleichbaren Studien liegt.

Abhängig von den verwendeten Daten, kann im *IASB*-Modell auch zwischen zwei Optionswerten unterschieden werden: OV_{AR}^{IASB} und OV_{OWN}^{IASB}.[536]

Auf Grundlage der zuvor ermittelten Werte für neu gewährte Anteile und Optionen werden nachfolgend die Variablen operationalisiert, die die relative Höhe der anteils- und optionsbasierten Vergütung an der jährlichen Gesamtvergütung messen (siehe hierzu die Forschungshypothesen *H4* und *H5*):[537]

(1) Anteil anteilsbasierter Vergütung an der jährlichen Gesamtvergütung (SBC_{AR}^{BS}); (SBC_{OWN}^{BS}); (SBC_{AR}^{IASB}); (SBC_{OWN}^{IASB}),

(2) Anteil optionsbasierter Vergütung an der jährlichen Gesamtvergütung (OBC_{AR}^{BS}); (OBC_{OWN}^{BS}); (OBC_{AR}^{IASB}); (OBC_{OWN}^{IASB}).

Ad (1) – Anteil anteilsbasierter Vergütung an der jährlichen Gesamtvergütung (SBC_{AR}^{BS}); (SBC_{OWN}^{BS}); (SBC_{AR}^{IASB}); (SBC_{OWN}^{IASB}): Zur Messung des relativen Anteils der anteilsbasierten Vergütung (*Stock-Based Compensation,* kurz: *SBC*) an der jährlichen Gesamtvergütung, wird der direkt aus dem Geschäftsbericht erhobene, beizulegende Zeitwert der neu gewährten Anteile (SV_{AR}) ins Verhältnis zur jährlichen Gesamtvergütung (*Total Annual Compensation*, kurz: *TAC*) gesetzt. Einhergehend mit vergleichbaren nationalen und internationalen Studien wird die jährliche Gesamtvergütung definiert als die Summe aus der fixen Vergütung, der gewährten variablen Barvergütung, dem beizulegenden Zeitwert der neu gewährten Anteile sowie dem Wert für die neu gewährten Optionen. Die Höhe der fixen und gewährten variablen Barvergütungsbestandteile wird direkt den Vergütungsberichten entnommen.[538] Aufgrund der verschiedenen Bewertungsansätze für Optionen variiert die Gesamtvergütung je nach verwendetem Optionsbewer-

---

[536] Für einen Vergleich der Optionswerte siehe Abschnitt 5.1.2.2.

[537] Für theoretische Überlegung sowie zur Herleitung der Forschungshypothesen siehe ausführlich Abschnitt 3.2.2.2. Vgl. hierzu und nachfolgend beispielhaft *Mehran* (1995), S. 169. Vgl. auch *Nam et al.* (2006), S. 764f.; *Schaller* (2011), S. 56; *Datta et al.* (2009), S. 242ff.

[538] Variable Barvergütungsbestandteile gelten nach DRS 17.25 dann als *„[...] gewährt, wenn dem Begünstigten eine rechtsverbindliche Zusage erteilt und die der Zusage zugrunde liegende Tätigkeit erbracht wurde."* Es wird somit keine aufwandsbezogene Betrachtung zugrunde gelegt. Vgl. hierzu DRS 17.26.

tungsmodell und zugrundeliegender Datenbasis.[539] Beispielhaft wird nachfolgend ein Optionswert zugrunde gelegt, der mittels *Black/Scholes*-Modell approximiert wird und dessen bewertungsrelevante Parameter direkt dem Geschäftsbericht entnommen werden (AR-Daten):[540]

$$SBC_{AR}^{BS} = \left(\frac{SV_{AR}}{TAC_{AR}^{BS}}\right) x\ 100 \qquad (4.29)$$

Vergleichbaren Studien folgend, werden Unternehmen ohne anteilsbasierte Vergütungskomponente mit dem Wert 0% kodiert.[541]

Ad (2) – Anteil optionsbasierter Vergütung an der jährlichen Gesamtvergütung (OBC_{AR}^{BS}); (OBC_{OWN}^{BS}); (OBC_{AR}^{IASB}); (OBC_{OWN}^{IASB}): Zur Messung des relativen Anteils der optionsbasierten Vergütung (*Options-Based Compensation,* kurz: *OBC*) an der jährlichen Gesamtvergütung werden je nach Bewertungsmodell und zugrundeliegender Datengrundlage der neu approximierte Optionswert (*OV*) ins Verhältnis zur jährlichen Gesamtvergütung (*TAC*) gesetzt. Beispielhaft wird nachfolgend ein Optionswert zugrunde gelegt, der mittels *Black/Scholes*-Modell approximiert wird und dessen bewertungsrelevanten Parameter direkt dem Geschäftsbericht entnommen werden (AR-Daten):[542]

$$OBC_{AR}^{BS} = \left(\frac{OV_{AR}^{BS}}{TAC_{AR}^{BS}}\right) x\ 100 \qquad (4.30)$$

---

539 Weitere Einkünfte wie zum Beispiel Versorgungszusagen, Abfindungs- und Übergangszahlungen oder Einkünfte aus der Tätigkeit in Aufsichtsräten anderer Unternehmen sind nicht Bestandteil der jährlichen Gesamtvergütung. Vgl. beispielhaft für deutsche Studien *Kara* (2010), S. 73f.; *Kuhner et al.* (2011), S. 36f.; *Kuhner et al.* (2013), S. 36f. Für internationale Studien vgl. beispielhaft *Murphy* (1985), S. 162; *Mehran* (1995), S. 169; *Fatemi et al.* (2003), S. 162; *Yong* (2005), S. 38. Für eine ausführliche Diskussion der einzelnen Vergütungskomponenten siehe Abschnitt 3.2.2.

540 Ferner können je nach Optionsbewertungsmodell und zugrundeliegender Datenbasis folgende Variablen berechnet werden: SBC_{OWN}^{BS}; SBC_{AR}^{IASB}; SBC_{OWN}^{IASB}.

541 Vgl. beispielhaft *Mehran* (1995), S. 171; *Lazar* (2007), S. 93, 114ff.; *Datta et al.* (2009), S. 248. Für eine Abgrenzung des Begriffs der *anteilsbasierten Vergütung* gegenüber dem in IFRS 2 ebenfalls verwendeten Begriff siehe ausführlich Fn. 277 in Abschnitt 3.2.1.

542 Vgl. ähnlich auch *Yong* (2005), S. 46; *Yong* (2007), S. 27. Ferner können je nach Optionsbewertungsmodell und zugrundeliegender Datenbasis folgende Variablen berechnet werden: OBC_{OWN}^{BS}; OBC_{AR}^{IASB}; OBC_{OWN}^{IASB}.

Vergleichbaren Studien folgend, werden Unternehmen ohne optionsbasierte Vergütungskomponente mit dem Wert 0% kodiert.[543]

Die Operationalisierung der *Pay-Performance-Sensitivität* (*PPS*) erfolgt wiederum getrennt nach anteils- und optionsbasierten Vergütungskomponenten (siehe hierzu die Forschungshypothesen *H6* und *H7*):[544]

(1) Pay-Performance-Sensitivität anteilsbasierter Vergütung (*SBPPS*),

(2) Pay-Performance-Sensitivität optionsbasierter Vergütung ($OBPPS_{AR}^{BS}$); ($OBPPS_{OWN}^{BS}$); ($OBPPS_{AR}^{IASB}$); ($OBPPS_{OWN}^{IASB}$).

Ad (1) – Pay-Performance-Sensitivität anteilsbasierter Vergütung (*SBPPS*): Die Pay-Performance-Sensitivität für neu gewährte Anteile (*Stock-Based Pay-Performance-Sensitivity*, kurz: *SBPPS*) lässt sich direkt über den relativen Anteil neu gewährter Anteile (*Number of Stocks Granted*, kurz: *NOSG*) an den für alle Aktiengattungen des Unternehmens frei in Umlauf befindlichen Aktien, dem sog. *Free Float* (*FF*), berechnen:[545]

$$SBPPS = \left(\frac{NOSG}{FF}\right) x\ 1000 \qquad (4.31)$$

Der Free Float wird über die Datenbank Datastream erhoben. Das Vermögen der Vorstände verändert sich somit linear mit der Veränderung des Aktienkurses und somit mit der Veränderung des Börsenwerts. Der Wertebereich der Pay-Performance-Sensitivität aus anteilsbasierter Vergütung liegt zwischen 0 € und 1.000 €.[546]

Ad (2) – Pay-Performance-Sensitivität optionsbasierter Vergütung ($OBPPS_{AR}^{BS}$); ($OBPPS_{OWN}^{BS}$); ($OBPPS_{AR}^{IASB}$); ($OBPPS_{OWN}^{IASB}$): Die Pay-Performance-Sensitivität für neu gewährte optionsbasierte Vergütungskom-

543 Vgl. beispielhaft *Mehran* (1995), S. 171; *Lazar* (2007), S. 93, 114ff.; *Datta et al.* (2009), S. 248.

544 Für theoretische Überlegung sowie zur Herleitung der Forschungshypothesen siehe ausführlich Abschnitt 3.2.2.2. Vgl. hierzu und nachfolgend *Hengartner* (2006), S. 5, 16ff.; *Lazar* (2007), S. 59f.; *Welker* (2012), S. 29ff.

545 Vgl. ähnlich auch *Yong* (2005), S. 46; *Yong* (2007), S. 27; *Datta et al.* (2009), S. 257. Die Anzahl der in Vorstandshand befindlichen Aktien und Optionen wird auch als *Managerial Ownership* bezeichnet. Die Anzahl neu gewährter Anteile ist direkt den Vergütungsberichten zu entnehmen. Siehe hierzu auch Abschnitt 4.3.3.1.2.

546 Dem Vorgehen vergleichbarer Studien folgend, erhalten Unternehmen ohne anteilsbasierte Vergütungskomponente den Wert 0 €. Vgl. hierzu beispielhaft *Mehran* (1995), S. 171; *Lazar* (2007), S. 93, 114ff.; *Datta et al.* (2009), S. 248.

ponenten ist hingegen keine lineare Funktion des Aktienkurses, da sich der Optionswert nicht linear mit dem Aktienkurs verändert. Die Veränderung des Optionswerts (*OV*) bei einer Veränderung des Aktienkurses (*S*) kann als erste partielle Ableitung des Optionswerts nach dem Aktienkurs dargestellt werden. Hierdurch ergibt sich das sog. *Options Delta* (*OD*). Multipliziert man das Options Delta mit dem relativen Anteil neu gewährter Optionen (*Number of Options Granted*, kurz: *NOOG*) am Free Float (*FF*), erhält man die Formel für die Berechnung der Pay-Performance-Sensitivität der optionsbasierten Vergütung (*Options-Based Pay-Performance-Sensitivity*, kurz: *OBPPS*).[547] Beispielhaft wird nachfolgend ein Optionswert zugrunde gelegt, der mittels *Black/Scholes*-Modell approximiert wird und der auf Daten aus den Geschäftsberichten basiert (AR-Daten):[548]

$$OBPPS_{AR}^{BS} = \left(\frac{NOOG}{FF}\right) x\ OD_{AR}^{BS}\ x\ 1000 \qquad (4.32)$$

mit:

$$OD_{AR}^{BS} = \left(\frac{\partial OV_{AR}^{BS}}{\partial S}\right) \qquad (4.33)$$

Das Options Delta kann einen Wert zwischen 0 und 1 annehmen. Damit bewegt sich die Pay-Performance-Sensitivität aus anteilsbasierter Vergütung ebenfalls in einem Wertebereich zwischen 0 € und 1.000 €.[549]

---

547 Vgl. ähnlich auch *Yong* (2005), S. 45; *Yong* (2007), S. 26f.; *Datta et al.* (2009), S. 257.

548 Ferner können je nach Optionsbewertungsmodell und zugrundeliegender Datenbasis folgende Variablen berechnet werden: $OBPPS_{OWN}^{BS}$; $OBPPS_{AR}^{IASB}$; $OBPPS_{OWN}^{IASB}$.

549 Dem Vorgehen vergleichbarer Studien folgend, erhalten Unternehmen ohne optionsbasierte Vergütungskomponente den Wert 0 €. Vgl. hierzu beispielhaft *Mehran* (1995), S. 171; *Lazar* (2007), S. 93, 114ff.; *Datta et al.* (2009), S. 248.

4.3.3.2 Leitungsorganisation

Wie bereits in Abschnitt 3.3 ausführlich dargestellt, lässt sich ein hypothetischer Wirkungszusammenhang zwischen Leitungsorganisationsformen und der Effizienz interner Kapitalmärkte herleiten (siehe hierzu die Forschungshypothesen *H8* bis *H10*).[550] Als Grundlage für die Überprüfung der Hypothesen mittels statistischer Analysemethoden werden drei Dummy-Variablen operationalisiert. Diese können jeweils den Wert 0 oder 1 annehmen. In Anlehnung an *Holtmann* (1989), *Mayer* (1999), *Albach/Redenius* (2000) und *Bach* (2008) erfolgt die Kodierung der Variablen mittels theoriegestützter Interpretationen der Informationen aus den Geschäftsberichten der Unternehmen.[551] Aufgrund des hohen Risikos einer geringen Rücklaufquote bei bereits kleiner Stichprobe kommt eine Erhebung mittels Befragungen nicht in Betracht.[552] Zur Reduzierung der Subjektivität bei der Erhebung der Daten aus den Geschäftsberichten werden eine Vielzahl an Validierungen durchgeführt. Eine detaillierte Erläuterung der Validierungsmaßnahmen erfolgt für jede der drei nachfolgenden Variablen:

(1) Leitungsorganisationsform (ORG^{LINK}),

(2) Unternehmensorganisationsform (ORG^{COMP}),

(3) Interaktionseffekt Leitungsorganisation ($ORG^{LINKxCOMP}$).

Ad (1) – Leitungsorganisationsform (ORG^{LINK}): Wie in Abschnitt 3.3.2 ausführlich dargestellt, können drei Gestaltungsformen der Leitungsorganisation unterschieden werden. Sofern eine personelle Verflechtung in der Form einer vollen oder teilweisen Leiteridentität vorliegt, nimmt die Dummy-Variable ORG^{LINK} den Wert 1 an. Weist keiner der Vorstände eine Zuständigkeit für ein Segment auf, wird die Variable mit dem Wert 0 kodiert. Primäre Datengrundlage für die Kodierung sind die Geschäftsberichte der Unternehmen. Die dort enthaltenen Übersichten über die Vorstände zeigen,

---

550 Für eine Übersicht über die Forschungshypothesen siehe Abschnitt 3.4.

551 Vgl. hierzu und nachfolgend für den gesamten Abschnitt *Holtmann* (1989), S. 89f.; *Mayer* (1999), S. 470ff.; *Albach/Redenius* (2000), S. 59; *Bach* (2008), S. 166ff.

552 Für spezifische Erhebungsprobleme mittels Befragungen im Rahmen der Unternehmensorganisationsforschung vgl. beispielhaft *Hoffmann* (1993), S. 73f.; *Mellewigt* (1995), S. 143ff.; *Bronner/Mellewigt* (1996), S. 150; *Mayer* (1999), S. 478f. Vgl. auch allgemein für Erhebungsprobleme mittels Befragungen bei kleinen Stichproben *Hammond/Erichson* (2000), S. 98; *Bortz/Döring* (2006), S. 236ff.; *Kaya* (2007), S. 51ff.

falls vorhanden, regelmäßig deren Zuständigkeiten für die Geschäftsbereiche. Falls diese Informationen in den Geschäftsberichten nicht vorhanden sind und zur zusätzlichen Validierung der Angaben werden die Internetseiten der Unternehmen, die Informationen aus der sog. People-Datenbank von Thomson Reuters sowie Geschäftsverteilungspläne, Geschäftsordnungen der Vorstände oder Ad-Hoc-Mitteilungen bei der Neuberufung von Vorstandsmitgliedern oder Geschäftsbereichsleitern herangezogen. Sind keinerlei Informationen über die Zuständigkeiten der Vorstände vorhanden, wird die Beobachtung aus der Stichprobe ausgeschlossen.[553]

Ad (2) – Unternehmensorganisationsform (ORG^{COMP}): Der Dummy-Variable zur Messung der Unternehmensorganisationsform (ORG^{COMP}) liegt die Definition eines Einheits- bzw. Holdingunternehmens aus Abschnitt 2.1.1 zugrunde. Die Kodierung mit dem Wert 1 erfolgt für Unternehmen die als Einheitsunternehmen organisiert sind, d. h. deren Geschäftsbereiche rechtlich unselbständig sind. Unternehmen, die als Management- oder Finanzholding organisiert sind, werden mit dem Wert 0 kodiert. Basis für die Kodierung stellen wiederum zunächst die Geschäftsberichte der Unternehmen dar. Die notwendigen Informationen finden sich beispielhaft in den Corporate Governance-Berichten oder in den Erläuterungen zur Segmentberichterstattung. Wie z. B. bei der *INDUS Holding AG* ist bereits der Firmenname ein wichtiges Indiz für die Kodierung. Bei fehlenden Informationen und zur Validierung der erhobenen Daten werden die Internetseiten der Unternehmen, die sog. Business Descriptions von Thomson Reuters oder die Beschreibung der Geschäftstätigkeit aus der Bisnode Firmendatenbank für Hochschulen von Hoppenstedt herangezogen.[554] Ist die Unternehmensorganisationsform nicht zweifelsfrei feststellbar, wird die Beobachtung aus der Stichprobe ausgeschlossen.[555]

---

553 Siehe hierzu auch Abschnitt 4.2.2.

554 Der Zugang zur *Bisnode Firmendatenbank* wurde freundlicherweise von der Bibliothek der Universität Erlangen-Nürnberg zur Verfügung gestellt.

555 Siehe hierzu auch Abschnitt 4.2.2.

Ad (3) – Interaktionseffekt Leitungsorganisation ($ORG^{LINKxCOMP}$): Durch Multiplikation der beiden zuvor operationalisierten Variablen lässt sich die Dummy-Variable $ORG^{LINKxCOMP}$ berechnen. Nimmt diese den Wert 1 an, so ist das Unternehmen als Einheitsunternehmen organisiert und es besteht eine personelle Verflechtung in der Form einer vollen oder teilweisen Leiteridentität. Nimmt die Variable hingegen den Wert 0 so, so spiegelt diese die anderen drei Kombinationen der beiden Variablen wider (siehe Tabelle 10). Die nachfolgende Tabelle stellt die vier möglichen Ausprägungen der Variable $ORG^{LINKxCOMP}$ dar. Durch die Multiplikation zweier Variablen wird methodisch von einem sog. *Interaktionseffekt* gesprochen:[556]

		ORG^{LINK}: keine Leiteridentität (0)	ORG^{LINK}: volle/teilweise Leiteridentität (1)
ORG^{COMP}	Holding-unternehmen (0)	keine Leiteridentität im Holdingunternehmen ($ORG^{LINKxCOMP} = 0$)	volle/teilweise Leiteridentität im Holdingunternehmen ($ORG^{LINKxCOMP} = 0$)
ORG^{COMP}	Einheits-unternehmen (1)	keine Leiteridentität im Einheitsunternehmen ($ORG^{LINKxCOMP} = 0$)	volle/teilweise Leiteridentität im Einheitsunternehmen ($ORG^{LINKxCOMP} = 1$)

Tabelle 10: Kodierung Interaktionseffekt Leitungsorganisation

[556] Vgl. hierzu bereits die Ausführungen in Fn. 504. Zur allgemeinen Interpretation von Interaktionseffekten siehe ausführlich Abschnitt 5.3.1.3.

4.3.4 Kontrollvariablen

Wie im Untersuchungsmodell in Abschnitt 3.4 bereits ausgeführt, werden nachfolgend sieben Kontrollvariablen operationalisiert.[557] Die Operationalisierungen sind eng an vergleichbare Studien angelehnt:[558]

(1) Diversifikationsgrad (*ENTROPY*),

(2) Ausmaß der verwandten Diversifikation (*SEGMENTS*),

(3) Unternehmensgröße (*SIZE*),

(4) Profitabilität des Unternehmens (*PROFITABILITY*),

(5) Verschuldungsgrad des Unternehmens (*LEVERAGE*),

(6) Liquidität des Unternehmens (*LIQUIDITY*),

(7) untersuchtes Jahr (*YEAR*).

Ad (1) – Diversifikationsgrad (ENTROPY): Zur Messung der Heterogenität der Geschäftstätigkeit eines Unternehmens greift die vorliegende Untersuchung auf die produktmarktorientierte Perspektive zurück.[559] Grundsätzlich können hierbei quantitativ-kontinuierliche und diskret-kategoriale Methoden unterschieden werden. Die quantitativ-kontinuierlichen Messmethoden bieten in der späteren statistischen Auswertung Vorteile. Im Vergleich mit dem sog. Zählverfahren und dem sog. Berry-Index weist das *Entropiemaß* nach *Jacquemin/Berry* (1979) innerhalb der quantitativ-kontinuierlichen Messmethoden die höchste Validität auf.[560] Daher erfolgt die Operationalisierung

---

557 Siehe hierzu auch ausführlich Abschnitt 4.1.

558 Vgl. hierzu und nachfolgend für den gesamten Abschnitt beispielhaft *Billett/Mauer* (2003), S. 1182; *Datta et al.* (2009), S. 249ff.; *Brinkmann* (2011), S. 121ff.; *Hungenberg* (2012), S. 494ff.

559 Vgl. hierzu und nachfolgend *Wulf* (2007), S. 9ff., 46ff. Vgl. auch *Brinkmann* (2011), S. 121f.; *Hungenberg* (2012), S. 494f. Siehe hierzu auch die Abschnitte 2.1.1 und 4.2.1. Alternativ wäre theoretisch die Anwendung *ressourcenorientierter Verfahren* möglich. Hierbei konnte sich in der Literatur jedoch noch kein Messinstrument durchsetzen. Auch muss für die Berechnung regelmäßig auf unternehmensinterne Informationen zurückgegriffen werden. Zum Stand der ressourcenorientierten Forschung siehe *Weiss* (2009), S. 70ff.; *Röhrig* (2011), S. 9ff.; *Hauschild/Knyphausen-Aufseß* (2013), S. 327ff.; *Weiss* (2013), S. 76ff.

560 Für detaillierte Ausführungen zu den quantitativ-kontinuierlichen Verfahren vgl. mit jeweils weiteren Nachweisen *Montgomery* (1982), S. 299ff.; *Fey* (2000), S. 181ff.; *Hungenberg* (2012), S. 494ff. Zur Validitätsprüfung vgl. *Ramanujam/Varadarajan* (1989), S. 538ff.; *Hoskisson et al.* (1993), S. 215ff. Vgl. zu den Vorteilen des Entropiemaßes auch *Jacquemin/Berry* (1979), S. 359ff.; *Hungenberg* (2012), S. 495.

des Diversifikationsgrads mit dem Entropiemaß (*ENTROPY*). Dieses lässt sich wie folgt berechnen:[561]

$$ENTROPY = \sum_{g=1}^{h} p_g \; x \; ln\left(\frac{1}{p_g}\right) \quad (4.34)$$

mit: p_g = Umsatzanteil des Geschäftsbereichs *j* (aggregiert anhand des 4-stelligen SIC-Codes) am Gesamtumsatz.

h = Anzahl der Geschäftsbereiche (aggregiert anhand des 4-stelligen SIC-Codes)

Der Wertebereich des Entropiemaßes erstreckt sich von Null (nicht diversifiziert) bis unendlich. Es nimmt umso größere Werte an, je mehr Geschäftsbereiche das Unternehmen besitzt und je gleichmäßiger die Umsätze auf diese Bereiche verteilt sind.

Ad (2) – Ausmaß der verwandten Diversifikation (SEGMENTS): Der Verwandtschaftsgrad der Diversifikation lässt sich ebenfalls mit produktmarktbasierten Messkonzepten operationalisieren.[562] Naheliegend wäre es, aus dem Entropiemaß den Anteil der verwandten Diversifikation zu extrahieren. Dies ist möglich, da sich das Entropiemaß aus dem Grad der verwandten und dem Grad der unverwandten Diversifikation zusammensetzt.[563] Würde der Verwandtschaftsgrad jedoch mit dem Grad der verwandten Diversifikation aus dem Entropiemaß operationalisiert, könnte sich aufgrund der hohen Korrelation der beiden Bestandteile in der späteren Panelregressionsanalyse ein Multikollinearitätsproblem ergeben.[564] Vor diesem Hintergrund wird der Verwandtschaftsgrad in der vorliegenden Arbeit über die *Anzahl der Geschäftsbereiche in den gleichen Wirtschaftszweigen* (gemessen am 2-stelligen SIC-Code) operationalisiert (*SEGMENTS*).[565]

---

561 Vgl. hierzu und nachfolgend *Brinkmann* (2011), S. 121ff.; *Hungenberg* (2012), S. 495.

562 Vgl. hierzu und nachfolgend *Weiss* (2009), S. 46ff. Für allgemeine Ausführungen zur *verwandten* und *unverwandten Diversifikation* siehe auch Abschnitt 2.1.1 bzw. 4.2.1.

563 Vgl. hierzu ausführlich *Jacquemin/Berry* (1979), S. 359ff. Vgl. auch *Brinkmann* (2011), S. 123.

564 Für eine Erläuterung des Multikollinearitätsproblems im Rahmen von Panelregressionsanalysen siehe Abschnitt 5.3.1.2.

565 Diese Maßzahl wurde bereits für die Eingrenzung der Grundgesamtheit verwendet. Vgl. daher für weitere Ausführungen Abschnitt 4.2.1. Für deren Anwendung in vergleichbaren Studien vgl. *Datta et al.* (2009), S. 248; *Brinkmann* (2011), S. 123.

Ad (3) – Profitabilität des Unternehmens (PROFITABILITY): Als weitere Kontrollvariable wird die Profitabilität des Unternehmens operationalisiert (*PROFITABILITY*).[566] Zur Berechnung der Profitabilität wird das Ergebnis vor Zinsen, Steuern, Abschreibungen und Wertberichtigungen (*Earnings Before Interests, Taxes, Depreciation and Amortisation,* kurz: *EBITDA*) ins Verhältnis zum Gesamtvermögen (*TA*) des Unternehmens gesetzt:[567]

$$PROFITABILITY = \left(\frac{EBITDA}{TA}\right) x\ 100 \quad (4.35)$$

Ad (4) – Verschuldungsgrad des Unternehmens (LEVERAGE): Zur Kontrolle des Insolvenzrisikos wird der Verschuldungsgrad (*LEVERAGE*) operationalisiert. Dieser wird als Verhältnis des Buchwerts des lang- und kurzfristigen Fremdkapitals (sog. *Long-Term and Short-Term Debt*, kurz: *LTSTD*) zum Gesamtvermögen (*TA*) berechnet.[568] In der deutschsprachigen Literatur ist diese Kennzahl auch unter dem Begriff des *Anspannungsgrads* bekannt:[569]

$$LEVERAGE = \left(\frac{LTSTD}{TA}\right) x\ 100 \quad (4.36)$$

Ad (5) – Liquidität des Unternehmens (LIQUIDITY): Zur Messung der kurzfristigen Liquiditätssituation des Unternehmens operationalisiert die vorliegende Untersuchung die Variable *LIQUIDITY*.[570] Zur Berechnung der Vari-

566 Vgl. *Billett/Mauer* (2003), S. 1187. Vgl. auch *Beckmann* (2006), S. 133.

567 *Billett/Mauer* (2003), S. 1187 verwenden im Zähler das Ergebnis vor Zinsen, Steuern und Abschreibungen (sog. *Earnings Before Interests, Taxes and Depreciation*, kurz: *EBITD*). *Beckmann* (2006), S. 131 verwendet im Zähler den *EBIT*. Eine Operationalisierung mit dem *EBITDA* erscheint vorteilhaft, da dieser eine Approximation für den Cash Flow eines unverschuldeten Unternehmens darstellt. Vgl. hierzu *Coenenberg et al.* (2014), S. 1049, 1090.

568 Vgl. *Billett/Mauer* (2003), S. 1182. Vgl. auch *Beckmann* (2006), S. 130f.; *Brinkmann* (2011), S. 124. Zur Kritik an der Verwendung der gezeigten Kennzahl im deutschen Kontext vgl. *Welch* (2010), S. 1ff. Um den deutschen Bilanzregeln bzgl. der Ansatzpflicht für Rückstellungen gerecht zu werden, erweitert er die genannte Kennzahl um die Rückstellungen. Er rechnet diese voll dem Eigenkapital zu. Vgl. hierzu auch *Nohtse* (2012), S. 112f. Dieses Vorgehen ist jedoch zu kritisieren. Vgl. hierzu ausführlich *Gerke/Pellens* (2003), S. 56ff.

569 Vgl. *Wöhe/Döring* (2013), S. 857; *Jung* (2010), S. 1065; *Coenenberg et al.* (2014), S. 1071.

570 Vgl. hierzu und nachfolgend *Billett/Mauer* (2003), S. 1182. *Brinkmann* (2011), S. 125 verwendet dieselbe Kennzahl, auch wenn er sie fälschlicherweise als Liquidität 2. Grades bezeichnet. *Beckmann* (2006), S. 131 hingegen verwendet die Liquidität 2. Grades.

able werden alle liquiden Mittel (die sog. *Cash and Cash Equivalents*, kurz: *CCE*) ins Verhältnis zum Gesamtvermögen (*TA*) gesetzt:[571]

$$LIQUIDITY = \left(\frac{CCE}{TA}\right) x\ 100 \quad (4.37)$$

Ad (6) – Unternehmensgröße (SIZE): Als Schätzer für das Ausmaß etablierter Informations- und Entscheidungsstrukturen wird die Unternehmensgröße (*SIZE*) operationalisiert. Als Maßzahl für die Unternehmensgröße dient das logarithmierte Gesamtvermögen (*TA*) des Unternehmens:[572]

$$SIZE = ln(TA) \quad (4.38)$$

Ad (7) – Untersuchtes Jahr (YEAR): Zur Kontrolle des Effekts der allgemeinen Wirtschaftslage werden sog. *Jahres-Dummys* (*YEAR*) operationalisiert. Die Aufnahme dieser Dummy-Variablen wird bei der Analyse von Paneldatensätzen allgemein empfohlen.[573] Für die Jahre 2007 bis 2011 wird jeweils eine Dummy-Variable kodiert.

---

571 In der deutschsprachigen Literatur existiert eine ähnliche Kennzahl zur Messung der kurzfristigen Liquidität. Die sog. *Liquidität 1. Grades* besitzt zwar den gleichen Zähler, im Nenner wird jedoch das kurzfristige Fremdkapital und nicht das Gesamtvermögen zu Normierung verwendet. Vgl. hierzu *Wöhe/Döring* (2013), S. 538; *Jung* (2010), S. 1069; *Coenenberg et al.* (2014), S. 1082f.

572 Vgl. hierzu und nachfolgend *Billett/Mauer* (2003), S. 1182. Vgl. auch *Datta et al.* (2009), S. 250; *Brinkmann* (2011), S. 124. Bei *Beckmann* (2006), S. 131 ist nicht klar ersichtlich, ob er das Gesamtvermögen logarithmiert.

573 Vgl. allgemein *Wooldridge* (2010), S. 191. Zur Anwendung sog. Jahres-Dummys in vergleichbaren Studien siehe beispielhaft *Billett/Mauer* (2003), S. 1195; *Beckmann* (2006), S. 132; *Datta et al.* (2009), S. 249; *Brinkmann* (2011), S. 125. Vergleichbare Studien verwenden auch noch Dummy-Variablen für die Industriezugehörigkeit. Vgl. beispielhaft *Gertner et al.* (2002), S. 5484; *Wan/Hoskisson* (2003), S. 36; *Brinkmann* (2011), S. 125f. Aufgrund des geringen Stichprobenumfangs werden keine Kontrollvariablen für die Industriezugehörigkeit operationalisiert. Vgl. hierzu ähnlich *Billett/Mauer* (2003), S. 1167ff.

Kapitel 5 Ergebnisse der empirischen Untersuchung

Ziel dieses Kapitels ist es, die Ergebnisse der empirischen Überprüfung der Forschungshypothesen darzustellen. Hierzu werden zunächst die Ergebnisse der deskriptiven Analysen erläutert (Abschnitt 5.1). Im Anschluss daran wird auf Erkenntnisse aus den bivariaten Korrelationsanalysen eingegangen (Abschnitt 5.2). Schwerpunkt dieses Kapitels bildet die Darstellung der Ergebnisse der Panelregressionsanalysen (Abschnitt 5.3). Mittels dieser multivariaten Methode wird untersucht, ob, und wenn ja welchen Einfluss interne Corporate Governance-Mechanismen auf die Effizienz interner Kapitalmärkte haben. Den drei Hauptabschnitten ist jeweils eine Vorbemerkung zur angewandten Analysemethodik vorangestellt. Anschließend erfolgt die Darstellung der Ergebnisse. Die drei Hauptabschnitte schließen jeweils mit einer Zusammenfassung und nach den Panelregressionsanalysen auch mit einer Interpretation der Ergebnisse.[574]

5.1 Deskriptive Analysen

5.1.1 Vorbemerkung zur angewandten Methodik

Deskriptive Analysen dienen dazu, einen Überblick über die Variablenausprägungen der Stichprobe zu erhalten.[575] Neben grafischen Darstellungen werden hierzu gängige Lage- und Streuungsparameter verwendet.[576] Die Lage und Streuung der Variablen wird anhand des arithmetischen Mittelwerts (sog. *Mean*, kurz: *M*), der Standardabweichung (sog. *Standard Deviation*, kurz: *SD*) sowie der minimalen (*Min*) und maximalen (*Max*) Variablenausprägung untersucht. Ergeben sich aufgrund der zeitlichen Entwicklung der Variablenausprägung für die vorliegende Fragestellung weitergehende Erkenntnisse, so wird auf diese ergänzend eingegangen.

---

574 Alle statistischen Auswertungen der vorliegenden Untersuchung erfolgten mit Stata 12.1. Zur Datenanalyse mit Stata vgl. beispielhaft *Rabe-Hesketh/Skrondal* (2005), S. 1ff.; *Baltagi* (2008), S. 1ff.; *Torres-Reyna* (2009), S. 1ff.; *Cameron/Trivedi* (2010), S. 1ff.; *Kohler/Kreuter* (2012), S. 1ff.; *Mitchell* (2012), S. 1ff.; *Schmidheiny* (2012), S. 1ff.; *Hamilton* (2013), S. 1ff. Vgl. auch *Jann* (2004), S. 421ff.; *Jann* (2009), S. 93ff. *Giesselmann/Windzio* (2012), S. 1ff.; *IDRE* (2014a), S. 1ff.; *IDRE* (2014b), S. 1ff.

575 Vgl. *Mosler/Schmid* (2009), S. 1; *Fahrmeir et al.* (2011), S. 11.

576 Vgl. hierzu und nachfolgend für den gesamten Abschnitt *Bol* (2004), S. 63ff.; *Mosler/Schmid* (2009), S. 25ff.; *Bortz/Schuster* (2010), S. 25ff.; *Fahrmeir et al.* (2011), S. 53ff. Vgl. für ein ähnliches Vorgehen *Brinkmann* (2011), S. 133ff.

5.1.2 Ergebnisse der deskriptiven Analysen

Tabelle 11 gibt eine Übersicht über die Lage- und Streuungsparameter der Variablen.[577]

#	Variable	Einheit	N	M	SD	Min	Max
Abhängige Variable							
Effizienz des internen Kapitalmarkts							
#1	$ICME$	%	227	-0,27	0,73	-6,37	0,45
#2	$ICME^{SGI}$	%	227	-0,11	0,37	-3,58	0,79
Unabhängige Variablen							
Variable Barvergütung							
#3	$BONUS^{VB}_{ALL}$	bin	227	0,22	0,41	0,00	1,00
#4	$BONUS^{VB}_{RED}$	bin	227	0,11	0,32	0,00	1,00
#5	$BONUS^{LT}$	bin	227	0,18	0,38	0,00	1,00
#6	$BONUS^{VBxLT}_{ALL}$	bin	227	0,08	0,28	0,00	1,00
#7	$BONUS^{VBxLT}_{RED}$	bin	227	0,05	0,22	0,00	1,00
Aktienkursbasierte Vergütung							
#8	SBC^{BS}_{AR}	%	227	3,92	9,70	0,00	61,63
#9	SBC^{BS}_{OWN}	%	227	3,92	9,70	0,00	61,63
#10	SBC^{IASB}_{AR}	%	227	3,92	9,70	0,00	61,63
#11	SBC^{IASB}_{OWN}	%	227	3,92	9,70	0,00	61,63
#12	OBC^{BS}_{AR}	%	227	3,77	10,22	0,00	54,12
#13	OBC^{BS}_{OWN}	%	227	3,94	10,81	0,00	56,49
#14	OBC^{IASB}_{AR}	%	227	2,38	6,62	0,00	37,12
#15	OBC^{IASB}_{OWN}	%	227	2,52	7,14	0,00	39,34
#16	$SBPPS$	€	227	0,26	1,28	0,00	10,35
#17	$OBPPS^{BS}_{AR}$	€	227	0,40	1,43	0,00	9,70
#18	$OBPPS^{BS}_{OWN}$	€	227	0,40	1,43	0,00	9,81
#19	$OBPPS^{IASB}_{AR}$	€	227	0,39	1,39	0,00	9,26
#20	$OBPPS^{IASB}_{OWN}$	€	227	0,39	1,37	0,00	9,17
Leitungsorganisation							
#21	ORG^{LINK}	bin	227	0,59	0,49	0,00	1,00
#22	ORG^{COMP}	bin	227	0,44	0,50	0,00	1,00
#23	$ORG^{LINKxCOMP}$	bin	227	0,26	0,44	0,00	1,00
Kontrollvariablen							
#24	*ENTROPY*	#	227	0,78	0,28	0,34	1,73
#25	*SEGMENTS*	#	227	2,41	0,71	2,00	6,00
#26	*PROFITABILITY*	%	227	11,58	5,54	-4,09	29,93
#27	*LEVERAGE*	%	227	23,51	15,32	0,00	78,57
#28	*LIQUIDITY*	%	227	11,06	9,31	0,39	55,12
#29	*SIZE*	#	227	13,96	2,00	10,79	17,93

Tabelle 11: Lage- und Streuungsparameter der Variablen

Die deskriptive Besprechung der abhängigen und unabhängigen Variablen erfolgt in den nachfolgenden Abschnitten.[578]

[577] Für eine Übersicht über die Varianzkomponenten der Variablen siehe Anhang 4.

[578] Aus Gründen der Vereinfachung werden nachfolgend teilweise die Nummern der Variablen (#) anstatt der Variablennamen verwendet.

5.1.2.1 Effizienz interner Kapitalmärkte

Durchschnittlich sind interne Kapitalmärkte in diversifizierten deutschen börsennotierten Unternehmen ineffizient. Im Grundmodell (#1) beträgt die Allokationseffizienz im Mittel -0,27% und bewegt sich im Wertebereich zwischen -6,37% und 0,45%. Im Wachstumsmodell (#2) beträgt die Effizienz interner Kapitalmärkte im Mittel -0,11% und bewegt sich zwischen minimal -3,58% und maximal 0,79%. Wie vermutet lässt sich im Vergleich der beiden Variablen beobachten, dass die Allokationseffizienz im Wachstumsmodell (#2) höher ist als im Grundmodell (#1).[579]

Aus der zeitlichen Entwicklung der beiden Variablen in Tabelle 12 ergeben sich weitergehende Erkenntnisse, welche nachfolgend dargestellt werden.

	2007	**2008**	**2009**	**2010**	**2011**	**Ø 2007-2011**
#1: *ICME*						
M	-0,29%	-0,21%	-0,44%	-0,18%	-0,21%	**-0,27%**
SD	0,30%	0,28%	0,59%	0,20%	0,29%	**0,37%**
Min	-4,67%	-2,07%	-6,37%	-2,39%	-2,52%	**-6,37%**
Max	0,45%	0,31%	0,28%	0,02%	0,35%	**0,45%**
#2: $ICME^{SGI}$						
M	-0,05%	-0,11%	-0,26%	-0,07%	-0,03%	**-0,11%**
SD	0,85%	0,47%	1,06%	0,47%	0,55%	**0,73%**
Min	-1,64%	-1,22%	-3,58%	-0,92%	-1,00%	**-3,58%**
Max	0,66%	0,31%	0,28%	0,03%	0,79%	**0,79%**
N	47	53	50	40	37	**227**

Tabelle 12: Deskriptive Befunde zur Effizienz interner Kapitalmärkte

Die Vermutung, dass die Operationalisierung unter Berücksichtigung von Wachstumsaussichten (#2) eine durchschnittlich geringere Variablenausprägung mit sich bringt, trifft auch für alle einzelnen Jahre der Untersuchung zu. Aus der zeitlichen Entwicklung der Anzahl an Unternehmensjahren (*N*) zeigt sich ab dem Untersuchungsjahr 2010 ein deutlicher Rückgang an Beobachtungen. Grund hierfür ist vermutlich eine Neuregelung des IFRS 8, wonach Vermögenswerte für Geschäftsjahre beginnend ab dem 01.01.2010 nur dann auf Segmentebene heruntergebrochen werden müssen, wenn diese regelmäßig an die Hauptentscheidungsträger berichtet werden.[580]

---

[579] Siehe hierzu auch bereits Abschnitt 4.3.2.2.

[580] Vgl. IFRS 8.23 in der Fassung vom 31.12.2009. Sind Vermögenswerte auf Segmentebene nicht vorhanden, wird ein Unternehmen in der vorliegenden Untersuchung aus der Stichprobe eliminiert. Siehe hierzu auch Abschnitt 4.2.2.

5.1.2.2 Anreizsysteme

Unter Berücksichtigung aller wertorientierten Kennzahlen ($BONUS^{VB}_{ALL}$) verfügen 22% der Stichprobenunternehmen über eine wertorientierte variable Bonuszahlungen. Werden hingegen rein die aktienkurs- und wertbeitragsorientierten Kennzahlen für die Operationalisierung der Dummy-Variable verwendet ($BONUS^{VB}_{RED}$), so weisen nur 11% der Stichprobenunternehmen Bonuszahlungen auf, die auf einer wertorientierten Bemessungsgrundlage basieren.[581] Die den Dummy-Variablen zugrundeliegenden Kategorien wertorientierter Kennzahlen sind Abbildung 10 zu entnehmen.

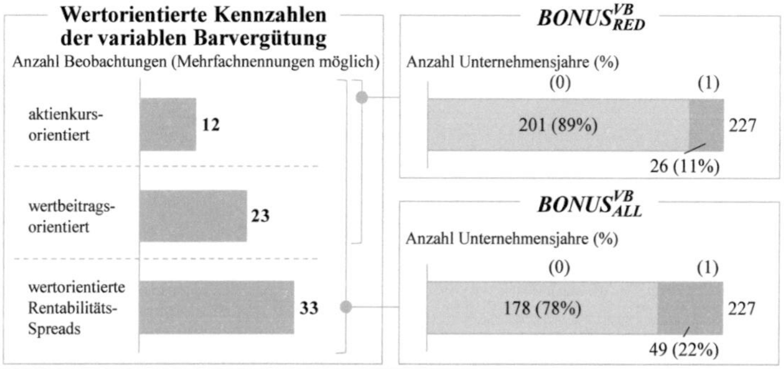

Abbildung 10: Deskriptive Befunde zur wertorientierten variablen Barvergütung

Wie sich zeigt, sind wertorientierte Rentabilitäts-Spreads die bei den Stichprobenunternehmen am weitesten verbreitete wertorientierte Bemessungsgrundlage der variablen Bonuszahlungen. Wertbeitragsorientierte Kennzahlen wie zum Beispiel der EVA® kommen bei 23 Stichprobenunternehmen zum Einsatz. Aktienkursorientierte Bonuszahlungen setzen 12 der Stichprobenunternehmen ein. Alle aktienkursorientierten Bemessungsgrundlagen sind dabei einperiodig.[582] Durchschnittlich nutzen die Stichprobenunternehmen, die wertorientierte Bonuszahlungen gewähren, 1,39 ($BONUS^{VB}_{ALL}$) bzw. 1,35 ($BONUS^{VB}_{RED}$) Kennzahlen als Bemessungsgrundlage.

[581] Für wesentliche Unterscheidungsmerkmale zwischen aktienkursbasierten Boni und aktienkursorientierten Vergütungskomponenten siehe ausführlich Abschnitt 3.2.2.1.

[582] Siehe hierzu beispielhaft die Stichprobenunternehmen (zutreffendes Geschäftsjahr in Klammern): *All for One Steeb AG* (2007), *Bauer AG* (2007) und *GEA Group AG* (2006-2010). Zu beachten ist, dass die unabhängigen Variablen mit einem Jahr vorgelagert erhoben werden. Siehe hierzu ausführlich Abschnitt 4.2.1.

Wie bereits dargestellt, kann die variable Barvergütung eine mehrperiodige Bemessungsgrundlage und/oder eine mehrperiodige verzögerte Auszahlung aufweisen.[583] Im Mittel gestalten 18% der Stichprobenunternehmen ihre variablen Bonuszahlungen mehrperiodig aus. Eine zeitliche Entwicklung der Variable $BONUS^{LT}$ ist Abbildung 11 zu entnehmen.[584]

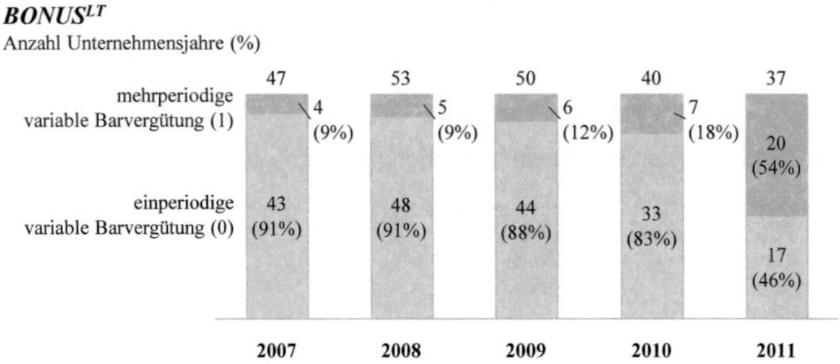

	2007	2008	2009	2010	2011
mehrperiodige BMG & mehrperiodige Auszahlung	1 (2,13%)	1 (1,89%)	1 (2,00%)	0 (0,00%)	4 (10,81%)
mehrperiodige BMG & einperiodige Auszahlung	1 (2,13%)	2 (3,77%)	2 (4,00%)	3 (7,50%)	6 (16,22%)
einperiodige BMG & mehrperiodige Auszahlung	2 (4,25%)	2 (3,77%)	3 (6,00%)	4 (10,00%)	10 (27,03%)
einperiodige BMG & einperiodige Auszahlung	43 (91,48%)	48 (90,57%)	44 (88,00%)	33 (82,50%)	17 (45,95%)

BMG = Bemessungsgrundlage

Abbildung 11: Deskriptive Befunde zur mehrperiodigen variablen Barvergütung

Im Zeitverlauf ist ein stetiger Anstieg mehrperiodig ausgestalteter Bonuszahlungen zu beobachten. Besonders im Untersuchungsjahr 2011 ist jedoch ein sprunghafter Anstieg zu verzeichnen. Dies ist vermutlich auf das am 05.08.2009 in Kraft getretene VorstAG zurückzuführen.[585]

Wie sich zeigt, greifen die Unternehmen der Stichprobe jedoch nicht nur auf mehrperiodige Bemessungsgrundlagen zurück, vielmehr kommen auch verstärkt mehrperiodige Auszahlungsmodi zur Anwendung. Für die Untersuchungsjahre 2007 bis 2009 greift die *Metro AG* und für das Untersuchungsjahr 2011 die *BayWa AG* und die *Süss Microtec AG* auf eine Bonusbank (in Kombination mit einer mehrperiodigen Bemessungsgrundlage) zurück.[586]

[583] Siehe hierzu die Abschnitt 3.2.2.1 und 4.3.3.1.1.
[584] Zu beachten ist, dass die unabhängigen Variablen mit einem Jahr vorgelagert erhoben werden. Siehe hierzu ausführlich Abschnitt 4.2.1.
[585] Für weitere Ausführungen zum VorstAG siehe ausführlich Abschnitt 3.2.2.1.
[586] Zum Begriff der Bonusbank siehe auch Abschnitt 3.2.1.

Eine wertorientierte, mehrperiodig ausgestaltete variable Barvergütung weisen durchschnittlich 8% ($BONUS_{ALL}^{VBxLT}$) bzw. 5% ($BONUS_{RED}^{VBxLT}$) der Unternehmen auf. Die zeitliche Entwicklung der Variablenausprägungen der beiden operationalisierten Variablen ist Abbildung 12 zu entnehmen.[587]

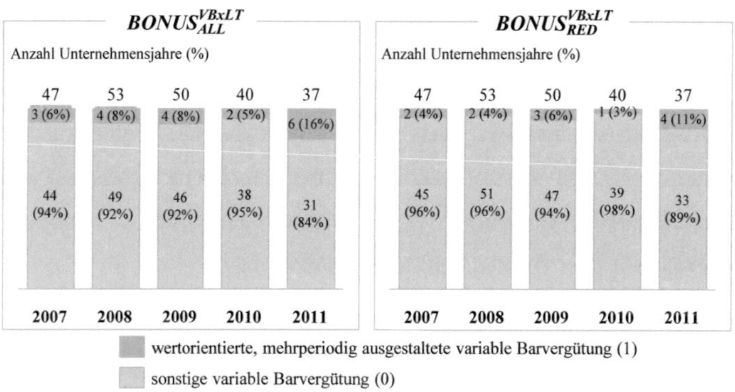

Abbildung 12: Deskriptive Befunde zum Interaktionseffekt der variablen Barvergütung

Bevor die Variablenausprägungen zur Messung der *aktienkursbasierten Vergütung* erläutert werden, gibt Abbildung 13 zunächst einen Überblick über die Art der gewährten Vergütungskomponenten.[588]

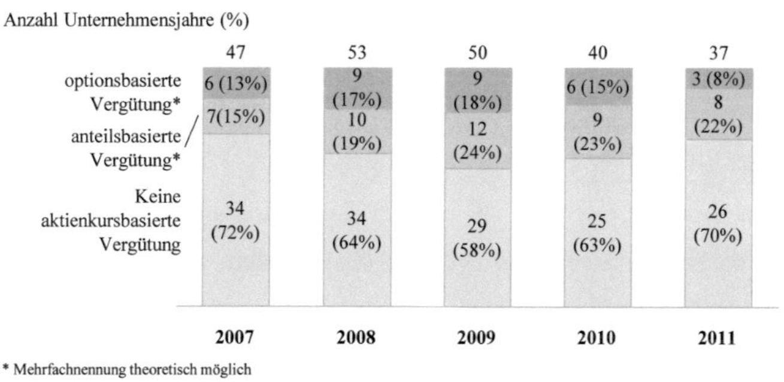

Abbildung 13: Deskriptive Befunde zur Art der aktienkursbasierten Vergütung

---

587 Zu beachten ist, dass die unabhängigen Variablen mit einem Jahr vorgelagert erhoben werden. Siehe hierzu ausführlich Abschnitt 4.2.1.

588 Zu beachten ist, dass die unabhängigen Variablen mit einem Jahr vorgelagert erhoben werden. Siehe hierzu ausführlich Abschnitt 4.2.1.

Für die Untersuchungsjahre 2007 bis 2009 ist eine verstärkte Gewährung anteils- und optionsbasierter Vergütungskomponenten zu beobachten. Für die Jahre 2010 und 2011 ist hingegen ein Rückgang optionsbasierter Instrumente zu verzeichnen, während die Unternehmen der Stichprobe auf annähernd gleichbleibendem Niveau anteilsbasierte Instrumente zur Vergütung der Vorstände einsetzen. Eine gleichzeitige Gewährung anteils- und optionsbasierter Instrumente ist für die Stichprobe nicht zu beobachten.

Die nachfolgende Tabelle 13 gibt eine Übersicht über die anteils- und optionsbasierten Vergütungspläne der Stichprobenunternehmen, aufgeteilt nach ihrem Eigenkapitalcharakter.[589] Da die relative Häufigkeit der verschiedenen Planarten über die Zeit annähernd konstant ist, wird nur eine Gesamtübersicht für alle Jahre dargestellt.[590]

	Anteilsbasierte Vergütung	**# (%)**	**Optionsbasierte Vergütung**	**# (%)**
Echte Eigenkapital-instrumente	Belegschaftsaktien (Restricted Stocks)	**0 (0,0%)**	Aktienoptionen* (Stock Options)	**25 (75,8%)**
	Performance Shares	**7 (15,2%)**	Wandelschuld-verschreibungen	**2 (6,0%)**
Virtuelle Eigenkapital-instrumente	Phantom Stocks	**5 (10,9%)**	Stock Appreciation Rights	**6 (18,2%)**
	Performance Share Units	**34 (73,9%)**		
Summe		**46 (100%)**		**33 (100%)**

* Bei 7 der 25 neu gewährten Aktienoptionsprogramme besteht ein Unternehmenswahlrecht zum sog. Cash Settlement

Tabelle 13: Deskriptive Befunde zu den Eigenkapitalinstrumenten der aktienkursbasierten Vergütung

Die Mehrheit der insgesamt 46 anteilsbasierten Vergütungspläne wird in Form von Performance Share Units (73,9%) gewährt, gefolgt von Performance Shares (15,2%) und Phantom Stocks (10,9%). Eine Gewährung von Belegschaftsaktien unterbleibt. Ebenso wie bei der anteilsbasierten Vergütung, dominiert bei den 33 optionsbasierten Vergütungsplänen eine Plan-Art. So werden mehrheitlich Aktienoptionen (75,8%), gefolgt von Stock Appreciation Rights (18,2%) und Wandelschuldverschreibungen (6,0%)

589 Siehe auch Abschnitt 3.2.2.2 für eine Systematisierung anteils- und optionsbasierter Vergütungskomponenten.

590 Wandelschuldverschreibungen werden ab dem Jahr 2009 nicht mehr neu gewährt.

gewährt. Für 7 der 25 neu gewährten Aktienoptionsprogramme besteht für das Unternehmen jedoch ein Wahlrecht zum sog. *Cash Settlement.* Hierbei kann dieses wählen, ob es dem Vorstand im Ausübungszeitpunkt reale Anteile oder einen Differenzausgleich in Bar (wie bei Stock Appreciation Rights) gewährt.[591] Zusammenfassend werden anteilsbasierte Vergütungskomponenten mehrheitlich in virtueller Form gewährt (84,8%), wohingegen optionsbasierte Komponenten überwiegend in Form echter Eigenkapitalinstrumente (81,8%) gewährt werden.

Wie in Abschnitt 4.3.3.1.2 bereits dargestellt, dienen die neu berechneten Optionswerte sowohl als Grundlage zur Operationalisierung des relativen Anteils der aktienkursbasierten Vergütung an der jährlichen Gesamtvergütung (#8 - #15), als auch zur Operationalisierung der Pay-Performance-Sensitivität der optionsbasierten Vergütung (#17 - #20). In Tabelle 14 werden die Lage- und Streuungsparameter der zum Gewährungszeitpunkt neu bewerteten Optionen ($OV_{AR;OWN}^{BS;IASB}$) dargestellt. Als Referenzwert dienen die direkt aus den Geschäftsberichten erhobenen beizulegenden Zeitwerte der Optionen (OV_{AR}).[592] Ferner werden die korrespondierenden Optionsdeltas dargestellt ($OD_{AR;OWN}^{BS;IASB}$).

N=33	***AR (Referenz)***		***BS***			***IASB***		
		OV_{AR}		OV_{AR}^{BS}	OD_{AR}^{BS}		OV_{AR}^{IASB}	OD_{AR}^{IASB}
AR	*M*	15,29 €	*M*	17,64 €	0,67	*M*	9,38 €	0,66
	SD	13,39 €	*SD*	20,39 €	0,17	*SD*	11,44 €	0,15
	Min	0,95 €	*Min*	0,95 €	0,31	*Min*	0,55 €	0,34
	Max	47,90 €	*Max*	88,24 €	0,94	*Max*	51,69 €	0,96
				OV_{OWN}^{BS}	OD_{OWN}^{BS}		OV_{OWN}^{IASB}	OD_{OWN}^{IASB}
OWN			*M*	18,26 €	0,68	*M*	9,70 €	0,66
			SD	20,20 €	0,15	*SD*	11,44 €	0,14
			Min	0,95 €	0,40	*Min*	0,55 €	0,43
			Max	88,06 €	0,94	*Max*	51,61 €	0,96

Tabelle 14: Lage- und Streuungsparameter der Optionswerte und -deltas

591 Nach IFRS 2.34 handelt es sich um sog. *„Share-based payment transactions with cash alternatives"*. Vgl. hierzu auch *Müller/Reinke* (2008), S. 363; *Schulz* (2010), S. 84. Für eine Abgrenzung des Begriffs der *anteilsbasierten Vergütung* gegenüber dem in IFRS 2 ebenfalls verwendeten Begriff siehe ausführlich Fn. 277 in Abschnitt 3.2.1.

592 In den beizulegenden Zeitwerten aus den Geschäftsberichten (OV_{AR}) werden Erfolgsziele berücksichtigt.

Im Mittel sind die beiden Optionswerte nach Black/Scholes (*BS*) gegenüber dem beizulegenden Zeitwert aus den Geschäftsberichten (*AR*) leicht erhöht. Diese Verzerrung nach oben lässt sich auf die Nicht-Berücksichtigung von Erfolgszielen zurückführen.[593] Annahmegemäß weisen die Optionswerte nach *IASB* geringere Werte auf als Optionswerte nach Black/Scholes. Dieser Wertunterschied setzt sich wie erwartet auch in den Optionsdeltas fort.[594] Insgesamt bewegen sich die Ausprägungen der Optionswerte und -deltas in einem ökonomisch plausiblen Wertebereich.

Nachfolgend werden die Ausprägungen der vier operationalisierten Variablenkategorien zur Messung der aktienkursbasierten Vergütung erläutert (für eine Übersicht über die Lage- und Streuungsparameter siehe Tabelle 11 in Abschnitt 5.1.2):

(1) Anteil anteilsbasierte Vergütung an der jährlichen Gesamtvergütung (#8 - #11)

(2) Anteil optionsbasierte Vergütung an der jährlichen Gesamtvergütung (#12 - #15)

(3) Pay-Performance-Sensitivität anteilsbasierte Vergütung (#16)

(4) Pay-Performance-Sensitivität optionsbasierte Vergütung (#17 - #20)

Ad (1) – Anteil anteilsbasierte Vergütung an der jährlichen Gesamtvergütung (#8 - #11): Wie sich bereits in der Analyse der zeitlichen Entwicklung anteils- und optionsbasierter Vergütungskomponenten gezeigt hat, ist eine gleichzeitige Gewährung anteils- und optionsbasierter Komponenten für die vorliegende Stichprobe nicht zu beobachten. Der relative Anteil der anteilsbasierten Vergütung an der jährlichen Gesamtvergütung wird in der vorliegenden Untersuchung somit nicht von den unterschiedlichen Optionsbewertungsverfahren und möglichen Datenquellen beeinflusst. Daher sind die Ausprägungen der vier Variablen (#8 - #11) identisch. Im Durchschnitt beträgt der Anteil der anteilsbasierten Vergütung an der jährlichen Gesamtvergütung 3,92% und bewegt sich im Wertebereich zwischen minimal 0,00% und maximal 61,63%.

---

593 Vgl. *Crasselt* (2008), S. 279ff. Siehe hierzu auch Abschnitt 4.3.3.1.2.
594 Vgl. auch *Lazar* (2007), S. 60. Siehe hierzu auch Abschnitt 4.3.3.1.2.

Ad (2) – Anteil optionsbasierte Vergütung an der jährlichen Gesamtvergütung (#12 - #15): Legt man das Black/Scholes-Modell zur Bewertung der Optionen zugrunde, so beträgt der Anteil der optionsbasierten Vergütung an der jährlichen Gesamtvergütung im Mittel 3,77% (#12) bzw. 3,94% (#13). 0,00% (#12 und #13) bzw. 54,12% (#12) und 56,49% (#13) stellen die minimalen und maximalen Variablenausprägungen dar. Annahmegemäß zeigen sich bei den mittels IASB-Modell berechneten Variablen geringere Ausprägungen.[595] So beträgt der relative Anteil durchschnittlich 2,38% (#14) bzw. 2,52% (#15) und schwankt in der Spannbreite von 0,00% (#12 und #13) und 37,12% (#14) bzw. 39,34% (#15). Die auf Basis der OWN-Daten berechneten Variablen zeigen somit durchschnittlich höhere Ausprägungen als die mit AR-Daten berechneten Variablen.

Ad (3) – Pay-Performance-Sensitivität anteilsbasierte Vergütung (#16): Bei einer Steigerung des Börsenwerts um 1.000 € verändert sich das durch Anteile gewährte Vermögen der Vorstände durchschnittlich um 0,26 €. Im Minimum beträgt die Pay-Performance-Sensitivität der anteilsbasierten Vergütung 0,00 €, maximal beträgt diese 10,35 €.[596]

Ad (4) – Pay-Performance-Sensitivität optionsbasierte Vergütung (#17 - #20): Die Veränderung des Vermögens der Vorstände bei Gewährung optionsbasierter Instrumente beträgt im Black/Scholes-Modell im Mittel 0,40 € (#17 und #18). Im IASB-Modell ist durchschnittlich ein geringfügig kleinerer Wert von 0,39 € (#19 und #20) zu beobachten. Im Minimum beträgt die Variablenausprägung für alle der vier Variablen 0,00 €. Im Maximum zeigen sich bei den mit AR-Daten berechneten Variablen wiederholt geringfügiger abweichende Werte (9,70 € für #17 und 9,26 € für #19) als mit bei den mit OWN-Daten berechneten Variablen (9,81 € für #18 und 9,17 € für #20). Annahmegemäß zeigen sich bei den mittels IASB-Modell berechneten Variablen geringere Ausprägungen als bei den mittels Black/Scholes-Modell berechneten Variablen.[597]

---

595 Siehe hierzu auch bereits die Fn. 593 und 594.

596 Wie bereits in Abschnitt 4.3.3.1.2 ausführlich dargestellt, ist die Berechnung der Variable unabhängig vom gewählten Optionsbewertungsmodell und von der Datenquelle.

597 Siehe hierzu auch bereits die Fn. 593 und 594.

5.1.2.3 Leitungsorganisation

Die deskriptive Analyse der Variable zur Messung der Leitungsorganisationsform (ORG^{LINK}) zeigt, dass durchschnittlich 59% der Stichprobenunternehmen über eine volle oder teilweise Leiteridentität verfügen. Dies bedeutet, dass in diesen Unternehmen eine Leitungszuständigkeit von mindestens einem der Vorstände für einen nachgeordneten Geschäftsbereich besteht. 41% der Unternehmen verfügen über keinerlei solcher Zuständigkeiten.

Die Analyse der Unternehmensorganisationsform (ORG^{COMP}) zeigt, dass bei 44% der diversifizierten deutschen börsennotierten Unternehmen die Geschäftsbereiche rechtlich unselbständig sind (Einheitsunternehmen). 56% der Stichprobenunternehmen sind als Holdingunternehmen mit rechtlich selbständigen Teilbereichen organisiert. Eine zeitliche Entwicklung der beiden Variablen ist Abbildung 14 zu entnehmen.[598]

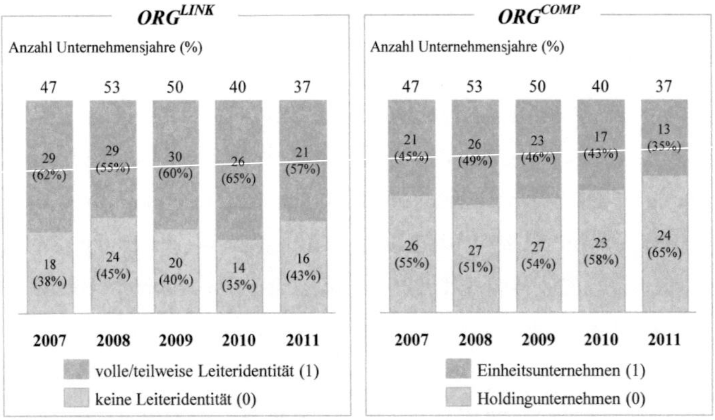

Abbildung 14: Deskriptive Befunde zur Leitungs- und Unternehmensorganisationsform

Sowohl die Leitungsorganisationsform (ORG^{LINK}), als auch die Unternehmensorganisationsform (ORG^{COMP}) weisen im Zeitverlauf weitestgehend gleichbleibende Werte auf. Dementsprechend ist auch die zeitliche Entwick-

---

598 Zu beachten ist, dass die unabhängigen Variablen mit einem Jahr vorgelagert erhoben werden. Siehe hierzu ausführlich Abschnitt 4.2.1.

lung des Interaktionseffekts aus Leitungsorganisationsform x Unternehmensorganisationsform (*ORG*^{LINKxCOMP}) relativ konstant bei durchschnittlich 26% bzw. 74% (siehe Abbildung 15).[599]

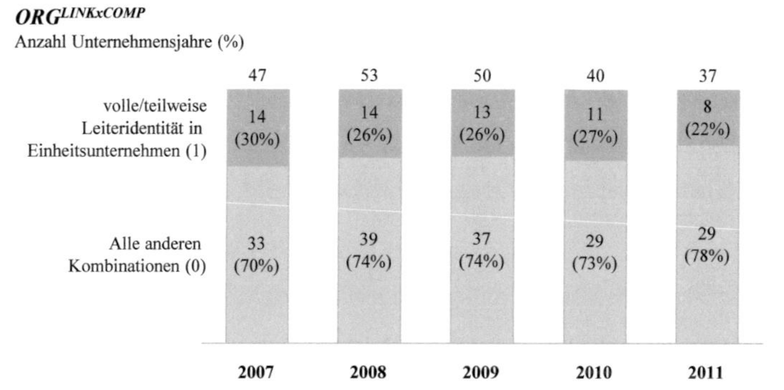

Abbildung 15: Deskriptive Befunde zum Interaktionseffekt der Leitungsorganisation

5.1.3 Zusammenfassung der Ergebnisse

Als Ergebnis der deskriptiven Analyse der Stichprobe kann festgehalten werden, dass sich die Variablenausprägungen in einem ökonomisch plausiblen Rahmen bewegen. Sie sind somit für die weiteren Analysen geeignet. Für die Mehrzahl der abhängigen und unabhängigen Variablen sind alternative Operationalisierungen, basierend auf unterschiedlichen Modellen und Datenquellen vorhanden. Dies ermöglicht im Zuge der Panelregressionsanalysen eine Vielzahl an Robustheitstests, wodurch die Untersuchungsergebnisse abgesichert werden können.[600]

---

599 Zu beachten ist, dass die unabhängigen Variablen mit einem Jahr vorgelagert erhoben werden. Siehe hierzu ausführlich Abschnitt 4.2.1.

600 Siehe hierzu auch Abschnitt 5.3.1.2.

5.2 Korrelationsanalysen

5.2.1 Vorbemerkung zur angewandten Methodik

Im Rahmen der induktiven Statistik wird das bivariate Verfahren der Korrelationsanalyse angewendet. Mit diesem wird geprüft, ob paarweise lineare Zusammenhänge zwischen den unabhängigen Variablen bestehen.[601] Diese können in den anschließenden Panelregressionsanalysen zu (potenzieller) Multikollinearität und folglich zu einer verminderten Präzision der Regressionskoeffizienten (durch steigende Standardfehler) führen.[602]

Aufgrund der metrisch und nominal skalierten Variablen, der geringen Stichprobengröße sowie der Unanfälligkeit bezüglich Ausreißern wird für die Korrelationsanalyse eine Rangkorrelation nach *Kendall* (1938) berechnet.[603] Da ein Unternehmen gleiche Variablenwerte aufweisen kann (sog. *Ties*), wird von den drei nach *Kendall* möglichen Korrelationskoeffizienten *Tau-b* (τ_b) verwendet.[604]

In der vorliegenden Untersuchung werden Korrelationskoeffizienten in ihrer Stärke bei einem Wert größer oder gleich |0,8| als hoch, bei einem Wert größer oder gleich |0,5| und kleiner |0,8| als mittel und bei einem Wert kleiner |0,5| als schwach korreliert eingestuft.[605] Von einem empirischen linearen Zusammenhang zwischen zwei Variablen kann ausgegangen werden, sofern die Nullhypothese, dass kein linearer Zusammenhang besteht, mit

---

601 Vgl. hierzu und nachfolgend für den gesamten Abschnitt *Bortz et al.* (2008), S. 257ff.; *Mosler/Schmid* (2009), S. 169ff.; *Fahrmeir et al.* (2011), S. 168.

602 Für eine Erläuterung des Multikollinearitätsproblems im Rahmen von Panelregressionsanalysen siehe Abschnitt 5.3.1.2.

603 Zur Rangkorrelation nach *Kendall* vgl. auch *Kendall* (1990), S. 1ff.; *Benninghaus* (2007), S. 140ff.; *Bortz et al.* (2008), S. 290ff. *Brinkmann* (2011) verwendet in einer vergleichbaren Untersuchung ebenso Kendall's Rangkorrelationskoeffizient. Vgl. hierzu *Brinkmann* (2011), S. 139ff. Der Korrelationskoeffizient nach *Pearson* (1904), S. 1ff. sowie der Rangkorrelationskoeffizient nach *Spearman* (1904), S. 72ff. und *Spearman* (1906), S. 89ff. kommen aufgrund ihrer Anfälligkeit für Ausreißer nicht in Betracht. Für einen Überblick über alle drei Verfahren sowie für Ausführungen zur Wahl des angemessenen Korrelationsverfahrens vgl. ausführlich *Fahrmeir et al.* (2011), S. 168; *Bortz et al.* (2008), S. 257ff.; *Mosler/Schmid* (2009), S. 169ff.; *Hamilton* (2013), S. 173.

604 Bei mehr als fünf Variablenpaaren und nicht extrem schiefen Randverteilungen liefert *Kendall's Tau-b* (τ_b) annähernd gleiche, aber meist etwas kleinere Zahlenwerte als der grundsätzlich ebenso anwendbare, aber an mehrere Annahmen geknüpfte *Pearson*-Korrelationskoeffizient. Vgl. hierzu *Benninghaus* (2007), S. 161. Vgl. ähnlich auch *Hamilton* (2013), S. 173.

605 Vgl. *Fahrmeir et al.* (2011), S. 139.

einer *Alpha-Fehlerwahrscheinlichkeit* (*p*) von weniger als 0,05 abgelehnt werden kann.[606]

Auch bei den anschließenden Analysen wird der üblichen Konvention gefolgt, wonach eine Nullhypothese dann abzulehnen ist, wenn die statistischen Testverfahren (zweiseitig) eine Alpha-Fehlerwahrscheinlichkeit (p) von weniger als 0,05 feststellen.[607] Sprachlich wird in der vorliegenden Untersuchung bei einer Fehlerwahrscheinlichkeit von $p \leq 0{,}05$ von signifikanten Ergebnissen gesprochen. Nimmt die Fehlerwahrscheinlichkeit Werte von $p \leq 0{,}01$ oder $p \leq 0{,}001$ an, so handelt es sich um sehr bzw. hoch signifikante Ergebnisse. Zusätzlich erfolgt eine Kennzeichnung von Ergebnissen die eine schwache Signifikanz aufweisen ($p \leq 0{,}10$).

5.2.2 Ergebnisse der Korrelationsanalysen

Die Ergebnisse der Korrelationsanalysen sind Tabelle 15 zu entnehmen. Für alle Variablenpaare wird der Rangkorrelationskoeffizient (τ_b) sowie das Signifikanzniveau angegeben.

Neben den Korrelationen der unabhängigen Variablen, sind auch die Korrelationen mit den abhängigen Variablen dargestellt. Die nachfolgende Besprechung der Ergebnisse beschränkt sich jedoch auf die beiden Gruppen von unabhängigen Variablen:[608]

(1) Anreizsysteme,

(2) Leitungsorganisation.

---

606 Vgl. *Kennedy* (2008), S. 195f.; *Urban/Mayerl* (2011), S. 102, 230; *Dreger et al.* (2014), S. 77. Für Verweise zur Alpha-Fehlerwahrscheinlichkeit (p) siehe Fn. 607.

607 Vgl. *Biemann* (2007), S. 153ff.; *Bortz et al.* (2008), S. 36ff.; *Urban/Mayerl* (2011), S. 133ff.

608 Die Ergebnisbesprechung fokussiert sich auf die aus Sicht des Autors relevanten Zusammenhänge.

Kendall's Tau-b (τ_b)		#1	#2	#3	#4	#5	#6	#7	#8-#11	#12	#13	#14	#15	#16	#17	#18	#19	#20	#21	#22	#23	#24	#25	#26	#27	#28	#29
#1	*ICME*	1																									
#2	$ICME^{SGI}$	0,82***	1																								
#3	$BONUS_{ALL}^{VB}$	0,04	0,00	1																							
#4	$BONUS_{RED}^{VB}$	0,04	0,02	0,65***	1																						
#5	$BONUS^{LT}$	0,00	0,03	0,29***	0,27***	1																					
#6	$BONUS_{ALL}^{VBxLT}$	-0,05	-0,05	0,58***	0,44***	0,65***	1																				
#7	$BONUS_{RED}^{VBxLT}$	-0,05	-0,04	0,40***	0,66***	0,51***	0,71***	1																			
#8-#11	$SBC_{AR;OWN}^{BS;IASB}$	-0,04	-0,05	0,17**	0,20**	0,14*	0,28***	0,41***	1																		
#12	OBC_{AR}^{BS}	0,03	0,01	0,07	-0,07	-0,12†	-0,08	-0,09	-0,19**	1																	
#13	OBC_{OWN}^{BS}	0,03	0,01	0,07	-0,07	-0,13†	-0,08	-0,09	-0,19**	0,99***	1																
#14	OBC_{AR}^{IASB}	0,03	0,01	0,07	-0,07	-0,12†	-0,08	-0,09	-0,19**	0,99***	0,99***	1															
#15	OBC_{OWN}^{IASB}	0,03	0,01	0,07	-0,07	-0,13*	-0,08	-0,09	-0,19**	0,98***	0,99***	0,99***	1														
#16	*SBPPS*	-0,05	-0,07	0,10	0,09	0,06	0,15*	0,25***	0,87***	-0,18**	-0,18**	-0,18**	-0,18**	1													
#17	$OBPPS_{AR}^{BS}$	0,03	0,01	0,06	-0,07	-0,13†	-0,08	-0,09	-0,19**	0,94***	0,94***	0,95***	0,95***	-0,18**	1												
#18	$OBPPS_{OWN}^{BS}$	0,03	0,01	0,06	-0,07	-0,13†	-0,08	-0,09	-0,19**	0,94***	0,95***	0,95***	0,95***	-0,18**	1,00***	1											
#19	$OBPPS_{AR}^{IASB}$	0,03	0,01	0,06	-0,07	-0,12†	-0,08	-0,09	-0,19**	0,94***	0,94***	0,95***	0,95***	-0,18**	1,00***	1,00***	1										
#20	$OBPPS_{OWN}^{IASB}$	0,03	0,01	0,06	-0,07	-0,13†	-0,08	-0,09	-0,19**	0,94***	0,95***	0,95***	0,95***	-0,18**	1,00***	1,00***	1,00***	1									
#21	ORG^{LINK}	0,04	-0,02	0,19**	0,07	0,19**	0,18**	0,11†	0,15*	0,21***	0,21**	0,21**	0,21**	0,11†	0,20**	0,20**	0,20**	0,20**	1								
#22	ORG^{COMP}	0,03	0,04	-0,10	-0,12†	-0,13*	-0,24***	-0,21**	-0,26***	0,16*	0,16*	0,16*	0,16*	-0,24***	0,16*	0,16*	0,16*	0,16*	0,01	1							
#23	$ORG^{LINKxCOMP}$	0,02	0,01	-0,07	-0,15*	-0,04	-0,15*	-0,14*	-0,19**	0,31***	0,31***	0,31***	0,31***	-0,19**	0,31***	0,31***	0,31***	0,31***	0,49***	0,68***	1						
#24	*ENTROPY*	-0,09†	-0,09†	0,15**	-0,07	0,15**	0,14*	0,01	0,05	0,15**	0,15**	0,15**	0,15**	0,08	0,14**	0,14**	0,14**	0,14**	0,25***	-0,07	0,14*	1					
#25	*SEGMENTS*	-0,16**	-0,12*	0,09	-0,05	0,07	0,16*	0,04	0,18**	0,11†	0,11†	0,11†	0,11†	0,18**	0,09	0,09	0,09	0,09	0,11†	-0,23***	-0,10	0,44***	1				
#26	*PROFITABILITY*	0,07	0,01	0,09†	0,00	0,00	0,00	-0,03	-0,06	0,08	0,08	0,08	0,08	-0,04	0,08	0,08	0,08	0,08	-0,03	0,12*	0,12*	0,04	-0,06	1			
#27	*LEVERAGE*	-0,02	0,02	-0,13*	-0,09†	-0,02	-0,08	-0,01	-0,10*	0,1†	0,10†	0,09†	0,09†	-0,12*	0,08	0,08	0,08	0,08	-0,03	-0,06	-0,04	0,07	0,06	-0,03	1		
#28	*LIQUIDITY*	-0,03	-0,04	-0,01	-0,04	0,02	0,00	-0,09†	0,02	-0,11*	-0,10*	-0,11*	-0,10†	0,05	-0,10†	-0,10†	-0,10†	-0,10†	-0,13*	-0,07	-0,22***	-0,12**	-0,04	-0,06	-0,21***	1	
#29	*SIZE*	-0,01	-0,03	0,39***	0,22***	0,29***	0,28***	0,24***	0,27***	0,10*	0,10†	0,10†	0,10†	0,23***	0,08	0,08	0,08	0,08	0,39***	-0,22***	0,00	0,28***	0,23***	-0,04	0,01	-0,04	1

N = 227; Signifikanz: †: $p \leq 0{,}10$; *: $p \leq 0{,}05$; **: $p \leq 0{,}01$; ***: $p \leq 0{,}001$

Tabelle 15: Rangkorrelationsmatrix

Ad (1) – Anreizsysteme: Die Variable zur Messung der Mehrperiodigkeit der variablen Barvergütung (#5) weist eine hoch signifikante, schwach positive Korrelation mit den beiden Variablen zur Messung der Wertorientiertheit (#3 und #4) auf. Für die beiden Interaktionsvariablen zur Messung einer wertorientierten, mehrperiodig ausgestalteten variablen Barvergütung (#6 und #7) zeigt sich aufgrund der Multiplikation der Variablen erwartungsgemäß eine hoch signifikante, mittlere positive Korrelation mit den Variablen zur Messung der Wertorientiertheit (#3 und #4) und Mehrperiodigkeit (#5). Ferner zeigt sich für alle fünf Variablen (#3 - #7) eine schwache, hoch signifikant positive Korrelation mit der Unternehmensgröße (#29). Auch ist eine sehr signifikante bis hoch signifikante, wenn auch nur schwache negative Korrelation der Unternehmensorganisationsform (#22) mit der Gewährung wertorientierter, mehrperiodig ausgestalteter Boni (#6 und #7) zu beobachten.

Zwischen den Variablen zur Messung des relativen Anteils der anteilsbasierten Vergütung an der jährlichen Gesamtvergütung (#8 - #11) und den Variablen zur Messung der Ausgestaltung der variablen Barvergütung (#3 - #7) bestehen durchweg signifikante bis hoch signifikante, schwache positive Zusammenhänge. Für optionsbasierte Vergütungsanteile (#12 - #15) besteht dieser Zusammenhang nicht. Wie zuvor zeigt sich eine hoch signifikante, erneut schwach positive Korrelation des relativen Anteils der anteilsbasierten Vergütung an der jährlichen Gesamtvergütung (#8 - #11) mit der Unternehmensgröße (#29). Auch lässt sich ein schwacher negativer, hoch signifikanter Zusammenhang der Variablen #8 - #11 mit der Unternehmensorganisationsform (#22) beobachten.

Der relative Anteil der optionsbasierten Vergütung an der jährlichen Gesamtvergütung (#12 - #15) korreliert schwach negativ, sehr signifikant mit dem relativen Anteil der anteilsbasierten Vergütung an der jährlichen Gesamtvergütung (#8 - #11). Erwartungsgemäß korrelieren die Variablen #14 - #15 untereinander hoch positiv und hoch signifikant. Dies lässt sich darauf zurückführen, dass die beiden verwendeten Optionsbewertungsmodelle und die beiden zugrundeliegenden Datenquellen nur marginal unterschiedliche

Optionswerte generieren (siehe hierzu auch Abschnitt 5.1.2.2). Zwischen der Variable zur Messung des Interaktionseffekts der Leitungsorganisation (#23) und dem relativen Vergütungsanteil mittels Optionen (#12 - #15) besteht eine schwach positive, hoch signifikante Korrelation.

Für die Pay-Performance-Sensitivität anteilsbasierter Vergütungskomponenten (#16) ist eine hohe, hoch signifikante Korrelation mit den Variablen #8 - #11 zu beobachten. Dieser Zusammenhang ergibt sich aus der Tatsache, dass eine Vielzahl an Unternehmen aufgrund der Nicht-Gewährung anteilsbasierter Instrumente mit 0% (#8 - #11) bzw. 0 € (#16) kodiert wird (siehe hierzu auch ausführlich Abschnitt 4.3.3.1.2).

Ein entsprechender Zusammenhang lässt sich auch zwischen den Variablen zur Messung der Pay-Performance-Sensitivität der optionsbasierten Vergütung (#17 - #20) und dem relativen Vergütungsanteil mittels Optionen (#12 - #15) feststellen. Erwartungsgemäß korrelieren die Variablen #17 - #20 untereinander hoch positiv und hoch signifikant, was sich auf die nur marginal unterschiedlichen Optionsdeltas zurückführen lässt (siehe hierzu auch Abschnitt 5.1.2.2).

Ad (2) – Leitungsorganisation: Für die Interaktionsvariable der Leitungsorganisation zeigt sich aufgrund der Multiplikation der Variablen erwartungsgemäß eine hoch signifikante, mittlere positive Korrelation mit den Variablen zur Messung der Leitungs- (#21) und Unternehmensorganisationsform (#22). Die Leitungsorganisationsform (#21) korreliert ferner schwach positiv, hoch signifikant mit der Unternehmensgröße (#29). Die Unternehmensorganisationsform (#22) korreliert mit dieser hingegen schwach negativ, hoch signifikant. Zwischen der Leitungsorganisationsform (#21) und dem Entropiemaß (#24) ist ein schwach positiver, hoch signifikanter Zusammenhang zu beobachten. Zwischen der Unternehmensorganisationsform (#22) und der Anzahl der Segmente (#25) zeigt sich eine schwach negative, hoch signifikante Korrelation.

5.2.3 Zusammenfassung der Ergebnisse

Anhand der Korrelationsanalysen wurde untersucht, ob paarweise lineare Zusammenhänge zwischen den unabhängigen Variablen bestehen. Die Ergebnisse zeigen, dass die Stärke der Zusammenhänge für die Mehrheit der Variablenpaare schwach ist. Durch die alternative Kodierung von Variablen z. B. auf Basis unterschiedlicher Optionsbewertungsmodelle oder unterschiedlicher Datenquellen, ergeben sich teilweise hohe, hoch signifikante Korrelationen zwischen Variablen derselben Kategorie. Da in die Panelregressionsanalysen jeweils nur eine Variable einer Kategorie eingehen wird, sind diese paarweisen linearen Zusammenhänge jedoch unkritisch. Wie zuvor dargestellt, lassen sich jedoch auch zwei hohe und hoch signifikante Korrelationen zwischen den Variablen zur Messung der aktienkursbasierten Vergütung beobachten.[609] Da diese in den anschließenden Panelregressionsanalysen gleichzeitig in das Modell eingehen, sind überlagernde Effekte zu erwarten.[610]

---

[609] Die hohen Korrelationen sind zwischen folgenden Variablenpaaren zu beobachten: #8 - #11 und #16, sowie #12 - #15 und #17 - #20. Für Regressionsanalysen sind Korrelationen mit einer Stärke größer |0,8| bedenklich. Vgl. hierzu *Kennedy* (2008), S. 196.

[610] Für eine Erläuterung des Multikollinearitätsproblems im Rahmen von Panelregressionsanalysen siehe Abschnitt 5.3.1.2.

5.3 Panelregressionsanalysen

5.3.1 Vorbemerkung zur angewandten Methodik

Schwerpunkt der vorliegenden Untersuchung ist die empirische Überprüfung der theoretisch hergeleiteten Wirkungen interner Corporate Governance-Mechanismen auf die Effizienz interner Kapitalmärkte mittels multivariaten Regressionsanalysen.[611]

Wie bereits in Abschnitt 4.2.2 dargestellt, liegt der empirischen Untersuchung ein unbalancierter Paneldatensatz mit bis zu T = 5 Beobachtungen je Unternehmen und insgesamt N = 227 Unternehmensjahren zu Grunde (sog. *small T, large N Panel*).[612] Die verbreiterte Informationsbasis eines Paneldatensatzes aufgrund der Erhebung mehrerer Beobachtungen je Unternehmen bietet im Rahmen der statistischen Analyse mittels multivariaten Regressionsverfahren Vorteile gegenüber reinen Querschnittsdatensätzen. So enthalten Paneldatensätze mehr Variation, weniger Kollinearität in den unabhängigen Variablen sowie eine höhere Anzahl an Freiheitsgraden. Dies steigert die Effizienz der Panelregressionsschätzung.[613] Ein wesentlicher Vorteil besteht zudem in der Möglichkeit, unbeobachtete Heterogenität auf Unternehmensebene kontrollieren zu können. Hierdurch kann die in Querschnittsanalysen potenziell kritische Exogenitätsannahme abgesichert werden.[614]

---

[611] Vgl. allgemein zu multivariaten Regressionsanalysen *Greene* (2008), S. 1ff.; *Kennedy* (2008), S. 40ff.; *Hair et al.* (2010), S. 155ff.; *Auer/Rottmann* (2011), S. 417ff.; *Backhaus et al.* (2011), S. 55ff.; *Verbeek* (2012), S. 6ff.; *Dreger et al.* (2014), S. 19ff.

[612] Zu den Spezifika eines unbalancierten Panels sowie eines sog. *small T, large N* Paneldatensatzes (wobei $T < 20$ und $N > 100$) vgl. *Schröder* (2007), S. 262; *Greene* (2008), S. 184; *Giesselmann/Windzio* (2012), S. 12, 26. Siehe auch bereits Abschnitt 4.2.2.

[613] Die *Effizienz* eines Schätzwerts bezeichnet die Präzision, mit der ein Parameter geschätzt werden kann. Je geringer die Varianz des Schätzwerts, desto höher die Effizienz und somit die Präzision des Schätzwerts. Vgl. hierzu *Bortz/Schuster* (2010), S. 89f.; *Wooldridge* (2010), S. 44f.; *Verbeek* (2012), S. 374f.

[614] Vgl. hierzu und zu weiteren Vorteilen der verbreiterten Informationsbasis eines Paneldatensatzes ausführlich *Schröder* (2007), S. 261; *Baltagi* (2008), S. 6ff.; *Giesselmann/Windzio* (2012), S. 27f.; *Schmidheiny* (2012), S. 1. Zur *Exogenitätsannahme* der unabhängigen Variablen im Kontext der Panelregression vgl. beispielhaft *Wooldridge* (2010), S. 287ff.; *Giesselmann/Windzio* (2012), S. 10. Zur Unterscheidung von Quer- und Längsschnittanalysen vgl. beispielhaft *Giesselmann/Windzio* (2012), S. 33, 69.

5.3.1.1 Wahl des geeigneten Panelregressionsverfahrens

Zur Analyse des vorliegenden Paneldatensatzes kommen aufgrund der metrischen Skalierung der abhängigen Variable grundsätzlich vier Panelregressionsverfahren in Betracht. Grundlage der vier Verfahren ist jeweils die Methode der kleinsten Quadrate (sog. *Ordinary-Least Square-Regression*, kurz: *OLS-Regression*). Im Vergleich zur OLS-Regression wird vor Anwendung der Panelregressionsverfahren jedoch regelmäßig eine Transformation der Daten vorgenommen. Erst durch diese kann man sich die zuvor aufgezeigten Vorteile von Paneldatensätzen zu Nutze machen. Die vier nachfolgend dargestellten Panelregressionsverfahren unterscheiden sich somit wesentlich dadurch, ob, und wenn ja wie die Daten transformiert werden:[615]

(1) Between Effects-Regression (*BE-Regression*),

(2) Fixed Effects-Regression (*FE-Regression*),

(3) OLS-Regression (*pooled*),

(4) Random Effects-Regression (*RE-Regression*).

Ad (1) – Between Effects-Regression (BE-Regression): Die BE-Regression ist eine OLS-Regression über unternehmensspezifische Mittelwerte. Die Transformation besteht daher aus der Zusammenfassung der zeitveränderlichen Beobachtungspunkte eines Unternehmens zu einem einzigen unternehmensspezifischen Mittelwert.[616] Bei strikter Exogenität der unabhängigen Variablen (unternehmensspezifische Mittelwerte) und deren Unkorreliertheit mit der Konstanten liefert die BE-Regression für N gegen unendlich konsistente Schätzer.[617] Die Koeffizienten der BE-Regression lassen sich

---

[615] Eine Übersicht zu den Panelschätzverfahren findet sich in *Cameron/Trivedi* (2005), S. 697ff.; *Schröder* (2007), S. 261ff.; *Baltagi* (2008), S. 1ff.; *Greene* (2008), S. 180ff.; *Kennedy* (2008), S. 281ff.; *Mátyás/Sevestre* (2008), S. 1ff.; *Brüderl* (2010), S. 963ff.; *Wooldridge* (2010), S. 53ff.; *Giesselmann/Windzio* (2012), S. 1ff.; *Verbeek* (2012), S. 372ff.; *Dreger et al.* (2014), S. 259ff. Vgl. für eine ähnliche Darstellung nachfolgend auch *Brinkmann* (2011), S. 147ff. Die Verwendung englischer Fachtermini geht einher mit vergleichbaren deutschsprachigen Untersuchungen.

[616] Die BE-Regression nutzt daher rein die sog. *Between*-Varianz. Für eine Übersicht der Varianzkomponenten der Variablen siehe Anhang 4.

[617] *Strikte Endogenität* liegt vor, wenn die unabhängigen Variablen weder mit vergangenen, gegenwärtigen noch mit zukünftigen Störtermen korreliert sind. Vgl. hierzu *Wooldridge* (2010), S. 287f.; *Giesselmann/Windzio* (2012), S. 10. *Konsistente* Schätzer liegen vor, wenn sich ein Regressionskoeffizient mit wachsendem N dem wahren Wert des Parameters nähert. Vgl. hierzu *Bortz/Schuster* (2010), S. 88f.; *Wooldridge* (2010), S. 56ff.

technisch als Unterschied des Mittelwerts zwischen zwei Unternehmen interpretieren, wenn der Mittelwert der unabhängigen Variablen des zweiten Unternehmens um eine Einheit höher liegt. Eine klare inhaltliche Interpretation der Koeffizienten ist zumeist schwierig, da eine sinnvolle Deutung eines unternehmensspezifischen Mittelwerts einer unabhängigen Variable im Panelkontext oft nicht möglich ist. Die BE-Regression ist daher für viele Anwendungsfälle nicht geeignet.[618]

Ad (2) – Fixed Effects-Regression (FE-Regression): Grundlage für die Berechnung der FE-Regression ist die Transformation mittels Zentrierung/Entmittlung (sog. *Demeaning*). Hierbei werden die Niveauunterschiede zwischen den Unternehmen eliminiert, indem von jeder Variablenausprägung der unternehmensspezifische Mittelwert einer Variable subtrahiert wird. Durch das Demeaning sind nur noch die intraindividuellen Veränderungen sichtbar. Jegliche zeitkonstante, unbeobachtbare unternehmensspezifische Heterogenität wird durch die Zentrierung vollständig eliminiert.[619] Für die Analyse von Paneldatensätzen stellt die FE-Regression eine der gebräuchlichsten Analysemethoden dar. Durch die Zentrierung wird das Endogenitätsproblem für zeitkonstante unbeobachtbare Größen gelöst. Für T oder N gegen unendlich und bei strikter Exogenität der unabhängigen Variablen liefert die FE-Regression konsistente Schätzergebnisse. Weisen die unternehmensspezifischen Störterme im Zeitverlauf eine konstante Varianz auf und korrelieren diese nicht miteinander, ist der FE-Schätzer auch effizient.[620] Durch das Demeaning kann jedoch auch ein Teil der Variation in den unabhängigen Variablen verloren gehen. Auch geht hiermit ein Verlust an Freiheitsgraden einher, da für jedes Unternehmen eine zusätzliche Variable (der jeweilige Mittelwert) geschätzt werden muss.[621]

---

618 Vgl. *Cameron/Trivedi* (2005), S. 734ff.; *Rabe-Hesketh/Skrondal* (2005), S. 39; *Schröder* (2007), S. 266; *Kennedy* (2008), S. 286; *Brüderl* (2010), S. 965; *Giesselmann/Windzio* (2012), S. 94ff.; *Verbeek* (2012), S. 382.

619 Die FE-Regression nutzt daher rein die sog. *Within*-Varianz. Für eine Übersicht der Varianzkomponenten der Variablen siehe Anhang 4.

620 Je geringer die Varianz des Schätzers, desto höher ist seine *Effizienz*. Vgl. hierzu *Pruscha* (2000), S. 17ff.; *Kühnel/Krebs* (2010), S. 170.

621 Vgl. *Schröder* (2007), S. 265f.; *Balestra/Krishnakumar* (2008), S. 23ff.; *Baltagi* (2008), S. 14ff., 34ff.; *Greene* (2008), S. 193ff.; *Kennedy* (2008), S. 284ff.; *Brüderl*

Ad (3) – OLS-Regression (pooled): Eine OLS-Regression ohne vorherige Transformation der Daten wird auch als gepoolte Regression bezeichnet. Der OLS-Schätzer stellt einen ungewichteten Durchschnitt aus dem BE- und FE-Schätzer dar. Das gepoolte Modell generiert eine einzige Konstante und identische Regressionskoeffizienten für alle Unternehmen und Zeitintervalle. Konsistente Schätzer für T oder N gegen unendlich liefert es nur dann, wenn keine Korrelation der unabhängigen Variablen mit der Konstanten und keine Korrelation zwischen den unabhängigen Variablen und dem Störterm bestehen. Es darf somit keine Heterogenität bezüglich der Unternehmen und Zeitintervalle vorhanden sein, oder aber die Heterogenität kann durch zusätzliche Variablen vollständig erklärt werden. Effiziente Schätzergebnisse liefert die OLS-Regression mit gepoolten Daten nicht, da die Störterme über die Zeit korreliert sind (Autokorrelation). Durch die Berechnung korrigierter Standardfehler kann grundsätzlich berücksichtigt werden, dass die Variation des Störterms nicht zufällig ist, sondern einer Systematik erfolgt.[622] Dieses Vorgehen ist jedoch überkonservativ und stellt eine reine Symptombehandlung dar. Da die intraindividuelle Korrelation der Störterme nicht nachträglich modelliert wird, bleiben die Schätzergebnisse weiterhin ineffizient. Für unbalancierte Paneldatensätze sind Effizienzprobleme besonders gravierend, da der inkrementelle Informationszuwachs für Unternehmen mit wenigen Beobachtungen relativ gesehen größer ist, als bei Unternehmen mit vielen Beobachtungen.[623]

Ad (4) – Random Effects-Regression (RE-Regression): Der RE-Regression liegt eine komplexe Datentransformation zugrunde. Die Grundidee besteht darin, dass der Schätzer in dem Maße auf Informationen der anderen Stichprobenunternehmen zurückgreift, in dem der unternehmensspezifische Mittelwert mit Unsicherheit belegt ist. Es handelt sich somit um einen gewichteten Durchschnitt der BE- und FE-Schätzer. Für die Berechnung des Ge-

---

(2010), S. 965ff.; *Wooldridge* (2010), S. 300ff.; *Giesselmann/Windzio* (2012), S. 40ff.; *Verbeek* (2012), S. 377ff.; *Dreger et al.* (2014), S. 260ff.

622 Vgl. *Brüderl* (2010), S. 972; *Giesselmann/Windzio* (2012), S. 77ff.

623 Vgl. *Schröder* (2007), S. 263; *Kennedy* (2008), S. 286; *Greene* (2008), S. 185ff.; *Brüderl* (2010), S. 966ff.; *Dreger et al.* (2014), S. 260ff.; *Giesselmann/Windzio* (2012), S. 29ff.

wichtungsfaktors ist neben dem Verhältnis der *Within*-Varianz zur jeweiligen Gesamtvarianz, die Anzahl an Beobachtungsjahren pro Unternehmen maßgeblich. Je geringer die *Within*-Varianz und je weniger Beobachtungsjahre pro Unternehmen zur Verfügung stehen, desto unsicherer ist der FE-Schätzer und desto höher ist der Anteil des BE-Schätzers am gesamten RE-Schätzer. Durch die Transformation lassen sich zeitkonstante Effekte modellieren, da diese im Vergleich zur FE-Regression nicht eliminiert werden. Die RE-Regression liefert effiziente Schätzergebnisse. Für T und N gegen unendlich sind diese konsistent, sofern die Konsistenzbedingungen für die BE- und FE-Regression erfüllt sind. Die Annahme, dass der individuelle Störterm nicht mit den unabhängigen Variablen korreliert sein darf, ist regelmäßig nicht erfüllt. Ist die Annahme verletzt, sind die Ergebnisse der RE-Regression verzerrt.[624]

Aus den vier dargestellten Panelregressionsverfahren ist für die Analyse des vorliegenden Paneldatensatzes eines auszuwählen. Die Auswahl basiert zum einen auf der bestmöglichen Erfüllung der Annahme eines konsistenten und effizienten Panelschätzers. Flankierend werden statistische Testverfahren herangezogen, die die Modellspezifikation direkt überprüfen.[625]

Die *BE-Regression* ist aus mehreren Gründen nicht für die Analyse des vorliegenden Paneldatensatzes geeignet. So ignoriert der Schätzer in einem unbalancierten Panel, dass ein unternehmensspezifischer Mittelwert der auf Basis nur weniger Beobachtungen berechnet wird, sehr viel weniger Informationen trägt, als einer der sich aus vielen Einzelwerten zusammensetzt. Eine Verzerrung der Schätzer ist die Folge. Auch nähern sich die Koeffizienten bei geringer Within-Varianz der unabhängigen Variablen denen der OLS-Regression (pooled) und denen der RE-Regression an.[626] Nicht zuletzt

---

[624] Vgl. *Schröder* (2007), S. 266ff.; *Baltagi* (2008), S. 17ff., 37ff.; *Greene* (2008), S. 200ff.; *Hsiao/Pesaran* (2008), S. 185ff.; *Kennedy* (2008), S. 284ff.; *Brüderl* (2010), S. 972; *Wooldridge* (2010), S. 291ff.; *Giesselmann/Windzio* (2012), S. 79ff.; *Verbeek* (2012), S. 381ff.; *Dreger et al.* (2014), S. 267ff.

[625] Vgl. *Schröder* (2007), S. 263ff.; *Baltagi* (2008), S. 21f.; *Kennedy* (2008), S. 286; *Lippe* (2011), S. 3ff.; *Giesselmann/Windzio* (2012), S. 107ff.; *Lippe* (2014), S. 2ff.

[626] Vgl. *Giesselmann/Windzio* (2012), S. 94ff.

führt die schwierige inhaltliche Interpretierbarkeit der BE-Schätzer dazu, dass das Verfahren in der vorliegenden Arbeit keine Anwendung findet.

Wie zuvor gezeigt, ist die Anwendung der *OLS-Regression mit gepoolten Daten* maßgeblich davon abhängig, dass der Paneldatensatz keine zeitliche oder intraindividuelle Heterogenität aufweist. Diese Annahmen erscheint für den vorliegenden Paneldatensatz bereits aus sachlogischen Überlegungen heraus schwer haltbar, da die unabhängigen Variablen und die Kontrollvariablen bereits innerhalb eines Unternehmens im Zeitverlauf mitunter stark schwanken können.[627] Auch der Modellspezifikationstest nach *Baltagi/Li* (1990) bestätigt, dass der Paneldatensatz sowohl zeitliche, als auch intraindividuelle Effekte enthält.[628] Die OLS-Regression (pooled) ist daher für die vorliegende Untersuchung ebenso ungeeignet, auch da sie im Vergleich mit der FE- und RE-Regression keine effizienten Schätzer liefert.[629]

Sowohl die FE- als auch die RE-Regression modellieren direkt unbeobachtete Heterogenität. Im direkten Vergleich der beiden Verfahren ist der *RE-Schätzer* effizienter, da dieser eine breitere Informationsbasis des Paneldatensatzes verwendet. Jedoch muss für ihn zwingend die Annahme erfüllt sein, dass der individuelle Störterm nicht mit den unabhängigen Variablen korreliert ist und somit eine Zufallsvariable darstellt. Unbeobachtete Drittvariablen, die mit den unabhängigen Variablen korrelieren, sind in der vorliegenden Untersuchung jedoch durchaus vorstellbar. So können beispielsweise die Unternehmenskultur, Bilanzierungswahlrechte oder persönliche Verbindungen unter Vorständen sowie zwischen Vorständen und Aufsichts-

---

627 Siehe hierzu bereits die Ergebnisse der deskriptiven Analysen in Abschnitt 5.1.2. Für eine Übersicht der Varianzkomponenten der Variablen siehe auch Anhang 4.

628 Der Modellspezifikationstest nach *Baltagi/Li* (1990) ist eine Weiterentwicklung des Lagrange-Multiplikatoren-Tests nach *Breusch/Pagan* (1980) für unbalancierte Panels. Er testet die Nullhypothese, dass die Varianz der Störterme der OLS-Regression (pooled) Null ist. Kann die Nullhypothese signifikant verworfen werden, wird dies als das Vorliegen zeitlicher oder intraindividueller Effekte gedeutet. Muss die Nullhypothese abgelehnt werden, wird die Anwendung der FE- bzw. RE-Regression empfohlen. Vgl. hierzu *Breusch/Pagan* (1980), S. 239ff.; *Baltagi/Li* (1990), S. 103ff. Vgl. auch *Baltagi* (2008), S. 193ff. Zum ursprünglichen Lagrange-Multiplikatoren-Test nach *Breusch/Pagan* (1980) vgl. *Schröder* (2007), S. 269; *Baltagi* (2008), S. 63ff.; *Greene* (2008), S. 205ff. Für ein Anwendungsbeispiel in Stata vgl. *Torres-Reyna* (2009), S. 32.

629 Vgl. auch *Schröder* (2007), S. 266. Auch die OLS-Regression (pooled) mit korrigierten Standardfehlern ist für die vorliegende Untersuchung nicht geeignet, da die Korrektur der Standardfehler nur eine Symptombehandlung darstellt.

räten Auswirkungen auf die Ausgestaltung von Anreizsystemen oder auf die Ausgestaltung der Leitungsorganisation haben.[630] Die Annahme, dass der Störterm nicht mit den unabhängigen Variablen korreliert sein darf, ist somit mit hoher Wahrscheinlichkeit verletzt, so dass die RE-Regression inkonsistente und ineffiziente Schätzer liefern würde. Der RE-Schätzer ist somit für die vorliegende Untersuchung ebenso ungeeignet.

Fasst man die zuvor beispielhaft dargestellten unbeobachteten Drittvariablen als zeitkonstante Effekte auf, so liefert für die vorliegende Untersuchung einzig die *FE-Regression* konsistente und effiziente Schätzer. Der Spezifikationstest nach *Hausman* (1978) untermauert diese Entscheidung noch, indem er die Nullhypothese für alle nachfolgend dargestellten Modelle hochsignifikant verwirft.[631] Sowohl aufgrund theoretischer Überlegungen, als auch aufgrund flankierender Spezifikationstests wird für die vorliegende Untersuchung die FE-Regression als multivariates Analyseverfahren verwendet.

---

630 Als Indikation für eine Korrelation der Unternehmenskultur mit der Ausgestaltung von Anreizsystemen vgl. beispielhaft *Rödl* (2006), S. 1ff. Als Indikation für eine Korrelation der Unternehmenskultur mit der Ausgestaltung von Corporate Governance-Mechanismen vgl. beispielhaft *Arbeitskreis "Externe und Interne Überwachung der Unternehmung" der Schmalenbach-Gesellschaft* (2014), S. 73ff. Als Indikation für eine Korrelation von Bonusplänen mit der Ausübung von Bilanzierungswahlrechten vgl. beispielhaft *Healy* (1985), S. 85ff. Als Indikation für einen Einfluss persönlicher Verbindungen auf die Gestaltung von Anreizsystemen bzw. auf die Ausgestaltung der Leitungsorganisation vgl. beispielhaft *Bebchuk/Fried* (2003), S. 71ff.; *Lalanne/Seabright* (2011), S. 1ff.; *Rappold* (2011), S. 1ff.; *Duchin/Sosyura* (2013), S. 387ff.

631 Der Modellspezifikationstest nach *Hausman* (1978) prüft die Nullhypothese, dass keine Korrelation zwischen dem Störterm und den unabhängigen Variablen vorliegt und dass der RE-Schätzer die unbeobachtbaren Drittvariablen korrekt widerspiegelt. Ist die Nullhypothese zu verwerfen, ist dies ein Indikator für die Verwendung des FE-Schätzers. Vgl. hierzu *Hausman* (1978), S. 1251ff. Vgl. auch *Schröder* (2007), S. 268f.; *Baltagi* (2008), S. 72ff.; *Greene* (2008), S. 208f.; *Kennedy* (2008), S. 286, 290; *Wooldridge* (2010), S. 328ff.; *Giesselmann/Windzio* (2012), S. 109ff.; *Verbeek* (2012), S. 385. Eine Alternative zur sog. robusten Regression (siehe hierzu ausführlich die Fn. 646-648) ist der Spezifikationstest nach *Sargan* (1958), S. 393ff. und *Hansen* (1982), S. 1029ff. Kann für diesen die Nullhypothese verworfen werden, ist dies ebenso ein Indikator für die Verwendung des FE- anstatt des RE-Schätzers. Vgl. hierzu auch *Arellano* (1993), S. 87ff.; *Wooldridge* (2002), S. 290f.; *Schaffer/Stillman* (2010), S. 1ff.

5.3.1.2 Modellannahmen und Regressionsdiagnostik

Wesentlicher Bestandteil jeder (linearen multivariaten) Regressionsanalyse ist die sorgfältige Prüfung der getroffenen Modellannahmen.[632] Wie bei der OLS-Regression ohne Paneldaten sind bei der Panelregression nachfolgende fünf Modellannahmen mittels der sog. *Regressionsdiagnostik* zu überprüfen:[633]

(1) Linearität in den Parametern,

(2) Erwartungswert der Störterme gleich Null,

(3) Homoskedastizität der Störterme,

(4) Keine Autokorrelation der Störterme,

(5) Keine perfekte Multikollinearität der unabhängigen Variablen.

Da die Schätzergebnisse bei (Panel-)Datensätzen mit geringem Stichprobenumfang besonders anfällig für sog. *multivariate Ausreißer* sind, ist ein weiterer Prüfschritt notwendig:[634]

(6) Einfluss multivariater Ausreißer auf die Schätzergebnisse.

Die Überprüfung der Modellannahmen erfolgt auf Basis von vier nachfolgend dargestellten FE-Regressionen mit $ICME^{SGI}$ (#2) als abhängiger Variable (siehe Tabelle 16).[635] Da nur die Modellannahmen überprüft werden, erfolgt keine inhaltliche Interpretation der Koeffizienten (siehe hierzu ausführlich Abschnitt 5.3.1.3). Eine Übersicht über die Testergebnisse der Regressionsdiagnostik und die weitere Vorgehensweise bei Verletzung von Modellannahmen sind auch Tabelle 17 zu entnehmen.

---

632 Vgl. *Schröder* (2007), S. 268; *Ohr* (2010), S. 639; *Backhaus et al.* (2011), S. 84.

633 Eine Übersicht zu den Modellannahmen und den allgemeinen Instrumenten der Regressionsdiagnostik im Rahmen der OLS-Regression findet sich in *Kennedy* (2008), S. 93ff.; *Fahrmeir et al.* (2009), S. 64ff.; *Hair et al.* (2010), S. 70ff.; *Ohr* (2010), S. 639ff.; *Auer/Rottmann* (2011), S. 445ff., 477ff.; *Backhaus et al.* (2011), S. 84ff.; *Kohler/Kreuter* (2012), S. 270ff.; *Dreger et al.* (2014), S. 66ff.

634 Vgl. hierzu und für eine Übersicht zur Regressionsdiagnostik bei kleinen Stichproben *Jann* (2004), S. 421ff.; *Kennedy* (2008), S. 346ff.; *Fahrmeir et al.* (2009), S. 173ff.; *Jann* (2009), S. 93ff.; *Hair et al.* (2010), S. 64ff.; *Ohr* (2010), S. 659ff.; *Auer/Rottmann* (2011), S. 451f.; *Urban/Mayerl* (2011), S. 185ff.; *Kohler/Kreuter* (2012), S. 276ff.; *Verbeek* (2012), S. 47ff. Zum Begriff des multivariaten Ausreißers vgl. *Kohler/Kreuter* (2012), S. 276.

635 Eine Überprüfung der Modellannahmen auf Basis einer FE-Regression mit *ICME* (#1) als abhängiger Variable sowie auf Basis von Modellen unter Verwendung alternativer Datenquellen (OWN) führen zu denselben Ergebnissen. Eine Darstellung der Schätzungsergebnisse unterbleibt aus Gründen der Übersichtlichkeit.

Abhängige Variable:			*Fixed Effects* *Black/Scholes*-Modell		*IASB*-Modell	
#2	$ICME^{SGI}$	*VZ*	**(RD1)**	**(RD2)**	**(RD3)**	**(RD4)**
#3	$BONUS_{ALL}^{VB}$	+	0,16		0,17	
			(0,13)		(0,13)	
#4	$BONUS_{RED}^{VB}$	+		0,14		0,15
				(0,14)		(0,14)
#5	$BONUS^{LT}$	+	0,18†	0,18†	0,18†	0,18†
			(0,10)	(0,10)	(0,10)	(0,10)
#6	$BONUS_{ALL}^{VBxLT}$	+	-0,16		-0,16	
			(0,15)		(0,15)	
#7	$BONUS_{RED}^{VBxLT}$	+		-0,25		-0,26
				(0,17)		(0,17)
#8/10	$SBC_{AR}^{BS;IASB}$	+	-0,01	-0,00	-0,00	-0,00
			(0,01)	(0,01)	(0,01)	(0,01)
#12	OBC_{AR}^{BS}	+	-0,02*	-0,02*		
			(0,01)	(0,01)		
#14	OBC_{AR}^{IASB}	+			-0,03*	-0,03*
					(0,01)	(0,01)
#16	*SBPPS*	+	0,11	0,11	0,11	0,11
			(0,07)	(0,07)	(0,07)	(0,07)
#17	$OBPPS_{AR}^{BS}$	+	0,08*	0,08*		
			(0,03)	(0,03)		
#19	$OBPPS_{AR}^{IASB}$	+			0,08*	0,08*
					(0,04)	(0,04)
#21	ORG^{LINK}	±	0,13	0,13	0,13	0,14
			(0,16)	(0,16)	(0,16)	(0,16)
#22	ORG^{GROUP}	±	0,10	0,10	0,10	0,09
			(0,37)	(0,37)	(0,37)	(0,37)
#23	$ORG^{LINKxGROUP}$	±	-3,12***	-3,14***	-3,11***	-3,13***
			(0,40)	(0,40)	(0,40)	(0,40)
#24	*ENTROPY*		-0,44	-0,42	-0,45	-0,42
			(0,34)	(0,34)	(0,34)	(0,34)
#25	*SEGMENTS*		0,08	0,08	0,09	0,08
			(0,11)	(0,11)	(0,11)	(0,11)
#26	*PROFITABILITY*		-0,01	-0,01	-0,01	-0,01
			(0,01)	(0,01)	(0,01)	(0,01)
#27	*LEVERAGE*		-0,01	-0,01	-0,01	-0,01
			(0,01)	(0,01)	(0,01)	(0,01)
#28	*LIQUIDITY*		-0,01	-0,01	-0,01	-0,01
			(0,01)	(0,01)	(0,01)	(0,01)
#29	*SIZE*		0,32	0,31	0,34†	0,33†
			(0,19)	(0,19)	(0,20)	(0,20)
#30	*YEAR*		JA		JA	
KONSTANTE			-3,49	-3,32	-3,85	-3,66
			(2,73)	(2,72)	(2,78)	(2,77)
N			227	227	227	227
n			67	67	67	67
R^2 *(within)*			0,50	0,50	0,50	0,50
R^2 *(between)*			0,00	0,00	0,00	0,00
R^2 *(gesamt)*			0,01	0,01	0,01	0,01
F-Test			0,00	0,00	0,00	0,00
Hausman (Chi²)			0,00	0,00	0,00	0,00

Signifikanz: †: $p \leq 0{,}10$; *: $p \leq 0{,}05$; **: $p \leq 0{,}01$; ***: $p \leq 0{,}001$
(Standardfehler in Klammern)

Tabelle 16: FE-Schätzung zur Überprüfung der Modellannahmen

Eine Vielzahl an gängigen Testverfahren der Regressionsdiagnostik sind für Panelschätzungen nicht anwendbar.[636] Bei der Durchführung der sechs Prüfungsschritte müssen daher teils speziell für Panelregressionen modifizierte Verfahren verwendet werden.[637]

	Modellannahme	Testverfahren	Testergebnis	Vorgehen
(1)	Linearität in den Parametern	• Sichtprüfung Punktediagramm • Vergleichbare empirische Studien	• Annahme erfüllt	
(2)	Erwartungswert des Störterms gleich Null	• Sichtprüfung Residuenplot	• Annahme erfüllt	
(3)	Homoskedastizität der Störterme	• Modifizierter Wald Test	• Annahme *nicht* erfüllt	• Verwendung robuster *Eicker/Huber/White*-Schätzer • Robustheitstests
(4)	Keine Autokorrelation der Störterme	• Sichtprüfung Residuen vs. prognostizierte Werte • Lagrange-Multiplikator Test	• Annahme *nicht* erfüllt	
(5)	Keine perfekte Multikollinearität der unabhängigen Variablen	• Prüfung Korrelationsmatrix • Varianz-Dekompositionsindex	• Annahme erfüllt	• Robustheitstests
(6)	Einfluss multivariater Ausreißer auf die Schätzergebnisse	• Sichtprüfung der partiellen Regressions- und Residuenplots • Standardisierte Residuen > |2|	• Annahme *nicht* erfüllt	• Ausschluss von Beobachtungen mit standardisierten Residuen > |2|

Tabelle 17: Ergebnisse der Regressionsdiagnostik[638]

Ad (1) – Linearität in den Parametern: Die lineare funktionale Form für alle betrachteten Zusammenhänge ist die Grundvoraussetzung für die lineare Regression.[639] Mittels Sichtprüfung des Punktediagramms kann eine Linearität in der Parametern festgestellt werden.[640] Ferner unterstellen und finden vergleichbare empirische Studien ebenso lineare Zusammenhänge.[641] Die Annahme ist somit erfüllt.

---

636 Rein für die OLS-Regression auf Basis gepoolter Daten wären diese anwendbar.

637 Eine Übersicht über spezifische Testinstrument für Panelschätzverfahren findet sich in *Greene* (2000), S. 598ff.; *Wooldridge* (2002), S. 282f.; *Drukker* (2003), S. 168ff.; *Schröder* (2007), S. 261ff.; *Torres-Reyna* (2009), S. 30ff.

638 Der Aufbau der Tabelle ist eng angelehnt an *Brinkmann* (2011), S. 153. Vgl. ähnlich auch *Backhaus et al.* (2011), S. 97.

639 Vgl. *Kennedy* (2008), S. 93ff.; *Fahrmeir et al.* (2009), S. 64; *Hair et al.* (2010), S. 76; *Ohr* (2010), S. 645; *Auer/Rottmann* (2011), S. 445; *Backhaus et al.* (2011), S. 85ff.

640 Zum Verfahren der Sichtprüfung des Punktediagramms vgl. *Ohr* (2010), S. 654f.; *Kohler/Kreuter* (2012), S. 273ff.; *IDRE* (2014a), S. 15ff.

641 Siehe hierzu ausführlich Abschnitt 2.3.3.

Ad (2) – Erwartungswert des Störterms gleich Null: Um eine Verzerrung der Konstante zu verhindern, darf der Störterm nur zufällige Effekte enthalten, die die Abweichungen zwischen den beobachteten und den geschätzten Werten verursachen.[642] Mittels Sichtprüfung der geschätzten Störgrößen (Residuen) kann ein Erwartungswert des Störterms von Null festgestellt werden.[643] Die Annahme ist somit erfüllt.

Ad (3) – Homoskedastizität der Störterme: Um keine verfälschten Standardfehler und somit ineffiziente Schätzer zu generieren, müssen nach der FE-Regression homogene Varianzen der Störterme vorliegen.[644] Die Überprüfung der Annahme erfolgt mittels Sichtprüfung der Residuenplots sowie anhand des speziell für FE-Regressionen entwickelten, modifizierten Wald-Tests (für gruppenweise Heteroskedastizität) nach *Greene* (2000).[645] Sowohl die Sichtprüfung, als auch das angewendete Testverfahren zeigen Heteroskedastizität. Die Annahme homogener Varianzen der Störterme ist somit nicht erfüllt. Mittels sog. *robuster Regressionen* ist es jedoch möglich, effiziente Schätzungen durchzuführen.[646] Die vorliegende Untersuchung verwendet hierzu das Verfahren nach *Eicker* (1967), *Huber* (1967) und *White* (1980).[647] Die Voraussetzungen zum Einsatz robuster Schätzer sind trotz geringen Stichprobenumfangs erfüllt.[648] Zur weiteren Absicherung der Schätzergebnisse werden später zusätzliche Robustheitstests durchgeführt.

---

642 Vgl. *Kennedy* (2008), S. 109ff.; *Eberl* (2010), S. 648; *Auer/Rottmann* (2011), S. 445ff.; *Backhaus et al.* (2011), S. 88; *Kohler/Kreuter* (2012), S. 270ff.

643 Vgl. *Kohler/Kreuter* (2012), S. 272f.

644 Vgl. *Kennedy* (2008), S. 115ff.; *Fahrmeir et al.* (2009), S. 64ff.; *Hair et al.* (2010), S. 74ff.; *Ohr* (2010), S. 648f.; *Auer/Rottmann* (2011), S. 448ff., 518ff.; *Backhaus et al.* (2011), S. 90ff.; *Kohler/Kreuter* (2012), S. 285ff.; *Dreger et al.* (2014), S. 85ff. Speziell im Panelkontext vgl. *Baltagi* (2008), S. 87ff.; *Verbeek* (2012), S. 391f.

645 Zum Verfahren der Sichtprüfung der Residuenplots vgl. *Ohr* (2010), S. 657ff. *Kohler/Kreuter* (2012), S. 286; *IDRE* (2014a), S. 12f. Zum modifizierten Wald-Test vgl. *Greene* (2000), S. 598. Er testet die Nullhypothese, dass Homoskedastizität vorliegt. Vgl. auch *Torres-Reyna* (2009), S. 35.

646 Zum Begriff der robusten Regression sowie für einen Überblick über robuste Regressionsverfahren vgl. *Jann* (2010), S. 707ff. Für einen Methodenvergleich robuster Panelschätzer vgl. auch *Petersen* (2009), S. 435ff.

647 Vgl. hierzu *White* (1980), S. 817ff. Zu den Vorarbeiten vgl. *Eicker* (1967), S. 59ff.; *Huber* (1967), S. 221ff. Vgl. auch *Hoechle* (2007), S. 281ff.; *Baltagi* (2008), S. 75f.; *Greene* (2008), S. 162ff.; *Wooldridge* (2010), S. 60ff.; *Baum et al.* (2011), S. 1ff.

648 Gemäß *Rogers* (1993), S. 19ff.; *Kézdi* (2004), S. 95ff.; *Cameron et al.* (2006), S. 1ff. muss die Panelregressionsschätzung mindestens 20 (*Rogers*) bzw. 50 (*Kézdi & Cameron et al.*) Unternehmen umfassen. Vgl. auch *Nichols/Schaffer* (2007), S. 1ff.

Ad (4) – Keine Autokorrelation der Störterme: Die lineare Regression basiert auf der Annahme unkorrelierter Störterme in der Grundgesamtheit über die Zeit. Ist diese Annahme verletzt, sind ineffiziente Schätzer die Folge.[649] Autokorrelation kann mittels grafischer Methoden (Plot der Residuen gegen die prognostizierten Werte der abhängigen Variable) aufgedeckt werden.[650] Als spezifisches Testverfahren für Paneldaten steht der Lagrange-Multiplikator Test nach *Wooldridge* (2002) zur Verfügung.[651] Beide Testverfahren lassen auf Autokorrelation schließen, was zu ineffizienten Schätzern aufgrund verzerrter Standardfehler führt.[652] Das zuvor bereits dargestellte Verfahren nach *Eicker* (1967), *Huber* (1967) und *White* (1980) kontrolliert auch für Autokorrelation.[653] Zur weiteren Absicherung der Schätzergebnisse werden später zusätzliche Robustheitstests durchgeführt.

Ad (5) – Keine perfekte Multikollinearität der unabhängigen Variablen: Mit zunehmender linearer Abhängigkeit der unabhängigen Variablen (*Multikollinearität*) liefert die Regression ineffiziente Schätzer aufgrund verzerrter Standardfehler.[654] Wie bereits die Korrelationsanalysen in Abschnitt 5.2 gezeigt haben, weisen zwei Variablenpaare zur Messung der aktienkursbasierten Vergütung bedenklich hohe Korrelationskoeffizienten von mehr als |0,8| auf.[655] Ferner zeigt der sog. Varianz-Dekompositionsindex nach *Belsley*

---

649 Vgl. *Kennedy* (2008), S. 118ff.; *Fahrmeir et al.* (2009), S. 66ff.; *Hair et al.* (2010), S. 76f.; *Ohr* (2010), S. 649; *Auer/Rottmann* (2011), S. 450f., 536ff.; *Backhaus et al.* (2011), S. 92f.; *Kohler/Kreuter* (2012), S. 287f.; *Dreger et al.* (2014), S. 96ff. Speziell im Panelkontext vgl. *Schröder* (2007), S. 269f.; *Baltagi* (2008), S. 92ff.; *Verbeek* (2012), S. 391f.

650 Vgl. *Auer/Rottmann* (2011), S. 544f.; *Backhaus et al.* (2011), S. 92f.

651 Vgl. *Wooldridge* (2002), S. 282f. Vgl. auch *Drukker* (2003), S. 168ff.; *Born/Breitung* (2012), S. 6ff.

652 In der vorliegenden Untersuchung lässt sich die Autokorrelation auf die Panelstruktur zurückführen. Vgl. hierzu *Backhaus et al.* (2011), S. 92. Für ähnliche Erkenntnisse in einer vergleichbaren Untersuchung siehe *Brinkmann* (2011), S. XXVIII.

653 Hierzu werden zusätzlich die Standardfehler auf Unternehmensebene geclustert. Vgl. hierzu die Literaturverweise in Fn. 647 und 648. Vgl. auch *Hoechle* (2007), S. 283ff.

654 Vgl. *Kennedy* (2008), S. 192ff.; *Fahrmeir et al.* (2009), S. 170ff.; *Hair et al.* (2010), S. 165f.; *Ohr* (2010), S. 646f.; *Auer/Rottmann* (2011), S. 452, 505ff.; *Backhaus et al.* (2011), S. 93ff.; *Kohler/Kreuter* (2012), S. 284f.; *Verbeek* (2012), S. 43ff. Speziell im Panelkontext vgl. *Baltagi* (2008), S. 35ff. Bei perfekter Multikollinearität ist eine Schätzung der Regressionskoeffizienten nicht mehr möglich, da die unabhängigen Variablen keine Varianz mehr aufweisen.

655 Zur Anwendung von Korrelationsanalysen zur Identifikation von Multikollinearität und zum Grenzwert von größer |0,8| vgl. *Kennedy* (2008), S. 195f.; *Hair et al.* (2010), S. 200; *Backhaus et al.* (2011), S. 94; *Auer/Rottmann* (2011), S. 508f. Die Korrelati-

et al. (1980) Werte größer 20, was ebenfalls auf bedenkliche Korrelationen hindeutet.[656] Eine perfekte Multikollinearität ist jedoch in keiner der Schätzungen zu beobachten, daher ist die Annahme auch trotz der bedenklich hohen Werte der Testinstrumente weiterhin erfüllt. Zur weiteren Absicherung der Schätzergebnisse werden jedoch später trotz dessen Robustheitstests durchgeführt, die direkt das Problem potenzieller Multikollinearität adressieren.[657]

Ad (6) – Einfluss multivariater Ausreißer auf die Schätzergebnisse: Als multivariate Ausreißer werden Datenpunkte bezeichnet, die aufgrund ihrer außergewöhnlichen Kombination stark von den anderen Datenpunkten abweichen. Diese Ausreißer können die Ergebnisse eines Regressionsmodells verzerren.[658] Schätzungen basierend auf kleinen Stichproben sind hierfür besonders anfällig.[659] Erste Hinweise auf multivariate Ausreißer lassen sich durch die Sichtprüfung der partiellen Regressions- und Residuenplots gewinnen.[660] In der vorliegenden Untersuchung werden die Beobachtungen als Ausreißer klassifiziert, die standardisierte Residuen von mehr als |2| aufweisen.[661] Da die Effekte für alle nachfolgenden Schätzungen auch nach Ausschluss multivariater Ausreißer bestehen bleiben, wird die Stichprobe um multivariate Ausreißer bereinigt (bis zu 6 Beobachtungen).

---

onskoeffizienten betragen für die Variablenpaare #8-#11 und #16 |0,87|, für die Variablenpaare #12-#15 und #17-#20 zwischen |0,94| und |0,95|.

656 Vgl. *Belsley et al.* (1980), S. 105ff.; *Baum* (2006), S. 86; *Kennedy* (2008), S. 186; *Ohr* (2010), S. 656f. Die vier Schätzungen weisen Werte von ca. 45 auf.

657 Zum Umgang mit Multikollinearität vgl. *Kennedy* (2008), S. 196ff.; *Hair et al.* (2010), S. 205; *Auer/Rottmann* (2011), S. 512ff.; *Backhaus et al.* (2011), S. 95f. Die vorliegende Untersuchung adressiert das Multikollinearitätsproblem durch eine Entfernung einer multikollinearen Variable sowie durch eine Zusammenfassung von Variablen zu einer neuen Variable. Vgl. hierzu ausführlich Abschnitt 5.3.2.1.2.2 und 5.3.2.2.2.2.

658 Vgl. *Kennedy* (2008), S. 346ff.; *Fahrmeir et al.* (2009), S. 173ff.; *Hair et al.* (2010), S. 64ff.; *Ohr* (2010), S. 659ff.; *Auer/Rottmann* (2011), S. 451f.; *Kohler/Kreuter* (2012), S. 276ff.; *Verbeek* (2012), S. 47ff. Zum Begriff des multivariaten Ausreißers vgl. *Kohler/Kreuter* (2012), S. 276.

659 Vgl. hierzu und allgemein zu multivariaten Ausreißern bei kleinen Stichproben *Jann* (2004), S. 421ff.; *Jann* (2009), S. 93ff.; *Urban/Mayerl* (2011), S. 185ff.

660 Vgl. *Jann* (2004), S. 424ff.; *Jann* (2009), S. 96ff.; *Kohler/Kreuter* (2012), S. 276. Vgl. auch *Schnell* (1994), S. 148; *IDRE* (2014a), S. 1ff.

661 Vgl. *Jann* (2004), S. 433, 439; *Jann* (2009), S. 105f., 112; *Urban/Mayerl* (2011), S. 185. Vgl. auch *Simonoff* (2013), S. 1f. Weitere Maßzahlen lassen sich im Panelkontext technisch nicht umsetzen. Für eine Übersicht weiterer Maßzahlen vgl. ausführlich; *Jann* (2004), S. 430ff.; *Jann* (2009), S. 102ff.; *Ohr* (2010), S. 659ff.; *Urban/Mayerl* (2011), S. 185ff.; *Kohler/Kreuter* (2012), S. 277ff.

5.3.1.3 Interaktionseffekte in multivariaten Regressionen

Um zu überprüfen, ob die Ausprägung einer Variable von der Ausprägung einer anderen Variable abhängt, können Interaktionseffekte spezifiziert werden. Diese bilden *„[...] überzufällige Abweichungen von der Additivität [...]"*[662] zweier Variablen ab. Durch die Spezifikation eines Interaktionseffekts aus zwei Variablen können somit drei Effekte empirisch überprüft werden: die beiden Haupteffekte und der Interaktionseffekt.[663] In der vorliegenden Arbeit werden zwei Interaktionseffekte spezifiziert: Erstens für wertorientierte mehrperiodige Boni (#6 und #7), zweitens für die beeinflussende Wirkung von Unternehmens- auf Leitungsorganisationsformen (#23).[664] Die unabhängige Interpretation signifikanter Haupteffekte hängt von der Form des Zusammenwirkens der beiden Effekte ab. Um das Zusammenwirken sichtbar zu machen, werden sog. *Interaktionsdiagramme* anfertigt.[665] Ein Beispiel zweier Interaktionsdiagramme zeigt Abbildung 16:

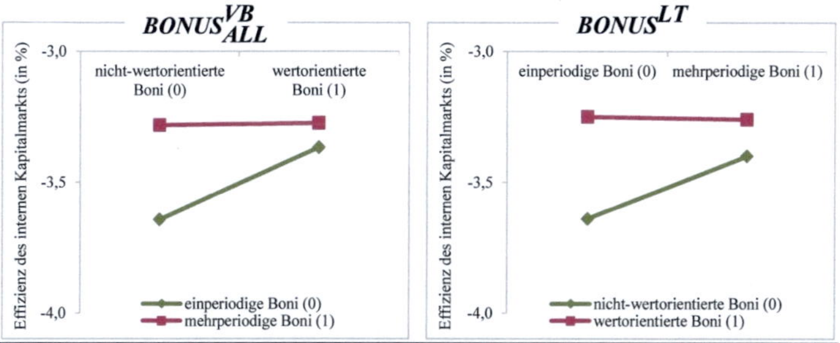

Abbildung 16: Beispielhafte Interaktionsdiagramme[666]

---

662 *Bortz/Döring* (2006), S. 533.

663 Vgl. allgemein zu Interaktionseffekten in multivariaten Regressionen *Aiken/West* (1991), S. 1ff., 116ff.; *Bortz/Döring* (2006), S. 532ff.; *Dawson/Richter* (2006), S. 917ff.; *Müller* (2007), S. 245ff.; *Klarmann* (2008), S. 66ff.; *Fahrmeir et al.* (2009), S. 84ff.; *Giesselmann/Windzio* (2012), S. 44; *Dawson* (2014), S. 1ff. Für eine Umsetzung in Stata vgl. *Cameron/Trivedi* (2010), S. 10; *Kohler/Kreuter* (2012), S. 292ff.

664 Für die beiden Interaktionseffekte siehe die Abschnitte 4.3.3.1.1 und 4.3.3.2.

665 Vgl. hierzu und nachfolgend für den gesamten Abschnitt *Leigh/Kinnear* (1980), S. 841ff.; *Aiken/West* (1991), S. 12ff.; *Bortz/Döring* (2006), S. 532ff.; *Heinze et al.* (2010), S. 2f.; *Dawson* (2014), S. 3ff.

666 Grundlage: Modell (14^{GJ}_{OWN}) aus Abschnitt 5.3.2.2.2.1. Bei den dargestellten Interaktionsdiagrammen ist zu beachten, dass die dargestellte abhängige Variable durch die Verwendung nicht standardisierter Kontrollvariablen jeweils verzerrt ist. Die Form der Interaktion ist hiervon jedoch unberührt. Vgl. hierzu *Aiken/West* (1991), S. 9ff.; *Dawson/Richter* (2006), S. 917ff.; *Dawson* (2014), S. 2ff. Vgl. auch http://www.jeremydawson.co.uk/slopes.htm.

Läge keine Interaktion (und somit eine reine Additivität) der beiden Haupteffekte vor, würden die abgetragenen Linien parallel verlaufen. Sofern eine Interaktion vorliegt, lassen sich drei Formen unterscheiden:

(1) Ordinale Interaktion (*OD*),

(2) Hybride Interaktion (*HY*),

(3) Disordinale Interaktion (*DIS*).

Ad (1) – Ordinale Interaktion (OD): Verlaufen die beiden Linien in beiden Interaktionsdiagrammen gleichsinnig (beide mit positiver Steigung, beide mit negativer Steigung), so sind beide (signifikanten) Haupteffekte unabhängig interpretierbar.

Ad (2) – Hybride Interaktion (HY): Verlaufen in einem der beiden Interaktionsdiagramme die Linien gleichsinnig und im anderen gegenläufig, so ist nur der (signifikante) Haupteffekt unabhängig interpretierbar, der einen gleichsinnigen Verlauf aufweist. Abbildung 16 zeigt eine hybride Interaktion. Hierbei kann demnach der signifikante Haupteffekt der wertorientierten Ausgestaltung der Boni unabhängig interpretiert werden.

Ad (3) – Disordinale Interaktion (DIS): Verlaufen in beiden Interaktionsdiagrammen die Linien gegenläufig, so ist keiner der (signifikanten) Haupteffekte unabhängig interpretierbar.

Im Zuge der Ergebnisanalysen der nachfolgenden Panelregressionen werden die Formen der Interaktion in separaten Tabellen dargestellt. Eine Darstellung aller Interaktionsdiagramme wäre aufgrund der Vielzahl an geschätzten Modellen unübersichtlich. Die Tabellen enthalten neben den Koeffizienten den Mittelwert (*M*) und die Standardabweichung (*SD*) der jeweiligen Variable sowie die Konstante aus der Regressionsschätzung. Mit den gegebenen Daten ist eine Reproduktion der Interaktionsdiagramme möglich.[667]

[667] Für eine Excel-Vorlage zur Anfertigung der Interaktionsdiagramme siehe http://www.jeremydawson.co.uk/slopes.htm (Datei: 2-way_with_binary_moderator.xls).

5.3.2 Ergebnisse der Panelregressionsanalysen

Die Ergebnisanalyse der Panelregressionen gliedert sich in zwei Bereiche: in Abschnitt 5.3.2.1 werden die Erkenntnisse der FE-Schätzungen mit *ICME* (#1) als abhängiger Variable dargestellt. Abschnitt 5.3.2.2 zeigt die beobachteten Effekte bei Verwendung der abhängigen Variable $ICME^{SGI}$ (#2). Beide Bereiche stellen zunächst die Resultate des spezifizierten Modells dar. Nachfolgend wird auf die Ergebnisse der Robustheitstests eingegangen. Abschließend werden die beobachteten Effekte aller Modelle in einer Übersicht zusammengeführt und den Forschungshypothesen gegenübergestellt.

Wie in Abschnitt 5.3.1.2 dargestellt, werden für alle nachfolgenden FE-Regressionen robuste Standardfehler geschätzt. Ferner wird die Stichprobe um multivariate Ausreißer bereinigt.

5.3.2.1 FE-Schätzungen mit *ICME* als abhängiger Variable (Grundmodell)

5.3.2.1.1 Ergebnisse der FE-Schätzungen (*ICME*)

Zur Untersuchung der Wirkung interner Corporate Governance-Mechanismen auf die Effizienz interner Kapitalmärkte werden acht Regressionsmodelle mit *ICME* (#1) als abhängiger Variable spezifiziert. In Tabelle 18 sind die Schätzergebnisse den erwarteten Effekten (*EE*) gegenübergestellt. Die acht Modelle unterscheiden sich durch das gewählte Optionsbewertungsmodell, durch die Verwendung alternativer Operationalisierungen zur Messung der wertorientierten variablen Barvergütung sowie durch die Aufnahme der Interaktionseffekte (Variablen #6, #7 sowie #23). Ferner beinhalten die Modelle alle Kontrollvariablen.[668] Die Formen der Interaktionseffekte sind in Tabelle 19 dargestellt.[669]

Die Ergebnisbesprechung gliedert sich in drei Bereiche:

(1) Anreizsysteme,

(2) Leitungsorganisation,

(3) Kontrollvariablen.

---

[668] Für eine Übersicht über die operationalisierten Variablen siehe Abschnitt 4.3.
[669] Zur Interpretation der Interaktionseffekte siehe ausführlich Abschnitt 5.3.1.3.

Abhängige Variable:			Fixed Effects							
			***Black/Scholes*-Modell**				***IASB*-Modell**			
#1	***ICME***	**EE**	**(1)**	**(2)**	**(3)**	**(4)**	**(5)**	**(6)**	**(7)**	**(8)**
#3	$BONUS^{VB}_{ALL}$	+	0,13	0,24			0,15	0,23		
			(0,14)	(0,18)			(0,15)	(0,18)		
#4	$BONUS^{VB}_{RED}$	+			0,03	0,23			0,02	0,22
					(0,09)	(0,15)			(0,10)	(0,15)
#5	$BONUS^{LT}$	+	0,11	0,16	0,11	0,26*	0,11	0,15	0,11	0,25*
			(0,12)	(0,14)	(0,12)	(0,12)	(0,12)	(0,14)	(0,12)	(0,12)
#6	$BONUS^{VBxLT}_{ALL}$	+		-0,12				-0,11		
				(0,18)				(0,17)		
#7	$BONUS^{VBxLT}_{RED}$	+				-0,55**				-0,53**
						(0,20)				(0,20)
#8/10	$SBC^{BS;IASB}_{AR}$	+	0,00	0,01	0,00	0,01	0,01	0,00	0,01	0,01
			(0,01)	(0,01)	(0,01)	(0,01)	(0,01)	(0,01)	(0,01)	(0,01)
#12	OBC^{BS}_{AR}	+	-0,04**	-0,04**	-0,04**	-0,04**				
			(0,01)	(0,01)	(0,01)	(0,01)				
#14	OBC^{IASB}_{AR}	+					-0,06**	-0,06**	-0,06**	-0,06**
							(0,02)	(0,02)	(0,02)	(0,02)
#16	*SBPPS*	+	0,15	0,11	0,14	0,09	0,13	0,13	0,12	0,12
			(0,10)	(0,10)	(0,10)	(0,10)	(0,10)	(0,10)	(0,10)	(0,10)
#17	$OBPPS^{BS}_{AR}$	+	0,25***	0,24***	0,25***	0,25***				
			(0,06)	(0,06)	(0,06)	(0,06)				
#19	$OBPPS^{IASB}_{AR}$	+					0,25***	0,25***	0,25***	0,25***
							(0,07)	(0,07)	(0,07)	(0,07)
#21	ORG^{LINK}	±	0,15	0,08	0,14	0,05	0,16	0,10	0,15	0,07
			(0,16)	(0,13)	(0,16)	(0,12)	(0,16)	(0,14)	(0,16)	(0,13)
#22	ORG^{COMP}	±	4,80***	4,73***	4,79***	4,70***	4,80***	4,76***	4,79***	4,74***
			(0,21)	(0,20)	(0,21)	(0,19)	(0,21)	(0,20)	(0,21)	(0,20)
#23	$ORG^{LINKxCOMP}$	±		-5,64***		-5,65***		-5,54***		-5,55***
				(0,47)		(0,46)		(0,48)		(0,47)
#24	*ENTROPY*		-0,87†	-0,39	-0,89†	-0,31	-0,86†	-0,52	-0,89†	-0,44
			(0,45)	(0,43)	(0,47)	(0,43)	(0,46)	(0,46)	(0,48)	(0,47)
#25	*SEGMENTS*		0,12	0,02	0,12	0,00	0,14	0,06	0,14	0.04
			(0,14)	(0,14)	(0,14)	(0,14)	(0,15)	(0,15)	(0,15)	(0,15)
#26	*PROFITABILITY*		-0,01	-0,00	-0,01	-0,01	-0,01	-0,01	-0,01	-0,01
			(0,02)	(0,02)	(0,02)	(0,02)	(0,02)	(0,02)	(0,02)	(0,02)
#27	*LEVERAGE*		-0,00	-0,01	-0,00	-0,00	-0,00	-0,01	-0,00	-0,01
			(0,01)	(0,01)	(0,01)	(0,01)	(0,01)	(0,01)	(0,01)	(0,01)
#28	*LIQUIDITY*		-0,01	-0,01	-0,01	-0,01	-0,01	-0,01	-0,01	-0,01
			(0,01)	(0,01)	(0,01)	(0,01)	(0,01)	(0,01)	(0,01)	(0,01)
#29	*SIZE*		0,30	0,26	0,31	0,22	0,38	0,46	0,38	0,41
			(0,44)	(0,46)	(0,44)	(0,45)	(0,46)	(0,49)	(0,46)	(0,48)
#30	*YEAR*		JA				JA			
KONSTANTE			-6,12	-4,16	-6,13	-3,52	-7,24	-6,84	-7,22	-6,20
			(5,89)	(6,28)	(5,93)	(6,20)	(6,15)	(6,65)	(6,20)	(6,57)
N			222	222	222	222	222	223	222	223
n			67	67	67	67	67	67	67	67
R^2 (within)			0,43	0,66	0,43	0,67	0,43	0,65	0,42	0,66
R^2 (between)			0,00	0,00	0,00	0,00	0,00	0,00	0,00	0,00
R^2 (gesamt)			0,00	0,01	0,00	0,01	0,00	0,02	0,00	0,02
F-Test			0,00	0,00	0,00	0,00	0,00	0,00	0,00	0,00
Sargan/Hansen (Chi²)			0,00	0,00	0,00	0,00	0,00	0,00	0,00	0,00

Signifikanz: †: $p \leq 0{,}10$; *: $p \leq 0{,}05$; **: $p \leq 0{,}01$; ***: $p \leq 0{,}001$
(Robuste Standardfehler in Klammern)
EE = erwarteter Effekt

Tabelle 18: FE-Schätzung (*ICME*)

Abhängige Variable:			*Fixed Effects*			
			Black/Scholes-Modell		*IASB*-Modell	
#1	***ICME***	**EE**	**(2)**	**(4)**	**(6)**	**(8)**
#3	$BONUS^{VB}_{ALL}$	+	0,24		0,23	
	M		*0,22*		*0,22*	
	SD		*0,42*		*0,41*	
#4	$BONUS^{VB}_{RED}$	+		[0,23]		[0,22]
	M			*0,12*		*0,12*
	SD			*0,32*		*0,32*
#5	$BONUS^{LT}$	+	0,16	[0,26*]	0,15	[0,25*]
	M		*0,18*	*0,18*	*0,17*	*0,17*
	SD		*0,38*	*0,38*	*0,38*	*0,38*
#6	$BONUS^{VBxLT}_{ALL}$	+	-0,12		-0,11	
#7	$BONUS^{VBxLT}_{RED}$	+		-0,55**		-0,53**
INTERAKTION			**OD**	**DIS**	**OD**	**DIS**
#21	ORG^{LINK}	±	[0,08]	[0,05]	[0,10]	[0,07]
	M		*0,60*	*0,60*	*0,60*	*0,60*
	SD		*0,49*	*0,49*	*0,49*	*0,49*
#22	ORG^{COMP}	±	[4,73***]	[4,70***]	[4,76***]	[4,74***]
	M		*0,43*	*0,43*	*0,43*	*0,43*
	SD		*0,50*	*0,50*	*0,50*	*0,50*
#23	$ORG^{LINKxCOMP}$	±	-5,64***	-5,65***	-5,54***	-5,55***
INTERAKTION			**DIS**	**DIS**	**DIS**	**DIS**
KONSTANTE			-4,16	-3,52	-6,84	-6,20

Signifikanz: †: p ≤ 0,10; *: p ≤ 0,05; **: p ≤ 0,01; ***: p ≤ 0,001
Form der Interaktion: OD = Ordinale Interaktion; HY = Hybride Interaktion; DIS = Disordinale Interaktion
[Nicht unabhängig interpretierbare Haupteffekte in eckigen Klammern]
EE = erwarteter Effekt

Tabelle 19: Interaktionseffekte der FE-Schätzung (*ICME*)

Für alle acht Modelle in Tabelle 18 zeigt der *F-Test* eine sehr hohe Signifikanz des Gesamtmodells. Die Wahl der FE-Regression bei Anwendung robuster Schätzmethoden wird für alle acht Modelle durch den Spezifikationstest nach *Sargan/Hansen* bestätigt.[670] Durch die Bereinigung um multivariate Ausreißer gehen je nach Modell vier bis fünf Unternehmensjahre verloren. Die Anzahl an Unternehmen (*n* = 67) bleibt konstant.

Ad (1) – Anreizsysteme: Alle Modelle ohne Interaktionsvariablen zeigen erwartet positive, jedoch nicht signifikante Einflüsse wertorientierter und mehrperiodiger Boni auf die Effizienz interner Kapitalmärkte. Durch die Hinzunahme der Interaktionseffekte zeigt sich für die Modelle (2) und (6) ein unerwartet negativer, nicht signifikanter Einfluss wertorientierter, mehrperiodig ausgestalteter Boni auf die Allokationseffizienz. Werden wertori-

[670] Der sog. *Sargan/Hansen*-Spezifikationstest prüft bei Anwendung robuster Schätzverfahren, ebenso wie der sog. *Hausman*-Test bei nicht robusten Schätzungen, die Nullhypothese, dass keine Korrelation zwischen dem Störterm und den unabhängigen Variablen vorliegt. Zum sog. *Sargan/Hansen*-Spezifikationstest siehe ausführlich Fn. 631. Zu robusten Regressionen siehe ausführlich Abschnitt 5.3.1.2.

entierte Rentabilitätsspreads nicht als wertorientiert eingestuft, ergibt sich für die Modelle (4) und (8) ein ebenfalls negativer, jedoch sehr signifikanter Effekt. Disordinale Interaktionseffekte in den Modellen (4) und (8) verhindern die unabhängige Interpretation der signifikant positiven Effekte mehrperiodiger Boni.

Für den Anteil der anteilsbasierten Vergütung an der jährlichen Gesamtvergütung zeigt sich ein erwartet positiver, jedoch nicht signifikanter Effekt. Unabhängig vom Optionsbewertungsmodell ist ein unerwartet negativer, sehr signifikanter Einfluss des Anteils der optionsbasierten Vergütung an der jährlichen Gesamtvergütung auf die Allokationseffizienz interner Kapitalmärkte zu beobachten. Die Pay-Performance-Sensitivität der anteilsbasierten Vergütung zeigt einen erwartet positiven, jedoch nicht signifikanten Effekt auf die Effizienz des internen Kapitalmarkts. Für die Pay-Performance-Sensitivität der optionsbasierten Vergütung zeigt sich hingegen eine hoch signifikante positive Wirkung.

Ad (2) – Leitungsorganisation: Alle Modelle ohne Interaktionsvariablen zeigen einen positiven, nicht signifikanten Einfluss der Leitungsorganisationsform auf die Allokationseffizienz des internen Kapitalmarkts. Die Unternehmensorganisationsform zeigt über alle Modell hinweg hingegen einen durchweg positiven, sehr signifikanten Effekt. Spezifiziert man zusätzlich den Interaktionseffekt zur Untersuchung der gemeinsamen Wirkung von Leitungs- und Unternehmensorganisationsform auf die Effizienz interner Kapitalmärkte so zeigt sich ein negativer, hoch signifikanter Effekt. Der hoch signifikante positive Effekt der Unternehmensorganisationsform ist in diesen Modellen aufgrund der disordinalen Form der Interaktion jedoch nicht mehr unabhängig interpretierbar.

Ad (3) – Kontrollvariablen: Über die untersuchten Zusammenhänge hinaus liefert die FE-Schätzung für alle Modelle ohne Interaktionseffekte nur für das Entropiemaß einen negativen, schwach signifikanten Effekt auf die Allokationseffizienz.

5.3.2.1.2 Robustheitstests für FE-Schätzungen (*ICME*)

Zusätzlich zum robusten Regressionsverfahren und zu der um multivariate Ausreißer korrigierten Stichprobe werden die zuvor gewonnen Ergebnisse noch durch weitere Robustheitstests abgesichert. Abschnitt 5.3.2.1.2.1 untersucht hierbei die Auswirkungen einer alternativen Datenquelle sowie einer weiter reduzierten Stichprobe auf die beobachteten Effekte. Die Modelle in Abschnitt 5.3.2.1.2.2 untersuchen die Auswirkungen der potenziellen Multikollinearität zwischen den Variablen zur Messung der aktienkursbasierten Vergütung auf die Präzision der Schätzergebnisse.[671]

5.3.2.1.2.1 Auswirkungen einer alternativen Datenquelle und einer weiter reduzierten Stichprobe auf die Ergebnisse (*ICME*)

Wie im Rahmen der Variablenoperationalisierung bereits ausgeführt, können die Optionenwerte und -deltas alternativ mit selbst erhobenen Daten (OWN-Daten) berechnet werden.[672] Nachfolgend werden daher die eingangs spezifizierten Modelle nochmals mit den OWN-Daten geschätzt (Modellbezeichnung: X_{OWN}). Dies erlaubt eine Schätzung der Effekte optionsbasierter Vergütungskomponenten auf Basis unternehmensübergreifend konsistenter Daten.

Da die Dummy-Variablen für untersuchte Jahre (YEAR) nur Kalenderjahre abbilden, wird die Stichprobe ferner um die Unternehmen bereinigt, die vom Kalenderjahr abweichende Geschäftsjahre aufweisen (Modellbezeichnung: X^{GJ}).[673]

Die Modelle mit der Bezeichnung X^{GJ}_{OWN} kombinieren die beiden vorherigen Anpassungen. Zu Vergleichzwecken werden in Tabelle 20 nochmals die eingangs spezifizierten Modelle abgetragen. Die Interaktionseffekte sind Tabelle 21 zu entnehmen.[674]

---

671 Zum Multikollinearitätsproblem siehe bereits Abschnitt 5.2.3 und 5.3.1.2.

672 Siehe hierzu ausführlich Abschnitt 4.3.3.1.2.

673 Bisher werden abweichende Geschäftsjahre dem Kalenderjahr zugeordnet, in dem die Mehrheit der Monate des Geschäftsjahres liegen. Siehe hierzu Abschnitt 4.2.2.

674 Zur Interpretation der Interaktionseffekte siehe ausführlich Abschnitt 5.3.1.3.

Abhängige Variable:			*Fixed Effects*							
			***Black/Scholes*-Modell**				***IASB*-Modell**			
#1	***ICME***	**EE**	**(2)**	**(2^{GJ})**	**(2_{OWN})**	**(2^{GJ}_{OWN})**	**(6)**	**(6^{GJ})**	**(6_{OWN})**	**(6^{GJ}_{OWN})**
#3	$BONUS^{VB}_{ALL}$	+	0,24	0,35†	0,21	0,32	0,23	0,35†	0,23	0,33†
			(0,18)	(0,20)	(0,17)	(0,19)	(0,18)	(0,20)	(0,17)	(0,20)
#5	$BONUS^{LT}$	+	0,16	0,20	0,13	0,16	0,15	0,18	0,14	0,17
			(0,14)	(0,15)	(0,14)	(0,16)	(0,14)	(0,15)	(0,15)	(0,16)
#6	$BONUS^{VBxLT}_{ALL}$	+	-0,12	-0,17	-0,11	-0,17	-0,11	-0,17	-0,12	-0,17
			(0,18)	(0,20)	(0,17)	(0,19)	(0,17)	(0,19)	(0,18)	(0,20)
#8-11	$SBC^{BS;IASB}_{AR;OWN}$	+	0,01	0,01	0,00	0,00	0,00	0,01	0,00	0,00
			(0,01)	(0,01)	(0,01)	(0,01)	(0,01)	(0,01)	(0,01)	(0,01)
#12	OBC^{BS}_{AR}	+	-0,04**	-0,04**						
			(0,01)	(0,01)						
#13	OBC^{BS}_{OWN}	+			-0,03***	-0,03***				
					(0,01)	(0,01)				
#14	OBC^{IASB}_{AR}	+					-0,06**	-0,06**		
							(0,02)	(0,02)		
#15	OBC^{IASB}_{OWN}	+							-0,05***	-0,05***
									(0,01)	(0,01)
#16	*SBPPS*	+	0,11	0,09	0,15	0,14	0,13	0,12	0,13	0,12
			(0,10)	(0,10)	(0,10)	(0,09)	(0,10)	(0,10)	(0,10)	(0,09)
#17	$OBPPS^{BS}_{AR}$	+	0,24***	0,24***						
			(0,06)	(0,06)						
#18	$OBPPS^{BS}_{OWN}$	+			0,23***	0,23***				
					(0,05)	(0,05)				
#19	$OBPPS^{IASB}_{AR}$	+					0,25***	0,25***		
							(0,07)	(0,07)		
#20	$OBPPS^{IASB}_{OWN}$	+							0,22***	0,23***
									(0,05)	(0,06)
#21	ORG^{LINK}	±	0,08	0,08	0,07	0,07	0,10	0,10	0,07	0,07
			(0,13)	(0,12)	(0,14)	(0,13)	(0,14)	(0,13)	(0,14)	(0,13)
#22	ORG^{COMP}	±	4,73***	4,71***	4,70***	4,68***	4,76***	4,75***	4,69***	4,67***
			(0,20)	(0,20)	(0,20)	(0,20)	(0,20)	(0,20)	(0,19)	(0,19)
#23	$ORG^{LINKxCOMP}$	±	-5,64***	-5,75***	-5,62***	-5,72***	-5,54***	-5,65***	-5,61***	-5,72***
			(0,47)	(0,48)	(0,47)	(0,47)	(0,48)	(0,49)	(0,46)	(0,47)
#24	*ENTROPY*		-0,39	-0.34	-0,49	-0,44	-0,52	-0,48	-0,50	-0,45
			(0,43)	(0,44)	(0,46)	(0,47)	(0,46)	(0,48)	(0,46)	(0,47)
#25	*SEGMENTS*		0,02	0,02	0,04	0,04	0,06	0,07	0,06	0,06
			(0,14)	(0,15)	(0,14)	(0,15)	(0,15)	(0,16)	(0,14)	(0,15)
#26	*PROFITABILITY*		-0,00	-0,01	-0,01	-0,01	-0,01	-0,01	-0,01	-0,01
			(0,02)	(0,02)	(0,02)	(0,02)	(0,02)	(0,02)	(0,02)	(0,02)
#27	*LEVERAGE*		-0,01	-0,00	-0,01	-0,00	-0,01	-0,00	-0,01	-0,00
			(0,01)	(0,01)	(0,01)	(0,01)	(0,01)	(0,01)	(0,01)	(0,01)
#28	*LIQUIDITY*		-0,01	-0,01	-0,01	-0,01	-0,01	-0,01	-0,01	-0,01
			(0,01)	(0,01)	(0,01)	(0,01)	(0,01)	(0,01)	(0,01)	(0,01)
#29	*SIZE*		0,26	0,21	0,32	0,29	0,46	0,42	0,33	0,30
			(0,46)	(0,47)	(0,42)	(0,43)	(0,49)	(0,50)	(0,42)	(0,43)
#30	*YEAR*			JA				JA		
KONSTANTE			-4,16	-3,57	-4,82	-4,50	-6,84	-6,41	-5,03	-4,65
			(6,28)	(6,44)	(5,74)	(5,85)	(6,65)	(6,80)	(5,72)	(5,82)
N			222	201	223	202	223	202	223	202
n			67	59	67	59	67	59	67	59
R² (within)			0,66	0,68	0,66	0,68	0,65	0,67	0,66	0,68
R² (between)			0,00	0,01	0,00	0,01	0,00	0,00	0,00	0,01
R² (gesamt)			0,01	0,01	0,02	0,01	0,02	0,01	0,02	0,01
F-Test			0,00	0,00	0,00	0,00	0,00	0,00	0,00	0,00
Sargan/Hansen (Chi²)			0,00	0,00	0,00	0,00	0,00	0,00	0,00	0,00

Signifikanz: †: p ≤ 0,10; *: p ≤ 0,05; **: p ≤ 0,01; ***: p ≤ 0,001
(Robuste Standardfehler in Klammern)
EE = erwarteter Effekt

Tabelle 20: Robustheitstests für FE-Schätzung (*ICME; $BONUS_{ALL}$*)

Abhängige Variable:			*Fixed Effects*							
			Black/Scholes-Modell				*IASB*-Modell			
#1	***ICME***	**EE**	**(2)**	**(2^{GJ})**	**(2_{OWN})**	**(2^{GJ}_{OWN})**	**(6)**	**(6^{GJ})**	**(6_{OWN})**	**(6^{GJ}_{OWN})**
#3	$BONUS^{VB}_{ALL}$	+	0,24	0,35†	0,21	0,32	0,23	0,35†	0,23	0,33†
	M		*0,22*	*0,23*	*0,22*	*0,23*	*0,22*	*0,23*	*0,22*	*0,23*
	SD		*0,42*	*0,42*	*0,42*	*0,42*	*0,42*	*0,42*	*0,42*	*0,42*
#5	$BONUS^{LT}$	+	0,16	0,20	0,13	[0,16]	0,15	0,18	0,14	0,17
	M		*0,18*	*0,19*	*0,17*	*0,19*	*0,17*	*0,19*	*0,17*	*0,19*
	SD		*0,38*	*0,40*	*0,38*	*0,40*	*0,38*	*0,40*	*0,38*	*0,40*
#6	$BONUS^{VBxLT}_{ALL}$	+	-0,12	-0,17	-0,11	-0,17	-0,11	-0,17	-0,12	-0,17
INTERAKTION			**OD**	**OD**	**OD**	**HY**	**OD**	**OD**	**OD**	**OD**
#21	ORG^{LINK}	±	[0,08]	[0,08]	[0,07]	[0,07]	[0,10]	[0,10]	[0,07]	[0,07]
	M		*0,60*	*0,60*	*0,60*	*0,60*	*0,60*	*0,60*	*0,60*	*0,60*
	SD		*0,49*	*0,49*	*0,49*	*0,49*	*0,49*	*0,49*	*0,49*	*0,49*
#22	ORG^{COMP}	±	[4,73***]	[4,71***]	[4,70***]	[4,68***]	[4,76***]	[4,75***]	[4,69***]	[4,67***]
	M		*0,43*	*0,41*	*0,43*	*0,41*	*0,43*	*0,41*	*0,43*	*0,41*
	SD		*0,50*	*0,49*	*0,50*	*0,49*	*0,50*	*0,49*	*0,50*	*0,49*
#23	$ORG^{LINKxCOMP}$	±	-5,64***	-5,75***	-5,62***	-5,72***	-5,54***	-5,65***	-5,61***	-5,72***
INTERAKTION			**DIS**	**DIS**	**DIS**	**DIS**	**DIS**	**DIS**	**DIS**	**DIS**
KONSTANTE			-4,16	-3,57	-4,82	-4,50	-6,84	-6,41	-5,03	-4,65

Signifikanz: †: p ≤ 0,10; *: p ≤ 0,05; **: p ≤ 0,01; ***: p ≤ 0,001
Form der Interaktion: OD = Ordinale Interaktion; HY = Hybride Interaktion; DIS = Disordinale Interaktion
[Nicht unabhängig interpretierbare Haupteffekte in eckigen Klammern]
EE = erwarteter Effekt

Tabelle 21: Interaktionseffekte der Robustheitstests der FE-Schätzung (*ICME*; *$BONUS_{ALL}$*)

Durch die Verwendung der OWN-Daten zur Berechnung der Optionswerte und -deltas sowie durch die Bereinigung der Stichprobe um abweichende Geschäftsjahre gehen bis zu 21 Untersuchungsjahre verloren (siehe Tabelle 18 und Tabelle 20). Die beobachteten Effekte der unabhängigen Variablen aus den Modellen (2) und (6) werden jedoch bestätigt.

Zusätzlich ist in den Modellen (2^{GJ}), (6^{GJ}) und (6^{GJ}_{OWN}) ein erwartet positiver, schwach signifikanter Einfluss wertorientierter Boni auf die Allokationseffizienz interner Kapitalmärkte zu beobachten. Dieser Effekt ist aufgrund der ordinalen Interaktion auch unabhängig interpretierbar. Die schwache Signifikanz der negativen Wirkung des Entropiemaßes auf die Effizienz interner Kapitalmärkte ist hingegen nicht mehr beobachtbar.

Legt man für die Operationalisierung der wertorientierten variablen Barvergütung nur Aktienkurse und wertbeitragsorientierte Kennzahlen zu Grunde, so ergeben sich die nachfolgend in Tabelle 22 und Tabelle 23 dargestellten Schätzergebnisse und Interaktionseffekte.

			Fixed Effects							
Abhängige Variable:			***Black/Scholes*-Modell**				***IASB*-Modell**			
#1	***ICME***	**EE**	**(4)**	**(4^{GJ})**	**(4_{OWN})**	**(4^{GJ}_{OWN})**	**(8)**	**(8^{GJ})**	**(8_{OWN})**	**(8^{GJ}_{OWN})**
#4	$BONUS^{VB}_{RED}$	+	0,23	0,41*	0,20	0,37*	0,22	0,41*	0,21	0,39*
			(0,15)	(0,18)	(0,14)	(0,17)	(0,15)	(0,18)	(0,15)	(0,18)
#5	$BONUS^{LT}$	+	0,26*	0,41*	0,23†	0,37*	0,25*	0,39*	0,23†	0,38*
			(0,12)	(0,17)	(0,12)	(0,17)	(0,12)	(0,17)	(0,12)	(0,17)
#7	$BONUS^{VBxLT}_{RED}$	+	-0,55**	-0,79**	-0,52**	-0,75**	-0,53**	-0,78**	-0,53**	-0,77**
			(0,20)	(0,25)	(0,19)	(0,25)	(0,20)	(0,25)	(0,19)	(0,25)
#8-11	$SBC^{BS:IASB}_{AR:OWN}$	+	0,01	0,02	0,01	0,01	0,01	0,01	0,01	0,01
			(0,01)	(0,01)	(0,01)	(0,01)	(0,01)	(0,01)	(0,01)	(0,01)
#12	OBC^{BS}_{AR}	+	-0,04**	-0,03*						
			(0,01)	(0,01)						
#13	OBC^{BS}_{OWN}	+			-0,03***	-0,03***				
					(0,01)	(0,01)				
#14	OBC^{IASB}_{AR}	+					-0,06**	-0,05*		
							(0,02)	(0,02)		
#15	OBC^{IASB}_{OWN}	+							-0,05***	-0,04***
									(0,01)	(0,01)
#16	*SBPPS*	+	0,09	0,04	0,13	0,10	0,12	0,08	0,12	0,08
			(0,10)	(0,11)	(0,09)	(0,09)	(0,10)	(0,10)	(0,10)	(0,09)
#17	$OBPPS^{BS}_{AR}$	+	0,25***	0,24***						
			(0,06)	(0,06)						
#18	$OBPPS^{BS}_{OWN}$	+			0,23***	0,24***				
					(0,05)	(0,05)				
#19	$OBPPS^{IASB}_{AR}$	+					0,25***	0,25***		
							(0,07)	(0,07)		
#20	$OBPPS^{IASB}_{OWN}$	+							0,23***	0,23***
									(0,05)	(0,06)
#21	ORG^{LINK}	±	0,05	0,11	0,04	0,10	0,07	0,14	0,04	0,10
			(0,12)	(0,13)	(0,13)	(0,13)	(0,13)	(0,14)	(0,13)	(0,13)
#22	ORG^{COMP}	±	4,70***	4,72***	4,67***	4,70***	4,74***	4,76***	4,67***	4,69***
			(0,19)	(0,20)	(0,19)	(0,20)	(0,20)	(0,20)	(0,19)	(0,19)
#23	$ORG^{LINKxCOMP}$	±	-5,65***	-6,05***	-5,62***	-6,01***	-5,55***	-5,96***	-5,62***	-6,00***
			(0,46)	(0,59)	(0,46)	(0,59)	(0,47)	(0,61)	(0,46)	(0,59)
#24	*ENTROPY*		-0.31	-0,23	-0,42	-0,35	-0,44	-0,39	-0,42	-0,36
			(0,43)	(0,48)	(0,46)	(0,51)	(0,47)	(0,52)	(0,46)	(0,51)
#25	*SEGMENTS*		0,00	-0,01	0,02	0,01	0,04	0,03	0,04	0,03
			(0,14)	(0,16)	(0,14)	(0,15)	(0,15)	(0,17)	(0,14)	(0,15)
#26	*PROFITABILITY*		-0,01	-0,00	-0,01	-0,01	-0,01	-0,01	-0,01	-0,01
			(0,02)	(0,02)	(0,02)	(0,02)	(0,02)	(0,02)	(0,02)	(0,02)
#27	*LEVERAGE*		-0,00	0,00	-0,01	0,00	-0,01	0,00	-0,01	0,00
			(0,01)	(0,01)	(0,01)	(0,01)	(0,01)	(0,01)	(0,01)	(0,01)
#28	*LIQUIDITY*		-0,01	-0,00	-0,01	-0,00	-0,01	-0,00	-0,01	-0,00
			(0,01)	(0,01)	(0,01)	(0,01)	(0,01)	(0,01)	(0,01)	(0,01)
#29	*SIZE*		0,22	-0,12	0,28	-0,02	0,41	0,08	0,29	-0,01
			(0,45)	(0,59)	(0,41)	(0,55)	(0,48)	(0,63)	(0,41)	(0,55)
#30	*YEAR*			JA				JA		
KONSTANTE			-3,52	0,90	-4,23	-0,33	-6,20	-1,79	-4,43	-0,51
			(6,20)	(8,06)	(5,66)	(7,54)	(6,57)	(8,55)	(5,64)	(7,50)
N			222	202	223	203	223	203	223	203
n			67	59	67	59	67	59	67	59
R^2 (within)			0,67	0,68	0,67	0,67	0,66	0,66	0,67	0,67
R^2 (between)			0,00	0,02	0,00	0,02	0,00	0,01	0,00	0,01
R^2 (gesamt)			0,01	0,00	0,01	0,01	0,02	0,01	0,02	0,01
F-Test			0,00	0,00	0,00	0,00	0,00	0,00	0,00	0,00
Sargan/Hansen (Chi^2)			0,00	0,00	0,00	0,00	0,00	0,00	0,00	0,00

Signifikanz: †: $p \leq 0{,}10$; *: $p \leq 0{,}05$; **: $p \leq 0{,}01$; ***: $p \leq 0{,}001$
(Robuste Standardfehler in Klammern)
EE = erwarteter Effekt

Tabelle 22: Robustheitstests der FE-Schätzung (*ICME; $BONUS_{RED}$*)

Abhängige Variable:			Fixed Effects							
			Black/Scholes-Modell				*IASB*-Modell			
#1	*ICME*	EE	(4)	(4^{GJ})	(4_{OWN})	(4^{GJ}_{OWN})	(8)	(8^{GJ})	(8_{OWN})	(8^{GJ}_{OWN})
#4	$BONUS^{VB}_{RED}$	+	[0,23]	[0,41*]	[0,20]	[0,37*]	[0,22]	[0,41*]	[0,21]	[0,39*]
	M		*0,12*	*0,11*	*0,12*	*0,11*	*0,12*	*0,11*	*0,12*	*0,11*
	SD		*0,32*	*0,32*	*0,32*	*0,32*	*0,32*	*0,32*	*0,32*	*0,32*
#5	$BONUS^{LT}$	+	[0,26*]	[0,41*]	[0,23†]	[0,37*]	[0,25*]	[0,39*]	[0,23†]	[0,38*]
	M		*0,18*	*0,20*	*0,17*	*0,20*	*0,17*	*0,20*	*0,17*	*0,20*
	SD		*0,38*	*0,40*	*0,38*	*0,40*	*0,38*	*0,40*	*0,38*	*0,40*
#7	$BONUS^{VBxLT}_{RED}$	+	-0,55**	-0,79**	-0,52**	-0,75**	-0,53**	-0,78**	-0,53**	-0,77**
INTERAKTION			**DIS**	**DIS**	**DIS**	**DIS**	**DIS**	**DIS**	**DIS**	**DIS**
#21	ORG^{LINK}	±	[0,05]	[0,11]	[0,04]	[0,10]	[0,07]	[0,14]	[0,04]	[0,10]
	M		*0,60*	*0,60*	*0,60*	*0,60*	*0,60*	*0,60*	*0,60*	*0,60*
	SD		*0,49*	*0,49*	*0,49*	*0,49*	*0,49*	*0,49*	*0,49*	*0,49*
#22	ORG^{COMP}	±	[4,70***]	[4,72***]	[4,67***]	[4,70***]	[4,74***]	[4,76***]	[4,67***]	[4,69***]
	M		*0,43*	*0,42*	*0,43*	*0,41*	*0,43*	*0,41*	*0,43*	*0,41*
	SD		*0,50*	*0,49*	*0,50*	*0,49*	*0,50*	*0,49*	*0,50*	*0,49*
#23	$ORG^{LINKxCOMP}$	±	-5,65***	-6,05***	-5,62***	-6,01***	-5,55***	-5,96***	-5,62***	-6,00***
INTERAKTION			**DIS**	**DIS**	**DIS**	**DIS**	**DIS**	**DIS**	**DIS**	**DIS**
KONSTANTE			-3,52	0,90	-4,23	-0,33	-6,20	-1,79	-4,43	-0,51

Signifikanz: †: p ≤ 0,10; *: p ≤ 0,05; **: p ≤ 0,01; ***: p ≤ 0,001
Form der Interaktion: OD = Ordinale Interaktion; HY = Hybride Interaktion; DIS = Disordinale Interaktion
[Nicht unabhängig interpretierbare Haupteffekte in eckigen Klammern]
EE = erwarteter Effekt

Tabelle 23: Interaktionseffekte der Robustheitstests der FE-Schätzung (*ICME; BONUS*$_{RED}$)

Zusätzlich zu den Modellen (4) und (8) ist ein erwartet positiver, signifikanter Effekt wertorientierter Boni auf die Allokationseffizienz zu beobachten. Aufgrund der disordinalen Form der Interaktion ist dieser jedoch nicht unabhängig interpretierbar.[675] Alle weiteren zuvor beobachteten Effekte werden bestätigt.

5.3.2.1.2.2 Auswirkungen potenzieller Multikollinearität auf die Ergebnisse (*ICME*)

Um die Präzision der Schätzer für die aktienkursbasierten Vergütungskomponenten vor dem Hintergrund potenzieller Multikollinearität analysieren zu können, wird die bisherige Modellspezifikation wie folgt angepasst:[676]

(1) Entfernen potenziell multikollinearer Variablen,

(2) Ersetzen der potenziell multikollinearen Variablen durch alternativ operationalisierte Variablen.

---

675 Zur Interpretation der Interaktionseffekte siehe ausführlich Abschnitt 5.3.1.3.

676 Zur potenziellen Multikollinearität der Variablen #8 bis #20 siehe Abschnitt 5.2.3 und 5.3.1.2. Vgl. allgemein zum Umgang mit Multikollinearität und für die beiden angewandten Verfahren *Kennedy* (2008), S. 196ff.; *Hair et al.* (2010), S. 205; *Auer/Rottmann* (2011), S. 512ff.; *Backhaus et al.* (2011), S. 95f.

Ad (1) – Entfernen potenziell multikollinearer Variablen: Das gebräuchlichste Vorgehen um Multikollinearitätsprobleme zu vermeiden, ist das Entfernen potenziell kollinearer Variablen. Die vorliegende Untersuchung entfernt daher schrittweise eine der vier Variablen zur Messung der aktienkursbasierten Vergütung. Nachfolgende Tabelle 24 stellt die Ergebnisse der geänderten Modellspezifikation am Beispiel von Modell (2) dar.[677] Verzerrte Koeffizienten sind durch dieses Vorgehen unausweichlich. Für die Analyse ist jedoch rein das Vorzeichen des Effekts relevant.[678]

Ad (2) – Ersetzen der potenziell multikollinearen Variablen durch alternativ operationalisierte Variablen: Angelehnt an vergleichbare Studien wird aus den beiden Variablen ($SBC_{AR}^{BS;IASB}$) und ($OBC_{AR}^{BS;IASB}$) eine neue Variable ($EBC_{AR}^{BS;IASB}$) generiert. Diese misst den Anteil der aktienkursbasierten Vergütung an der jährlichen Gesamtvergütung (*Equity-Based Compensation*, kurz: *EBC*). Einhergehend wird durch Addition der bisherigen Variablen ($SBPPS_{AR}^{BS;IASB}$) und ($OBPPS_{AR}^{BS;IASB}$) eine neue Variable zur Messung der Pay-Performance-Sensitivität der aktienkursbasierten Vergütung (*Equity-Based Pay-Performance-Sensitivity*, kurz: $EBPPS_{AR}^{BS;IASB}$) generiert.[679] Durch die alternative Operationalisierung wird ein τ_b-Korrelationskoeffizient von weniger als |0,8| erreicht. Auch unterschreitet der Varianz-Dekompositionsindex den kritischen Wert von 20.[680] Die Ergebnisse dieser geänderten Modellspezifikation sind Tabelle 25 zu entnehmen. Die Interaktionseffekte für variable Barvergütung und für die Leitungsform werden in Tabelle 26 dargestellt.[681]

---

677 Die qualitativ vergleichbaren Ergebnisse der Modelle (4), (6) und (8) (auch auf Basis von OWN-Daten) werden aus Gründen der Übersichtlichkeit nicht dargestellt.

678 Vgl. allgemein für Probleme bei der Entfernung potenziell multikollinearer Variablen *Kennedy* (2008), S. 197; *Auer/Rottmann* (2011), S. 512f.; *Backhaus et al.* (2011), S. 95.

679 Für vergleichbare Studien zur Berechnung der *EBC*-Variable vgl. beispielhaft *Mehran* (1995), S. 169; *Nam et al.* (2006), S. 764f.; *Schaller* (2011), S. 56. Für eine vergleichbare Studie zur Berechnung der *EBPPS*-Variable vgl. beispielhaft *Datta et al.* (2009), S. 257. Dieser nutzt jedoch den Begriff *Total Compensation Sensitivity*.

680 Zur Definition der beiden Kennzahlen siehe Abschnitt 5.2.1 und 5.3.1.2.

681 Um die Effekte der Jahres-Dummies (*YEAR*) besser schätzen zu können, werden alternative Modelle auf Basis einer reduzierten Stichprobe berechnet, die nur Unternehmen mit Geschäftsjahresende zum 31.12. enthält (Modellbezeichnung: X^{GJ}). Zur Interpretation der Interaktionseffekte siehe ausführlich Abschnitt 5.3.1.3.

Abhängige Variable:			Fixed Effects Black/Scholes-Modell				
#1	*ICME*	EE	(2)	(2^{M1})	(2^{M2})	(2^{M3})	(2^{M4})
#3	$BONUS^{VB}_{ALL}$	+	0,24	0,25	0,31	0,24	0,27
			(0,18)	(0,18)	(0,20)	(0,18)	(0,19)
#5	$BONUS^{LT}$	+	0,16	0,17	0,25	0,15	0,15
			(0,14)	(0,14)	(0,18)	(0,15)	(0,17)
#6	$BONUS^{VBxLT}_{ALL}$	+	-0,12	-0,12	-0,13	-0,13	-0,07
			(0,18)	(0,17)	(0,22)	(0,18)	(0,21)
#8/10	SBC^{BS}_{AR}	+	0,01		0,02	0,01	0,02
			(0,01)		(0,02)	(0,01)	(0,01)
#12	OBC^{BS}_{AR}	+	-0,04**	-0,04***		-0,04**	-0,00
			(0,01)	(0,01)		(0,01)	(0,01)
#16	*SBPPS*	+	0,11	0,16	0,02		0,04
			(0,10)	(0,11)	(0,13)		(0,12)
#17	$OBPPS^{BS}_{AR}$	+	0,24***	0,25***	0,11*	0,24***	
			(0,06)	(0,06)	(0,05)	(0,06)	
#21	ORG^{LINK}	±	0,08	0,07	0,09	0,08	0,08
			(0,13)	(0,14)	(0,13)	(0,12)	(0,13)
#22	ORG^{COMP}	±	4,73***	4,72***	4,80***	4,73***	4,74***
			(0,20)	(0,20)	(0,19)	(0,19)	(0,19)
#23	$ORG^{LINKxCOMP}$	±	-5,64***	-5,59***	-5,87***	-5,69***	-5,65***
			(0,47)	(0,46)	(0,45)	(0,43)	(0,45)
#24	*ENTROPY*		-0,39	-0,39	-0,41	-0,33	-0,30
			(0,43)	(0,43)	(0,44)	(0,43)	(0,42)
#25	*SEGMENTS*		0,02	0,01	0,00	0,04	-0,00
			(0,14)	(0,14)	(0,13)	(0,14)	(0,13)
#26	*PROFITABILITY*		-0,00	-0,01	0,00	-0,01	-0,00
			(0,02)	(0,02)	(0,02)	(0,02)	(0,02)
#27	*LEVERAGE*		-0,01	-0,01	-0,00	-0,00	-0,01
			(0,01)	(0,01)	(0,01)	(0,01)	(0,01)
#28	*LIQUIDITY*		-0,01	-0,01	-0,01	-0,01	-0,01
			(0,01)	(0,01)	(0,01)	(0,01)	(0,01)
#29	*SIZE*		0,26	0,32	-0,14	0,20	0,20
			(0,46)	(0,42)	(0,43)	(0,42)	(0,46)
#30	*YEAR*		JA			JA	
KONSTANTE			-4,16	-4,82	1,26	-3,39	-3,41
			(6,28)	(5,82)	(5,86)	(5,85)	(6,27)
N			222	222	222	222	222
n			67	67	67	67	67
R^2 (within)			0,43	0,66	0,63	0,66	0,61
R^2 (between)			0,00	0,00	0,00	0,00	0,00
R^2 (gesamt)			0,00	0,01	0,01	0,01	0,01
F-Test			0,00	0,00	0,00	0,00	0,00
Sargan/Hansen (Chi²)			0,00	0,00	0,00	0,00	0,00

Signifikanz: †: $p \leq 0,10$; *: $p \leq 0,05$; **: $p \leq 0,01$; ***: $p \leq 0,001$
(Robuste Standardfehler in Klammern)
EE = erwarteter Effekt

Tabelle 24: Robustheitstests (1) zu Auswirkungen potenzieller Multikollinearität auf die Schätzergebnisse (*ICME*)

Die erwarteten Effekte der Variablen #8/10 bis #17 bleiben trotz Entfernung der potenziell multikollinearen Variablen erhalten. Wesentliche Auswirkungen auf die anderen Variablen sind nicht zu beobachten. Die Ergebnisse der eingangs spezifizierten Modelle werden somit bestätigt.

			Fixed Effects							
Abhängige Variable:			***Black/Scholes*-Modell**				***IASB*-Modell**			
#1	***ICME***	**EE**	**(9)**	**(9^{GJ})**	**(10)**	**(10^{GJ})**	**(11)**	**(11^{GJ})**	**(12)**	**(12^{GJ})**
#3	$BONUS^{VB}_{ALL}$	+	0,44†	0,57*			0,42†	0,55†		
			(0,25)	(0,29)			(0,24)	(0,28)		
#4	$BONUS^{VB}_{RED}$	+			0,20	0,31†			0,20	0,31†
					(0,15)	(0,16)			(0,15)	(0,16)
#5	$BONUS^{LT}$	+	0,42†	0,45†	0,49*	0,51**	0,41†	0,45†	0,50*	0,52*
			(0,21)	(0,23)	(0,19)	(0,19)	(0,22)	(0,23)	(0,19)	(0,20)
#6	$BONUS^{VBxLT}_{ALL}$	+	-0,31†	-0,38†			-0,28	-0,35		
			(0,18)	(0,20)			(0,20)	(0,21)		
#7	$BONUS^{VBxLT}_{RED}$	+			-0,78**	-0,86**			-0,80**	-0,88***
					(0,24)	(0,25)			(0,24)	(0,25)
#31	EBC^{BS}_{AR}	+	-0,01	-0,01	-0,01	-0,01				
			(0,01)	(0,01)	(0,01)	(0,01)				
#33	EBC^{IASB}_{AR}	+					-0,00	-0,00	-0,00	-0,00
							(0,01)	(0,01)	(0,01)	(0,01)
#35	$EBPPS^{BS}_{AR}$	+	0,17**	0,18**	0,17**	0,18**				
			(0,06)	(0,06)	(0,06)	(0,06)				
#37	$EBPPS^{IASB}_{AR}$	+					0,14*	0,14*	0,15**	0,15*
							(0,06)	(0,06)	(0,06)	(0,06)
#21	ORG^{LINK}	±	0,13	0,13	0,07	0,09	0,13	0,14	0,07	0,09
			(0,14)	(0,14)	(0,14)	(0,15)	(0,14)	(0,14)	(0,14)	(0,15)
#22	ORG^{COMP}	±	4,84***	4,82***	4,78***	4,77***	4,86***	4,84***	4,79***	4,78***
			(0,21)	(0,21)	(0,20)	(0,21)	(0,21)	(0,21)	(0,21)	(0,22)
#23	$ORG^{LINKxCOMP}$	±	-5,86***	-5,97***	-5,83***	-5,96***	-5,92***	-6,02***	-5,86***	-5,99***
			(0,55)	(0,56)	(0,56)	(0,57)	(0,54)	(0,54)	(0,54)	(0,55)
#24	*ENTROPY*		-0,47	-0,43	-0,35	-0,31	-0,49	-0,45	-0,36	-0,32
			(0,50)	(0,51)	(0,49)	(0,51)	(0,51)	(0,53)	(0,50)	(0,52)
#25	*SEGMENTS*		0,00	-0,01	-0,02	-0,03	0,00	-0,01	-0,02	-0,03
			(0,13)	(0,14)	(0,13)	(0,13)	(0,13)	(0,14)	(0,12)	(0,13)
#26	*PROFITABILITY*		0,00	0,00	0,00	-0,00	0,00	0,00	0,00	0,00
			(0,02)	(0,02)	(0,02)	(0,02)	(0,02)	(0,02)	(0,02)	(0,02)
#27	*LEVERAGE*		-0,01	-0,00	-0,00	-0,00	-0,00	-0,00	-0,00	0,00
			(0,01)	(0,01)	(0,01)	(0,01)	(0,01)	(0,01)	(0,01)	(0,01)
#28	*LIQUIDITY*		-0,01	-0,00	-0,01	-0,00	-0,01	-0,00	-0,01	-0,00
			(0,01)	(0,01)	(0,01)	(0,01)	(0,01)	(0,01)	(0,01)	(0,01)
#29	*SIZE*		-0,13	-0,17	-0,14	-0,20	-0,19	-0,23	-0,19	-0,24
			(0,53)	(0,53)	(0,54)	(0,54)	(0,51)	(0,52)	(0,52)	(0,52)
#30	*YEAR*		JA				JA			
KONSTANTE			1,16	1,68	1,34	2,11	2,00	2,48	1,99	2,70
			(7,29)	(7,34)	(7,38)	(7,42)	(7,10)	(7,15)	(7,15)	(7,18)
N			224	203	223	202	224	203	223	202
n			67	59	67	59	67	59	67	59
R^2 (within)			0,61	0,62	0,62	0,64	0,60	0,62	0,62	0,63
R^2 (between)			0,01	0,02	0,01	0,02	0,01	0,02	0,01	0,02
R^2 (gesamt)			0,00	0,00	0,00	0,00	0,00	0,00	0,00	0,00
F-Test			0,00	0,00	0,00	0,00	0,00	0,00	0,00	0,00
Sargan/Hansen (Chi²)			0,00	0,00	0,00	0,00	0,00	0,00	0,00	0,00

Signifikanz: †: $p \leq 0,10$; *: $p \leq 0,05$; **: $p \leq 0,01$; ***: $p \leq 0,001$
(Robuste Standardfehler in Klammern)
EE = erwarteter Effekt

Tabelle 25: Robustheitstests (2) zu Auswirkungen potenzieller Multikollinearität auf die Schätzergebnisse (*ICME*)

Abhängige Variable:			*Fixed Effects*							
			Black/Scholes-Modell				*IASB*-Modell			
#1	***ICME***	**EE**	**(9)**	**(9^{GJ})**	**(10)**	**(10^{GJ})**	**(11)**	**(11^{GJ})**	**(12)**	**(12^{GJ})**
#3	$BONUS^{VB}_{ALL}$	+	0,44†	0,57*			0,42†	0,55†		
	M		*0,22*	*0,23*			*0,22*	*0,23*		
	SD		*0,41*	*0,42*			*0,41*	*0,42*		
#4	$BONUS^{VB}_{RED}$	+			[0,20]	[0,31†]			[0,20]	[0,31†]
	M				*0,11*	*0,11*			*0,11*	*0,11*
	SD				*0,32*	*0,31*			*0,32*	*0,31*
#5	$BONUS^{LT}$	+	0,42†	0,45†	[0,49*]	[0,51**]	0,41†	0,45†	[0,50*]	[0,52*]
	M		*0,18*	*0,20*	*0,17*	*0,19*	*0,18*	*0,20*	*0,17*	*0,19*
	SD		*0,38*	*0,40*	*0,38*	*0,40*	*0,38*	*0,40*	*0,38*	*0,40*
#6	$BONUS^{VBxLT}_{ALL}$	+	-0,31†	-0,38†			-0,28	-0,35		
#7	$BONUS^{VBxLT}_{RED}$	+			-0,78**	-0,86**			-0,80**	-0,88***
INTERAKTION			**OD**	**OD**	**DIS**	**DIS**	**OD**	**OD**	**DIS**	**DIS**
#21	ORG^{LINK}	±	[0,13]	[0,13]	[0,07]	[0,09]	[0,13]	[0,14]	[0,07]	[0,09]
	M		*0,60*	*0,60*	*0,60*	*0,60*	*0,60*	*0,60*	*0,60*	*0,60*
	SD		*0,49*	*0,49*	*0,49*	*0,49*	*0,49*	*0,49*	*0,49*	*0,49*
#22	ORG^{COMP}	±	[4,84***]	[4,82***]	[4,78***]	[4,77***]	[4,86***]	[4,84***]	[4,79***]	[4,78***]
	M		*0,43*	*0,41*	*0,43*	*0,42*	*0,43*	*0,41*	*0,43*	*0,42*
	SD		*0,50*	*0,49*	*0,50*	*0,49*	*0,50*	*0,49*	*0,50*	*0,49*
#23	$ORG^{LINKxCOMP}$	±	-5,86***	-5,97***	-5,83***	-5,96***	-5,92***	-6,02***	-5,86***	-5,99***
INTERAKTION			**DIS**	**DIS**	**DIS**	**DIS**	**DIS**	**DIS**	**DIS**	**DIS**
KONSTANTE			1,16	1,68	1,34	2,11	2,00	2,48	1,99	2,70

Signifikanz: †: $p \leq 0{,}10$; *: $p \leq 0{,}05$; **: $p \leq 0{,}01$; ***: $p \leq 0{,}001$
Form der Interaktion: OD = Ordinale Interaktion; HY = Hybride Interaktion; DIS = Disordinale Interaktion
[Nicht unabhängig interpretierbare Haupteffekte in eckigen Klammern]
EE = erwarteter Effekt

Tabelle 26: Interaktionseffekte der Robustheitstests (2) zu Auswirkungen potenzieller Multikollinearität auf die Schätzergebnisse (*ICME*)

Für den Anteil der aktienkursbasierten Vergütung an der jährlichen Gesamtvergütung ($EBC^{BS;IASB}_{AR}$) zeigt sich über alle Modell hinweg ein unerwartet negativer, nicht signifikanter Einfluss auf die Allokationseffizienz. Die Pay-Performance-Sensitivität der aktienkursbasierten Vergütung ($EBPPS^{BS;IASB}_{AR}$) zeigt durchgängig eine erwartet positive, hoch signifikante Wirkung.[682]

Die weiteren Effekte der eingangs spezifizierten Modelle (1) bis (8) werden qualitativ bestätigt. Ferner ist in den Modellen (9) und (9^{GJ}) erstmals ein unerwartet negativer, schwach signifikanter Einfluss wertorientierter mehrperiodiger Boni zu beobachten. Einhergehend zeigt sich bei diesen sowie bei den vergleichbaren Modellen (11) und (11^{GJ}) erstmals ein erwartet positiver, schwach signifikanter ordinaler Effekt mehrperiodiger Boni.[683]

[682] Schätzungen auf Basis von OWN-Daten zeigen qualitativ vergleichbare Ergebnisse. Eine Darstellung unterbleibt aus Gründen der Übersichtlichkeit.

[683] Zur Interpretation der Interaktionseffekte siehe ausführlich Abschnitt 5.3.1.3.

5.3.2.1.3 Übersicht über FE-Schätzungen (*ICME*) und Forschungshypothesen

In den vorherigen Abschnitten wurde mittels FE-Schätzungen der Einfluss interner Corporate Governance-Mechanismen auf die Effizienz interner Kapitalmärkte analysiert (für eine Übersicht aller beobachteten Effekte siehe nachfolgende Tabelle 27). Die Allokationseffizienz wurde hierbei mittels der Variable *ICME* (#1) gemessen.[684] Die empirische Überprüfung der Forschungshypothesen führt in der Gesamtbetrachtung aller Modelle zu folgenden Erkenntnissen:[685]

- **Forschungshypothese H1** *(wertorientierte variable Barvergütungen von Vorständen steigern die Effizienz interner Kapitalmärke)* **wird signifikant bestätigt.** Ein unabhängig interpretierbarer Haupteffekt ist jedoch nur für die Variable $BONUS_{ALL}^{VB}$ (#3) beobachtbar.
- **Forschungshypothese H2** *(mehrperiodige variable Barvergütungen von Vorständen steigern die Effizienz interner Kapitalmärkte)* **wird signifikant bestätigt.** Ein unabhängig interpretierbarer Haupteffekt ist jedoch nur bei Verwendung der Interaktionsvariable $BONUS_{ALL}^{VBxLT}$ (#6) beobachtbar.
- **Forschungshypothese H3** *(wertorientierte variable Barvergütungen von Vorständen die mehrperiodig ausgestaltet sind, steigern die Effizienz interner Kapitalmärkte)* **wird abgelehnt, die Nullhypothese kann nicht verworfen werden.** Vielmehr ist ein inverser (negativer) signifikanter Effekt zu beobachten.
- **Forschungshypothese H4** *(ein höherer Anteil anteilsbasierter Vergütung an der jährlichen Gesamtvergütung der Vorstände steigert die Effizienz interner Kapitalmärkte)* **wird abgelehnt, die Nullhypothese kann nicht verworfen werden.**[686]

---

[684] Zur Operationalisierung der Variablen siehe ausführlich Abschnitt 4.3.

[685] Die Forschungshypothesen werden signifikant bestätigt, sofern die korrespondierende Nullhypothese mindestens mit 90%iger Wahrscheinlichkeit verworfen werden kann. Siehe hierzu auch Abschnitt 5.2.1.

[686] Auch für die alternative Operationalisierung des relativen Anteils der aktienkursbasierten Vergütung ($EBC_{AR}^{BS;IASB}$) kann die Nullhypothese nicht verworfen werden.

Forschungs-hypothese	#	Variablen	erwarteter Effekt (EE)	(1)	(2)	(3)	(4)	(5)	(6)	(7)	(8)	(2^{GJ})	(2_{OWN})	(2^{GJ}_{OWN})	(6^{GJ})	(6_{OWN})	(6^{GJ}_{OWN})
H1	#3	$BONUS^{VB}_{ALL}$	+	+	+			+	+			+	+	+	+	+	+
	#4	$BONUS^{VB}_{RED}$	+			+	[+]			+	[+]						
H2	#5	$BONUS^{LT}$	+	+	+	+	[+]	+	+	+	[+]	+	+	[+]	+	+	+
H3	#6	$BONUS^{VBxLT}_{ALL}$	+		-				-			-	-	-	-	-	-
	#7	$BONUS^{VBxLT}_{RED}$	+				-				-						
H4	#8-#11	$SBC^{BS;IASB}_{AR;OWN}$	+	+	+	+	+	+	+	+	+	+	+	+	+	+	+
H5	#12	OBC^{BS}_{AR}	+	-	-	-	-					-					
	#13	OBC^{BS}_{OWN}	+										-	-			
	#14	OBC^{IASB}_{AR}	+					-	-	-	-				-		
	#15	OBC^{IASB}_{OWN}	+													-	-
H4/ H5	#31	EBC^{BS}_{AR}	+														
	#33	EBC^{IASB}_{AR}	+														
H6	#16	$SBPPS$	+	+	+	+	+	+	+	+	+	+	+	+	+	+	+
H7	#17	$OBPPS^{BS}_{AR}$	+	+	+	+	+					+					
	#18	$OBPPS^{BS}_{OWN}$	+										+	+			
	#19	$OBPPS^{IASB}_{AR}$	+					+	+	+	+				+		
	#20	$OBPPS^{IASB}_{OWN}$	+													+	+
H6/ H7	#35	$EBPPS^{BS}_{AR}$	+														
	#37	$EBPPS^{IASB}_{AR}$	+														
H8	#21	ORG^{LINK}	±	+	[+]	+	[+]	+	[+]	+	[+]	[+]	[+]	[+]	[+]	[+]	[+]
H9	#22	ORG^{COMP}	±	+	[+]	+	[+]	+	[+]	+	[+]	[+]	[+]	[+]	[+]	[+]	[+]
H10	#23	$ORG^{LINKxCOMP}$	±		-		-		-		-	-	-	-	-	-	-
	#24	$ENTROPY$		-	-	-	-	-	-	-	-	-	-	-	-	-	-
	#25	$SEGMENTS$		+	+	+	+	+	+	+	+	+	+	+	+	+	+
	#26	$PROFITABILITY$		-	-	-	-	-	-	-	-	-	-	-	-	-	-
	#27	$LEVERAGE$		-	-	-	-	-	-	-	-	-	-	-	-	-	-
	#28	$LIQUIDITY$		-	-	-	-	-	-	-	-	-	-	-	-	-	-
	#29	$SIZE$		+	+	+	+	+	+	+	+	+	+	+	+	+	+

Forschungs-hypothese	#	Variablen	erwarteter Effekt (EE)	(4^{GJ})	(4_{OWN})	(4^{GJ}_{OWN})	(8^{GJ})	(8_{OWN})	(8^{GJ}_{OWN})	(2^{M1})	(2^{M2})	(2^{M3})	(2^{M4})	(9)	(9^{GJ})	(10)	(10^{GJ})	(11)	(11^{GJ})	(12)	(12^{GJ})
H1	#3	$BONUS^{VB}_{ALL}$	+							+	+	+	+	+	+			+	+		
	#4	$BONUS^{VB}_{RED}$	+	[+]	[+]	[+]	[+]	[+]	[+]							[+]	[+]			[+]	[+]
H2	#5	$BONUS^{LT}$	+	[+]	[+]	[+]	[+]	[+]	[+]	+	+	+	+	+	+	[+]	[+]	+	+	[+]	[+]
H3	#6	$BONUS^{VBxLT}_{ALL}$	+							-	-	-	-	-	-			-	-		
	#7	$BONUS^{VBxLT}_{RED}$	+	-	-	-	-	-	-							-	-			-	-
H4	#8-#11	$SBC^{BS;IASB}_{AR;OWN}$	+	+	+	+	+	+	+		+	+	+								
H5	#12	OBC^{BS}_{AR}	+	-						-		-	-								
	#13	OBC^{BS}_{OWN}	+		-	-															
	#14	OBC^{IASB}_{AR}	+				-														
	#15	OBC^{IASB}_{OWN}	+					-	-												
H4/ H5	#31	EBC^{BS}_{AR}	+											-	-	-	-				
	#33	EBC^{IASB}_{AR}	+															-	-	-	-
H6	#16	$SBPPS$	+	+	+	+	+	+	+	+	+		+								
H7	#17	$OBPPS^{BS}_{AR}$	+	+						+	+	+									
	#18	$OBPPS^{BS}_{OWN}$	+		+	+															
	#19	$OBPPS^{IASB}_{AR}$	+				+														
	#20	$OBPPS^{IASB}_{OWN}$	+					+	+												
H6/ H7	#35	$EBPPS^{BS}_{AR}$	+											+	+	+	+				
	#37	$EBPPS^{IASB}_{AR}$	+															+	+	+	+
H8	#21	ORG^{LINK}	±	[+]	[+]	[+]	[+]	[+]	[+]	[+]	[+]	[+]	[+]	[+]	[+]	[+]	[+]	[+]	[+]	[+]	[+]
H9	#22	ORG^{COMP}	±	[+]	[+]	[+]	[+]	[+]	[+]	[+]	[+]	[+]	[+]	[+]	[+]	[+]	[+]	[+]	[+]	[+]	[+]
H10	#23	$ORG^{LINKxCOMP}$	±	-	-	-	-	-	-	-	-	-	-	-	-	-	-	-	-	-	-
	#24	$ENTROPY$		-	-	-	-	-	-	-	-	-	-	-	-	-	-	-	-	-	-
	#25	$SEGMENTS$		-	+	+	+	+	+	+	+	+	-	+	-	-	-	+	-	-	-
	#26	$PROFITABILITY$		-	-	-	-	-	-	-	+	-	-	+	+	+	-	+	+	+	+
	#27	$LEVERAGE$		+	-	+	+	-	+	-	-	-	-	-	-	-	-	-	-	-	-
	#28	$LIQUIDITY$		-	-	-	-	-	-	-	-	-	-	-	-	-	-	-	-	-	-
	#29	$SIZE$		-	+	-	+	+	-	+	-	+	+	-	-	-	-	-	-	-	-

Beobachtete Effekte mit Farbkodierung als Indikator für Signifikanzniveau wie folgt: + (dunkelgrün) ≙ *** / ** / * + (hellgrün) ≙ † - (orange) ≙ *** / ** / * - (gelb) ≙ †
[Nicht unabhängig interpretiere Haupteffekte in eckigen Klammern]

Tabelle 27: Übersicht über FE-Schätzungen (*ICME*) und Forschungshypothesen

- **Forschungshypothese H5** *(ein höherer Anteil optionsbasierter Vergütung an der jährlichen Gesamtvergütung der Vorstände steigert die Effizienz interner Kapitalmärkte)* **wird abgelehnt, die Nullhypothese kann nicht verworfen werden.**[687] Vielmehr ist ein inverser (negativer) signifikanter Effekt zu beobachten.
- **Forschungshypothese H6** *(eine höhere anteilsbasierte Pay-Performance-Sensitivität der Vorstände steigert die Effizienz interner Kapitalmärkte)* **wird abgelehnt, die Nullhypothese kann nicht verworfen werden.**[688]
- **Forschungshypothese H7** *(eine höhere optionsbasierte Pay-Performance-Sensitivität der Vorstände steigert die Effizienz interner Kapitalmärkte)* **wird signifikant bestätigt.**[689]
- **Forschungshypothese H8** *(personelle Verflechtungen zwischen Vorstand und Geschäftsbereichsleitung haben eine Wirkung auf die Effizienz interner Kapitalmärkte)* **wird abgelehnt, die Nullhypothese kann nicht verworfen werden.**
- **Forschungshypothese H9** *(die Unternehmensorganisationsform hat keine Wirkung auf die Effizienz interner Kapitalmärkte)* **wird abgelehnt, die Nullhypothese kann nicht verworfen werden.**
- **Forschungshypothese H10** *(die Wirkungen der personellen Verflechtung auf die Effizienz interner Kapitalmärkte werden durch die Unternehmensorganisationsform nicht beeinflusst)* **wird abgelehnt, die Nullhypothese kann nicht verworfen werden.**

Diese Übersicht bildet den Abschluss der empirischen Überprüfung der Forschungshypothesen bei Anwendung von *IMCE* (#1) als abhängiger Variable. Für eine ausführliche Interpretation der Ergebnisse siehe Abschnitt 5.3.3. Nachfolgend werden zunächst die Ergebnisse der Panelregressionsanalysen auf Basis der abhängigen Variable $ICME^{SGI}$ (#2) dargestellt.

---

687 Auch für die alternative Operationalisierung des relativen Anteils der aktienkursbasierten Vergütung ($EBC_{AR}^{BS;IASB}$) kann die Nullhypothese nicht verworfen werden.

688 Für die alternative Operationalisierung der aktienkursbasierten Pay-Performance-Sensitivität ($EBPPS_{AR}^{BS;IASB}$) zeigt sich hingegen ein positiver signifikanter Effekt.

689 Auch die alternative Operationalisierung der aktienkursbasierten Pay-Performance-Sensitivität ($EBPPS_{AR}^{BS;IASB}$) zeigt einen positiven signifikanten Effekt.

5.3.2.2 FE-Schätzungen mit $ICME^{SGI}$ als abhängiger Variable (Wachstumsmodell)

5.3.2.2.1 Ergebnisse der FE-Schätzungen ($ICME^{SGI}$)

Nachdem zuvor Regressionsmodelle mit *ICME* (#1) als abhängiger Variable geschätzt wurden, soll nachfolgend eine wirklichkeitsgetreuere Bewertung der Kapitalflüsse den Schätzungen zugrunde gelegt werden. Dem vorherigen Schema folgend, werden daher nachfolgend acht Regressionsmodelle mit $ICME^{SGI}$ (#2) als abhängiger Variable geschätzt.[690] Die Schätzergebnisse sind Tabelle 28, die Interaktionseffekte sind Tabelle 29 zu entnehmen.[691]

Für alle acht Modelle in Tabelle 28 zeigt der *F-Test* eine sehr hohe Signifikanz des Gesamtmodells. Die Wahl der FE-Regression bei Anwendung robuster Schätzmethoden wird für alle acht Modelle durch den Spezifikationstest nach *Sargan/Hansen* bestätigt.[692] Durch die Bereinigung um multivariate Ausreißer gehen je nach Modell fünf bis sechs Unternehmensjahre verloren. Die Anzahl an Unternehmen ($n = 67$) bleibt konstant.

Die Ergebnisbesprechung gliedert sich in drei Bereiche:

(1) Anreizsysteme,

(2) Leitungsorganisation,

(3) Kontrollvariablen.

Ad (1) – Anreizsysteme: In allen Modellen sind erwartungsgemäß positive, jedoch nicht signifikante Effekte wertorientierter Boni zu beobachten. Für die mehrperiodige variable Barvergütung zeigt sich ein erwartet positiver, schwach signifikanter bis sehr signifikanter Einfluss auf die Effizienz interner Kapitalmärkte. Diese Effekte bleiben auch für zwei der vier Modelle mit Interaktionseffekt interpretierbar. Für wertorientierte mehrperiodige Boni ist durchweg ein unerwartet negativer Einfluss festzustellen. Signifikante Ergebnisse ergeben sich jedoch nur, falls die Höhe oder Entwicklung der variablen Boni nicht von wertorientierten Rentabilitäts-Spreads abhängt.

---

690 Für eine Übersicht über die operationalisierten Variablen siehe Abschnitt 4.3. Zur Erläuterung der Unterschiede der acht Modelle siehe bereits Abschnitt 5.3.2.1.

691 Zur Interpretation der Interaktionseffekte siehe ausführlich Abschnitt 5.3.1.3.

692 Für weitere Anmerkungen zum *Sargan/Hansen*-Spezifikationstest siehe bereits Fn. 631 und 670. Zu robusten Regressionen siehe ausführlich Abschnitt 5.3.1.2.

Abhängige Variable:			Fixed Effects							
			Black/Scholes-Modell				*IASB*-Modell			
#2	$ICME^{SGI}$	EE	(13)	(14)	(15)	(16)	(17)	(18)	(19)	(20)
#3	$BONUS^{VB}_{ALL}$	+	0,07	0,22			0,08	0,23		
			(0,09)	(0,17)			(0,09)	(0,18)		
#4	$BONUS^{VB}_{RED}$	+			0,03	0,20			0,04	0,21
					(0,09)	(0,17)			(0,10)	(0,17)
#5	$BONUS^{LT}$	+	0,13†	0,28*	0,12*	0,27**	0,13†	0,29*	0,13*	0,28**
			(0,07)	(0,13)	(0,06)	(0,10)	(0,07)	(0,13)	(0,06)	(0,09)
#6	$BONUS^{VBxLT}_{ALL}$	+		-0,23				-0,24		
				(0,17)				(0,17)		
#7	$BONUS^{VBxLT}_{RED}$	+				-0,33*				-0,34*
						(0,16)				(0,16)
#8/10	$SBC^{BS;IASB}_{AR}$	+	-0,01	-0,01	-0,01	-0,01	-0,01	-0,01	-0,01	-0,01
			(0,01)	(0,01)	(0,01)	(0,01)	(0,01)	(0,01)	(0,01)	(0,01)
#12	OBC^{BS}_{AR}	+	-0,02*	-0,02**	-0,02*	-0,02**				
			(0,01)	(0,01)	(0,01)	(0,01)				
#14	OBC^{IASB}_{AR}	+					-0,03*	-0,03**	-0,03*	-0,03**
							(0,01)	(0,01)	(0,01)	(0,01)
#16	*SBPPS*	+	0,14†	0,14*	0,14†	0,14*	0,13†	0,14*	0,13†	0,14†
			(0,07)	(0,07)	(0,07)	(0,07)	(0,07)	(0,07)	(0,08)	(0,07)
#17	$OBPPS^{BS}_{AR}$	+	0,10***	0,11***	0,10***	0,11***				
			(0,03)	(0,02)	(0,03)	(0,02)				
#19	$OBPPS^{IASB}_{AR}$	+					0,10***	0,11***	0,10***	0,11***
							(0,03)	(0,03)	(0,03)	(0,03)
#21	ORG^{LINK}	±	0,17	0,17†	0,17	0,19	0,17	0,17†	0,18	0,19
			(0,12)	(0,10)	(0,13)	(0,12)	(0,12)	(0,10)	(0,13)	(0,12)
#22	ORG^{COMP}	±	0,18**	0,17**	0,18**	0,16**	0,18*	0,16**	0,18**	0,15*
			(0,07)	(0,06)	(0,07)	(0,06)	(0,07)	(0,06)	(0,07)	(0,06)
#23	$ORG^{LINKxCOMP}$	±		-3,12***		-3,16***		-3,11***		-3,15***
				(0,22)		(0,21)		(0,22)		(0,21)
#24	*ENTROPY*		-0,43†	-0,57†	-0,44†	-0,56†	-0,42†	-0,58†	-0,44†	-0,57†
			(0,23)	(0,30)	(0,24)	(0,31)	(0,23)	(0,29)	(0,24)	(0,30)
#25	*SEGMENTS*		0,07	0,09	0,07	0,09	0,08	0,10	0,08	0,10
			(0,07)	(0,08)	(0,07)	(0,08)	(0,08)	(0,08)	(0,08)	(0,08)
#26	*PROFITABILITY*		-0,00	-0,00	-0,00	-0,00	-0,00	-0,00	-0,00	-0,00
			(0,01)	(0,01)	(0,01)	(0,01)	(0,01)	(0,01)	(0,01)	(0,01)
#27	*LEVERAGE*		-0,00	-0,01	-0,00	-0,01	-0,00	-0,01	-0,00	-0,01
			(0,01)	(0,01)	(0,01)	(0,01)	(0,01)	(0,01)	(0,01)	(0,01)
#28	*LIQUIDITY*		-0,01*	-0,01*	-0,01*	-0,01*	-0,01*	-0,01*	-0,01*	-0,01*
			(0,00)	(0,00)	(0,00)	(0,00)	(0,00)	(0,00)	(0,00)	(0,00)
#29	*SIZE*		0,38	0,33	0,38	0,32	0,41	0,37	0,41	0,35
			(0,27)	(0,22)	(0,27)	(0,22)	(0,28)	(0,23)	(0,28)	(0,23)
#30	*YEAR*		JA				JA			
KONSTANTE			-5,31	-3,79	-5,33	-3,55	-5,79	-4,26	-5,81	-4,00
			(3,65)	(3,09)	(3,65)	(3,01)	(3,82)	(3,20)	(3,83)	(3,13)
N			221	222	221	222	221	222	221	222
n			67	67	67	67	67	67	67	67
R² (within)			0,24	0,61	0,24	0,61	0,24	0,61	0,23	0,61
R² (between)			0,03	0,00	0,03	0,00	0,03	0,00	0,03	0,00
R² (gesamt)			0,01	0,02	0,01	0,01	0,01	0,01	0,01	0,02
F-Test			0,00	0,00	0,00	0,00	0,00	0,00	0,00	0,00
Sargan/Hansen (Chi²)			0,00	0,00	0,01	0,00	0,01	0,00	0,01	0,00

Signifikanz: †: $p \leq 0{,}10$; *: $p \leq 0{,}05$; **: $p \leq 0{,}01$; ***: $p \leq 0{,}001$
(Robuste Standardfehler in Klammern)
EE = erwarteter Effekt

Tabelle 28: FE-Schätzung ($ICME^{SGI}$)

Abhängige Variable:		Fixed Effects			
		Black/Scholes-Modell		*IASB*-Modell	
#2 *ICME*^{SGI}	EE	(14)	(16)	(18)	(20)
#3 $BONUS^{VB}_{ALL}$	+	[0,22]		[0,23]	
M		0,22		0,22	
SD		0,41		0,41	
#4 $BONUS^{VB}_{RED}$	+		[0,20]		[0,21]
M			0,12		0,12
SD			0,32		0,32
#5 $BONUS^{LT}$	+	0,28*	[0,27**]	0,29*	[0,28**]
M		0,18	0,18	0,18	0,18
SD		0,39	0,39	0,39	0,39
#6 $BONUS^{VBxLT}_{ALL}$	+	-0,23		-0,24	
#7 $BONUS^{VBxLT}_{RED}$	+		-0,33*		-0,34*
INTERAKTION		**HY**	**DIS**	**HY**	**DIS**
#21 ORG^{LINK}	±	[0,17†]	[0,19]	[0,17†]	[0,19]
M		0,60	0,60	0,60	0,60
SD		0,49	0,49	0,49	0,49
#22 ORG^{COMP}	±	[0,17**]	[0,16**]	[0,16**]	[0,15*]
M		0,43	0,43	0,43	0,43
SD		0,50	0,50	0,50	0,50
#23 $ORG^{LINKxCOMP}$	±	-3,12***	-3,16***	-3,11**	-3,15***
INTERAKTION		**DIS**	**DIS**	**DIS**	**DIS**
KONSTANTE		-3,79	-3,55	-4,26	-4,00

Signifikanz: †: p ≤ 0,10; *: p ≤ 0,05; **: p ≤ 0,01; ***: p ≤ 0,001
Form der Interaktion: OD = Ordinale Interaktion; HY = Hybride Interaktion; DIS = Disordinale Interaktion
[Nicht unabhängig interpretierbare Haupteffekte in eckigen Klammern]
EE = erwarteter Effekt

Tabelle 29: Interaktionseffekte der FE-Schätzung (*ICME*^{SGI})

Die relative Höhe der anteils- und optionsbasierten Vergütung an der jährlichen Gesamtvergütung hat jeweils einen unerwartet negativen Einfluss auf die Allokationseffizienz interner Kapitalmärkte. Signifikante bis sehr signifikante Ergebnisse lassen sich nur für die optionsbasierten Vergütungskomponenten feststellen. Über alle Modelle hinweg zeigt die Pay-Performance-Sensitivität anteils- und optionsbasierter Vergütungskomponenten einen erwartet positiven, schwach signifikanten bis sehr signifikanten Effekt auf die Effizienz interner Kapitalmärkte.

Ad (2) – Leitungsorganisation: In allen Modellen lässt sich ein positiver Koeffizient für die Leitungsorganisationsformen beobachten. Die beiden schwach signifikanten Effekte in den Modellen (14) und (18) lassen sich jedoch aufgrund der disordinalen Interaktion inhaltlich nicht unabhängig interpretieren. Auch die durchgängig positiven und signifikanten bis sehr signifikanten Einflüsse der Unternehmensorganisationsform auf die Allokationseffizienz können aufgrund der disordinalen Interaktion nur in den Modellen ohne spezifizierten Interaktionseffekt inhaltlich unabhängig interpretiert werden. Für die beeinflussende Wirkung der Unternehmensorganisationsform auf die Leitungsorganisationform (#23) zeigt sich ein unerwartet hoch signifikanter, negativer Effekt auf die Allokationseffizienz.

Ad (3) – Kontrollvariablen: Für die Kontrollvariablen sind zwei schwach signifikante bis signifikante Effekte beobachtbar. So hat ein steigender Diversifikationsgrad (#24) einen negativen Einfluss auf die Allokationseffizienz. Mit steigender Liquidität des Unternehmens geht ebenso ein Effizienzverlust einher.

5.3.2.2.2 Robustheitstests für FE-Schätzungen ($ICME^{SGI}$)

5.3.2.2.2.1 Auswirkungen einer alternativen Datenquelle und einer weiter reduzierten Stichprobe auf die Ergebnisse ($ICME^{SGI}$)

Durch die Verwendung der OWN-Daten zur Berechnung der Optionswerte und -deltas sowie durch die Bereinigung der Stichprobe um abweichende Geschäftsjahre gehen bis zu 21 Untersuchungsjahre verloren (siehe Tabelle 30 und Tabelle 31).[693]

Die Robustheitstests für die Modelle (14) und (18) bestätigen qualitativ die zuvor beobachteten Effekte. Zusätzlich zeigt sich in zwei Modellen ein unerwartet negativer, schwach signifikanter Einfluss wertorientierter, mehrperiodig ausgestalteter Boni auf die Allokationseffizienz interner Kapitalmärkte. Aufgrund einer hybriden Interaktion ist nur der Haupteffekt der wertorientierten Ausgestaltung der Boni unabhängig interpretierbar.[694]

---

[693] Für weitere Erläuterungen zu den durchgeführten Robustheitstests siehe bereits Abschnitt 5.3.2.1.2.1.

[694] Zur Interpretation der Interaktionseffekte siehe ausführlich Abschnitt 5.3.1.3.

			Fixed Effects							
Abhängige Variable:			***Black/Scholes*-Modell**				***IASB*-Modell**			
#2	***ICME*^{SGI}**	**EE**	**(14)**	**(14^{GJ})**	**(14_{OWN})**	**(14^{GJ}_{OWN})**	**(18)**	**(18^{GJ})**	**(18_{OWN})**	**(18^{GJ}_{OWN})**
#3	$BONUS^{VB}_{ALL}$	+	0,22	0,32	0,23	0,33†	0,23	0,34†	0,24	0,34†
			(0,17)	(0,20)	(0,17)	(0,20)	(0,18)	(0,20)	(0,17)	(0,20)
#5	$BONUS^{LT}$	+	0,28*	0,31*	0,28*	0,30*	0,29*	0,32*	0,28*	0,31*
			(0,13)	(0,14)	(0,13)	(0,15)	(0,13)	(0,14)	(0,13)	(0,15)
#6	$BONUS^{VBxLT}_{ALL}$	+	-0,23	-0,29	-0,26	-0,32†	-0,24	-0,30	-0,27	-0,32†
			(0,17)	(0,18)	(0,17)	(0,18)	(0,17)	(0,18)	(0,17)	(0,18)
#8-11	$SBC^{BS;IASB}_{AR;OWN}$	+	-0,01	-0,01	-0,01	-0,01	-0,01	-0,01	-0,01	-0,01
			(0,01)	(0,01)	(0,01)	(0,01)	(0,01)	(0,01)	(0,01)	(0,01)
#12	OBC^{BS}_{AR}	+	-0,02**	-0,02**						
			(0,01)	(0,01)						
#13	OBC^{BS}_{OWN}	+			-0,01***	-0,01***				
					(0,00)	(0,00)				
#14	OBC^{IASB}_{AR}	+					-0,03**	-0,03**		
							(0,01)	(0,01)		
#15	OBC^{IASB}_{OWN}	+							-0,02***	-0,02***
									(0,01)	(0,01)
#16	*SBPPS*	+	0,14*	0,14*	0,13†	0,13†	0,14*	0,13†	0,12†	0,12†
			(0,07)	(0,07)	(0,07)	(0,07)	(0,07)	(0,07)	(0,07)	(0,07)
#17	$OBPPS^{BS}_{AR}$	+	0,11***	0,11***						
			(0,02)	(0,02)						
#18	$OBPPS^{BS}_{OWN}$	+			0,09***	0,09***				
					(0,02)	(0,02)				
#19	$OBPPS^{IASB}_{AR}$	+					0,11***	0,11***		
							(0,03)	(0,03)		
#20	$OBPPS^{IASB}_{OWN}$	+							0,09***	0,09***
									(0,02)	(0,02)
#21	ORG^{LINK}	±	0,17†	0,17†	0,14	0,14	0,17†	0,17†	0,14	0,14
			(0,10)	(0,10)	(0,09)	(0,08)	(0,10)	(0,09)	(0,09)	(0,08)
#22	ORG^{COMP}	±	0,17**	0,15*	0,18**	0,16*	0,16**	0,15*	0,17**	0,16*
			(0,06)	(0,06)	(0,06)	(0,07)	(0,06)	(0,06)	(0,06)	(0,07)
#23	$ORG^{LINKxCOMP}$	±	-3,12***	-3,14***	-3,10***	-3,12***	-3,11***	-3,13***	-3,10***	-3,12***
			(0,22)	(0,22)	(0,20)	(0,21)	(0,22)	(0,22)	(0,20)	(0,20)
#24	*ENTROPY*		-0,57†	-0,54†	-0,30	-0,27	-0,58†	-0,55†	-0,30	-0,27
			(0,30)	(0,30)	(0,22)	(0,22)	(0,29)	(0,30)	(0,22)	(0,22)
#25	*SEGMENTS*		0,09	0,09	0,04	0,04	0,10	0,11	0,04	0,05
			(0,08)	(0,08)	(0,06)	(0,07)	(0,08)	(0,08)	(0,06)	(0,06)
#26	*PROFITABILITY*		-0,00	-0,00	-0,00	-0,00	-0,00	-0,00	-0,00	-0,00
			(0,01)	(0,01)	(0,01)	(0,01)	(0,01)	(0,01)	(0,01)	(0,01)
#27	*LEVERAGE*		-0,01	-0,01	-0,01	-0,00	-0,01	-0,01	-0,01	-0,00
			(0,01)	(0,01)	(0,01)	(0,01)	(0,01)	(0,01)	(0,01)	(0,01)
#28	*LIQUIDITY*		-0,01*	-0,01†	-0,01†	-0,01	-0,01*	-0,01*	-0,01†	-0,01
			(0,00)	(0,00)	(0,00)	(0,00)	(0,00)	(0,00)	(0,00)	(0,00)
#29	*SIZE*		0,33	0,35	0,29	0,30	0,37	0,38	0,29	0,30
			(0,22)	(0,23)	(0,20)	(0,20)	(0,23)	(0,23)	(0,20)	(0,20)
#30	*YEAR*		JA				JA			
KONSTANTE			-3,79	-4,04	-3,32	-3,58	-4,26	-4,53	-3,36	-3,59
			(3,09)	(3,09)	(2,80)	(2,80)	(3,20)	(3,20)	(2,80)	(2,80)
N			222	201	223	202	222	201	223	202
n			67	59	67	59	67	59	67	59
R^2 (within)			0,61	0,63	0,60	0,62	0,61	0,63	0,60	0,62
R^2 (between)			0,00	0,00	0,00	0,00	0,00	0,00	0,00	0,00
R^2 (gesamt)			0,02	0,03	0,02	0,03	0,02	0,03	0,02	0,03
F-Test			0,00	0,00	0,00	0,00	0,00	0,00	0,00	0,00
Sargan/Hansen (Chi²)			0,00	0,00	0,00	0,00	0,00	0,00	0,00	0,00

Signifikanz: †: $p \leq 0{,}10$; *: $p \leq 0{,}05$; **: $p \leq 0{,}01$; ***: $p \leq 0{,}001$
(Robuste Standardfehler in Klammern)
EE = erwarteter Effekt

Tabelle 30: Robustheitstests für FE-Schätzung (*ICME*^{SGI}; *BONUS*$_{ALL}$)

Abhängige Variable:			*Fixed Effects*							
			Black/Scholes-Modell				*IASB*-Modell			
#2	***ICME***^{SGI}	**EE**	**(14)**	**(14^{GJ})**	**(14_{OWN})**	**(14^{GJ}_{OWN})**	**(18)**	**(18^{GJ})**	**(18_{OWN})**	**(18^{GJ}_{OWN})**
#3	$BONUS^{VB}_{ALL}$	+	[0,22]	0,32	[0,23]	0,33†	[0,23]	0,34†	[0,24]	0,34†
	M		*0,22*	*0,22*	*0,22*	*0,23*	*0,22*	*0,22*	*0,22*	*0,23*
	SD		*0,41*	*0,42*	*0,42*	*0,42*	*0,41*	*0,42*	*0,42*	*0,42*
#5	$BONUS^{LT}$	+	0,28*	0,31*	0,28*	[0,30*]	0,29*	0,32*	0,28*	[0,31*]
	M		*0,18*	*0,20*	*0,18*	*0,20*	*0,18*	*0,20*	*0,20*	*0,20*
	SD		*0,39*	*0,40*	*0,38*	*0,40*	*0,39*	*0,40*	*0,38*	*0,40*
#6	$BONUS^{VBxLT}_{ALL}$	+	-0,23	-0,29	-0,26	-0,32†	-0,24	-0,30	-0,27	-0,32†
INTERAKTION			**HY**	**OD**	**HY**	**HY**	**HY**	**OD**	**HY**	**HY**
#21	ORG^{LINK}	±	[0,17†]	[0,17†]	[0,14]	[0,14]	[0,17†]	[0,17†]	[0,14]	[0,14]
	M		*0,60*	*0,60*	*0,60*	*0,60*	*0,60*	*0,60*	*0,60*	*0,60*
	SD		*0,49*	*0,49*	*0,49*	*0,49*	*0,49*	*0,49*	*0,49*	*0,49*
#22	ORG^{COMP}	±	[0,17**]	[0,15*]	[0,18**]	[0,16*]	[0,16**]	[0,15*]	[0,17**]	[0,16*]
	M		*0,43*	*0,42*	*0,44*	*0,42*	*0,43*	*0,42*	*0,44*	*0,42*
	SD		*0,50*	*0,49*	*0,50*	*0,49*	*0,50*	*0,49*	*0,50*	*0,49*
#23	$ORG^{LINKxCOMP}$	±	-3,12***	-3,14***	-3,10***	-3,12***	-3,11***	-3,13***	-3,10***	-3,12***
INTERAKTION			**DIS**	**DIS**	**DIS**	**DIS**	**DIS**	**DIS**	**DIS**	**DIS**
KONSTANTE			-3,79	-4,04	-3,32	-3,58	-4,26	-4,53	-3,36	-3,59

Signifikanz: †: p ≤ 0,10; *: p ≤ 0,05; **: p ≤ 0,01; ***: p ≤ 0,001
Form der Interaktion: OD = Ordinale Interaktion; HY = Hybride Interaktion; DIS = Disordinale Interaktion
[Nicht unabhängig interpretierbare Haupteffekte in eckigen Klammern]
EE = erwarteter Effekt

Tabelle 31: Interaktionseffekte der Robustheitstests der FE-Schätzung (*ICME*^{SGI}; *BONUS*$_{ALL}$)

Die aufgrund der disordinalen Interaktion nicht unabhängig interpretierbaren Effekte der Leitungs- und Unternehmensorganisationsform auf die Allokationseffizienz interner Kapitalmärkte werden qualitativ durch die Robustheitstests bestätigt.[695]

Diese qualitative Bestätigung erfolgt auch in den nachfolgend dargestellten Modellen (siehe hierzu Tabelle 32 und Tabelle 33). Auch für die Ausgestaltung der Boni werden die zuvor beobachteten Effekte qualitativ bestätigt.

[695] Zur Interpretation der Interaktionseffekte siehe ausführlich Abschnitt 5.3.1.3.

			Fixed Effects							
Abhängige Variable:			***Black/Scholes*-Modell**				***IASB*-Modell**			
#2	$ICME^{SGI}$	**EE**	**(16)**	**(16^{GJ})**	**(16_{OWN})**	**(16^{GJ}_{OWN})**	**(20)**	**(20^{GJ})**	**(20_{OWN})**	**(20^{GJ}_{OWN})**
#4	$BONUS^{VB}_{RED}$	+	0,20	0,31	0,20	0,29	0,21	0,32†	0,20	0,30
			(0,17)	(0,19)	(0,17)	(0,19)	(0,17)	(0,19)	(0,17)	(0,19)
#5	$BONUS^{LT}$	+	0,27**	0,28**	0,27**	0,26*	0,28**	0,29**	0,27**	0,26*
			(0,10)	(0,10)	(0,10)	(0,10)	(0,09)	(0,10)	(0,10)	(0,11)
#7	$BONUS^{VBxLT}_{RED}$	+	-0,33*	-0,41*	-0,33*	-0,39*	-0,34*	-0,41*	-0,33*	-0,40*
			(0,16)	(0,18)	(0,16)	(0,18)	(0,16)	(0,18)	(0,16)	(0,18)
#8-11	$SBC^{BS;IASB}_{AR;OWN}$	+	-0,01	-0,01	-0,01	-0,01	-0,01	-0,01	-0,01	-0,00
			(0,01)	(0,01)	(0,01)	(0,01)	(0,01)	(0,01)	(0,01)	(0,01)
#12	OBC^{BS}_{AR}	+	-0,02**	-0,02**						
			(0,01)	(0,01)						
#13	OBC^{BS}_{OWN}	+			-0,01***	-0,01***				
					(0,00)	(0,00)				
#14	OBC^{IASB}_{AR}	+					-0,03**	-0,03**		
							(0,01)	(0,01)		
#15	OBC^{IASB}_{OWN}	+							-0,02***	-0,02***
									(0,01)	(0,01)
#16	*SBPPS*	+	0,14*	0,14†	0,14†	0,13†	0,14†	0,14†	0,14†	0,13
			(0,07)	(0,08)	(0,07)	(0,08)	(0,07)	(0,08)	(0,07)	(0,08)
#17	$OBPPS^{BS}_{AR}$	+	0,11***	0,11***						
			(0,02)	(0,02)						
#18	$OBPPS^{BS}_{OWN}$	+			0,09***	0,09***				
					(0,02)	(0,02)				
#19	$OBPPS^{IASB}_{AR}$	+					0,11***	0,11***		
							(0,03)	(0,03)		
#20	$OBPPS^{IASB}_{OWN}$	+							0,09***	0,09***
									(0,02)	(0,02)
#21	ORG^{LINK}	±	0,19	0,21†	0,18	0,17	0,19	0,21†	0,18	0,17
			(0,12)	(0,12)	(0,11)	(0,12)	(0,12)	(0,12)	(0,11)	(0,12)
#22	ORG^{COMP}	±	0,16**	0,14*	0,15*	0,15*	0,15*	0,13*	0,15*	0,15*
			(0,06)	(0,06)	(0,06)	(0,07)	(0,06)	(0,07)	(0,06)	(0,07)
#23	$ORG^{LINKxCOMP}$	±	-3,16***	-3,21***	-3,18***	-3,19***	-3,15***	-3,20***	-3,18***	-3,19***
			(0,21)	(0,22)	(0,21)	(0,21)	(0,21)	(0,22)	(0,20)	(0,20)
#24	*ENTROPY*		-0,56†	-0,54†	-0,52†	-0,24	-0,57†	-0,56†	-0,53†	-0,25
			(0,31)	(0,31)	(0,29)	(0,24)	(0,30)	(0,31)	(0,29)	(0,24)
#25	*SEGMENTS*		0,09	0,09	0,08	0,04	0,10	0,10	0,09	0,04
			(0,08)	(0,08)	(0,07)	(0,07)	(0,08)	(0,08)	(0,07)	(0,07)
#26	*PROFITABILITY*		-0,00	-0,01	-0,00	-0,00	-0,00	-0,01	-0,00	-0,00
			(0,01)	(0,01)	(0,01)	(0,01)	(0,01)	(0,01)	(0,01)	(0,01)
#27	*LEVERAGE*		-0,01	-0,00	-0,01	-0,00	-0,01	-0,00	-0,01	-0,00
			(0,01)	(0,01)	(0,01)	(0,01)	(0,01)	(0,01)	(0,01)	(0,01)
#28	*LIQUIDITY*		-0,01*	-0,01†	-0,01*	-0,01	-0,01*	-0,01†	-0,01*	-0,01
			(0,00)	(0,00)	(0,00)	(0,00)	(0,00)	(0,00)	(0,00)	(0,00)
#29	*SIZE*		0,32	0,32	0,27	0,28	0,35	0,35	0,27	0,28
			(0,22)	(0,22)	(0,20)	(0,20)	(0,23)	(0,23)	(0,20)	(0,20)
#30	*YEAR*		JA				JA			
KONSTANTE			-3,55	-3,70	-2,91	-3,21	-4,00	-4,16	-2,95	-3,21
			(3,01)	(3,00)	(2,78)	(2,70)	(3,13)	(3,10)	(2,79)	(2,70)
N			222	201	222	202	222	201	222	202
n			67	59	67	59	67	59	67	59
R^2 (within)			0,61	0,63	0,61	0,62	0,61	0,63	0,61	0,62
R^2 (between)			0,00	0,00	0,00	0,00	0,00	0,00	0,00	0,00
R^2 (gesamt)			0,01	0,03	0,01	0,03	0,02	0,03	0,01	0,03
F-Test			0,00	0,00	0,00	0,00	0,00	0,00	0,00	0,00
Sargan/Hansen (Chi²)			0,00	0,00	0,00	0,00	0,00	0,00	0,00	0,00

Signifikanz: †: $p \leq 0{,}10$; *: $p \leq 0{,}05$; **: $p \leq 0{,}01$; ***: $p \leq 0{,}001$
(Robuste Standardfehler in Klammern)
EE = erwarteter Effekt

Tabelle 32: Robustheitstests für FE-Schätzung (*$ICME^{SGI}$; $BONUS_{RED}$*)

Abhängige Variable:	EE	*Fixed Effects*							
		Black/Scholes-Modell				*IASB*-Modell			
#2 $ICME^{SGI}$	**EE**	**(16)**	**(16^{GJ})**	**(16_{OWN})**	**(16^{GJ}_{OWN})**	**(20)**	**(20^{GJ})**	**(20_{OWN})**	**(20^{GJ}_{OWN})**
#4 $BONUS^{VB}_{RED}$	+	[0,20]	[0,31]	[0,20]	[0,29]	[0,21]	[0,32†]	[0,20]	[0,30]
M		*0,12*	*0,11*	*0,12*	*0,11*	*0,12*	*0,11*	*0,12*	*0,11*
SD		*0,32*	*0,32*	*0,32*	*0,32*	*0,32*	*0,32*	*0,32*	*0,32*
#5 $BONUS^{LT}$	+	[0,27**]	[0,28**]	[0,27**]	[0,26*]	[0,28**]	[0,29**]	[0,27**]	[0,26*]
M		*0,18*	*0,20*	*0,18*	*0,20*	*0,18*	*0,20*	*0,18*	*0,20*
SD		*0,39*	*0,40*	*0,39*	*0,40*	*0,39*	*0,40*	*0,39*	*0,40*
#7 $BONUS^{VBxLT}_{RED}$	+	-0,33*	-0,41*	-0,33*	-0,39*	-0,34*	-0,41*	-0,33*	-0,40*
INTERAKTION		**DIS**	**DIS**	**DIS**	**DIS**	**DIS**	**DIS**	**DIS**	**DIS**
#21 ORG^{LINK}	±	[0,19]	[0,21†]	[0,18]	[0,17]	[0,19]	[0,21†]	[0,18]	[0,17]
M		*0,60*	*0,60*	*0,60*	*0,60*	*0,60*	*0,60*	*0,60*	*0,60*
SD		*0,49*	*0,49*	*0,49*	*0,49*	*0,49*	*0,49*	*0,49*	*0,49*
#22 ORG^{COMP}	±	[0,16**]	[0,14*]	[0,15*]	[0,15*]	[0,15*]	[0,13*]	[0,15*]	[0,15*]
M		*0,43*	*0,42*	*0,43*	*0,42*	*0,43*	*0,42*	*0,43*	*0,42*
SD		*0,50*	*0,49*	*0,50*	*0,49*	*0,50*	*0,49*	*0,50*	*0,49*
#23 $ORG^{LINKxCOMP}$	±	-3,16***	-3,21***	-3,18***	-3,19***	-3,15***	-3,20***	-3,18***	-3,19***
INTERAKTION		**DIS**	**DIS**	**DIS**	**DIS**	**DIS**	**DIS**	**DIS**	**DIS**
KONSTANTE		-3,55	-3,70	-2,91	-3,21	-4,00	-4,16	-2,95	-3,21

Signifikanz: †: p ≤ 0,10; *: p ≤ 0,05; **: p ≤ 0,01; ***: p ≤ 0,001
Form der Interaktion: OD = Ordinale Interaktion; HY = Hybride Interaktion; DIS = Disordinale Interaktion
[Nicht unabhängig interpretierbare Haupteffekte in eckigen Klammern]
EE = erwarteter Effekt

Tabelle 33: Interaktionseffekte der Robustheitstests der FE-Schätzung (*$ICME^{SGI}$*; *$BONUS_{RED}$*)

5.3.2.2.2.2 Auswirkungen potenzieller Multikollinearität auf die Ergebnisse (*$ICME^{SGI}$*)

Um die Präzision der Schätzer für die aktienkursbasierte Vergütung vor dem Hintergrund potenzieller Multikollinearität analysieren zu können, wird wie bereits bei den FE-Schätzungen mit *ICME* (#1) als abhängiger Variable, die bisherige Modellspezifikation auf zwei Arten angepasst:[696]

(1) Entfernen potenziell multikollinearer Variablen,

(2) Ersetzen der potenziell multikollinearen Variablen durch alternativ operationalisierte Variablen.

Die Ergebnisse von Anpassungsschritt (1) am Beispiel von Modell (14) sind Tabelle 34 zu entnehmen.[697]

---

696 Zur potenziellen Multikollinearität der Variablen #8 bis #20 siehe Abschnitt 5.2 und 5.3.1.2. Für weitere Ausführungen zu den vorgenommenen Modellanpassungen siehe bereits ausführlich Abschnitt 5.3.2.1.2.2. Vgl. allgemein zum Umgang mit Multikollinearität und für die beiden angewandten Verfahren *Kennedy* (2008), S. 196ff.; *Hair et al.* (2010), S. 205; *Auer/Rottmann* (2011), S. 512ff.; *Backhaus et al.* (2011), S. 95f.

697 Die qualitativ vergleichbaren Ergebnisse der Modelle (16), (18) und (20) (auch auf Basis von OWN-Daten) werden aus Gründen der Übersichtlichkeit nicht dargestellt.

Abhängige Variable:			*Fixed Effects* *Black/Scholes*-Modell				
#2	$ICME^{SGI}$	EE	(14)	(14^{M1})	(14^{M2})	(14^{M3})	(14^{M4})
#3	$BONUS^{VB}_{ALL}$	+	0,22 (0,17)	0,20 (0,17)	0,26 (0,19)	0,22 (0,17)	0,24 (0,18)
#5	$BONUS^{LT}$	+	0,28* (0,13)	0,26* (0,12)	0,33* (0,15)	0,26* (0,13)	0,28* (0,14)
#6	$BONUS^{VBxLT}_{ALL}$	+	-0,23 (0,17)	-0,22 (0,18)	-0,24 (0,18)	-0,26 (0,17)	-0,22 (0,18)
#8/10	SBC^{BS}_{AR}	+	-0,01 (0,01)		-0,00 (0,01)	-0,00 (0,01)	-0,01 (0,01)
#12	OBC^{BS}_{AR}	+	-0,02** (0,01)	-0,02** (0,01)		-0,02** (0,01)	-0,00 (0,01)
#16	*SBPPS*	+	0,14* (0,07)	0,07 (0,04)	0,11 (0,07)		0,12 (0,07)
#17	$OBPPS^{BS}_{AR}$	+	0,11*** (0,02)	0,10*** (0,02)	0,04* (0,02)	0,10*** (0,02)	
#21	ORG^{LINK}	±	0,17† (0,10)	0,17† (0,09)	0,17† (0,10)	0,17† (0,08)	0,17† (0,10)
#22	ORG^{COMP}	±	0,17** (0,06)	0,17** (0,06)	0,19*** (0,05)	0,17** (0,06)	0,17** (0,06)
#23	$ORG^{LINKxCOMP}$	±	-3,12*** (0,22)	-3,18*** (0,20)	-3,20*** (0,20)	-3,16*** (0,20)	-3,10*** (0,21)
#24	*ENTROPY*		-0,57† (0,30)	-0,56† (0,30)	-0,54† (0,30)	-0,48 (0,30)	-0,49 (0,30)
#25	*SEGMENTS*		0,09 (0,08)	0,10 (0,07)	0,07 (0,07)	0,12 (0,08)	0,07 (0,07)
#26	*PROFITABILITY*		-0,00 (0,01)	-0,00 (0,01)	0,00 (0,01)	-0,00 (0,01)	-0,00 (0,01)
#27	*LEVERAGE*		-0,01 (0,01)	-0,00 (0,00)	-0,01 (0,00)	-0,00 (0,00)	-0,01 (0,01)
#28	*LIQUIDITY*		-0,01* (0,00)	-0,01* (0,00)	-0,01† (0,00)	-0,01* (0,00)	-0,01† (0,00)
#29	*SIZE*		0,33 (0,22)	0,28 (0,21)	0,16 (0,22)	0,27 (0,22)	0,32 (0,23)
#30	*YEAR*		JA	JA			
KONSTANTE			-3,79 (3,09)	-3,06 (2,84)	-1,52 (3,00)	-3,08 (2,99)	-3,66 (3,19)
N			222	222	222	222	222
n			67	67	67	67	67
R^2 *(within)*			0,61	0,60	0,58	0,60	0,58
R^2 *(between)*			0,00	0,00	0,00	0,00	0,00
R^2 *(gesamt)*			0,02	0,01	0,01	0,01	0,02
F-Test			0,00	0,00	0,00	0,00	0,00
Sargan/Hansen (Chi²)			0,00	0,00	0,00	0,00	0,00

Signifikanz: †: $p \leq 0,10$; *: $p \leq 0,05$; **: $p \leq 0,01$; ***: $p \leq 0,001$
(Robuste Standardfehler in Klammern)
EE = erwarteter Effekt

Tabelle 34: Robustheitstests (1) zu Auswirkungen potenzieller Multikollinearität auf die Schätzergebnisse (*$ICME^{SGI}$*)

Trotz der schrittweisen Entfernung der potenziell multikollinearen Variablen #8/10 bis #17 bleiben die erwarteten Effekte für die aktienkursbasierte Vergütung qualitativ bestehen. Wesentliche Auswirkungen auf die anderen Variablen sind nicht zu beobachten.

Die nachfolgende Tabelle 35 und Tabelle 36 stellen die Ergebnisse von Anpassungsschritt (2) dar.

			Fixed Effects							
Abhängige Variable:			***Black/Scholes*-Modell**				***IASB*-Modell**			
#2	$ICME^{SGI}$	**EE**	**(21)**	**(21^{GJ})**	**(22)**	**(22^{GJ})**	**(23)**	**(23^{GJ})**	**(24)**	**(24^{GJ})**
#3	$BONUS^{VB}_{ALL}$	+	0,30	0,40†			0,30	0,41†		
			(0,18)	(0,21)			(0,19)	(0,22)		
#4	$BONUS^{VB}_{RED}$	+			0,17	0,26			0,17	0,35†
					(0,17)	(0,20)			(0,17)	(0,21)
#5	$BONUS^{LT}$	+	0,34*	0,36*	0,31**	0,32**	0,34*	0,37*	0,32**	0,31*
			(0,14)	(0,16)	(0,11)	(0,11)	(0,15)	(0,17)	(0,11)	(0,12)
#6	$BONUS^{VBxLT}_{ALL}$	+	-0,31†	-0,37*			-0,31†	-0,37†		
			(0,17)	(0,19)			(0,18)	(0,19)		
#7	$BONUS^{VBxLT}_{RED}$	+			-0,43*	-0,49*			-0,44*	-0,42*
					(0,17)	(0,19)			(0,17)	(0,18)
#31	EBC^{BS}_{AR}	+	-0,01	-0,01	-0,01	-0,01				
			(0,01)	(0,01)	(0,01)	(0,01)				
#33	EBC^{IASB}_{AR}	+					-0,01	-0,01	-0,01	-0,00
							(0,01)	(0,01)	(0,01)	(0,01)
#35	$EBPPS^{BS}_{AR}$	+	0,08***	0,08***	0,08***	0,08**				
			(0,02)	(0,02)	(0,02)	(0,02)				
#37	$EBPPS^{IASB}_{AR}$	+					0,07**	0,07**	0,07**	0,06*
							(0,02)	(0,02)	(0,02)	(0,03)
#21	ORG^{LINK}	±	0,15†	0,15†	0,15	0,17	0,15†	0,15†	0,15	0,20
			(0,08)	(0,08)	(0,10)	(0,11)	(0,08)	(0,08)	(0,10)	(0,13)
#22	ORG^{COMP}	±	0,19**	0,17**	0,19**	0,17**	0,19***	0,18**	0,19***	0,17**
			(0,06)	(0,06)	(0,05)	(0,06)	(0,05)	(0,06)	(0,05)	(0,06)
#23	$ORG^{LINKxCOMP}$	±	-3,15***	-3,18***	-3,18***	-3,24***	-3,17***	-3,20***	-3,19***	-3,29***
			(0,20)	(0,20)	(0,20)	(0,20)	(0,20)	(0,20)	(0,20)	(0,20)
#24	*ENTROPY*		-0,26	-0,24	-0,20	-0,18	-0,26	-0,24	-0,20	-0,21
			(0,22)	(0,23)	(0,23)	(0,23)	(0,23)	(0,23)	(0,23)	(0,25)
#25	*SEGMENTS*		0,04	0,04	0,04	0,04	0,04	0,04	0,04	0,03
			(0,06)	(0,06)	(0,06)	(0,06)	(0,06)	(0,06)	(0,06)	(0,06)
#26	*PROFITABILITY*		0,00	-0,00	-0,00	-0,00	0,00	-0,00	0,00	-0,00
			(0,01)	(0,01)	(0,01)	(0,01)	(0,01)	(0,01)	(0,01)	(0,01)
#27	*LEVERAGE*		-0,01	-0,00	-0,00	-0,00	-0,01	-0,00	-0,00	-0,00
			(0,01)	(0,01)	(0,01)	(0,01)	(0,00)	(0,01)	(0,00)	(0,00)
#28	*LIQUIDITY*		-0,01	-0,00	-0,00	-0,00	-0,01	-0,00	-0,00	-0,00
			(0,00)	(0,00)	(0,00)	(0,00)	(0,00)	(0,00)	(0,00)	(0,00)
#29	*SIZE*		0,17	0,17	0,15	0,14	0,14	0,14	0,13	0,08
			(0,21)	(0,21)	(0,21)	(0,21)	(0,21)	(0,21)	(0,20)	(0,20)
#30	*YEAR*		JA				JA			
KONSTANTE			-1,73	-1,88	-1,47	-1,42	-1,36	-1,49	-1,20	-0,65
			(2,93)	(2,93)	(2,89)	(2,87)	(2,89)	(2,89)	(2,85)	(2,82)
N			222	201	221	200	222	201	221	201
n			67	59	67	59	67	59	67	59
R^2 (within)			0,60	0,62	0,60	0,62	0,59	0,61	0,60	0,60
R^2 (between)			0,00	0,00	0,00	0,00	0,00	0,00	0,00	0,00
R^2 (gesamt)			0,02	0,03	0,01	0,03	0,01	0,03	0,01	0,02
F-Test			0,00	0,00	0,00	0,00	0,00	0,00	0,00	0,00
Sargan/Hansen (Chi²)			0,00	0,00	0,00	0,00	0,00	0,00	0,00	0,00

Signifikanz: †: $p \leq 0,10$; *: $p \leq 0,05$; **: $p \leq 0,01$; ***: $p \leq 0,001$
(Robuste Standardfehler in Klammern)
EE = erwarteter Effekt

Tabelle 35: Robustheitstests (2) zu Auswirkungen potenzieller Multikollinearität auf die Schätzergebnisse (*$ICME^{SGI}$*)

Abhängige Variable:		*Fixed Effects*							
		Black/Scholes-Modell				*IASB*-Modell			
#2 $ICME^{SGI}$	EE	**(21)**	**(21^{GJ})**	**(22)**	**(22^{GJ})**	**(23)**	**(23^{GJ})**	**(24)**	**(24^{GJ})**
#3 $BONUS_{ALL}^{VB}$	+	[0,30]	0,40†			[0,30]	0,41†		
M		*0,22*	*0,23*			*0,22*	*0,23*		
SD		*0,42*	*0,42*			*0,42*	*0,42*		
#4 $BONUS_{RED}^{VB}$	+			[0,17]	[0,26]			[0,17]	[0,35†]
M				*0,11*	*0,11*			*0,11*	*0,11*
SD				*0,32*	*0,31*			*0,32*	*0,31*
#5 $BONUS^{LT}$	+	0,34*	[0,36*]	[0,31**]	[0,32**]	0,34*	0,37*	[0,32**]	[0,31*]
M		*0,18*	*0,20*	*0,18*	*0,20*	*0,18*	*0,20*	*0,18*	*0,20*
SD		*0,39*	*0,40*	*0,38*	*0,40*	*0,39*	*0,40*	*0,38*	*0,40*
#6 $BONUS_{ALL}^{VBxLT}$	+	-0,31†	-0,37*			-0,31†	-0,37†		
#7 $BONUS_{RED}^{VBxLT}$	+			-0,43*	-0,49*			-0,44*	-0,42*
INTERAKTION		**HY**	**HY**	**DIS**	**DIS**	**HY**	**OD**	**DIS**	**DIS**
#21 ORG^{LINK}	±	[0,15†]	[0,15†]	[0,15]	[0,17]	[0,15†]	[0,15†]	[0,15]	[0,20]
M		*0,60*	*0,60*	*0,60*	*0,60*	*0,60*	*0,60*	*0,60*	*0,60*
SD		*0,49*	*0,49*	*0,49*	*0,49*	*0,49*	*0,49*	*0,49*	*0,49*
#22 ORG^{COMP}	±	[0,19**]	[0,17**]	[0,19**]	[0,17**]	[0,19***]	[0,18**]	[0,19***]	[0,17**]
M		*0,43*	*0,42*	*0,43*	*0,42*	*0,43*	*0,42*	*0,43*	*0,42*
SD		*0,50*	*0,49*	*0,50*	*0,49*	*0,50*	*0,49*	*0,50*	*0,49*
#23 $ORG^{LINKxCOMP}$	±	-3,15***	-3,18***	-3,18***	-3,24***	-3,17***	-3,20***	-3,19***	-3,29***
INTERAKTION		**DIS**	**DIS**	**DIS**	**DIS**	**DIS**	**DIS**	**DIS**	**DIS**
KONSTANTE		-1,73	-1,88	-1,47	-1,42	-1,36	-1,49	-1,20	-0,65

Signifikanz: †: p ≤ 0,10; *: p ≤ 0,05; **: p ≤ 0,01; ***: p ≤ 0,001
Art der Interaktion: OD = Ordinale Interaktion; HY = Hybride Interaktion; DIS = Disordinale Interaktion
[Nicht unabhängig interpretierbare Haupteffekte in eckigen Klammern]
EE = erwarteter Effekt

Tabelle 36: Interaktionseffekte der Robustheitstests (2) zu Auswirkungen potenzieller Multikollinearität auf die Schätzergebnisse ($ICME^{SGI}$)

Für den Anteil der aktienkursbasierten Vergütung an der jährlichen Gesamtvergütung ($EBC_{AR}^{BS;IASB}$) zeigt sich über alle Modell hinweg ein unerwartet negativer, nicht signifikanter Einfluss auf die Allokationseffizienz. Die Pay-Performance-Sensitivität der aktienkursbasierten Vergütung ($EBPPS_{AR}^{BS;IASB}$) zeigt durchgängig eine erwartet positive, hoch signifikante Wirkung.[698]

Die weiteren Effekte der eingangs spezifizierten Modelle (13) bis (20) werden qualitativ bestätigt. Zusätzlich ist in den Modellen (21^{GJ}) und (23^{GJ}) erstmals ein unabhängig interpretierbarer, schwach signifikanter, positiver Effekt wertorientierter Boni zu beobachten.[699]

[698] Schätzungen auf Basis von OWN-Daten zeigen qualitativ vergleichbare Ergebnisse. Eine Darstellung unterbleibt aus Gründen der Übersichtlichkeit.

[699] Zur Interpretation der Interaktionseffekte siehe ausführlich Abschnitt 5.3.1.3.

5.3.2.2.3 Übersicht über FE-Schätzungen ($ICME^{SGI}$) und Forschungshypothesen

In den vorherigen Abschnitten wurde mittels FE-Schätzungen der Einfluss interner Corporate Governance-Mechanismen auf die Effizienz interner Kapitalmärkte analysiert (für eine Übersicht aller beobachteten Effekte siehe nachfolgende Tabelle 37). Die Allokationseffizienz wurde hierbei durch die Variable $ICME^{SGI}$ (#2) gemessen. Diese Operationalisierung bildet die Modellierung der Kapitalflüsse wirklichkeitsgetreuer ab, da neben den bloßen Rentabilitätsunterschieden auch die Wachstumsaussichten der Segmente in die Effizienzbeurteilung der Kapitalflüsse einfließen.[700] Die empirische Überprüfung der Forschungshypothesen führt in der Gesamtbetrachtung aller Modelle zu folgenden Erkenntnissen:[701]

- **Forschungshypothese H1** *(wertorientierte variable Barvergütungen von Vorständen steigern die Effizienz interner Kapitalmärke)* **wird signifikant bestätigt.** Ein unabhängig interpretierbarer Haupteffekt ist jedoch nur für die Variable $BONUS_{ALL}^{VB}$ (#3) beobachtbar.
- **Forschungshypothese H2** *(mehrperiodige variable Barvergütungen von Vorständen steigern die Effizienz interner Kapitalmärkte)* **wird signifikant bestätigt.** Ein unabhängig interpretierbarer Haupteffekt ist jedoch nur bei Verwendung der Interaktionsvariable $BONUS_{ALL}^{VBxLT}$ (#6) oder bei Modellen ohne Interaktionsvariable beobachtbar.
- **Forschungshypothese H3** *(wertorientierte variable Barvergütungen von Vorständen die mehrperiodig ausgestaltet sind, steigern die Effizienz interner Kapitalmärkte)* **wird abgelehnt, die Nullhypothese kann nicht verworfen werden.** Vielmehr ist ein inverser (negativer) signifikanter Effekt zu beobachten.

---

[700] Zur Operationalisierung der Variablen siehe Abschnitt ausführlich Abschnitt 4.3.

[701] Die Forschungshypothesen werden signifikant bestätigt, sofern die korrespondierende Nullhypothese mindestens mit 90%iger Wahrscheinlichkeit verworfen werden kann. Siehe hierzu auch Abschnitt 5.2.1.

Forschungs-hypothese		Variablen	erwarteter Effekt (EE)	(13)	(14)	(15)	(16)	(17)	(18)	(19)	(20)	(14^{GJ})	(14_{OWN})	(14^{GJ}_{OWN})	(18^{GJ})	(18_{OWN})	(18^{GJ}_{OWN})	(16^{GJ})	(16_{OWN})	(16^{GJ}_{OWN})	(20^{GJ})	(20_{OWN})	(20^{GJ}_{OWN})	(14^{M1})	(14^{M2})	(14^{M3})	(14^{M4})	(21)	(21^{GJ})	(22)	(22^{GJ})	(23)	(23^{GJ})	(24)	(24^{GJ})
H1	#3	$BONUS^{VB}_{ALL}$	+	+	[+]			+	[+]			[+]	+	+	+	[+]	+							[+]	[+]	[+]	[+]	[+]	+			[+]	+		
	#4	$BONUS^{VB}_{RED}$	+			+	[+]			+	[+]							[+]	[+]	[+]	[+]	[+]	[+]							[+]	[+]			[+]	[+]
H2	#5	$BONUS^{LT}$	+	+	+	+	[+]	+	+	+	[+]	+	+	[+]	+	+	[+]	[+]	[+]	[+]	[+]	[+]	[+]	+	+	+	+	+	[+]	[+]	[+]	+	+	[+]	[+]
H3	#6	$BONUS^{VB \times LT}_{ALL}$	+		-				-			-	-	-	-	-	-							-	-	-	-	-	-			-	-		
	#7	$BONUS^{VB \times LT}_{RED}$	+				-				-							-	-	-	-	-	-							-	-			-	-
H4	#8-#11	$SBC^{BS;IASB}_{AR;OWN}$	+	-	-	-	-	-	-	-	-	-	-	-	-	-	-	-	-	-	-	-	-		-	-	-								
H5	#12	OBC^{BS}_{AR}	+	-	-	-	-					-						-						-		-	-								
	#13	OBC^{BS}_{OWN}	+										-	-					-	-															
	#14	OBC^{IASB}_{AR}	+					-	-	-	-				-						-														
	#15	OBC^{IASB}_{OWN}	+													-	-					-	-												
H4/ H5	#31	EBC^{BS}_{AR}	+																									-	-	-	-				
	#33	EBC^{IASB}_{AR}	+																													-	-	-	-
H6	#16	$SBPPS$	+	+	+	+	+	+	+	+	+	+	+	+	+	+	+	+	+	+	+	+	+	+	+		+								
H7	#17	$OBPPS^{BS}_{AR}$	+	+	+	+	+					+						+						+	+	+									
	#18	$OBPPS^{BS}_{OWN}$	+										+	+					+	+															
	#19	$OBPPS^{IASB}_{AR}$	+					+	+	+	+				+						+														
	#20	$OBPPS^{IASB}_{OWN}$	+													+	+					+	+												
H6/ H7	#35	$EBPPS^{BS}_{AR}$	+																									+	+	+	+				
	#37	$EBPPS^{IASB}_{AR}$	+																													+	+	+	+
H8	#21	ORG^{LINK}	±	+	[+]	+	[+]	+	[+]	+	[+]	[+]	[+]	[+]	[+]	[+]	[+]	[+]	[+]	[+]	[+]	[+]	[+]	[+]	[+]	[+]	[+]	[+]	[+]	[+]	[+]	[+]	[+]	[+]	[+]
H9	#22	ORG^{COMP}	±	+	[+]	+	[+]	+	[+]	+	[+]	[+]	[+]	[+]	[+]	[+]	[+]	[+]	[+]	[+]	[+]	[+]	[+]	[+]	[+]	[+]	[+]	[+]	[+]	[+]	[+]	[+]	[+]	[+]	[+]
H10	#23	$ORG^{LINK \times COMP}$	±		-		-		-		-	-	-	-	-	-	-	-	-	-	-	-	-	-	-	-	-	-	-	-	-	-	-	-	-
	#24	$ENTROPY$		-	-	-	-	-	-	-	-	-	-	-	-	-	-	-	-	-	-	-	-	-	-	-	-	-	-	-	-	-	-	-	-
	#25	$SEGMENTS$		+	+	+	+	+	+	+	+	+	+	+	+	+	+	+	+	+	+	+	+	+	+	+	+	+	+	+	+	+	+	+	+
	#26	$PROFITABILITY$		-	-	-	-	-	-	-	-	-	-	-	-	-	-	-	-	-	-	-	-	-	+	-	-	+	-	-	-	+	-	+	-
	#27	$LEVERAGE$		-	-	-	-	-	-	-	-	-	-	-	-	-	-	-	-	-	-	-	-	-	-	-	-	-	-	-	-	-	-	-	-
	#28	$LIQUIDITY$		-	-	-	-	-	-	-	-	-	-	-	-	-	-	-	-	-	-	-	-	-	-	-	-	-	-	-	-	-	-	-	-
	#29	$SIZE$		+	+	+	+	+	+	+	+	+	+	+	+	+	+	+	+	+	+	+	+	+	+	+	+	+	+	+	+	+	+	+	+

Beobachtete Effekte mit Farbkodierung als Indikator für Signifikanzniveau wie folgt: + ≙ *** / ** / * + ≙ † - ≙ *** / ** / * - ≙ †

[Nicht unabhängig interpretiere Haupteffekte in eckigen Klammern]

Tabelle 37: Übersicht über FE-Schätzungen ($ICME^{SGI}$) und Forschungshypothesen

- **Forschungshypothese H4** *(ein höherer Anteil anteilsbasierter Vergütung an der jährlichen Gesamtvergütung der Vorstände steigert die Effizienz interner Kapitalmärkte)* **wird abgelehnt, die Nullhypothese kann nicht verworfen werden.**[702]
- **Forschungshypothese H5** *(ein höherer Anteil optionsbasierter Vergütung an der jährlichen Gesamtvergütung der Vorstände steigert die Effizienz interner Kapitalmärkte)* **wird abgelehnt, die Nullhypothese kann nicht verworfen werden.**[703] Vielmehr ist ein inverser (negativer) signifikanter Effekt zu beobachten.
- **Forschungshypothese H6** *(eine höhere anteilsbasierte Pay-Performance-Sensitivität der Vorstände steigert die Effizienz interner Kapitalmärkte)* **wird bestätigt.**[704]
- **Forschungshypothese H7** *(eine höhere optionsbasierte Pay-Performance-Sensitivität der Vorstände steigert die Effizienz interner Kapitalmärkte)* **wird bestätigt.**[705]
- **Forschungshypothese H8** *(personelle Verflechtungen zwischen Vorstand und Geschäftsbereichsleitung haben eine Wirkung auf die Effizienz interner Kapitalmärkte)* **wird bestätigt.** Ein unabhängig interpretierbarer Haupteffekt ist jedoch nur dann zu beobachten, wenn das Geschäftsjahr der Unternehmen mit dem Kalenderjahr übereinstimmt.
- **Forschungshypothese H9** *(die Unternehmensorganisationsform hat keine Wirkung auf die Effizienz interner Kapitalmärkte)* **wird abgelehnt, die Nullhypothese kann nicht verworfen werden.**
- **Forschungshypothese H10** *(die Wirkungen der personellen Verflechtung auf die Effizienz interner Kapitalmärkte werden durch die Unternehmensorganisationsform nicht beeinflusst)* **wird abgelehnt, die Nullhypothese kann nicht verworfen werden.**

---

702 Auch für die alternative Operationalisierung des relativen Anteils der aktienkursbasierten Vergütung ($EBC_{AR}^{BS;\,IASB}$) kann die Nullhypothese nicht verworfen werden.

703 Auch für die alternative Operationalisierung des relativen Anteils der aktienkursbasierten Vergütung ($EBC_{AR}^{BS;\,IASB}$) kann die Nullhypothese nicht verworfen werden.

704 Für die alternative Operationalisierung der aktienkursbasierten Pay-Performance-Sensitivität ($EBPPS_{AR}^{BS;\,IASB}$) zeigt sich ebenso ein positiver signifikanter Effekt.

705 Für die alternative Operationalisierung der aktienkursbasierten Pay-Performance-Sensitivität ($EBPPS_{AR}^{BS;\,IASB}$) zeigt sich ebenso ein positiver signifikanter Effekt.

5.3.3 Zusammenfassung und Interpretation der Ergebnisse

Zur Beantwortung der beiden Forschungsfragen wurden insgesamt zehn Forschungshypothesen mittels multivariaten Panelregressionsanalysen überprüft. Abhängig von der gewählten Operationalisierung zur Messung der Allokationseffizienz ergeben sich die in der nachfolgenden Tabelle 38 dargestellten Ergebnisse:

Forschungsfrage (1): *Können Anreizsysteme von Vorständen den ersten Prinzipal-Agenten-Konflikt in internen Kapitalmärkten diversifizierter deutscher börsennotierter Unternehmen reduzieren und hierdurch eine Steigerung der Allokationseffizienz bewirken, und wenn ja, wie müssen diese hierzu ausgestaltet sein?*			
Forschungshypothesen		*ICME*	*$ICME^{SGI}$*
H1	Wertorientierte variable Barvergütungen von Vorständen steigern die Effizienz interner Kapitalmärkte.	✓*	✓*
H2	Mehrperiodige variable Barvergütungen von Vorständen steigern die Effizienz interner Kapitalmärkte.	✓*	✓*
H3	Wertorientierte variable Barvergütungen von Vorständen die mehrperiodig ausgestaltet sind, steigern die Effizienz interner Kapitalmärkte.	✗	✗
H4	Ein höherer Anteil anteilsbasierter Vergütung an der jährlichen Gesamtvergütung der Vorstände steigert die Effizienz interner Kapitalmärkte.	✗	✗
H5	Ein höherer Anteil optionsbasierter Vergütung an der jährlichen Gesamtvergütung der Vorstände steigert die Effizienz interner Kapitalmärkte.	✗	✗
H6	Eine höhere anteilsbasierte Pay-Performance-Sensitivität der Vorstände steigert die Effizienz interner Kapitalmärkte.	✗	✓
H7	Eine höhere optionsbasierte Pay-Performance-Sensitivität der Vorstände steigert die Effizienz interner Kapitalmärkte.	✓	✓
Forschungsfrage (2): *Können Leitungsorganisationen den zweiten Prinzipal-Agenten-Konflikt in internen Kapitalmärkten diversifizierter deutscher börsennotierter Unternehmen reduzieren und hierdurch eine Steigerung der Allokationseffizienz bewirken, und wenn ja, wie müssen diese hierzu ausgestaltet sein?*			
Forschungshypothesen		*ICME*	*$ICME^{SGI}$*
H8	Personelle Verflechtungen zwischen Vorstand und Geschäftsbereichsleitung haben eine Wirkung auf die Effizienz interner Kapitalmärkte.	✗	✓*
H9	Die Unternehmensorganisationsform hat keine Wirkung auf die Effizienz interner Kapitalmärkte.	✗	✗
H10	Die Wirkungen der personellen Verflechtung auf die Effizienz interner Kapitalmärkte werden durch die Unternehmensorganisationsform nicht beeinflusst.	✗	✗

✓ **Hypothese signifikant ($p \leq 0,10$) bestätigt**[706] ✗ **Nullhypothese nicht verwerfbar**

* **= Haupteffekt nur mit Einschränkung interpretierbar (Erläuterung im Text)**

Tabelle 38: Ergebnisse der empirischen Überprüfung der Forschungshypothesen

706 Die Forschungshypothesen werden signifikant bestätigt, sofern die korrespondierende Nullhypothese mindestens mit 90%iger Wahrscheinlichkeit verworfen werden kann. Siehe hierzu auch Abschnitt 5.2.1.

Das Untersuchungsmodell und die Forschungshypothesen greifen die beiden eingangs formulierten Forschungsfragen auf.[707] Der nachfolgende Abschnitt 5.3.3.1 interpretiert zusammenfassend die gewonnenen Erkenntnisse der empirischen Untersuchung zur ersten Fragestellung. Abschnitt 5.3.3.2 erläutert die gewonnenen Erkenntnisse zur zweiten Fragestellung.

5.3.3.1 Wirkung von Anreizsystemen auf die Effizienz interner Kapitalmärkte

Durch die empirische Überprüfung der Forschungshypothesen H1 bis H7 soll die erste Forschungsfrage beantwortet werden: *Können Anreizsysteme von Vorständen den ersten Prinzipal-Agenten-Konflikt in internen Kapitalmärkten diversifizierter deutscher börsennotierter Unternehmen reduzieren und hierdurch eine Steigerung der Allokationseffizienz bewirken, und wenn ja, wie müssen diese hierzu ausgestaltet sein?*[708]

Wie die theoretischen Ausführungen im Zuge der Hypothesenherleitung gezeigt haben, sind die Anreizsysteme von Vorständen dazu geeignet, Konflikte auf der ersten Ebene zwischen Aktionären und Vorständen zu mindern und hierdurch eine Effizienzsteigerung zu bewirken. Die Einschränkung auf die erste Konfliktebene erfolgte vor dem Hintergrund, dass Vorstände letztlich über das ausschließliche Recht zur aktiven Kapitalreallokation in diversifizierten Unternehmen verfügen. Wie die weiteren theoretischen Analysen gezeigt haben, eignen sich zur Steigerung der Allokationseffizienz insbesondere wertorientiert ausgestaltete variable Vergütungsbestandteile.[709]

Die empirischen Befunde für die *variable Barvergütung* stützten unabhängig von der Operationalisierung der Allokationseffizienz zwei der drei aufgestellten Forschungshypothesen (siehe auch Tabelle 38). Ist die variable Barvergütung wertorientiert ausgestaltet, so zeigt sich entsprechend der *Forschungshypothese H1* eine signifikant positive Wirkung auf die Effizienz interner Kapitalmärkte. Damit einhergehend geht von den in der Praxis als Bemessungsgrundlage oftmals verwendeten, nicht-wertorientierten

[707] Siehe hierzu ausführlich Abschnitt 3.4.
[708] Siehe hierzu ausführlich Abschnitt 1.2 und 2.4.
[709] Siehe hierzu ausführlich Abschnitt 3.2.

Cash-Flow- und Periodenerfolgskennzahlen eine effizienzmindernde Wirkung aus. Die unabhängige Interpretation des positiven Wirkungszusammenhangs hängt aufgrund des spezifizierten Interaktionseffekts (für eine wertorientierte und zusätzlich mehrperiodig ausgestaltete variable Barvergütung) jedoch stark von der Wahl der abhängigen Variable und von der Wahl der als wertorientiert eingestuften Bemessungsgrundlagen ab. Eine effizienzsteigernde Wirkung wertorientierter Boni ist besonders dann zu beobachten, wenn die abhängige Variable keine Wachstumsaussichten bei der Bewertung der internen Kapitalflüsse berücksichtigt (*ICME*) und wenn die Bonuszahlungen nicht nur von aktienkursbasierten und wertbeitragsbasierten Kennzahlen, sondern auch von wertorientierten Rentabilitäts-Spread-Kennzahlen als Bemessungsgrundlage abhängen. Diese Erkenntnis kann auch als Evidenz dafür gewertet werden, dass wertorientierte Rentabilitäts-Spreads eine vergleichbare Anreizwirkung wie die beiden anderen wertorientierten Kennzahlenkategorien haben. Ferner wird diese Erkenntnis dadurch untermauert, dass beim Ausschluss wertorientierter Rentabilitäts-Spreads der Haupteffekt der effizienzsteigernden Wirkung einer wertorientierten Bemessungsgrundlage aufgrund der disordinalen Form der Interaktion nicht mehr unabhängig interpretierbar ist. Werden bei der Effizienzbeurteilung interner Kapitalmärkte auch die Wachstumsaussichten berücksichtigt ($ICME^{SGI}$), so ist der positive Wirkungszusammenhang einer wertorientierten Ausgestaltung der Boni im Wesentlichen nur dann unabhängig interpretierbar, wenn alternative Variablen für die aktienkursbasierte Vergütung verwendet werden ($EBC_{AR}^{BS;IASB}$ und $EBPPS_{AR}^{BS;IASB}$), oder wenn nur Unternehmen in die Untersuchung einfließen, die keine abweichenden Geschäftsjahre besitzen. Zusammenfassend zeigen die gewonnenen Erkenntnisse, dass die unabhängige Interpretation des signifikant positiven Effekts wertorientiert ausgestalteter Boni durch den Interaktionseffekt nur unter gewissen Einschränkungen möglich ist.

Ist die variable Barvergütung nur mehrperiodig aber nicht wertorientiert ausgestaltet, so zeigt sich entsprechend der *Forschungshypothese H2* eine signifikant positive Wirkung auf die Effizienz interner Kapitalmärkte. Somit geht von einperiodigen Boni eine effizienzmindernde Wirkung aus. Eine Differenzierung zwischen der Wirkung einer mehrperiodigen Bemessungsgrundlage und/oder einer mehrperiodigen Auszahlung kann aufgrund der gewählten Operationalisierung jedoch nicht vorgenommen werden. Die unabhängige Interpretation des beobachteten Effekts hängt jedoch aufgrund des Interaktionseffekts von der Operationalisierung der Wertorientierung ab. Werden wertorientierte Rentabilitäts-Spreads als wertorientiert eingestuft, ergibt sich losgelöst von der Operationalisierung der Allokationseffizienz ein größtenteils unabhängig interpretierbarer, positiver Effekt einer mehrperiodigen Ausgestaltung der Bonuszahlung.[710] Sofern wertorientierte Rentabilitäts-Spreads nicht als wertorientiert klassifiziert werden, ist hingegen aufgrund der disordinalen Form der Interaktion ein durchgängig nicht unabhängig interpretierbarer Haupteffekt zu beobachten.

Gewährt ein diversifiziertes Unternehmen seinen Vorständen wertorientierte und zudem noch mehrperiodig ausgestaltete Boni, so wäre gemäß *Forschungshypothese H3* eine additive Wirkung der beiden vorherigen positiven Effekte zu erwarten. Diese Hypothese lässt sich empirisch jedoch nicht stützen. Vielmehr zeigt sich in einer Vielzahl an Modellen eine effizienzmindernde Wirkung. Dieser inverse signifikante Effekt ist verstärkt dann zu beobachten, wenn wertorientierte Rentabilitäts-Spreads nicht als wertorientiert klassifiziert werden. Werden diese hingegen als wertorientiert eingestuft, so lässt sich mehrheitlich keinerlei additive Wirkung beobachten. Der beobachtete (negative) Effekt zeigt sich besonders in den Robustheitstests und hierbei verstärkt auch dann, wenn bei der Bewertung der internen Kapitalflüsse zwischen Geschäftsbereichen auch deren Branchenwachstum einfließt ($ICME^{SGI}$).[711] Zusammenfassend lässt sich somit festhalten, dass eine kombinierte wertorientierte und mehrperiodige Ausgestaltung von Boni keine additive bzw. unter gewissen Rahmenbedingungen sogar eine negative Wirkung auf die Allokationseffizienz entfaltet.

---

[710] Die Modelle (14^{GJ}_{OWN}), (18^{GJ}_{OWN}) und (21^{GJ}) zeigen hingegen einen nicht unabhängig interpretierbaren Haupteffekt. Siehe hierzu auch Abschnitt 5.3.2.2.2.1 und 5.3.2.2.2.2.

[711] Modelle mit *ICME* zeigen zwei, Modell mit $ICME^{SGI}$ zeigen sechs signifikante, negative Effekte. Siehe hierzu auch die Übersichten in Abschnitt 5.3.2.1.3 und 5.3.2.2.3.

Für die *aktienkursbasierte Vergütung* lassen sich in Abhängigkeit von der Operationalisierung der Allokationseffizienz eine bzw. zwei der insgesamt vier aufgestellten Forschungshypothesen empirisch stützen (siehe auch Tabelle 38). Entsprechend der *Forschungshypothese H4* wäre mit steigendem relativem Anteil der anteilsbasierten Vergütung an der jährlichen Gesamtvergütung eine Steigerung der Allokationseffizienz zu erwarten. Dieser Wirkungszusammenhang lässt sich jedoch empirisch nicht stützen. Auch für den optionsbasierten Vergütungsanteil wäre gemäß *Forschungshypothese H5* eine effizienzsteigernde Wirkung zu erwarten. Diese Hypothese lässt sich empirisch ebenso nicht stützen. Vielmehr zeigen die Untersuchungsergebnisse, dass ein steigender Anteil der optionsbasierten Vergütung an der jährlichen Gesamtvergütung der Vorstände zu einer Reduzierung der Allokationseffizienz führt. Die vorherigen Ergebnisse finden weitere Bestätigung durch die Robustheitstests. So lässt sich die Nullhypothese auch für die kombinierte Betrachtung der relativen Höhe der aktienkursbasierten Vergütung an der jährlichen Gesamtvergütung nicht verwerfen. Alle für diesen Teilbereich beobachteten empirischen Befunde sind unbeeinflusst von der gewählten Operationalisierung der Allokationseffizienz.

Für die anteils- und optionsbasierte Pay-Performance-Sensitivität zeigen sich hingegen in Abhängigkeit von der gewählten Operationalisierung der Allokationseffizienz teils unterschiedliche Ergebnisse. So lassen sich im Wachstumsmodell ($ICME^{SGI}$) sowohl die *Forschungshypothese H6 als auch die Forschungshypothese H7* empirisch stützen. Demnach führt eine höhere anteils- bzw. optionsbasierte Pay-Performance-Sensitivität zu einer Steigerung der Effizienz interner Kapitalmärkte. Liegt der Schätzung hingegen die wirklichkeitsfernere Bewertung der unternehmensinternen Kapitalflüsse zugrunde (*ICME*), so lässt sich die Nullhypothese für die anteilsbasierte Pay-Performance-Sensitivität nicht mehr verwerfen. Betrachtet man den kombinierten Effekt der aktienkursbasierten Pay-Performance-Sensitivität so zeigt sich sowohl für das Grundmodell, als auch für das Wachstumsmodell ein positiver Effekt auf die Allokationseffizienz.

Alle für die aktienkursbasierte Vergütung beobachteten Effekte sind dabei unabhängig vom gewählten Optionsbewertungsmodell und von der gewählten Datenquelle. Dieser Befund verwundert nicht, da bereits die deskriptiven Analysen erste Anhaltspunkte hierfür geliefert haben.[712]

In ihrer Gesamtheit zeigen die empirischen Analysen zur ersten Forschungsfrage, dass der Einsatz von Anreizsystemen je nach Ausgestaltung zu einer Reduzierung des ersten Prinzipal-Agenten-Konflikts in internen Kapitalmärkten diversifizierter deutscher börsennotierter Unternehmen führen kann und dass hierdurch eine Steigerung der Effizienz interner Kapitalmärkte zu erreichen ist. Effizienzsteigernd wirken besonders variable Barvergütungen die – unabhängig von der Wertorientierung – mehrperiodig ausgestaltet sind. Wertorientierte, mehrperiodig ausgestaltete Boni zeigen unerwarteterweise regelmäßig keine oder sogar negative Wirkungen auf die Allokationseffizienz. In Bezug auf die als wertorientiert einzustufenden Kennzahlen konnte erstmals die Evidenz erbracht werden, dass wertorientierte Rentabilitäts-Spreads eine vergleichbare Anreizwirkung wie aktienkurs- und wertbeitragsorientierte Kennzahlen haben. Für die aktienkursbasierte Vergütung lässt sich festhalten, dass der Anreizeffekt aus dem jährlichen Anteil der aktienkursbasierten Vergütung an der jährlichen Gesamtvergütung im Kontext interner Kapitalmärkte nicht maßgeblich ist. Betrachtet man hingegen den anteils- und optionsbasierten Vergütungsanteil an der jährlichen Gesamtvergütung, so zeigt sich für den anteilsbasierten Anteil keine Anreizwirkung. Der optionsbasierte Anteil zeigt hingegen einen unerwartet negativen Einfluss auf die Allokationseffizienz. Für die Pay-Performance-Sensitivität und somit für die Höhe der Beteiligungsquote aus den neu gewährten Eigenkapitalinstrumenten zeigt sich hingegen sowohl für die aktienkursbasierte Vergütung in Gänze, als auch für deren jeweilige Einzelbestandteile ein positiver Anreizeffekt auf die Allokationseffizienz interner Kapitalmärkte.[713]

---

[712] Siehe hierzu ausführlich Abschnitt 5.1.2.2.

[713] Diese Aussage stützt sich auf die realitätsnähere Operationalisierung der Effizienz interner Kapitalmärkte ($ICME^{SGI}$).

5.3.3.2 Wirkung der Leitungsorganisation auf die Effizienz interner Kapitalmärkte

Durch die empirische Überprüfung der Forschungshypothesen H8 bis H10 soll die zweite Forschungsfrage beantwortet werden: *Können Leitungsorganisationen den zweiten Prinzipal-Agenten-Konflikt in internen Kapitalmärkten diversifizierter deutscher börsennotierter Unternehmen reduzieren und hierdurch eine Steigerung der Allokationseffizienz bewirken, und wenn ja, wie müssen diese hierzu ausgestaltet sein?*[714]

Wie die theoretischen Ausführungen im Zuge der Hypothesenherleitung gezeigt haben, können personelle Verflechtungen zwischen Vorständen und Geschäftsbereichsleitungen als wesentliches Gestaltungsmerkmal der Leitungsorganisation einen Effekt auf den zweiten Prinzipal-Agenten-Konflikt in internen Kapitalmärkten somit auch auf die Allokationseffizienz haben.[715]

Die empirischen Befunde stützen je nach gewählter Operationalisierung zur Messung der Allokationseffizienz keine bzw. eine der drei aufgestellten Forschungshypothesen (siehe auch Tabelle 38). Für Schätzmodelle basierend auf dem wirklichkeitsgetreueren Wachstumsmodell ($ICME^{SGI}$) lässt sich entsprechend der *Forschungshypothese H8* in einer Vielzahl an Schätzungen ein signifikant positiver Einfluss von personellen Verflechtungen auf die Allokationseffizienz beobachten.[716] Aufgrund der durchgängig disordinalen Form der Interaktion lässt sich dieser positive Einfluss jedoch nicht unabhängig von der beeinflussenden Wirkung der Unternehmensorganisationsform interpretieren. Zur Erläuterung der interagierenden Wirkung sei an dieser Stelle auf die späteren Ausführungen dieses Abschnitts verwiesen. Legt man der Panelregressionsschätzung als abhängige Variable die nicht um Wachstumsaussichten angepasste Operationalisierung (*ICME*) zugrunde, so sind empirisch keinerlei signifikante Einflüsse einer personellen Verflechtung auf die Allokationseffizienz zu beobachten.

---

714 Siehe hierzu ausführlich Abschnitt 1.2 und 2.4.

715 Siehe hierzu ausführlich Abschnitt 3.3.

716 Signifikante positive Effekte auf die Allokationseffizienz lassen sich in den Modellen (14^{GJ}), (16^{GJ}), (18^{GJ}) und (20^{GJ}) beobachten.

Für die Unternehmensorganisationsform (und somit für die rechtliche Stellung der Geschäftsbereiche) lässt sich entgegen der *Forschungshypothese H9* eine signifikant positive Wirkung auf die Allokationseffizienz beobachten. Dieser empirische Befund ist dabei unabhängig von der gewählten Operationalisierung zur Messung der Allokationseffizienz. Aufgrund der binären Operationalisierung der Unternehmensorganisationsform ist eine Differenzierung zwischen der Wirkung von Finanz- bzw. Management-Holdings nicht möglich. Wäre der beobachtete (positive) Effekt unabhängig von der Leitungsorganisationform interpretierbar, so würden die rechtlich unselbständig organisierten Geschäftsbereiche eines Einheitsunternehmens eine Steigerung der Allokationseffizienz bewirken. Holdingunternehmen mit rechtlich selbständigen Teilbereichen hätten hingegen einen effizienzmindernden Einfluss. Da in allen Panelregressionsschätzungen durchgängig disordinale Interaktionseffekte mit der Leitungsorganisationsform vorhanden sind, ist eine unabhängige Interpretation der dargestellten Effekte jedoch nicht möglich. Daher sei an dieser Stelle auf die nachfolgenden Ausführungen verwiesen.

Gemäß *Forschungshypothese H10* war zu erwarten, dass die Wirkungen der personellen Verflechtung auf die Allokationseffizienz nicht durch die Unternehmensorganisation beeinflusst werden. Die empirischen Befunde belegen jedoch das Gegenteil. Die Forschungshypothese H10 kann daher empirisch nicht gestützt werden. Der Effekt der Unternehmensorganisation wirkt somit nicht additiv zum positiven Einfluss der personellen Verflechtung auf die Allokationseffizienz. Wie durchgängig in allen Panelregressionsmodellen zu beobachten ist, handelt es sich um eine disordinale Interaktion, d. h. keiner der signifikanten Haupteffekte kann unabhängig interpretiert werden.[717] Der disordinale Interaktionseffekt wird in Abbildung 17 beispielhaft anhand der Schätzergebnisse von Modell (14) veranschaulicht:[718]

---

[717] Für eine Übersicht über die Panelregressionsschätzungen siehe Tabelle 27 in Abschnitt 5.3.2.1.3 und Tabelle 37 in Abschnitt 5.3.2.2.3.

[718] Die weiteren Schätzmodelle bringen qualitativ vergleichbare Ergebnisse. Siehe allgemein zu Interaktionsdiagrammen Abschnitt 5.3.1.3.

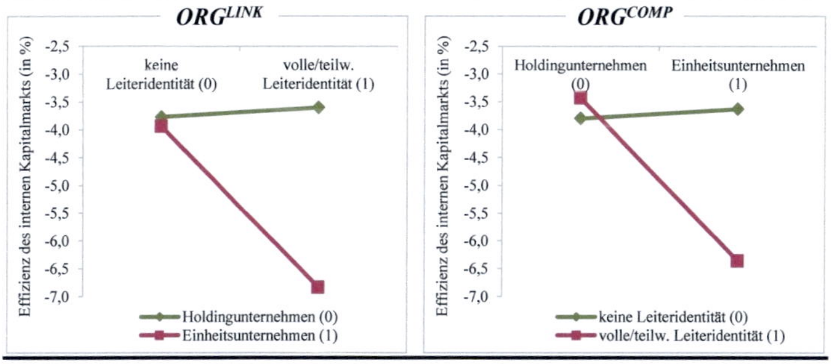

Abbildung 17: Interaktionsdiagramme Leitungsorganisation (Modell 14)[719]

Wie die vorherigen Ausführungen gezeigt haben, ist eine inhaltliche Interpretation nur für Panelregressionsmodelle möglich, denen die realitätsnähere abhängige Variable $ICME^{SGI}$ zugrundliegt. In diesem Fall führt eine volle oder teilweise Leiteridentität in Einheitsunternehmen zu einer weiteren Senkung der Allokationseffizienz.[720] Diese Erkenntnis kann als Evidenz dafür gewertet werden, dass in Einheitsunternehmen die (negativen) Wirkungen aus Loyalitätskonflikten und Ressortegoismen die (positiven) Wirkungen einer verminderten Informationsasymmetrie zwischen Vorständen und Geschäftsbereichsleitungen überwiegen. Bei Holdingunternehmen ist hingegen eine umgekehrte Wirkung zu betrachten. Hierbei führt eine enge personelle Verflechtung mit den nachgeordneten Geschäftsbereichen zu einer relativen Effizienzsteigerung. Besteht keine personelle Verflechtung zwischen Vorständen und Geschäftsbereichsleitungen, so ist der relative Effizienzunterschied im Rahmen der Kapitalallokation annähernd vernachlässigbar.

In ihrer Gesamtheit zeigen die empirischen Analysen zur zweiten Forschungsfrage, dass Leitungsorganisationen einen empirisch nachweisbaren Einfluss auf die zweite Konfliktebene in internen Kapitalmärkten haben können. Die dargestellten Erkenntnisse werden nachfolgend mit Blick auf deren Bedeutung für die Forschung und für die Praxis hin diskutiert.

---

719 Zu Modell (14) siehe Abschnitt 5.3.2.2.1. Bei den dargestellten Interaktionsdiagrammen ist zu beachten, dass die dargestellte abhängige Variable durch die Verwendung nicht standardisierter Kontrollvariablen jeweils verzerrt ist. Die Form der Interaktion ist hiervon jedoch unberührt. Für Literaturangaben siehe bereits Fn. 666.

720 Eine Differenzierung zwischen der Wirkung einer vollen oder einer teilweisen Leiteridentität ist aufgrund der gewählten Operationalisierung nicht möglich.

Kapitel 6 Diskussion der Ergebnisse

Ziel dieses Kapitels ist es, die zuvor empirisch gewonnen Erkenntnisse aufzugreifen, und deren Bedeutung für die Forschung zu internen Kapitalmärkten zu diskutieren (Abschnitt 6.1). Hierdurch wird dem primären Ziel der Arbeit Rechnung getragen, wonach mit der vorliegenden Arbeit ein Beitrag zu weiteren Theoriebildung geleistet werden soll. Dem pragmatischen Wissenschaftsziel der Arbeit folgend, werden die gewonnen Erkenntnisse auch aus Sicht der Praxis diskutiert (Abschnitt 6.2).[721] Abschließend werden die Limitationen der Untersuchung erläutert sowie Ansatzpunkte für weitere Forschungsvorhaben aufgezeigt (Abschnitt 6.3).

6.1 Diskussion der Ergebnisse aus Sicht der Forschung

6.1.1 Bezug zu bisherigen empirischen Erkenntnissen

Durch die Erkenntnisse der vorliegenden empirischen Untersuchung wird ein Teil der Befunde bisheriger empirischer Studien bestätigt oder weiter ausdifferenziert, ein anderer Teil hingegen nicht.[722] Zudem werden eine Vielzahl neuer Erkenntnisse geliefert. Die Diskussion der gewonnenen Untersuchungsergebnisse erfolgt separat nach den beiden internen Corporate Governance-Mechanismen:

(1) Anreizsysteme,

(2) Leitungsorganisation.

Ad (1) – Anreizsysteme: Für die *variable Barvergütung der Vorstände* zeigt sich als Ergebnis der vorliegenden Arbeit, dass eine wertorientierte Ausgestaltung zu einer Steigerung der Allokationseffizienz führt. Die effizienzsteigernde Wirkung ist jedoch teilweise abhängig davon, ob wertorientierte Rentabilitäts-Spreads als wertorientiert eingestuft werden, und ob die (wertorientierte) Bemessungsgrundlage und/oder die Auszahlung ein- oder mehrperiodig ausgestaltet ist.[723] Als bis dato einzige empirische Studie untersucht *Georgieva et al.* (2013) die Wirkung einer wertbeitragsorientierten

---

[721] Zur Zielsetzung der vorliegenden Arbeit siehe ausführlich Abschnitt 1.2.

[722] Für einen Überblick über die relevanten Studien zur Wirkung von Prinzipal-Agenten-Konflikten auf die Effizienz interner Kapitalmärkte siehe ausführlich Abschnitt 2.3.3.

[723] Siehe hierzu auch ausführlich Abschnitt 5.3.3.1.

Vergütung auf die Allokationseffizienz. Nach der Einführung sog. Economic Profit Plans weisen diese einen signifikant positiven Anstieg derer nach.[724] Auch wenn die Untersuchungsmethodik nicht vergleichbar ist, werden die bisherigen Ergebnisse qualitativ bestätigt. Ferner werden diese noch erweitert, indem erstmalig die positive Anreizwirkung wertorientierter Rentabilitäts-Spreads auf die Allokationseffizienz empirisch untersucht und bestätigt wird. Ferner liefert die vorliegende Arbeit zum ersten Mal einen Beitrag zum Wirkungsverständnis mehrperiodig ausgestalteter (nicht-wertorientierter) Boni im spezifischen Kontext interner Kapitalmärkte. Hierdurch können auch Rückschlüsse auf die intendierten Wirkungen des VorstAG gezogen werden, wonach eine nachhaltige Unternehmenswertsteigerung durch den Einsatz mehrperiodig ausgestalteter Boni erreicht werden soll. Wie im vorherigen Kapital ausführlich dargestellt, zeigt eine mehrperiodige Ausgestaltung der Bemessungsgrundlage und/oder eine mehrperiodige Bonusauszahlung einen positiven Effekt auf die Allokationseffizienz. Wertorientierte Boni, die zudem auch noch mehrperiodig ausgestaltet sind, zeigen hingegen unerwarteterweise keinen inkrementellen oder sogar einen negativen Effekt auf die Allokationseffizienz. Diese Erkenntnisse sind eine erste Evidenz dafür, dass die durch das VorstAG intendierte Anknüpfung der Vergütung an eine Wertsteigerung nicht immer erreicht werden kann.[725]

Für die *aktienkursbasierte Vergütung von Vorständen* zeigt sich als Ergebnis der empirischen Analysen, dass der jährliche Anteil der aktienkursbasierten Vergütung an der Gesamtvergütung unerwarteterweise keinen Effekt auf die Allokationseffizienz aufweist. Betrachtet man die aktienkursbasierte Vergütung in ihren beiden Bestandteilen, so zeigt sich für den anteilsbasierten Anteil an den jährlichen Gesamtvergütung weiterhin kein signifikanter Effekt. Ein steigender Anteil der optionsbasierten Vergütung führt hingegen zu einer signifikanten Minderung der Allokationseffizienz.[726] Da in der Li-

---

[724] Vgl. *Georgieva et al.* (2013), S. 1ff. Für eine detailliertere Darstellung der Studie siehe auch bereits Abschnitt 1.1 und 2.3.3.

[725] Zu den Regelungen des VorstAG siehe auch bereits Abschnitt 3.2.2.1. Zum Zusammenhang zwischen dem Unternehmenswert und der Effizienz interner Kapitalmärkte siehe ausführlich Abschnitt 2.3.4 und 3.2.2.

[726] Siehe hierzu auch ausführlich Abschnitt 5.3.3.1.

teratur keine spezifischen Wirkungsstudien für interne Kapitalmärkte existieren, wird bezüglich der Wirkung des Anteils der aktienkursbasierten Vergütung an der jährlichen Gesamtvergütung insgesamt ein Erkenntnisfortschritt erreicht. Ein Versuch zur Einordnung der gewonnenen Erkenntnisse gelingt wenn überhaupt nur mit Studien, die einen Zusammenhang zwischen dem Anteil der aktienkursbasierten Vergütung an der jährlichen Gesamtvergütung und dem Unternehmenswert bzw. dem Diversification Discount untersuchen. Dieser Vergleich erscheint bedingt möglich, da die Allokationseffizienz in mehreren empirischen Studien als wesentlicher Treiber des Diversification Discounts und somit des Unternehmenswerts identifiziert wurde.[727] Abweichend von den gewonnenen Erkenntnissen weisen die Studien von *Mehran* (1995), *Hanlon et al.* (2003), *Lam/Chng* (2006) und *Smith/Swan* (2008) hierbei einen signifikant positiven Einfluss des relativen Anteils der aktienkursbasierten Vergütung auf den Unternehmenswert börsennotierter Unternehmen nach.[728] Diese Erkenntnis wird auch qualitativ durch die Studien von *Brickley et al.* (1985), *DeFusco et al.* (1990), *Yermack* (1995) und *Langmann* (2007) gestützt, die positive Ankündigungseffekt bei der Einführung einer aktienkursbasierten Vergütung beobachten.[729] Der im weitesten Sinne direkteste Vergleich ist noch mit der Studie von *Nam et al.* (2006) möglich. Sie untersuchen erstmals den Einfluss der Höhe des relativen Anteils der aktienkursbasierten Vergütung auf den Diversification Discount. Für die diversifizierten Unternehmen, die ihrem CEO einen hohen Anteil an aktienkursbasierter Vergütung gewähren, finden sie einen signifikant geringeren Diversification Discount.[730]

Für die *aktienkursbasierte Pay-Performance-Sensitivität der Vorstände* zeigt sich als Ergebnis der empirischen Analysen, dass sowohl die anteils- als auch die optionsbasierte Pay-Performance-Sensitivität für neu gewährte

---

727 Zum Zusammenhang zwischen dem Unternehmenswert und der Effizienz interner Kapitalmärkte siehe ausführlich Abschnitt 2.3.4 und 3.2.2.

728 Vgl. *Mehran* (1995), S. 163ff.; *Hanlon et al.* (2003), S. 3ff.; *Lam/Chng* (2006), S. 249ff.; *Smith/Swan* (2008), S. 1ff. Siehe hierzu auch bereits Abschnitt 3.2.2.2.

729 Vgl. *Brickley et al.* (1985), S. 115ff.; *DeFusco et al.* (1990), S. 617ff.; *Yermack* (1995), S. 237ff.; *Langmann* (2007), S. 85ff. Siehe hierzu auch bereits Abschnitt 3.2.2.2.

730 Vgl. *Nam et al.* (2006), S. 761ff. Siehe hierzu auch bereits Abschnitt 3.2.2.2. Zur Berechnung des Diversification Discount siehe Abschnitt 2.3.4.

Anteile und Optionen signifikant positiv auf die Allokationseffizienz wirkt. Auch für die kombinierte Pay-Performance-Sensitivität der beiden aktienkursbasierten Vergütungskomponenten ist ein positiver Einfluss auf die Effizienz interner Kapitalmärkte zu beobachten.[731] Für einen Vergleich der Ergebnisse ist besonders die Studie von *Datta et al.* (2009) geeignet. Sie untersuchen für eine US-amerikanische Stichprobe den Einfluss aller jemals an den CEO gewährten und noch nicht ausgeübten aktienkursbasierten Vergütungskomponenten auf die Allokationseffizienz (sog. Portfoliobetrachtung). Auch sie beobachten mit steigender aktienkursbasierter Pay-Performance-Sensitivität einen signifikanten Anstieg der Allokationseffizienz. Werden hingegen beide Einzelkomponenten der aktienkursbasierten Vergütung separat betrachtet, so zeigt sich nur für die anteilsbasierte Pay-Performance-Sensitivität ein signifikant positiver Einfluss; für die optionsbasierte Pay-Performance-Sensitivität ist hingegen ein nicht signifikant negativer Einfluss zu beobachten.[732] Die gewonnenen Erkenntnisse sind somit bis auf die Anreizwirkung der optionsbasierten Pay-Performance-Sensitivität qualitativ vergleichbar.

Da die aktienkursbasierte Pay-Performance-Sensitivität wesentlich durch die Höhe der Beteiligungsquote des Vorstands an den insgesamt frei in Umlauf befindlichen Aktien determiniert wird, können die gewonnenen Erkenntnisse im weiteren Sinne auch mit Studienergebnissen verglichen werden, die die Wirkung der Beteiligungsquote auf die Effizienz interner Kapitalmärkte untersuchen.[733] Sowohl in der Untersuchung von *Scharfstein* (1998) als auch in der Untersuchung von *Ozbas/Scharfstein* (2010) lassen sich signifikant positive Wirkungen der Beteiligungsquote auf die Allokationseffizienz beobachten.[734] Die gewonnenen Erkenntnisse bestätigen somit qualitativ die bisherigen Studienergebnisse.

---

731 Siehe hierzu auch ausführlich Abschnitt 5.3.3.1.

732 Vgl. *Datta et al.* (2009), S. 242ff. Zur sog. Portfoliobetrachtung siehe bereits ausführlich Abschnitt 4.3.3.1.2. Für eine detailliertere Darstellung der Studie siehe auch bereits Abschnitt 1.1 und 2.3.3.

733 Zur Berechnung der Pay-Performance-Sensitivität siehe auch ausführlich Abschnitt 4.3.3.1.2.

734 Vgl. *Scharfstein* (1998), S. 16ff.; *Ozbas/Scharfstein* (2010), S. 594ff. Für eine detailliertere Darstellung der Studien siehe auch bereits Abschnitt 2.3.3.

In der Gesamtbetrachtung trägt die vorliegende Untersuchung wesentlich zum Erkenntnisgewinn über die Wirkung des internen Corporate Governance-Mechanismus des Anreizsystems im Kontext interner Kapitalmärkte bei, auch weil erstmals spezifisch deutsche diversifizierte Unternehmen als Untersuchungsgegenstand dienen. So werden für die variable Barvergütung bisherige Erkenntnisse bestätigt und insbesondere weiter ausdifferenziert. Für die mehrperiodige Ausgestaltung der Boni wird erstmals der Wirkungsmechanismus untersucht. Ebenso erstmalig wird die Anreizwirkung des Anteils der aktienkursbasierten Vergütung(-skomponenten) an der jährlichen Gesamtvergütung im Kontext interner Kapitalmärkte untersucht. Für die aktienkursbasierte Pay-Performance-Sensitivität werden die bis dato in nur einer vergleichbaren Untersuchung mit US-amerikanischen Unternehmen gewonnenen Erkenntnisse bestätigt sowie für die optionsbasierte Pay-Performance-Sensitivität neue Erkenntnisse gewonnen.

Ad (2) – Leitungsorganisation: Für die *personelle Verflechtung* der Vorstände mit den Geschäftsbereichsleitungen zeigt sich als Ergebnis der vorliegenden Arbeit, dass diese eine signifikante Wirkung auf die Allokationseffizienz diversifizierter Unternehmen hat. Diese Wirkung ist unerwarteterweise jedoch stark beeinflusst durch die rechtliche Stellung der Geschäftsbereiche. Eine differenzierte Betrachtung zeigt, dass eine volle oder teilweise Leiteridentität in Einheitsunternehmen mit rechtlich unselbständigen Geschäftsbereichen beispielsweise zu weiteren Effizienzminderungen führt, wohingegen vergleichbare personelle Verflechtungen in Holdingunternehmen mit rechtlich selbständigen Teilbereichen zu einer Reduzierung der Ineffizienz interner Kapitalmärkte führen.[735] Eine methodisch vergleichbare und spezifisch auf interne Kapitalmärkte gemünzte Studie existiert in der Literatur bis dato noch nicht. Daher wird insgesamt ein Erkenntnisfortschritt erreicht. Einzig die Untersuchung von *Funk* (2008) befasst sich mit personellen Verflechtungen im Kontext interner Kapitalmärkte. Er stellt die Hypothese auf, dass personelle Verflechtungen effizienzmindernd wirken. Auch wenn neun Experten aus dem Finanzbereich diversifizierter deutscher

[735] Für eine ausführlich Ergebnisdarstellung und -interpretation siehe Abschnitt 5.3.3.2.

börsennotierter Unternehmen eine grundsätzliche Wirkung annehmen, betonen diese sowohl Vorteile als auch Nachteile einer personellen Verflechtung. Trotz der ambivalenten Erkenntnisse aus den Experteninterviews behält der Autor seine aufgestellte Hypothese jedoch bei.[736] Für einen weiteren Versuch zur Einordnung der gewonnenen Erkenntnisse kann noch auf die Studie von *Jiraporn et al.* (2008) zurückgegriffen werden. Diese untersuchen anhand einer US-amerikanischen Stichprobe die Wirkung sog. *Multiple Directorships* auf den Diversification Discount. Die Autoren beobachten hierbei einen signifikant negativen Effekt, ohne jedoch für die rechtliche Stellung der Teilbereiche zu kontrollieren bzw. ohne diese mit der Wirkung der Multiple Directorships zu interagieren.[737] Die beiden Vergleichsstudien haben somit gemein, dass sie wie die vorliegende Untersuchung einen Einfluss der personellen Verflechtung auf die Allokationseffizienz bzw. auf den Diversification Discount beobachten.[738] In der Gesamtbetrachtung trägt die vorliegende Untersuchung daher wesentlich zum Erkenntnisgewinn über die Wirkung des internen Corporate Governance-Mechanismus der Leitungsorganisation im Kontext interner Kapitalmärkte bei, da erstmals anhand einer großzahligen empirischen Untersuchung die Wirkung personeller Verflechtungen auf die Allokationseffizienz untersucht wird. Ferner ermöglichen die Ergebnisse eine differenzierte Betrachtung der Wirkungsmechanismen in Abhängigkeit von der Unternehmensorganisationsform.

Insgesamt betrachtet schließt die vorliegende Untersuchung zum einen empirische Forschungslücken in Bezug auf die untersuchten Effizienzdeterminanten. Zum anderen generiert sie durch den geografischen Fokus spezifische Evidenz dafür, wie interne Corporate Governance-Mechanismen gegebenenfalls durch die Spezifika der deutschen Aktionärsstruktur und des deutschen Corporate Governance- und Finanzsystems beeinflusst werden.

---

[736] Vgl. *Funk* (2008), S. 116f., 181f., 191ff. Siehe hierzu auch bereits Abschnitt 3.3.2.

[737] Vgl. *Jiraporn et al.* (2008), S. 418ff. Siehe hierzu auch bereits Fn. 400.

[738] Zum Zusammenhang zwischen dem Diversification Discount und der Effizienz interner Kapitalmärkte siehe ausführlich Abschnitt 2.3.4 und 3.2.2.

6.1.2 Beitrag zu Theoriebildung

Wie die statistischen Analysen gezeigt haben, sind interne Kapitalmärkte diversifizierter deutscher börsennotierter Unternehmen durchschnittlich ineffizient.[739] Gemäß den vorhandenen theoretischen Erklärungsmodellen ist diese Ineffizienz wesentlich auf einen zweistufigen Prinzipal-Agenten-Konflikt zurückzuführen. Demnach bewirkt sowohl der erste Konflikt zwischen Anteilseignern und Unternehmensleitung, als auch der zweite Konflikt zwischen Unternehmens- und Geschäftsbereichsleitung eine Minderung der Allokationseffizienz.[740]

Durch das Untersuchungsmodell der vorliegenden Arbeit werden beide Konfliktebenen adressiert.[741] So können aus den empirisch beobachteten Wirkungen der Anreizsysteme der Vorstände Rückschlüsse auf die Theorien der ersten Konfliktebene gezogen werden. Aus den empirisch gewonnenen Erkenntnissen zum Einfluss der Leitungsorganisation auf die Allokationseffizienz können ferner Rückschlüsse auf die vorhandenen Theorien der zweiten Konfliktebene gezogen werden. Ein Erkenntnisgewinn zum integrierten Modell beider Konfliktebenen von *Scharfstein/Stein* (2000) kann hingegen durch die empirischen Befunde nicht erbracht werden, da das Untersuchungsmodell keine Verbindung beider Konfliktebenen ermöglicht.[742] Die Diskussion der gewonnenen Erkenntnisse erfolgt daher isoliert für die beiden Konfliktebenen:

(1) Erste Konfliktebene: Anteilseigner und Unternehmensleitung,

(2) Zweite Konfliktebene: Unternehmensleitung und Geschäftsbereichsleitung.

---

[739] Siehe hierzu ausführlich Abschnitt 5.1.2.1.

[740] Für eine Übersicht über die Modelle ineffizienter interner Kapitalmärkte siehe ausführlich Abschnitt 2.2.2. Zur zweistufigen Prinzipal-Agenten-Beziehung in internen Kapitalmärkten siehe ausführlich Abschnitt 2.2.2.2.

[741] Zum Untersuchungsmodell siehe ausführlich Abschnitt 3.4.

[742] Für eine Erläuterung des Modells nach *Scharfstein/Stein* (2000) siehe ausführlich Abschnitt 2.2.2.2.3.

Ad (1) – Erste Konfliktebene: Anteilseigner und Unternehmensleitung:[743] Der effizienzmindernde Effekt des ersten Prinzipal-Agenten-Konflikts in internen Kapitalmärkten zwischen Anteilseignern und der Unternehmensleitung findet durch die Ergebnisse der vorliegenden Untersuchung empirische Bestätigung. So zeigt sich, dass durch wertorientierte oder langfristig ausgestaltete Boni eine Interessensangleichung zwischen Anteilseignern und Vorständen und somit eine Reduzierung der Ineffizienzen in internen Kapitalmärkten erreicht werden kann. Auch zeigen die empirischen Ergebnisse zur Anreizwirkung der aktienkursbasierten Vergütung, dass nicht der jährliche Anteil an der Gesamtvergütung maßgeblich für eine Steigerung der Allokationseffizienz ist. Vielmehr ist die Pay-Performance-Sensitivität und somit die Höhe der Beteiligungsquote aus neu gewährten und noch nicht ausgeübten Eigenkapitalinstrumenten entscheidend für die Steigerung der Effizienz interner Kapitalmärkte. Die mehrheitliche Wirksamkeit von wertorientiert ausgestalteten Anreizsystemen zur Verhaltenssteuerung der Vorstände ist ein Indiz dafür, dass interne Kapitalmärkte das Überinvestitionsproblem und die damit einhergehenden Agency-Kosten aus freien Cash Flows erst herbeiführen oder verstärken können.

Ad (2) – Zweite Konfliktebene: Unternehmensleitung und Geschäftsbereichsleitung:[744] Gemäß einer Vielzahl an theoretischen Erklärungsmodellen ist die Ineffizienz in internen Kapitalmärkten auch auf den Prinzipal-Agenten-Konflikt zwischen Unternehmens- und Geschäftsbereichsleitung zurückzuführen. Die absoluten Kontrollrechte der Unternehmensleitung können in dieser Vertragskonstellation zu ex ante reduzierten Leistungsanreizen bei den Geschäftsbereichsleitern führen. Auch können Verteilungskämpfe der Geschäftsbereiche untereinander ineffiziente Allokationsergebnisse erzeugen. Eine empirische Bestätigung dieser theoretischen Modelle wurde bisher nur durch wenige empirische Studien erbracht. Durch die Untersuchung der Wirkung von personellen Verflechtungen zwischen Vorstän-

---

[743] Für eine Darstellung der theoretischen Erklärungsansätze zur ersten Konfliktebene in internen Kapitalmärkten siehe ausführlich Abschnitt 2.2.2.2.1

[744] Für eine Darstellung der theoretischen Erklärungsansätze zur zweiten Konfliktebene in internen Kapitalmärkten siehe ausführlich Abschnitt 2.2.2.2.2.

den und Geschäftsbereichsleitungen kann ein weitergehendes Verständnis über die zweite Konfliktebene erreicht werden. In Abhängigkeit von der Unternehmensorganisationsform zeigt sich jedoch, dass eine enge personelle Verflechtung nicht immer wie erwartet zu einer verbesserten Kontrolle der nachgelagerten Geschäftsbereiche und somit zu einer Steigerung der Allokationseffizienz führt. So zeigen die empirischen Erkenntnisse bei Einheitsunternehmen, dass eine volle oder teilweise Leiteridentität nicht zu einer verbesserten Kontrolle der Geschäftsbereiche, sondern vielmehr zu einer noch ineffizienteren Allokation der knappen finanziellen Ressourcen führt. Dies ist ein Indiz dafür, dass Vorstände, die gleichzeitig nachgelagerten Geschäftsbereichen vorstehen, nicht im Gesamtwohl des Unternehmens agieren, sondern vielmehr opportunistisch versuchen, die Allokationsentscheidung verstärkt zugunsten ihres Geschäftsbereichs zu verzerren. Dies führt in der Folge durchschnittlich zu ineffizienten Quersubventionen. Bei Holdingunternehmen sind die empirischen Erkenntnisse hingegen ein Indiz dafür, dass die engen personellen Verflechtungen geringere Informationsasymmetrien und eine bessere Kontrolle der nachgelagerten Geschäftsbereiche ermöglichen. Die von den bisherigen theoretischen Erklärungsmodellen vorausgesagten durchschnittlich negativen Wirkungen des zweiten Prinzipal-Agenten-Konflikts können somit nicht uneingeschränkt bestätigt werden.

Wie die vorherigen Ausführungen gezeigt haben, trägt die vorliegende Untersuchung zum Erkenntnisgewinn über die Wirkung von Prinzipal-Agenten-Konflikten in internen Kapitalmärkten bei. Nachfolgend werden die Ergebnisse aus Sicht der Unternehmenspraxis diskutiert und Handlungsempfehlungen für Unternehmen aufgezeigt.

6.2 Diskussion der Ergebnisse aus Sicht der Praxis

Für börsennotierte Unternehmen ist die nachhaltige Steigerung des Unternehmenswerts regelmäßig ein zentraler Bestandteil der Unternehmensstrategie.[745] Da die Effizienz des internen Kapitalmarkts als ein wesentlicher Treiber des Diversification Discounts und somit des Unternehmenswerts identifiziert wurde, besitzen die zuvor gewonnenen Erkenntnisse über die Wirkung interner Corporate Governance-Mechanismen auf die Allokationseffizienz eine hohe Praxisrelevanz.[746] Diese leitet sich auch daraus ab, dass die internen Mechanismen in Abgrenzung zu den externen Mechanismen direkt durch die folgenden vier Akteure ausgestaltet werden können:[747]

(1) Vorstand,

(2) Aufsichtsrat,

(3) Aktionär,

(4) Gesetzgeber.

Ad (1) – Vorstand: Wie die erzielten Befunde verdeutlichen, kann der Vorstand eines diversifizierten deutschen börsennotierten Unternehmens besonders durch die Ausgestaltung der Leitungsorganisation eine Reduzierung des Prinzipal-Agenten-Konflikts zwischen ihm und den Geschäftsbereichsleitern und somit eine Steigerung der Allokationseffizienz erreichen. Trifft man die Annahme, dass die Unternehmensorganisationsform regelmäßig konstant ist, so ist Vorständen in Einheitsunternehmen aus Kapitalallokationsgesichtspunkten anzuraten, keine Zuständigkeiten für nachgelagerte Geschäftsbereiche zu übernehmen. In Holdingunternehmen hingegen erscheint eine enge personelle Verflechtung in der Form von sog. Doppelvorstandschaften im spezifischen Kontext interner Kapitalmärkte als vorteilhabt. Auch wenn die Gestaltung der Leitungsorganisation theoretisch dem primär geschäftsführenden Organ (Vorstand) obliegt, behält sich in der Unternehmenspraxis oftmals der Aufsichtsrat deutscher börsennotierter Unternehmen das Recht vor, neben der Kompetenzverteilung zwischen den Vorstandsmit-

---

[745] Siehe hierzu bereits ausführlich Abschnitt 2.4 und die dort angegebene Literatur.

[746] Siehe hierzu bereits ausführlich Abschnitt 2.3.4 und die dort angegebene Literatur.

[747] Siehe hierzu bereits ausführlich Abschnitt 3.1 und die dort angegebene Literatur.

gliedern auch die Zusammenarbeit des Vorstands mit den Geschäftsbereichen zu gestalten.[748]

Ad (2) – Aufsichtsrat: War die Ausgestaltung der Leitungsorganisation noch eine optionale Aufgabe des Aufsichtsrats deutscher börsennotierter Unternehmen, so ist die inhaltliche Konzeption des Anreizsystems der Vorstände dessen primäre Obliegenheit.[749] Damit eine Reduzierung des Prinzipal-Agenten-Konflikts zwischen Aktionären und dem Vorstand und somit eine Steigerung der Effizienz interner Kapitalmärkte erreicht werden kann, ist die variable Barvergütung des Vorstands wertorientiert auszugestalten. Als Bemessungsgrundlage zeigen Rentabilitäts-Spreads dabei eine vergleichbare Anreizwirkung wie aktienkurs- oder wertbeitragsorientierte Kennzahlen. Alternativ führt eine mehrperiodige Ausgestaltung der Boni zu einer Effizienzsteigerung. Eine Differenzierung zwischen der Wirkung einer mehrperiodigen Bemessungsgrundlage und/oder einer mehrperiodigen Auszahlung kann aufgrund der gewählten Operationalisierung jedoch nicht vorgenommen werden. Da eine Kombination aus wertorientierter und mehrperiodiger Ausgestaltung keinen additiven bzw. unter gewissen Rahmenbedingungen sogar einen negativen Effekt auf die Allokationseffizienz hat, kann keine klare Gestaltungsempfehlung ausgesprochen werden. Da die gewonnenen empirischen Befunde zur relativen Höhe des Anteils der aktienkursbasierten Vergütung an der jährlichen Gesamtvergütung der Vorstände bei anteilsbasierten Eigenkapitalinstrumenten unerwartet keine Wirkung bzw. bei optionsbasierten Instrumenten eine unerwartet negative Wirkung auf die Allokationseffizienz zeigen, kann an dieser Stelle ebenfalls kein Gestaltungshinweis an die Unternehmenspraxis gegeben werden. Aus der effizienzsteigernden Wirkung einer hohen aktienkursbasierten Pay-Performance-Sensitivität lässt sich hingegen eine klare Praxisempfehlung herleiten, wonach Vorständen aus Kapitalallokationsgesichtspunkten eine hohe Beteiligungsquote am Unternehmen aufweisen sollten.

---

748 Siehe allgemein zum Zustimmungsvorbehalt des Aufsichtsrats § 111 Abs. 4 AktG. Vgl. auch *KPMG* (2006), S. 12; *Becker* (2007), S. 78.

749 Siehe hierzu § 84 Abs. 1 Satz 5 AktG i. V. m § 112 AktG. Vgl. hierzu auch ausführlich *Schulz* (2010), S. 106ff. m. w. N. Vgl. ähnlich auch *Müller* (2013), S. 852.

Ad (3) – Aktionär: Aus den gewonnen Erkenntnissen lassen sich ferner Implikationen für die (potenziellen) Aktionäre diversifizierter deutscher börsennotierter Unternehmen herleiten. Wie die empirischen Befunde zeigen, können gewisse Ausgestaltungen der internen Corporate Governance-Mechanismen zu einer Steigerung der Allokationseffizienz führen. Diese wird wiederum als wesentlicher Treiber des Diversification Discount und somit des Unternehmenswerts (sog. Shareholder Value) angesehen.[750] Insofern können (potenzielle) Aktionäre ihre Anlageentscheidung von der Ausgestaltung der beiden internen Corporate Governance-Mechanismen abhängig machen. Aus ihrer Sicht ist es daher opportun, Aktien von diversifizierten deutschen börsennotierten Unternehmen zu halten bzw. zu erwerben, deren Vorstandsmitglieder über eine wertorientierte und/oder langfristige variable Barvergütung verfügen und/oder die eine hohe Beteiligungsquote am Unternehmen aufweisen. Vice versa ist von einer Anlageentscheidung abzuraten, da in diesem Fall die Wahrscheinlichkeit höher ist, dass Vorstände ineffiziente und somit wertvernichtende Quersubventionen zwischen den Geschäftsbereichen vornehmen. Ferner ist aus Anlegersicht in Holdingunternehmen eine enge personelle Verflechtung zwischen der Unternehmens- und der Geschäftsbereichsleitung vorteilhaft. Ist das Unternehmen hingegen in der Form eines Einheitsunternehmens organisiert, erscheint eine Anlage dann als opportun, wenn zwischen Vorständen und Geschäftsbereichsleitungen keine personellen Verflechtungen bestehen. Ist das diversifizierte deutsche börsennotierte Unternehmen hingegen als Holdingform ohne Doppelvorstandschaften oder als Einheitsunternehmen mit engen personellen Verflechtungen organisiert, so steigt aus Sicht der (potenziellen) Aktionäre die Wahrscheinlichkeit beeinflussender und somit wertvernichtender Aktivitäten der zweiten Führungsebene im Unternehmen. Über die reine Anlageentscheidung hinausgehend können Aktionäre mit einem vergleichsweise hohen Anteilsbesitz am Unternehmen (sog. *Blockholder*[751]) sogar indirekt

---

[750] Zum Zusammenhang zwischen dem Diversification Discount und der Effizienz interner Kapitalmärkte siehe ausführlich Abschnitt 2.3.4 und 3.2.2.

[751] Zum Begriff des *Blockholders* vgl. beispielhaft *Haussmann* (1928), S. 19ff.; *Mehran* (1995), S. 165ff.; *Lazar* (2007), S. 155. Von einem Blockholder ist regelmäßig dann

an der Ausgestaltung der beiden dargestellten internen Corporate Governance-Mechanismen mitwirken. Durch ihre mögliche Beeinflussung der Wahl der Aufsichtsratsmitglieder sowie durch die Ausübung von Sperrminoritäten können Großaktionäre indirekt die Gestaltung der Anreizsysteme der Vorstandsmitglieder und die Gestaltung der Leitungs- und Unternehmensorganisationsform beeinflussen.[752]

Ad (4) – Gesetzgeber: Wie zuvor gezeigt wurde, ist für die (potenzielle) Anlageentscheidung von Aktionären ein Verständnis über die wertorientierte Ausgestaltung der Anreizsysteme der Vorstände von großer Bedeutung, da diese wesentlich die Allokationseffizienz und somit den Unternehmenswert des diversifizierten deutschen börsennotierten Unternehmens beeinflussen kann. Vor diesem Hintergrund ist es zu begrüßen, dass durch den Gesetzgeber mit dem VorstOG im Jahre 2005 eine grundsätzlich verpflichtende Offenlegung der individuellen Vorstandsbezüge sowie der Grundzüge des Vergütungssystems im (Konzern-)Lagebericht beschlossen wurde.[753] Der regelmäßig unternehmensindividuelle und somit heterogene Ausweis der öffentlichen Informationen erschwert jedoch unternehmensübergreifende Analysen und Vergleiche. Daher wäre die verpflichtende Vorgabe eines standardisierten und strukturell einheitlichen Berichtsformats wünschenswert. Dies könnte beispielhaft durch die Entwicklung einer entsprechenden *eXtensible Business Reporting Language* (XBRL®)-Taxonomie erreicht werden.[754] Aus Kapitallokationsgesichtspunkten wäre ferner ein standardisierter Ausweis der personellen Verflechtungen zwischen der ersten und zweiten Hierarchieebene eines diversifizierten Unternehmens wünschenswert. Bis dato liegen diese Informationen öffentlich zugänglich nur unstrukturiert in den Geschäftsberichten vor, was eine unternehmensübergreifende Analyse deutlich erschwert.

---

auszugehen, wenn dessen Anteilsbesitz 5% übersteigt. Vgl. hierzu beispielhaft *Shleifer/Vishny* (1986), S. 462; *Mehran* (1995), S. 169; *Lazar* (2007), S. 155.

752 Vgl. ähnlich auch *Mehran* (1995), S. 163ff.; *Bertrand/Mullainathan* (2001), S. 901ff.; *Becht et al.* (2003), S. 24ff. m. w. N. Vgl. kritisch *Holderness* (2003), S. 54ff.; *David et al.* (1998), S. 206; *Shleifer/Vishny* (1997), S. 759ff.

753 Siehe hierzu bereits ausführlich Abschnitt 4.2.1 und die dort angegebene Literatur.

754 Vgl. ähnlich auch *Müller* (2013), S. 854f.

6.3 Limitationen der Untersuchung und Ansatzpunkte für weitere Forschungsvorhaben

Bei der Einordnung und der Interpretation der gewonnen Erkenntnisse und beim Herleiten von Ansatzpunkten für weitere Forschungsvorhaben ist zu beachten, dass die Untersuchungsergebnisse auch Limitationen unterliegen. Diese lassen sich wesentlich auf drei Eingrenzungen zurückführen:

(1) Eingrenzung der Grundgesamtheit,

(2) Eingrenzung der untersuchten Corporate Governance-Mechanismen,

(3) Eingrenzung auf spezifische Operationalisierungen.

Ad (1) – Eingrenzung der Grundgesamtheit: Eine erste wesentliche Limitation der Untersuchung ergibt sich aus der Eingrenzung der Grundgesamtheit. So wurden nur diversifizierte Unternehmen mit Hauptsitz in Deutschland und CDAX®-Börsennotierung betrachtet, die mindestens einen Gesamtumsatz von 20 Mio. € und keine Geschäftstätigkeit im Banken-, Versicherungs- oder Finanzdienstleistungsbereich aufweisen.[755] Die Eingrenzung erfolgte besonders vor dem Hintergrund der Relevanz der Fragestellung für große börsennotierte Unternehmen. Auch waren aufgrund des empirischen Charakters der Untersuchung die Datenverfügbarkeit und die Vergleichbarkeit der Ergebnisse mit anderen Studien maßgeblich. Durch die Eingrenzung auf diversifizierte deutsche börsennotierte Unternehmen konnten erstmals die Spezifika der deutschen Aktionärsstruktur und des deutschen Corporate Governance- und Finanzsystems erfasst werden.[756] Aufgrund der vorgenommenen Eingrenzung ist eine Generalisierbarkeit für diversifizierte Unternehmen mit Hauptsitz und Börsennotierung außerhalb Deutschland jedoch nur eingeschränkt möglich. Daher erscheint es für weitere Forschungsvorhaben interessant, die betrachteten internen Corporate Governance-Mechanismen in einem alternativen Länderkontext zu betrachten. Aufgrund der Relevanz der Fragestellung und des teils unterschiedlichen Corporate Governance- und Kapitalmarktumfelds würde sich besonders eine

---

[755] Für eine ausführliche Darstellung der Grundgesamtheit siehe Abschnitt 4.2.1.

[756] Siehe hierzu bereits ausführlich die Abschnitte 1.2 und 4.2.

US-amerikanische Studie anbieten. Auch wäre eine Studie in diversifizierten Familienunternehmen von Interesse.[757]

Ad (2) – Eingrenzung der untersuchten Corporate Governance-Mechanismen: Die zweite Limitation der vorliegenden Arbeit ergibt sich aus der Eingrenzung der untersuchten Corporate Governance-Mechanismen. So wurden im Rahmen der vorliegenden Untersuchung nur die disziplinierenden Wirkungen verschiedener Ausgestaltungsformen der beiden internen Mechanismen des Anreizsystems (von Vorständen) und der Leitungsorganisation näher beleuchtet. Durch die Untersuchung personeller Verflechtungen zwischen Vorstand und Geschäftsbereichsleitungen (zweite Konfliktebene) konnte dabei erstmals empirisch gezeigt werden, dass die Ausgestaltung der Leitungsorganisation wesentlich die Effizienz interner Kapitalmärkte beeinflusst. Als Ansatzpunkt für weitere Forschungsvorhaben zur Entschlüsselung der zweiten Konfliktebene würde sich für den deutschen Kapitalmarkt eine an *Duchin/Sosyura* (2013) angelehnte empirische Untersuchung der Wirkung persönlicher und sozialer Verbindungen zwischen Unternehmens- und Geschäftsbereichsleitung auf die Kapitalallokationsentscheidungen anbieten. Als geeignete Datenquelle für eine großzahlige empirische Studie würde sich hierbei die *BoardEx*-Datenbank eignen, die auch Daten für europäische börsennotierte Unternehmen beeinhaltet.[758] Auch wäre eine Untersuchung der disziplinierenden Kontrollwirkung des Vorstands durch den Aufsichtsrat (Spitzenorganisation) von Interesse. Dieser dritte interne Corporate Governance-Mechanismen konnte in der vorliegenden Untersuchung aufgrund mangelnder Datenverfügbarkeit nicht näher beleuchtet werden.[759] Aufgrund der schwierigen Datenbeschaffung eignen sich hierfür jedoch möglicherweise eher explorative Forschungsansätze. Um einen vollständigen Überblick über die Wirkung von Corporate Governance-Mechanismen in internen Kapitalmärkten zu erlangen, wäre in weite-

757 Für einen ähnlichen Ansatzpunkt zur Untersuchung von Familienunternehmen siehe auch bereits *Brinkmann* (2011), S. 207.

758 Für eine ausführlich Darstellung der Studie von *Duchin/Sosyura* (2013), S. 387ff. siehe bereits Abschnitt 2.3.3. Für eine Beschreibung der *BoardEx*-Datenbank siehe beispielhaft *Duchin/Sosyura* (2013), S. 396. Für weitere Informationen siehe auch http://corp.boardex.com/.

759 Siehe hierzu bereits ausführlich die Abschnitt 3.1.

ren empirischen Studien auch eine Berücksichtigung der externen Marktmechanismen (Kapitalmarkt, Arbeitsmarkt, Produktmarkt) denkbar.

Ad (3) – Eingrenzung auf spezifische Operationalisierungen: Die in der vorliegenden Untersuchung gewählten Operationalisierungen unterliegen ebenso Limitationen und bieten somit Ansatzpunkte für weitere Forschungsvorhaben. Die nachfolgenden Erläuterungen greifen zunächst die Limitationen bei der Operationalisierung der abhängigen Variable (Effizienz des internen Kapitalmarkts) auf. Im Nachgang wird auf die der unabhängigen Variablen (interne Corporate Governance-Mechanismen) eingegangen.

Für die Operationalisierung zur Messung der *Effizienz interner Kapitalmärkte* ergeben sich hierbei zum einen Limitationen aus der verwendeten Datengrundlage, zum anderen ergeben sich diese aus der Verwendung des ROA bei der Effizienzbewertung der Transfers und Subventionen.[760] Einhergehend mit vorherigen Untersuchungen basiert die Berechnung der Kennzahlen *ICME* und $ICME^{SGI}$ auf Segmentberichtsdaten aus den Geschäftsberichten der diversifizierten Unternehmen.[761] Auch wenn diese bereinigt und auf Konsistenz geprüft wurden und die Definition eines unverwandten Geschäftsbereichs mit der Segmentdefinition aus IAS 14 und IFRS 8 im Einklang steht, finden sich einige Studien die durch eine abweichende Segmentabgrenzung durchschnittlich effiziente interne Kapitalmärkte beobachten.[762] Als Ansatzpunkt für weitere Forschungsvorhaben bietet sich daher an, die in dieser Studie gewonnenen Erkenntnisse nochmals mittels einer abweichenden Segmentdefinition zu untersuchen.[763] Der als zentraler Maßstab für die Bewertung der Transfers und Subventionen herangezogene ROA unterliegt aus Praxisgesichtspunkten ebenso gewissen Limitationen. So ist die Kennzahl rein vergangenheitsorientiert, auch berücksich-

---

760 Die Operationalisierung ist ausführlich in Abschnitt 4.3.2 beschrieben.

761 Für eine Übersicht über Studien auf Basis von Segmentberichtsdaten siehe bereits ausführlich Abschnitt 2.3.2. Für allgemeine Ausführungen zu den verwendeten Segmentberichtsdaten und den einzelnen Bereinigungs- und Konsistenzprüfungsschritten siehe ausführlich die Abschnitte. 4.2.2 und 4.3.2.1.

762 Vgl. stellvertretend *Khanna/Tice* (2001), S. 1489ff.; *Maksimovic/Phillips* (2002), S. 721ff.; *Villalonga* (2004a), S. 479ff. sowie Abschnitt 2.3.2. Für eine Übersicht über die Kritik an der Verwendung von Segmentdaten siehe auch *Beckmann* (2006), S. 155f.; *Brinkmann* (2011), S. 207f.; *Erdorf et al.* (2013), S. 199f.

763 Vgl. hierzu ähnlich *Brinkmann* (2011), S. 208.

tigt sie keine Kapitalkosten für das eingesetzte Vermögen. Das Problem der Vergangenheitsorientierung wurde in der vorliegenden Untersuchung durch die Einführung eines Wachstumsindex gemindert.[764] Eine Berücksichtigung von Kapitalkosten wäre hingegen in weiteren Forschungsvorhaben wünschenswert. Am Beispiel des EVA® wird jedoch deutlich, dass zentrale Kenngrößen nicht direkt aus den Geschäftsberichten erhoben, sondern approximiert werden müssten. Für die vorliegende Untersuchung war dieser Ansatz aufgrund mangelnder Daten nicht praktikabel.[765]

Neben der abhängigen Variable unterliegen auch die unabhängigen Variablen Limitationen aufgrund deren Operationalisierung. Innerhalb der *Anreizsysteme* ist hierbei die Messung und somit die Interpretation der anteils- und optionsbasierten Pay-Performance-Sensitivität aufgrund mangelnder Datenverfügbarkeit eingeschränkt. In Abweichung zur Studie von *Datta et al.* (2009) konnten in der vorliegenden Untersuchung nicht gesamte Portfolios aller von den Vorständen insgesamt gehaltenen und noch nicht ausgeübten Anteile und Optionen untersucht werden. Vielmehr wurde die Wirkung der Pay-Performance-Sensitivität nur auf Basis der im Geschäftsjahr neu gewährten Eigenkapitalinstrumente analysiert.[766] Die Untersuchung der Wirkung der aktienkursbasierten Pay-Performance-Sensitivität aus einem gesamten Portfolio von Eigenkapitalinstrumenten auf die Allokationseffizienz bietet somit einen Ansatzpunkt für weitere Forschungsvorhaben. Aus der Operationalisierung der *Leitungsorganisation* lassen sich ebenso Ansatzpunkte für zukünftige Studien herleiten. So konnte aufgrund der gewählten Operationalisierung nicht zwischen den Effekten einer vollen oder teilweisen Leiteridentität unterschieden werden, wenngleich dies aus theoretischen Gesichtspunkten von Interesse wäre.[767] Auch konnte beim moderie-

---

764 Siehe hierzu bereits ausführlich Abschnitt 4.3.2.2.

765 Vgl. hierzu ähnlich *Beckmann* (2006), S. 126, 157.

766 Zur Operationalisierung und zum Problem der Datenverfügbarkeit siehe bereits ausführlich Abschnitt 4.3.3.1.2. Für weitere Ausführungen zur Studie von *Datta et al.* (2009), S. 242ff. siehe auch bereits die Abschnitte 2.3.3 und 6.1.1.

767 Zur Operationalisierung siehe bereits ausführlich Abschnitt 4.3.3.2. Zu den theoretisch interessanten Wirkungen einer Unterscheidung zwischen voller und teilweiser Leiteridentität siehe bereits Abschnitt 3.3.2.

renden Faktor der Unternehmensorganisationsform keine Unterscheidung zwischen Finanz- und Management-Holdings gemacht werden.[768]

Jenseits der aufgezeigten Limitationen liefern die Untersuchungsergebnisse einen Ansatzpunkt für weitere Studien, die von den Forschungshypothesen oder von den Ergebnissen bisheriger Studien abweichen. Von Interesse erscheinen hierbei besonders die jeweils unerwartet negativen bzw. nicht vorhandenen Wirkungen von der wertorientiert und mehrperiodig ausgestalteten variablen Barvergütung und vom Anteil der anteils- und optionsbasierten Vergütung an der Gesamtvergütung auf die Allokationseffizienz.[769]

Aus den gewonnenen Erkenntnissen der vorliegenden Untersuchung lassen sich auch Ansatzpunkte für Forschungsvorhaben im übergeordneten Bereich der Diversifikationserfolgsforschung herleiten. Die Relevanz für diesen übergeordneten Forschungsbereich leitet sich daraus ab, dass die Ineffizienz interner Kapitalmärkte in einer Vielzahl an Studien als wesentlicher Treiber des Diversification Discount identifiziert wurde.[770] Nachfolgende Studien könnten daher die in der vorliegenden Arbeit untersuchten internen Corporate Governance-Mechanismen nochmals im Kontext der Erforschung des Wertunterschieds zwischen fokussierten und diversifizierten Unternehmen betrachten. Die weiteren Forschungsarbeiten sollten zum Ziel haben, ein umfassendes Gesamtbild über den Einfluss von Prinzipal-Agenten-Konflikten in diversifizierten Unternehmen zu erhalten und empirisch zu untermauern. Hierdurch könnten auch fundiertere und differenziertere Handlungsempfehlungen für die Praxis entwickelt werden.

---

768 Zur Operationalisierung siehe bereits ausführlich Abschnitt 4.3.3.2.
769 Siehe hierzu bereits ausführlich die Abschnitte 5.3.3.1, 5.3.3.2 und 6.1.1.
770 Siehe hierzu bereits ausführlich Abschnitt 2.3.4.

Kapitel 7 Schlussbetrachtung

Diversifizierte Unternehmen haben im Unterschied zu fokussierten Unternehmen die Möglichkeit, Investitionen unabhängig vom externen Kapitalmarkt zu finanzieren, indem sie die knappen finanziellen Ressourcen aktiv zwischen den unverwandten Geschäftsbereichen umverteilen. Wie eine Vielzahl vorheriger Studien empirisch nachgewiesen hat, wird dieser als interner Kapitalmarkt bezeichnete Reallokationsmechanismus jedoch durchschnittlich ineffizient betrieben. Dies belegt auch die vorliegende empirische Untersuchung diversifizierter deutscher börsennotierter Unternehmen.

Gemäß den vorherrschenden theoretischen Erklärungsmodellen ist diese Ineffizienz wesentlich auf einen zweistufigen Prinzipal-Agenten-Konflikt zwischen Anteilseignern und Unternehmensleitung (erste Konfliktebene), sowie zwischen Unternehmens- und Geschäftsbereichsleitung (zweite Konfliktebene) zurückzuführen. Die vorliegende Arbeit hat die Forschungslücke aufgegriffen, wonach gegenwärtige empirische Studien noch kein vollständig konklusives Bild über die Wirkung des zweistufigen Prinzipal-Agenten-Konflikts in internen Kapitalmärkten liefern können. Zum Schließen dieser Forschungslücke wurde die Wirkung unterschiedlicher Ausgestaltungsformen interner Corporate Governance-Mechanismen auf die Allokationseffizienz analysiert. Grundlage hierfür bildete ein Paneldatensatz mit 227 Berichtsjahren von 67 diversifizierten deutschen börsennotierten Unternehmen. Durch die Einschränkung der Grundgesamtheit auf Unternehmen mit Hauptsitz in Deutschland konnten erstmals umfassend die für die Ausprägung von Prinzipal-Agenten-Konflikten maßgeblichen Spezifika der deutschen Aktionärsstruktur sowie des deutschen Corporate Governance- und Finanzsystems berücksichtigt werden.

Wie im Rahmen der Hypothesenherleitung gezeigt werden konnte, sind aus der Vielfalt der Ausgestaltungsmöglichkeiten der *Anreizsysteme von Vorständen* besonders wertorientierte variable Vergütungsbestandteile dazu geeignet, Konflikte auf der ersten Ebene zu mindern und somit eine Steigerung der Allokationseffizienz zu bewirken. Die theoretisch hergeleiteten Wirkungsmechanismen von Anreizsystemen konnten durch die empirischen

Analysen im Grundsatz bestätigt werden. Effizienzsteigernd wirken demnach besonders variable Barvergütungen (sog. Boni), die wertorientiert oder mehrperiodig ausgestaltet sind. Wertorientierte und zugleich mehrperiodig ausgestaltete Boni zeigen unerwarteterweise regelmäßig keine oder sogar negative Wirkungen auf die Allokationseffizienz. In Bezug auf die als wertorientiert einzustufenden Kennzahlen konnte erstmals die Evidenz erbracht werden, dass wertorientierte Rentabilitäts-Spreads eine vergleichbare Anreizwirkung wie aktienkurs- und wertbeitragsorientierte Kennzahlen haben. Für die aktienkursbasierte Vergütung in Gänze lässt sich festhalten, dass der Anreizeffekt aus dem jährlichen Anteil der aktienkursbasierten Vergütung an der jährlichen Gesamtvergütung im Kontext interner Kapitalmärkte nicht maßgeblich ist. Betrachtet man hingegen die Bestandteile der aktienkursbasierten Vergütung, so zeigt sich für den anteilsbasierten Anteil keine Anreizwirkung. Der optionsbasierte Anteil zeigt hingegen unerwartet einen negativen Einfluss auf die Allokationseffizienz. Für die Pay-Performance-Sensitivität und somit für die Höhe der Beteiligungsquote aus den neu gewährten Eigenkapitalinstrumenten zeigt sich sowohl für die aktienkursbasierte Vergütung in Gänze, als auch für deren Bestandteile ein positiver Einfluss auf die Allokationseffizienz interner Kapitalmärkte.[771] Die gewonnenen Erkenntnisse über die Wirkung unterschiedlicher Ausgestaltungsformen von Anreizsystemen auf die Allokationseffizienz interner Kapitalmärkte bestätigen qualitativ vorherige Studienergebnisse. Zudem werden durch die vorliegende Arbeit eine Vielzahl neuer und differenzierterer Erkenntnisse gewonnen. Der effizienzmindernde Effekt des ersten Prinzipal-Agenten-Konflikts in internen Kapitalmärkten findet dabei empirische Bestätigung. Aus Praxissicht sind die gewonnen Erkenntnisse besonders für Aufsichtsräte und (potenzielle) Aktionäre diversifizierter Unternehmen sowie für den Gesetzgeber von Relevanz.

---

[771] Für eine nochmals differenziertere Betrachtung in Abhängigkeit von der Operationalisierung der Allokationseffizienz siehe ausführlich Abschnitt 5.3.3.1. Diese Aussage stützt sich auf die realitätsnähere Operationalisierung der Effizienz interner Kapitalmärkte ($ICME^{SGI}$).

In Bezug auf die Wirkung unterschiedlicher Gestaltungsparameter der *Leitungsorganisation* konnte theoretisch gezeigt werden, dass der Umfang der personellen Verflechtung zwischen Vorständen und Geschäftsbereichsleitungen, als das wesentliche Gestaltungsmerkmal, einen in der Richtung nicht näher konkretisierbaren Effekt auf die zweite Konfliktebene und somit auf die Allokationseffizienz interner Kapitalmärkte hat. Die nicht näher konkretisierbare Wirkungsrichtung ist darauf zurückzuführen, dass eine enge personelle Verflechtung in der Form einer vollen oder teilweisen Leiteridentität theoriegemäß zunächst zu einer verringerten Informationsasymmetrie zwischen Vorständen und Geschäftsbereichsleitern führt. Sofern alle (volle Leiteridentität) oder mindestens einer der Vorstände (teilweise Leiteridentität) demnach auch für nachgelagerte Geschäftsbereiche des Unternehmens zuständig ist, hat dieser direkt Zugriff auf allokationsrelevante Informationen. Die direkte Verantwortung für einen Geschäftsbereich kann hingegen auch zu verstärkten Interessenkonflikten und zu hieraus entstehenden Loyalitätskonflikten und Ressortegoismen führen, was aus Sicht der Prinzipal-Agenten-Theorie nachteilig und somit effizienzmindernd zu werten ist. Empirisch lässt sich eine Wirkung der Leitungsorganisation auf die Allokationseffizienz nachweisen. Jedoch ist diese nicht unabhängig von der rechtlichen Stellung der Geschäftsbereiche zu interpretieren. So führt eine volle oder teilweise Leiteridentität in Einheitsunternehmen mit rechtlich unselbständigen Geschäftsbereichen zu einer weiteren Reduzierung der Allokationseffizienz. Im Vergleich hierzu führt bei Holdingunternehmen mit rechtlich selbständigen Geschäftsbereichen eine enge personelle Verflechtung zu einer relativen Effizienzsteigerung. Besteht hingegen keinerlei personelle Verflechtung zwischen Vorständen und Geschäftsbereichsleitungen (keine Leiteridentität), so ist der relative Effizienzunterschied im Rahmen der Kapitalallokation annähernd vernachlässigbar.[772] Da bis dato in der Literatur keine methodisch vergleichbare und spezifisch auf interne Kapitalmärkte gemünzte Studie existiert, wird insgesamt ein Erkenntnisfortschritt

---

772 Für eine nochmals differenziertere Betrachtung in Abhängigkeit von der Operationalisierung der Allokationseffizienz siehe ausführlich Abschnitt 5.3.3.2. Diese Aussage stützt sich auf die realitätsnähere Operationalisierung der Effizienz interner Kapitalmärkte ($ICME^{SGI}$).

erzielt. Durch die erstmalige Untersuchung des Einflusses unterschiedlicher Ausgestaltungsformen der Leitungsorganisation kann somit ein wesentlicher Beitrag über die bislang nur wenig erforschten Konflikte zwischen Vorständen und Geschäftsbereichsleitern und deren Wirkung auf die Allokationseffizienz geleistet werden. Aus Praxissicht sind die gewonnen Erkenntnisse besonders für Vorstände, Aufsichtsräte und (potenzielle) Aktionäre diversifizierter Unternehmen von Relevanz.

Die vorliegende Untersuchung unterliegt jedoch auch Limitationen. Vor dem Hintergrund der Relevanz, der Spezifika der institutionellen Rahmenbedingungen und der Datenverfügbarkeit beschränkte sich die Grundgesamtheit auf große börsennotierte diversifizierte Unternehmen mit Hauptsitz in Deutschland, die zudem keine Geschäftstätigkeit im Banken-, Versicherungs- oder Finanzdienstleistungsbereich aufweisen durften. Darüber hinaus ergeben sich Limitationen aus der Eingrenzung der untersuchten Corporate Governance-Mechanismen. Aufgrund der Relevanz für die Praxis und der eingeschränkten Datenverfügbarkeit wurden lediglich die direkt durch das Unternehmen ausgestaltbaren, internen Mechanismen für die Untersuchung herangezogen. Ferner unterliegen die abhängigen als auch die unabhängigen Variablen Limitationen aufgrund gewählter Operationalisierungen. Wesentlicher Treiber dieser Eingrenzungen war wiederum die Datenverfügbarkeit. Durch eine Variation der vorgenommenen Eingrenzungen können zukünftige Forschungsvorhaben eine weitere Generalisierbarkeit der gewonnenen Erkenntnisse erreichen.

In der Gesamtbetrachtung liefert die vorliegende Arbeit in wesentlichen Punkten einen Beitrag zur weiteren Theoriebildung. Die Untersuchungsergebnisse bestätigen dabei die Theorien zur effizienzmindernden Wirkung von Prinzipal-Agenten-Konflikten in internen Kapitalmärkten diversifizierter Unternehmen. Angesichts des hohen Wertsteigerungspotentials effizienter interner Kapitalmärkte sowie der hohen Praxisrelevanz des Themas wäre es wünschenswert, wenn die vorliegende Arbeit zu weiteren Forschungsbemühungen in den aufgezeigten Feldern anregen würde.

Anhang

Anhang 1:

Autor(en) (Jahr)	Untersuchungs-zeitraum	Land[773]	Diversification Discount (-)/ Diversification Premium (+)
Wernerfelt/Montgomery (1988)	1976	USA	Discount (ohne konkrete Höhe)
Lang/Stulz (1994)	1978-1988	USA	-54% bis -27%
Berger/Ofek (1995)	1986-1991	USA	-15% bis -13%
Comment/Jarrell (1995)	1978-1989	USA	-15% bis -13%
Servaes (1996)	1961-1976	USA	-27% bis -4%
Denis et al. (1997)	1984	USA	-7% bis -5%
Berger/Ofek (1999)	1984-1993	USA	-31% bis -10%
Hubbard/Palia (1999)	1961-1970	USA	Premium (ohne konkrete Höhe)
Lins/Servaes (1999)	1992; 1994	DEU, GBR, JPN	-15% bis -1%
Billett/Mauer (2000)	1980-1997	USA, CAN, NZL	≈ 0%
Khanna/Palepu (2000)	1993	IND	Gemischt, abhängig vom Diversifikationsgrad
Klein (2001)	1966-1974	USA	-8% bis -7%, zeitabhängig von -20% bis -27%
Lamont/Polk (2001)	1979-1997	USA	-30% bis -5%
Peyer/Shivdasani (2001)	1982-1994	USA	-26% bis -22% (vor Rekapitalisierung) -1% bis +5% (nach Rekapitalisierung)
Campa/Kedia (2002)	1978-1996	USA	-12% bis -11%
Denis et al. (2002)	1984-1997	USA	-32% bis -18%
Graham et al. (2002)	1980-1995	USA	-7%
Hyland/Diltz (2002)	1978-1992	USA	≈ 0%
Lamont/Polk (2002)	1979-1997	USA	-6% bis -3%
Lins/Servaes (2002)	1995	USA, IND, IDN, MYS, SGP, KOR, THA	-7%
Mansi/Reeb (2002)	1988-1999	USA	-14% bis -7% (verschuldete U.) +17% bis +19% (EK-finanzierte U.)
Schoar (2002)	1977-1995	USA	-10% bis -8%
Billett/Mauer (2003)	1990-1998	USA	-11% bis -6%
Burch/Nanda (2003)	1979-1996	USA	-6% bis -4%
Dittmar/Shivdasani (2003)	1983-1994	USA	-28%
Fauver et al. (2003)	1991-1995	35 Länder	-9% bis +2%
Schwetzler/Reimund (2003)	1988-2001	DEU	-6%
Best et al. (2004)	1987-1998	USA	-9% bis -7%
Chevalier (2004)	1980-1995	USA	+3% (abnormale Rendite)
Gonenc et al. (2004)	2000	TUR	Discount (ohne konkrete Höhe)
Villalonga (2004a)	1989-1996	USA	Gemischt, abhängig von Datenquelle und verwandter bzw. unverwandter Diversifikation
Villalonga (2004b)	1978-1997	USA	-12% bis -10%
Buasook (2005)	1994-1998	KOR	-56% bis -43%
Jandik/Makhija (2005)	1980-1997	USA	-5% bis +4%, zeitabhängig
Weiner (2005)	1991-2003	DEU	-10% bis -3%, zeitabhängig: von -25% (1991) bis +29% (2003)

Fortsetzung auf nächster Seite

773 Dreistellige Länderabkürzungen gemäß ISO 3166-1 alpha-3. Siehe hierzu auch http://unstats.un.org/unsd/tradekb/Knowledgebase/Country-Code.

Ahn et al. (2006)	1982-1997	USA	-19% bis -4%
Beckmann (2006)	1998-2002	DEU	-23% bis -17%
Dittmann/Maug (2006)	1991-2003	USA	Gemischt, abhängig von der verwendeten Mittelwertberechnung -25% bis -22% bzw. -54% bis +3%
Glaser/Müller (2006)	2000-2004	DEU	-10% bis -5%
Jiraporn et al. (2006)	1993-1998	USA	-24% bis -15%
Dos Santos et al. (2008)	1990-2000	USA	-24%
Glaser et al. (2008)	2001-2006	DEU	Discount (ohne konkrete Höhe)
Kim/Mathur (2008)	1990-2008	USA	-9% bis -1%
Beckmann et al. (2009)	2000-2004	Europa, USA, Asien	länderabhängig: Europa (Discount), USA (Premium), Asien (Premium)
Schmid/Walter (2009)	1985-2004	USA	-26% bis -13%
Glaser/Müller (2010)	2000-2006	DEU	-23% bis +3%, abhängig von der Operationalisierung der Verschuldung
Kuppuswamy/Villalonga (2010)	2005-2009	USA	-25% bis +1%, abhängig von der Bewertungsmethode
Ammann et al. (2011)	1985-2005	USA	-7% bis +2%, zeitabhängig
Andrés et al. (2012)	1998-2010	USA	-6%
Beckmann et al. (2012)	2000-2009	Europa, Amerika, Asien	länder- und zeitabhängig: Europa (-13% bis -7%) Amerika (-15% bis -5%) Asien (-1% bis +7%)
Chou/Cheng (2012)	1985-2008	USA	-22% (U. ohne Kredit-Rating) -7% (U. ohne Kredit-Rating)
Hoechle et al. (2012)	1978-1996	USA	-4% bis -2%
Lee/Li (2012)	1997-2009	USA	Discount (ohne konkrete Höhe)
Rudolph/Schwetzler (2013)	1998-2009	21 Länder	-7% bis +5%, zeit- und länderabhängig

Anhang 1: Studien zum Diversification Discount[774]

[774] Für eine vergleichbare Auflistung sowie für weitere Bemerkungen siehe *Beckmann* (2006), S. 30; *Eberl* (2010), S. 379ff.

Anhang 2:

ID	Name	Kennung		# unverwandte Geschäftsbereiche[775]				
		DS-Code[776]	T1-Code[777]	2007	2008	2009	2010	2011
1	All for One Steeb AG	690168	A1OS-XE		2	2	2	2
2	Altana AG	951477	C000086774		2	2		
3	Augusta Technologie AG	679458	ABE1-XE	2	2	2	2	2
4	BASF SE	904881	BAS-XE	2	2	2	2	2
5	Bauer AG	36197U	B5A-XE	2	2	2	2	2
6	BayWa AG	775017	BYW6-XE	3	3	3	3	3
7	Beate Uhse AG	698975	USE-XE		2	2		
8	Beiersdorf AG	929048	BEI-XE	2	2	2	2	2
9	Bosch Solar Energy AG	31915W	C901379613		3			
10	Burgbad AG	27183E	C000041417	2	2			
11	Celesio AG	951741	CLS1-XE	3	2	2	2	2
12	Centrotec Sustainable AG	688137	CEV-XE	3	3	3	3	
13	Constantin Medien AG	896601	EV4-XE		2			
14	Continental AG	929030	CON-XE	3	3	3	3	3
15	CTS Eventim AG	284265	EVD-XE		2	2		
16	Terex AG	36133R	D9C-FF		2	2	2	2
17	Deutsche Lufthansa AG	929114	LHA-XE	5	5	4	4	4
18	Dürr AG	775672	DUE-XE	2	2	2	2	2
19	Ehlebracht AG	505090	EHL-XE	3	3	3	3	3
20	Energiekontor AG	295196	EKT-FF	2	2	2	2	
21	EnviTec Biogas AG	50788W	ETG-XE		3	3		3
22	EPCOS AG	275562	C000087175		2	2		
23	Fresenius SE & Co KGaA	307694	FRE-XE	3	3	3	3	3
24	GEA Group AG	929057	G1A-XE	2	2	2	3	3
25	Gerresheimer AG	50634F	GXI-XE		2	2		
26	Gerry Weber AG	881098	GWI1-XE		2	2		
27	Gesco AG	676756	GSC1-XE	2	2			
28	Gigaset AG	951657	GGS-XE	6				
29	DMG Mori Seiki AG	929021	GIL-XE	2		2	3	2
30	Graphit Kropfmühl AG	775066	GKR-FF	2	2	2	2	2
31	Herlitz AG	952089	HEZ-FF	2	2	2	2	
32	Höft & Wessel AG	686087	HWS-XE	2		2	2	
33	INDUS Holding AG	301573	INH-XE	5	4	4		
34	Interseroh AG /Alba SE	681309	ABA-FF	2	2	2	2	2
35	JENOPTIK AG	681441	JEN-XE	2				
36	Jungheinrich AG	505973	JUN3-XE			2	2	2
37	K+S AG	929035	SDF-XE	4		3	3	3
38	KAP Beteiligungs AG	741618	IUR-FF					2
39	Kuka AG	929024	KU2-XE	2	2	2	2	2
40	Leifheit AG	936292	LEI-XE	2	2	2		
41	Leoni AG	944429	LEO-XE	2	2	2	2	2
42	Linde AG	923551	LIN-XE	2	3	3		
43	MAN SE	929560	MAN-XE	2	2	2	2	2
44	Masterflex AG	295364	MZX-XE	3	3	3		
45	Merck KGaA	301774	MRK-XE	2	2	2	2	2
46	Metro AG	882059	MEO-XE	3	3	3	3	3

Fortsetzung auf nächster Seite

[775] Datastream Code.

[776] Thomson ONE-Code.

[777] Anzahl unverwandter Geschäftsbereiche in unterschiedlichen Wirtschaftszweigen (zweistelliger SIC-Code).

47	OHB AG	13635T	OHB-XE	2	2	2	2	2
48	Phönix Solar AG	29955U	PS4-XE	2	2	2	2	
49	PNE Wind AG	690041	PNE3-XE				2	2
50	PVA TePla AG	698943	TPE-XE	2	2			
51	Rheinmetall AG	929129	RHM-XE	2				
52	Salzgitter AG	929099	SZG-XE	4	4	4	4	4
53	Schaltbau Holding AG	142586	SLT-XE		2	3	3	3
54	SKW Holding AG	414110	SK1A-XE	2				
55	Südzucker AG	929100	SZU-XE	2	3			
56	Süss Microtec AG	698163	SMHN-XE			3	3	3
57	SURTECO SE	275512	SUR-XE	2	2	2	2	2
58	Symrise AG	681668	TDS-FF	2	2	2		
59	TDS AG	676450	TTR1-XE		2			
60	Technotrans AG	929097	TKA-XE	2	2		2	2
61	ThyssenKrupp AG	676648	UTDI-XE		4	4	4	
62	United Internet AG	412464	VBK-XE	2				
63	VERBIO AG	50704T	VT9-XE					2
64	VTG AG	35649C	WCH-XE		2	2		
65	Wacker Chemie AG	929022	WAN-FF	2			2	2
66	WASGAU AG	143189	MSH-FF	2	2	2	2	2
67	WMF AG	950958	WMF3-FF	2	2	2	2	3

Anhang 2: Unternehmen der Stichprobe

Anhang 3:

		Mindestkurs	Mindestrendite	Vergleichsindex
Funktionaler Zusammenhang zwischen Erfolgsziel und Ausübungskurs		**0**	**3**	**3**
Erfolgsziel als Bedingung für Ausübung	**einmalig**	**5**	**1**	**0**
	bei Ausübung	**25**	**7**	**6**
Eigeninvestment			**8**	
Ohne Erfolgsziel			**0**	

Häufigkeit der verwendeten Erfolgsziele der 33 neu bewerteten Optionen (Optionen können mehrere Erfolgsziele gleichzeitig aufweisen).

Anhang 3: Erfolgsziele optionsbasierter Vergütungskomponenten[778]

[778] Eigene Darstellung in Anlehnung an *Crasselt* (2008), S. 275. Für weitere Ausführungen zu Erfolgszielen bei Optionen siehe ausführlich Abschnitt 4.3.3.1.1.

Anhang 4:

Die Varianz der Variablen in einem Paneldatensatz lässt sich in drei Bestandteile zerlegen: die *Gesamt-Varianz*, die Varianz zwischen den Unternehmen (sog. *Between-Varianz*), sowie die Varianz innerhalb der Unternehmen (sog. *Within-Varianz*).[779] In der letzten Spalte der nachfolgenden Tabelle ist das Verhältnis der Between-Varianz zur Gesamt-Varianz dargestellt.

#	Variable		(I) Gesamt-Varianz	Between-Varianz	(II) Within-Varianz	(II)/(I)
Abhängige Variablen						
Effizienz des internen Kapitalmarkts						
#1	*ICME*	%	0,54	0,28	0,31	57,58%
#2	$ICME^{SGI}$	%	0,14	0,08	0,08	58,94%
Unabhängige Variablen						
Variable Barvergütung						
#3	$BONUS^{VB}_{ALL}$	bin	0,17	0,14	0,02	14,44%
#4	$BONUS^{VB}_{RED}$	bin	0,10	0,07	0,02	24,11%
#5	$BONUS^{LT}$	bin	0,15	0,06	0,07	46,53%
#6	$BONUS^{VBxLT}_{ALL}$	bin	0,08	0,04	0,03	36,47%
#7	$BONUS^{VBxLT}_{RED}$	bin	0,05	0,02	0,02	42,23%
Aktienkursbasierte Vergütung						
#8	SBC^{BS}_{AR}	%	94,08	100,35	21,04	22,36%
#9	SBC^{BS}_{OWN}	%	94,08	100,35	21,04	22,36%
#10	SBC^{IASB}_{AR}	%	94,08	100,35	21,04	22,36%
#11	SBC^{IASB}_{OWN}	%	94,08	100,35	21,04	22,36%
#12	OBC^{BS}_{AR}	%	104,45	107,02	18,74	17,94%
#13	OBC^{BS}_{OWN}	%	116,78	109,41	25,27	21,64%
#14	OBC^{IASB}_{AR}	%	43,82	44,70	8,62	19,67%
#15	OBC^{IASB}_{OWN}	%	51,01	45,69	12,67	24,84%
#16	*SBPPS*	€	1,65	3,22	0,12	7,26%
#17	$OBPPS^{BS}_{AR}$	€	2,05	1,44	0,59	28,60%
#18	$OBPPS^{BS}_{OWN}$	€	2,05	1,44	0,58	28,23%
#19	$OBPPS^{IASB}_{AR}$	€	1,92	1,34	0,56	28,99%
#20	$OBPPS^{IASB}_{OWN}$	€	1,88	1,31	0,54	28,69%
Leitungsorganisation						
#21	ORG^{LINK}	bin	0,24	0,24	0,02	7,07%
#22	ORG^{COMP}	bin	0,25	0,25	0,00	0,89%
#23	$ORG^{LINKxCOMP}$	bin	0,20	0,19	0,00	1,51%
Kontrollvariablen						
#24	*ENTROPY*	#	0,08	0,08	0,00	5,79%
#25	*SEGMENTS*	#	0,50	0,56	0,04	7,87%
#26	*PROFITABILITY*	%	30,64	25,23	11,41	37,25%
#27	*LEVERAGE*	%	234,60	220,01	16,66	7,10%
#28	*LIQUIDITY*	%	86,72	82,41	12,46	14,37%
#29	*SIZE*	#	4,02	3,53	0,02	0,42%

Anhang 4: Varianzkomponenten der Variablen

[779] Vgl. *Fahrmeir et al.* (2011), S. 516ff.; *Baltagi/Griffin* (1984), S. 642ff.

Literaturverzeichnis

Abegglen, Walter E. (1966): Die Organisation der Unternehmungsleitung – Versuch einer Theorie, Zürich.

Aboody, David (1996): Market Valuation of Employee Stock Options, in: Journal of Accounting and Economics, 22. Jg., Heft 1-3, S. 357-391.

Acharya, Viral V./Myers, Stewart C./Rajan, Raghuram G. (2011): The Internal Governance of Firms, in: The Journal of Finance, 66. Jg., Heft 3, S. 689-720.

Agrawal, Anup/Mandelker, Gershon N. (1987): Managerial Incentives and Corporate Investment and Financing Decisions, in: The Journal of Finance, 42. Jg., Heft 4, S. 823-837.

Ahn, Seoungpil/Denis, David J. (2004): Internal Capital Markets and Investment Policy: Evidence from Corporate Spinoffs, in: Journal of Financial Economics, 71. Jg., Heft 3, S. 489-516.

Ahn, Seoungpil/Denis, David J./Denis, Diane K. (2006): Leverage and Investment in Diversified Firms, in: Journal of Financial Economics, 79. Jg., Heft 2, S. 317-337.

Aiken, Leona S./West, Stephen G. (1991): Multiple Regression: Testing and Interpreting Interactions, Newbury Park.

Albach, Horst/Redenius, Jens (2000): Die Management Holding, in: *Hinterhuber, Hans H./Friedrich, Stephan A./Matzler, Kurt H./Pechlaner, Harald (Hrsg.)*: Die Zukunft der diversifizierten Unternehmung, München, S. 56-72.

Alchian, Armen A. (1969): Corporate Management and Property Rights, in: *Manne, Henry (Hrsg.)*: Economic Policy and the Regulation of Corporate Securities: A Symposium Sponsored by the National Law Center the George Washington University and American Enterprise Institute for Public Policy Research Washington DC, Washington D. C., S. 337-360.

Alchian, Armen A./Woodward, Susan L. (1988): The Firm is Dead; Long Live the Firm: A Review of Oliver E. Williamson's The Economic Institutions of Capitalism, in: Journal of Economic Literature, 26. Jg., Heft 1, S. 65-79.

Almeida, Heitor/Kim, Chang S. (2012): The Effect of Internal Capital Markets on Corporate Investment: Evidence from the Asian Financial Crisis, Working Paper, University of Illinois, Urbana-Champaign, elektronisch veröffentlicht unter: http://ssrn.com/abstract=2022232.

Amihud, Yakov/Lev, Baruch (1981): Risk Reduction as a Managerial Motive for Conglomerate Mergers, in: The Bell Journal of Economics, 12. Jg., Heft 2, S. 605-617.

Ammann, Manuel/Hoechle, Daniel/Schmid, Markus M. (2011): Is there Really no Conglomerate Discount?, Working Paper, Universität St. Gallen, Swiss Institute of Banking and Finance, St. Gallen, elektronisch veröffentlicht unter: http://ssrn.com/abstract=1098324.

Ammann, Manuel/Seiz, Ralf (2005): An IFRS 2 and FASB 123 (R) Compatible Model for the Valuation of Employee Stock Options, in: Financial Markets and Portfolio Management, 19. Jg., Heft 4, S. 381-396.

Andrés, Pablo de/La Fuente, Gabriel de/Velasco, Pilar (2012): Tackling the Corporate Diversification – Value Puzzle using the Real Options' Approach, Working Paper, University of Valladolid, Department of Financial Economics, Avda, elektronisch veröffentlicht unter: http://web.uam.es/personal_pdi/economicas/paalonso/Archivos/TACKLING_ROC.pdf.

Ansoff, H. I. (1957): Strategies for Diversification, in: Harvard Business Review, 35. Jg., Heft 5, S. 113-124.

Ansoff, H. I. (1965): Corporate Strategy – An Analytical Approach to Business Policy for Growth and Expansion, New York.

Anthony, Robert N./Govindarajan, Vijay (2006): Management Control Systems, 12. Aufl., Boston.

Arbeitskreis "Externe und Interne Überwachung der Unternehmung" der Schmalenbach-Gesellschaft (2014): Ansatzpunkte für den Aufsichtsrat zur Reduzierung von Überwachungsintensität und -kosten mittels einer guten Unternehmenskultur, in: Der Betrieb, 67. Jg., Heft 3, S. 73-76.

Arbeitskreis "Finanzierung" der Schmalenbach-Gesellschaft (1994): Investitions-Controlling – Zum Problem der Informationsverzerrung bei Investitionsentscheidungen in dezentralisierten Unternehmen, in: Schmalenbachs Zeitschrift für betriebswirtschaftliche Forschung, 46. Jg., Heft 11, S. 899-925.

Arbeitskreis "Finanzierungsrechnung" der Schmalenbach-Gesellschaft (2005): Wertorientierte Unternehmenssteuerung in Theorie und Praxis, in: *Gebhardt, Günther/Mansch, Helmut (Hrsg.)*: Wertorientierte Unternehmenssteuerung in Theorie und Praxis, Schmalenbachs Zeitschrift für betriebswirtschaftliche Forschung, Sonderheft 53/2005, 57. Jg., Düsseldorf, S. 1-192.

Arbeitskreis "Wertorientierte Führung in mittelständischen Unternehmen" der Schmalenbach Gesellschaft (2006): Gestaltung wertorientierter Vergütungssysteme für mittelständische Unternehmen, in: Betriebs Berater, 61. Jg., Heft 38, S. 2066-2076.

Arellano, Manuel (1993): On the Testing of Correlated Effects with Panel Data, in: Journal of Econometrics, 59. Jg., Heft 1-2, S. 87-97.

Arrow, Kenneth J. (1985): The Economics of Agency, in: *Pratt, John W./Zeckhauser, Richard J. (Hrsg.)*: Principals and Agents: The Structure of Business, Boston, S. 37-51.

Auer, Benjamin/Rottmann, Horst (2011): Statistik und Ökonometrie für Wirtschaftswissenschaftler – Eine anwendungsorientierte Einführung, 2. Aufl., Wiesbaden.

Bach, Norbert (2008): Effizienz der Führungsorganisation deutscher Konzerne, Wiesbaden.

Backhaus, Klaus/Erichson, Bernd/Plinke, Wulff/Weiber, Rolf (2011): Multivariate Analysemethoden – Eine anwendungsorientierte Einführung, 13. Aufl., Berlin/Heidelberg.

Bae, Kee-Hong/Kang, Jun-Koo/Kim, Jin-Mo (2002): Tunneling or Value Added? Evidence from Mergers by Korean Business Groups, in: The Journal of Finance, 57. Jg., Heft 6, S. 2695-2740.

Baker, George P./Jensen, Michael C./Murphy, Kevin J. (1988): Compensation and Incentives: Practice vs. Theory, in: The Journal of Finance, 43. Jg., Heft 3, S. 593-616.

Baker, Harold K./Anderson, Ronald C. (2010): An Overview of Corporate Governance, in: *Baker, Harold K./Anderson, Ronald C. (Hrsg.)*: Corporate Governance: A Synthesis of Theory, Research, and Practice, Hoboken, S. 3-18.

Balestra, Pietro/Krishnakumar, Jayalakshmi (2008): Fixed Effects Models and Fixed Coefficients Models, in: *Mátyás, László/Sevestre, Patrick (Hrsg.)*: The Econometrics of Panel Data: Fundamentals and Recent Developments in Theory and Practice, 3. Aufl., Berlin/Heidelberg, S. 23-48.

Baliga, Sandeep (1999): Monitoring and Collusion with "Soft" Information, in: Journal of Law, Economics, & Organization, 15. Jg., Heft 2, S. 434-440.

Baltagi, Badi H. (2008): Econometric Analysis of Panel Data, 4. Aufl., Chichester.

Baltagi, Badi H./Griffin, James M. (1984): Short and Long Run Effects in Pooled Models, in: International Economic Review, 25. Jg., Heft 3, S. 631-645.

Baltagi, Badi H./Li, Qi (1990): A Lagrange Multiplier Test for the Error Components Model with Incomplete Panels, in: Econometric Reviews, 9. Jg., Heft 1, S. 103-107.

Bamberg, Günter/Spremann, Klaus (Hrsg.) (1987): Agency Theory, Information, and Incentives, Berlin/Heidelberg.

Banzhaf, Jürgen (2006): Wertorientierte Berichterstattung (Value Reporting) – Analyse der Relevanz wertorientierter Informationen für Stakeholder unter besonderer Berücksichtigung von Mitarbeitern, Kunden und Lieferanten, Frankfurt am Main.

Barnea, Amir/Haugen, Robert A./Senbet, Lemma W. (1985): Agency Problems and Financial Contracting, Englewood Cliffs.

Barniv, Ran/Hope, Ole-Kristian/Myring, Mark J./Thomas, Wayne B. (2009): Do Analysts Practice What They Preach and Should Investors Listen? Effects of Recent Regulations, in: The Accounting Review, 84. Jg., Heft 4, S. 1015-1039.

Bartsch, Daniel (2005): Unternehmenswertsteigerung durch strategische Desinvestitionen, Wiesbaden.

Bassen, Alexander/Koch, Maximilian/Wichels, Daniel (2000): Variable Entlohnungssysteme – Eine empirische Untersuchung, in: Finanz Betrieb, 2. Jg., Heft 1, S. 9-17.

Baum, Christopher F. (2006): An Introduction to Modern Econometrics Using Stata, College Station.

Baum, Christopher F./Nichols, Austin/Schaffer, Mark E. (2011): Evaluating One-Way and Two-Way Cluster-Robust Covariance Matrix Estimators, elektronisch veröffentlicht unter: http://fmwww.bc.edu/repec/dsug2011/desug11_schaffer.pdf.

Baumol, William J. (1952): Welfare Economics and the Theory of the State, London.

Baumol, William J. (1959): Business Behavior, Value, and Growth, New York.

Baums, Theodor (1994): Der Aufsichtsrat – nützlich, schädlich, überflüssig?, Arbeitspapier 7/94, Universität Frankfurt, Frankfurt am Main, elektronisch veröffentlicht unter: http://www.jura.uni-frankfurt.de/43029232/paper21.pdf.

Baums, Theodor (1995): Der Aufsichtsrat – Aufgaben und Reformfragen, in: Zeitschrift für Wirtschaftsrecht, 16. Jg., Heft 1, S. 11-18.

Baus, Josef (1978): Die Belegschaftsaktie im Lichte der betrieblichen Personalpolitik, Bochum.

BCG (1970): The Product Portfolio, in: BCG Perspectives, 66. Jg., Heft January, S. 1-2.

Bebchuk, Lucian A./Fried, Jesse M. (2003): Executive Compensation as an Agency Problem, in: The Journal of Economic Perspectives, 17. Jg., Heft 3, S. 71-92.

Bebchuk, Lucian A./Fried, Jesse M./Walker, David I. (2002): Managerial Power and Rent Extraction in the Design of Executive Compensation, in: The University of Chicago Law Review, 69. Jg., Heft 3, S. 751-846.

Becht, Marco/Bolton, Patrick/Röell, Ailsa (2003): Corporate Governanace and Control, in: *Constantinides, George M./Harris, Milton/Stulz, René M. (Hrsg.)*: Handbook of the Economics of Finance: Corporate Finance, Amsterdam, S. 1-109.

Becker, Fred G. (1990): Anreizsysteme für Führungskräfte – Möglichkeiten zur strategisch-orientierten Steuerung des Managements, Stuttgart.

Becker, Fred G. (2007): Organisation der Unternehmungsleitung – Stellgrößen der Leitungsorganisation, Stuttgart.

Becker, Fred G./Kramarsch, Michael H. (2006): Leistungs- und erfolgsorientierte Vergütung für Führungskräfte, Göttingen.

Becker, Wolfgang/Kunz, Christian (2008): Wertorientierte Anreizsysteme, in: Wirtschaftswissenschaftliches Studium, 37. Jg., Heft 6, S. 290-296.

Beckmann, Philip (2006): Der Diversification Discount am deutschen Kapitalmarkt – Eine empirische Untersuchung des Bewertungsunterschieds zwischen fokussierten und diversifizierten Unternehmen und seiner Einflussfaktoren, Wiesbaden.

Beckmann, Philip/Fechtel, Achim/Heuskel, Dieter (2009): Comeback der Konglomerate?, in: Zeitschrift Führung und Organisation, 78. Jg., Heft 2, S. 88-94.

Beckmann, Philip/Heuskel, Dieter/Pudin, Ulrich/Rubner, Harald/Rudolph, Christin/Schwetzler, Bernhard (2012): The Power of Diversified Companies During the Crisis, elektronisch veröffentlicht unter: http://www.bcg.com/documents/file96362.pdf.

Beetz, Adrienne (2005): Vergleich der deutschen Corporate Governance mit den Regelungen in den USA, elektronisch veröffentlicht unter: http://www.nwir.de/archiv/NWIR%207/CorporateGov.pdf.

Belsley, David A./Kuh, Edwin/Welsch, Roy E. (1980): Regression Diagnostics – Identifying Influential Data and Sources of Collinearity, New York.

Benito-Osorio, Diana/Guerras-Martin, Luis Á./Zuñiga-Vicente, José Á. (2012): Four Decades of Research on Product Diversification: a Literature Review, in: Management Decision, 50. Jg., Heft 2, S. 325-344.

Benninghaus, Hans (2007): Deskriptive Statistik, 11. Aufl., Wiesbaden.

Benston, George J. (1985): The Self-Serving Management Hypothesis: Some Evidence, in: Journal of Accounting and Economics, 7. Jg., Heft 1-3, S. 67-84.

Bergemann, Achim (2001): Unternehmenssteuerreform 2001: Schwerpunkte des Steuersenkungsgesetzes, in: Deutsches Steuerrecht, 38. Jg., Heft 34, S. 1409-1452.

Berger, Philip G./Ofek, Eli (1995): Diversification's Effect on Firm Value, in: Journal of Financial Economics, 37. Jg., Heft 1, S. 39-65.

Berger, Philip G./Ofek, Eli (1999): Causes and Effects of Corporate Refocusing Programs, in: The Review of Financial Studies, 12. Jg., Heft 2, S. 311-345.

Bernardo, Antonio E./Luo, Jiang/Wang, James J. D. (2006): A Theory of Socialistic Internal Capital Markets, in: Journal of Financial Economics, 80. Jg., Heft 3, S. 485-509.

Bernhardt, Wolfgang (1998): Stock Options – eine Bewertung aus der Perspektive von Aktionären, in: *Meffert, Heribert/Backhaus, Klaus (Hrsg.)*: Stock Options und Shareholder Value: Dokumentation des 33. Münsteraner Führungsgesprächs vom 9./10. Oktober 1997, Münster, S. 17-27.

Bernhardt, Wolfgang/Witt, Peter (1995): Holding-Modelle und Holding-Moden, in: Zeitschrift für Betriebswirtschaft, 65. Jg., Heft 12, S. 1341-1364.

Bernhardt, Wolfgang/Witt, Peter (1999): Unternehmensleitung im Spannungfeld zwischen Ressortverteilung und Gesamtverantwortung, in: Zeitschrift für Betriebswirtschaft, 69. Jg., Heft 8, S. 825-845.

Bertrand, Marianne/Mullainathan, Sendhil (2001): Are CEOs Rewarded for Luck? The Ones without Principles Are, in: The Quarterly Journal of Economics, 116. Jg., Heft 3, S. 901-932.

Bertrand, Marianne/Mullainathan, Sendhil (2003): Enjoying the Quiet Life? Corporate Governance and Managerial Preferences, in: The Journal of Political Economy, 111. Jg., Heft 5, S. 1043-1075.

Bertrand, Marianne/Paras, Mehta/Mullainathan, Sendhil (2002): Ferreting Out Tunneling: An Application to Indian Business Groups, in: The Quarterly Journal of Economics, 117. Jg., Heft 1, S. 121-148.

Best, Ronald W./Hodges, Charles W./Lin, Bing-Xuan (2004): Does Information Asymmetry Explain the Diversification Discount?, in: The Journal of Financial Research, 27. Jg., Heft 2, S. 235-249.

Bettis, J. C./Bizjak, John M./Lemmon, Michael L. (2005): Exercise Behavior, Valuation, and the Incentive Effects of Employee Stock Options, in: Journal of Financial Economics, 76. Jg., Heft 2, S. 445-470.

Biemann, Torsten (2007): Logik und Kritik des Hypothesentestens, in: *Albers, Sönke/Klapper, Daniel/Konradt, Udo/Walter, Achim/Wolf, Joachim (Hrsg.)*: Methodik der empirischen Forschung, 2. Aufl., Wiesbaden, S. 151-166.

Billett, Matthew T./Mauer, David C. (2000): Diversification and the Value of Internal Capital Markets: The Case of Tracking Stock, in: Journal of Banking & Finance, 24. Jg., Heft 9, S. 1457-1490.

Billett, Matthew T./Mauer, David C. (2003): Cross-Subsidies, External Financing Constraints, and the Contribution of the Internal Capital Market to Firm Value, in: The Review of Financial Studies, 16. Jg., Heft 4, S. 1167-1201.

Black, Fischer/Scholes, Myron (1973): The Pricing of Options and Corporate Liabilities, in: The Journal of Political Economy, 81. Jg., Heft 3, S. 637-654.

Blecher, Christian (2008): Die Bilanzierung von Aktienoptionsprogrammen – Eine Analyse aus Sicht verschiedener Rechnungslegungszwecke, Wiesbaden.

Bleicher, Knut (1979): Gedanken zur Gestaltung der Konzernorganisation bei fortschreitender Diversifizierung, in: Zeitschrift für Organisation, 48. Jg., Heft 5/6, S. 243-251 und S. 328-335.

Bleicher, Knut (1991): Organisation: Strategien – Strukturen – Kulturen, 2. Aufl., Wiesbaden.

Bleicher, Knut (1992): Strategische Anreizsysteme – Flexible Vergütungssysteme für Führungskräfte, Stuttgart.

Bleicher, Knut/Bortel, Klaus-Dieter/Kleinmann, Rainer/Paul, Herbert (1984): Unternehmensverfassung und Spitzenorganisation, in: Führung und Organisation, 53. Jg., Heft 1, S. 21-29.

Bleicher, Knut/Leberl, Diethard G./Paul, Herbert (1989): Unternehmungsverfassung und Spitzenorganisation – Führung und Überwachung von Aktiengesellschaften im internationalen Vergleich, Wiesbaden.

Bleicher, Knut/Paul, Herbert (1986): Das amerikanische Board-Modell im Vergleich zur deutschen Vorstands-/ Aufsichtsratsverfassung – Stand und Entwicklungstendenzen, in: Die Betriebswirtschaft, 46. Jg., Heft 3, S. 263-288.

Böckli, Peter (2009): Konvergenz: Annäherung des monistischen und des dualistischen Führungs- und Aufsichtssystems, in: *Hommelhoff, Peter/Hopt, Klaus J./Werder, Axel von (Hrsg.)*: Handbuch Corporate Governance: Leitung und Überwachung börsennotierter Unternehmen in der Rechts- und Wirtschaftspraxis, 2. Aufl., Stuttgart, S. 255-276.

Bol, Georg (2004): Deskriptive Statistik, 6. Aufl., München.

Bolton, Patrick/Scharfstein, David S. (1998): Corporate Finance, the Theory of the Firm, and Organizations, in: The Journal of Economic Perspectives, 12. Jg., Heft 4, S. 95-114.

Borchers, Stefan (2000): Beteiligungscontrolling in der Management-Holding, Wiesbaden.

Born, Benjamin/Breitung, Jörg (2012): Testing for Serial Correlation in Fixed-Effects Panel Data Models, Conference Paper, Universität Bonn, Institut für Ökonometrie, Bonn, elektronisch veröffentlicht unter: www.ect.uni-bonn.de/mitarbeiter/joerg-breitung/serialcorr_er2nd.pdf.

Bortz, Jürgen/Döring, Nicola (2006): Forschungsmethoden und Evaluation, 4. Aufl., Berlin/Heidelberg.

Bortz, Jürgen/Lienert, Gustav A./Barskova, Tatjana/Leitner, Konrad/Oesterreich, Rainer (2008): Kurzgefasste Statistik für die klinische Forschung – Leitfaden für die verteilungsfreie Analyse kleiner Stichproben, 3. Aufl., Berlin/Heidelberg.

Bortz, Jürgen/Schuster, Christof (2010): Statistik für Human- und Sozialwissenschaftler, Berlin/Heidelberg.

Boschen, John F./Smith, Kimberly J. (1995): You Can Pay Me Now and You Can Pay Me Later: The Dynamic Response of Executive Compensation to Firm Performance, in: The Journal of Business, 68. Jg., Heft 4, S. 577-608.

Bosse, Christian (2000): Investitionsmanagement in divisionalen Unternehmen – Strategiebestimmung, Koordination von Investitionsentscheidungen und Anreizsysteme, Chemnitz.

Bower, Joseph L. (1970): Managing the Resource Allocation Process – A Study of Corporate Planning and Investment, Boston.

Brainard, William C./Tobin, James (1968): Pitfalls in Financial Model Building, in: The American Economic Review, 58. Jg., Heft 2, S. 99-122.

Brandenberg, Arndt (2001): Anreizsysteme zur Unternehmenssteuerung – Gestaltungsoptionen, motivationstheoretische Herausforderungen und Lösungsansätze, Wiesbaden.

Brealey, Richard A./Myers, Stewart C./Allen, Franklin (2013): Principles of Corporate Finance, 11. Aufl., New York.

Breid, Volker (1995): Aussagefähigkeit agencytheoretischer Ansätze im Hinblick auf die Verhaltenssteuerung von Entscheidungsträgern, in: Schmalenbachs Zeitschrift für betriebswirtschaftliche Forschung, 47. Jg., Heft 9, S. 821-854.

Breusch, Trevor S./Pagan, Adrian R. (1980): The Lagrange Multiplier Test and its Applications to Model Specification in Econometrics, in: Review of Economic Studies, 47. Jg., Heft 1, S. 239-253.

Brickley, James A./Bhagat, Sanjai/Lease, Ronald C. (1985): The Impact of Long-Range Managerial Compensation Plans on Shareholder Wealth, in: Journal of Accounting and Economics, 7. Jg., Heft 1-3, S. 115-129.

Briglauer, Wolfgang (2000): Motives for Firm Diversification – A Survey on Theory and Empirical Evidence, WIFO Working Papers 126/2000, Österreichisches Institut für Wirtschaftsforschung, Wien, elektronisch veröffentlicht unter: http://www.wifo.ac.at/wwa/pubid/13619.

Brinkmann, Volker (2011): Interne Kapitalmärkte diversifizierter Unternehmen – Eine empirische Untersuchung zum Erfolgsbeitrag interner Kapitalmärkte, Berlin.

Bronner, Rolf/Mellewigt, Thomas (1996): Eine Realtypologie betriebswirtschaftlicher Konzern-Organisationsformen – Ergebnisse einer empirischen Untersuchung, in: *Albach, Horst (Hrsg.)*: Governance Structures: Umbruch in der Führung von Großunternehmen, Zeitschrift für Betriebswirtschaft, Ergänzungsheft 3/96, 66. Jg., Wiesbaden, S. 145-166.

Brose, Marcus (2006): Entwicklungsflexible Anreizsysteme für junge Unternehmungen, München.

Brüderl, Josef (2010): Kausalanalyse mit Paneldaten, in: *Wolf, Christian/Best, Henning/Wolf, Christof (Hrsg.)*: Handbuch der sozialwissenschaftlichen Datenanalyse, Wiesbaden, S. 963-994.

Brusco, Sandro/Panunzi, Fausto (2005): Reallocation of Corporate Resources and Managerial Incentives in Internal Capital Markets, in: European Economic Review, 49. Jg., Heft 3, S. 659-681.

Buasook, Supannee (2005): A Test of the Internal Capital Market Hypothesis: The Case of South Korea, in: Naresuan University Journal, 13. Jg., Heft 3, S. 31-40.

Buermeyer, Marc (2000): Corporate Capital Efficiency – Zur Effizienz externer und interner Kapitalmärkte unter besonderer Berücksichtigung der Börseneinführungsentscheidung, Dissertation Nr. 2399, Universität St. Gallen, St. Gallen.

Bühner, Rolf (1989): Möglichkeiten der unternehmerischen Gehaltsvereinbarung für das Top-Management – Mit Puts und Calls zu aktionärsfreundlichen Tantiemeregelungen, in: Der Betrieb, 42. Jg., Heft 44, S. 2181-2186.

Bühner, Rolf (1992): Management-Holding – Unternehmensstruktur der Zukunft, Landsberg am Lech.

Bühner, Rolf (1995): Strategie und Organisation – Analyse und Planung der Unternehmensdiversifikation mit Fallbeispielen, 2. Aufl., Wiesbaden.

Bühner, Rolf (2004): Betriebswirtschaftliche Organisationslehre, 10. Aufl., München.

Bühner, Rolf/Walter, Horst (1977): Divisionalisierung in der Bundesrepublik Deutschland: eine empirische Analyse der Geschäftsberichte von 1965 bis 1975 der 50 größten deutschen Industrie-Aktiengesellschaften, in: Der Betrieb, 30. Jg., Heft 26/27, S. 1205-1207.

Burch, Timothy R./Nanda, Vikram (2003): Divisional Diversity and the Conglomerate Discount: Evidence from Spinoffs, in: Journal of Financial Economics, 70. Jg., Heft 1, S. 69-98.

Burkart, Mike/Panunzi, Fausto/Shleifer, Andrei (2003): Family Firms, in: The Journal of Finance, 58. Jg., Heft 5, S. 2167-2202.

Câmara, António (2001): The Pricing of Relative Performance Based Incentives for Executive Compensation, in: Journal of Business Finance & Accounting, 28. Jg., Heft November/December, S. 1149-1188.

Cameron, Adrian C./Miller, Douglas L./Gelbach, Jonah B. (2006): Bootstrap-Based Improvements for Inference with Clustered Errors, Working Paper # 06-21, University of California, Davis, elektronisch veröffentlicht unter: http://www.econstor.eu/handle/10419/31404.

Cameron, Adrian C./Trivedi, Pravin K. (2005): Microeconometrics – Methods and Applications, Cambridge.

Cameron, Adrian C./Trivedi, Pravin K. (2010): Microeconometrics Using Stata, Bryan.

Campa, Jose M./Kedia, Simi (2002): Explaining the Diversification Discount, in: The Journal of Finance, 57. Jg., Heft 4, S. 1731-1762.

Campello, Murillo (2002): Internal Capital Markets in Financial Conglomerates: Evidence from Small Bank Responses to Monetary Policy, in: The Journal of Finance, 57. Jg., Heft 6, S. 2773-2805.

Carpenter, Jennifer N. (1998): The Exercise and Valuation of Executive Stock Options, in: Journal of Financial Economics, 48. Jg., Heft 2, S. 127-158.

Chakrabarti, Abhirup/Singh, Kulwant/Mahmood, Ishtiaq (2007): Diversification and Performance: Evidence from East Asian Firms, in: Strategic Management Journal, 28. Jg., Heft 2, S. 101-120.

Chandler, Alfred D., Jr. (1962): Strategy and Structure – Chapters in the History of the Industrial Enterprise, Cambridge.

Chen, Sheng-Syan (2006): The Economic Impact of Corporate Capital Expenditures: Focused Firms versus Diversified Firms, in: The Journal of Financial and Quantitative Analysis, 41. Jg., Heft 2, S. 341-355.

Chen, Sheng-Syan/Chen, I-Ju (2011): Inefficient Investment and the Diversification Discount: Evidence from Corporate Asset Purchases, in: Journal of Business Finance & Accounting, 38. Jg., Heft September/October, S. 887-914.

Chevalier, Judith (2004): What Do We Know About Cross-subsidization? Evidence from Merging Firms, in: Advances in Economic Analysis & Policy, 4. Jg., Heft 1, S. 1-27.

Chmielewicz, Klaus (1993): Unternehmensverfassung, in: *Wittmann, Waldemar/Kern, Werner/Köhler, Richard/Küpper, Hans-Ulrich/Wysocki, Klaus von (Hrsg.)*: Handwörterbuch der Betriebswirtschaftslehre: Teilband 3 (R-Z mit Gesamtregister), 5. Aufl., Stuttgart, Sp. 4399-4417.

Chou, Ting-Kai/Cheng, Jia-Chi (2012): Credit Ratings and Excess Value of Diversification, in: Journal of Empirical Finance, 19. Jg., Heft 2, S. 266-281.

Christensen, Clayton M. (2006): The Ongoing Process of Building a Theory of Disruption, in: Journal of Product Innovation Management, 23. Jg., Heft 1, S. 39-55.

Clacher, Iain/Hillier, David/McColgan, Patrick (2010): Agency Theory: Incomplete Contracting and Ownership Structrue, in: *Baker, Harold K./Anderson, Ronald C. (Hrsg.)*: Corporate Governance: A Synthesis of Theory, Research, and Practice, Hoboken, S. 141-156.

Clark, Robert C. (1985): Agency Costs vs. Fiduciary Duties, in: *Pratt, John W./Zeckhauser, Richard J. (Hrsg.)*: Principals and Agents: The Structure of Business, Boston, S. 55-79.

Coenenberg, Adolf G./Fischer, Thomas M./Günther, Thomas (2012): Kostenrechnung und Kostenanalyse, 8. Aufl., Stuttgart.

Coenenberg, Adolf G./Haller, Axel/Schultze, Wolfgang (2014): Jahresabschluss und Jahresabschlussanalyse – Betriebswirtschaftliche, handelsrechtliche, steuerrechtliche und internationale Grundlagen – HGB, IAS/IFRS, US-GAAP, DRS, 23. Aufl., Stuttgart.

Coenenberg, Adolf G./Mattner, Gerhard R./Schultze, Wolfgang (2003): Wertorientierte Steuerung: Anforderungen, Konzepte, Anwendungsprobleme, in: *Rathgeber, Andreas/Tebroke, Hermann-Josef/Wallmeier, Martin (Hrsg.)*: Finanzwirtschaft, Kapitalmarkt und Banken: Festschrift für Professor Dr. Manfred Steiner zum 60. Geburtstag, Stuttgart, S. 1-24.

Coenenberg, Adolf G./Salfeld, Rainer (2007): Wertorientierte Unternehmensführung – Vom Strategieentwurf zur Implementierung, 2. Aufl., Stuttgart.

Cohen, Rudolph B./Hall, Brian J./Viceria, Luis M. (2000): Do Executive Stock Options Encourage Risk-taking?, Working Paper, Harvard Business School, Graduate School of Business Administration, Boston, elektronisch veröffentlicht unter: http://www.people.hbs.edu/lviceira/cohallvic3.pdf.

Çolak, Gönül/Whited, Toni M. (2007): Spin-offs, Divestitures, and Conglomerate Investment, in: The Review of Financial Studies, 20. Jg., Heft 3, S. 557-595.

Coles, Jeffrey L./Daniel, Naveen D./Naveen, Lalitha (2006): Managerial Incentives and Risk-Taking, in: Journal of Financial Economics, 79. Jg., Heft 2, S. 431-468.

Comment, Robert/Jarrell, Gregg A. (1995): Corporate Focus and Stock Returns, in: Journal of Financial Economics, 37. Jg., Heft 1, S. 67-87.

Conyon, Martin J./Sadler, Graham V. (2001): CEO Compensation, Option Incentives, and Information Disclosure, in: Review of Financial Economics, 10. Jg., Heft 3, S. 251-277.

Copeland, Thomas E./Koller, Tim/Murrin, Jack (1990): Valuation – Measuring and Managing the Value of Companies, New York.

Copeland, Thomas E./Weston, John F. (1988): Financial Theory and Corporate Policy, 3. Aufl., Reading.

Copeland, Thomas E./Weston, John F./Shastri, Kuldeep (2008): Finanzierungstheorie und Unternehmenspolitik, 4. Aufl., München.

Core, John E./Guay, Wayne R. (1999): The Use of Equity Grants to Manage Optimal Equity Incentive Levels, in: Journal of Accounting and Economics, 28. Jg., Heft 2, S. 151-184.

Core, John E./Guay, Wayne R. (2002): Estimating the Value of Employee Stock Option Portfolios and Their Sensitivities to Price and Volatility, in: Journal of Accounting Research, 40. Jg., Heft 3, S. 613-630.

Core, John E./Guay, Wayne R./Larcker, David F. (2003): Executive Equity Compensation and Incentives: A Survey, in: Federal Reserve Bank of New York Economic Policy Review, 9. Jg., Heft 1, S. 27-50.

Crasselt, Nils (2003): Wertorientierte Managemententlohnung, Unternehmensrechnung und Investitionssteuerung, Frankfurt am Main.

Crasselt, Nils (2008): Einfluss von Erfolgszielen auf den Wert von Mitarbeiter-Aktienoptionen, in: Die Betriebswirtschaft, 68. Jg., Heft 3, S. 273-296.

Crasselt, Nils/Fründ, Henric P. (2014): Managementvergütung mit Bonusbanken – Ein Instrument zur Förderung der Langfristorientierung von Managern, in: Wirtschaftswissenschaftliches Studium, 43. Jg., Heft 3, S. 165-168.

Crasselt, Nils/Pellens, Bernhard/Schremper, Ralf (2000): Konvergenz wertorientierter Erfolgskennzahlen (II), in: Das Wirtschaftsstudium, 29. Jg., Heft 2, S. 205-208.

Crasselt, Nils/Schremper, Ralf (2000): Economic Value Added, in: Die Betriebswirtschaft, 60. Jg., Heft 6, S. 813-816.

Crasselt, Nils/Schremper, Ralf (2001): Cash Flow Return on Investment und Cash Value Added, in: Die Betriebswirtschaft, 61. Jg., Heft 2, S. 271-274.

Cuny, Charles J./Jorion, Philippe (1995): Valuing Executive Stock Options with Endogenous Departure, in: Journal of Accounting and Economics, 20. Jg., Heft 2, S. 193-205.

Cyriac, Joseph/Koller, Tim/Thomson, Jannick (2012): Testing the Limits of Diversification, elektronisch veröffentlicht unter: http://www.mckinsey .com/insights/corporate_finance/testing_the_limits_of_diversification.

Dahlhaus, Caterina (2009): Investitions-Controlling in dezentralen Unternehmen – Anreizsysteme als Instrument zur Verhaltenssteuerung im Investitionsprozess, Wiesbaden.

Datta, Sudip/D'Mello, Ranjan/Iskandar-Datta, Mai (2009): Executive Compensation and Internal Capital Market Efficiency, in: Journal of Financial Intermediation, 18. Jg., Heft 2, S. 242-258.

Datta, Sudip/Iskandar-Datta, Mai/Raman, Kartik (2001): Executive Compensation and Corporate Acquisition Decisions, in: The Journal of Finance, 56. Jg., Heft 6, S. 2299-2336.

David, Parthiban/Kochhar, Rahul/Levitas, Edward (1998): The Effect of Institutional Investors on the Level and Mix of CEO Compensation, in: The Academy of Management Journal, 41. Jg., Heft 2, S. 200-208.

Davis, Evan/Flanders, Stephanie/Star, Jonathan (1991): Who are the World's most Successful Companies?, in: Business Strategy Review, 2. Jg., Heft 2, S. 1-33.

Davis, Evan/Kay, John (1990): Assessing Corporate Performance, in: Business Strategy Review, 1. Jg., Heft 2, S. 1-16.

Dawson, Jeremy F. (2014): Moderation in Management Research: What, Why, When, and How, in: Journal of Business and Psychology, 29. Jg., Heft 1, S. 1-19.

Dawson, Jeremy F./Richter, Andreas W. (2006): Probing Three-Way Interactions in Moderated Multiple Regression: Development and Application of a Slope Difference Test, in: Journal of Applied Psychology, 91. Jg., Heft 4, S. 917-926.

De Motta, Adolfo (2003): Managerial Incentives and Internal Capital Markets, in: The Journal of Finance, 58. Jg., Heft 3, S. 1193-1220.

Decher, Christian E. (1990): Personelle Verflechtungen im Aktienkonzern – Loyalitätskonflikt und qualifizierter faktischer Konzern, Heidelberg.

DeFusco, Richard A./Johnson, Robert R./Zorn, Thomas S. (1990): The Effect of Executive Stock Option Plans on Stockholders and Bondholders, in: The Journal of Finance, 45. Jg., Heft 2, S. 617-627.

Demski, Joel S./Sappington, David E. M. (1999): Summarization with Errors: A Perspective on Empirical Investigations of Agency Relationships, in: Management Accounting Research, 10. Jg., Heft 1, S. 21-37.

Denis, David J./Denis, Diane K./Sarin, Atulya (1997): Agency Problems, Equity Ownership, and Corporate Diversification, in: The Journal of Finance, 52. Jg., Heft 1, S. 135-160.

Denis, David J./Denis, Diane K./Yost, Keven (2002): Global Diversification, Industrial Diversification, and Firm Value, in: The Journal of Finance, 57. Jg., Heft 5, S. 1951-1979.

Desai, Mihir A./Foley, C. F./Hines, James R., Jr. (2004): A Multinational Perspective on Capital Structure Choice and Internal Capital Markets, in: The Journal of Finance, 59. Jg., Heft 6, S. 2451-2487.

Deutsche Börse (Hrsg.) (2014): Leitfaden zu den Aktienindizes der Deutschen Börse – Version 6.26 (März 2014), elektronisch veröffentlicht unter: http://www.dax-indices.com/DE/MediaLibrary/Document/Leitfaden_Aktienindizes.pdf.

Deventer, Donald R. v./Imai, Kenji/Mesler, Mark (2013): Advanced Financial Risk Management – Tools and Techniques for Integrated Credit Risk and Interest Rate Risk Management, 2. Aufl., Singapore.

Dietl, Helmut (1993): Institutionen und Zeit, Tübingen.

Dietz, Stephanie (2004): Aktienoptionsprogramme und Corporate Governance, Wiesbaden.

Dittmann, Ingolf/Maug, Ernst (2006): Valuation Biases, Error Measures, and the Conglomerate Discount, Working Paper, Erasmus University Rotterdam, Erasmus School of Economics, Rotterdam, elektronisch veröffentlicht unter: http://ssrn.com/abstract=1100791.

Dittmar, Amy/Shivdasani, Anil (2003): Divestitures and Divisional Investment Policies, in: The Journal of Finance, 58. Jg., Heft 6, S. 2711-2743.

Donaldson, Gordon (1984): Managing Corporate Wealth – The Operation of a Comprehensive Financial Goals System, New York.

Dos Santos, Marcelo B./Errunza, Vihang R./Miller, Darius P. (2008): Does Corporate International Diversification Destroy Value? Evidence from Cross-border Mergers and Acquisitions, in: Journal of Banking & Finance, 32. Jg., Heft 12, S. 2716-2724.

Doukas, John A./Kan, Ozgur B. (2008): Investment Decisions and Internal Capital Markets: Evidence from Acquisitions, in: Journal of Banking & Finance, 32. Jg., Heft 8, S. 1484-1498.

Dow, Sandra/McGuire, Jean (2009): Propping and Tunneling: Empirical Evidence from Japanese Keiretsu, in: Journal of Banking & Finance, 33. Jg., Heft 10, S. 1817-1828.

Dreger, Christian/Kosfeld, Reinhold/Eckey, Hans-Friedrich (2014): Ökonometrie: Grundlagen – Methoden – Beispiele, 5. Aufl., Wiesbaden.

DRSC (2005): DRS 3: Segmentberichterstattung, Berlin.

DRSC (2008): DRS 17: Berichterstattung über die Vergütung der Organmitglieder, Berlin.

DRSC (2011): DRS 17 (geändert 2010): Berichterstattung über die Vergütung der Organmitglieder, Berlin.

Drukker, David M. (2003): Testing for Serial Correlation in Linear Panel-data Models, in: The Stata Journal, 3. Jg., Heft 2, S. 168-177.

Drumm, Hans J. (2008): Personalwirtschaft, 6. Aufl., Berlin/Heidelberg.

Duchin, Ran (2010): Cash Holdings and Corporate Diversification, in: The Journal of Finance, 65. Jg., Heft 3, S. 955-992.

Duchin, Ran/Sosyura, Denis (2013): Divisional Managers and Internal Capital Markets, in: The Journal of Finance, 68. Jg., Heft 2, S. 387-429.

Dutta, Sunil/Fan, Qintao (2009): Hurdle Rates and Project Development Efforts, in: The Accounting Review, 84. Jg., Heft 2, S. 405-432.

Dutta, Sunil/Reichelstein, Stelan (2005): Stock Price, Earnings, and Book Value in Managerial Performance Measures, in: The Accounting Review, 80. Jg., Heft 4, S. 1069-1100.

Dycke, Axel/Schulte, Christof (1986): Cafetria Systeme, in: Die Betriebswirtschaft, 46. Jg., Heft 5, S. 577-589.

Eberl, Stephan (2008): Licht und Schatten zentralisierter Kapitalallokation – Die Wirkung Interner Kapitalmärkte auf den Unternehmenswert, Diskussionpapier #2008-01, Universität Hohenheim, Lehrstuhl für Rechnungswesen und Finanzierung, Hohenheim, elektronisch veröffentlicht unter: http://opus.uni-hohenheim.de/volltexte/2008/325/pdf/Hohenheimer_ Schriften_Licht_und_Schatten_zentralisierter_Kapitalallokation.pdf.

Eberl, Stephan (2010): Irrationales Verhalten in internen Kapitalmärkten, Hamburg.

Eberl, Stephan/Stier, Daniel P./Hachmeister, Dirk (2008): Möglichkeiten und Grenzen der wertorientierten Unternehmenssteuerung in der internationalen Literatur – Interne Kapitalmärkte und residualbasierte Anreizsysteme, in: Zeitschrift für Controlling & Management, 52. Jg., Heft 1, S. 43-45.

Ebers, Mark/Gotsch, Winfried (2006): Institutionenökonomische Theorien der Organisation, in: *Kieser, Alfred/Ebers, Mark (Hrsg.)*: Organisationstheorien, 6. Aufl., Stuttgart, S. 247-308.

Eglau, Hans-Otto (1995): Arglose Wächter, in: Die Zeit, 1995. Jg., 24.03.1995, Heft 13, S. 28.

Eicker, Friedhelm (1967): Limit Theorems for Regressions with Unequal and Dependent Errors, in: *Le Cam, Lucien M./Neyman, Jerzy (Hrsg.)*: Proceedings of the Fifth Berkeley Symposium on Mathematical Statistics and Probability, Berkeley, S. 59-82.

Eisenhardt, Kathleen M. (1989): Agency Theory: An Assessment and Review, in: The Academy of Management Review, 14. Jg., Heft 1, S. 57-74.

Elbers, Gunnar/Weißenberger, Barbara E./Wolf, Sebastian (2010): Gestaltung variabler Vergütungssysteme – Controllingaufgaben umfassen mehr als (nur) Kennzahlenentwicklung, in: Controller Magazin, 35. Jg., Heft 1, S. 80-86.

Elschen, Rainer (1991a): Gegenstand und Anwendungsmöglichkeiten der Agency-Theorie, in: Schmalenbachs Zeitschrift für betriebswirtschaftliche Forschung, 43. Jg., Heft 11, S. 1002-1012.

Elschen, Rainer (1991b): Shareholder Value und Agency-Theorie – Anreiz und Kontrollsysteme für Zielsetzungen der Anteilseigner, in: Betriebswirtschaftliche Forschung und Praxis, 43. Jg., Heft 3, S. 209-220.

Elston, Julie A./Goldberg, Lawrence G. (2003): Executive Compensation and Agency Costs in Germany, in: Journal of Banking & Finance, 27. Jg., Heft 7, S. 1391-1410.

Engelberg, Joseph/Gao, Pengjie/Parsons, Christopher A. (2013): The Price of a CEO's Rolodex, in: The Review of Financial Studies, 26. Jg., Heft 1, S. 79-114.

England, John D. (1992): Don't Be Afraid of Phantom Stock, in: Compensation and Benefits Review, 24. Jg., Heft 5, S. 39-46.

Erdorf, Stefan/Hartmann-Wendels, Thomas/Heinrichs, Nicolas/Matz, Michael (2013): Corporate Diversification and Firm Value: A Survey of Recent Literature, in: Financial Markets and Portfolio Management, 27. Jg., Heft 2, S. 187-215.

Erdorf, Stefan/Heinrichs, Nicolas (2011): Co-movement of Revenue: Structural Changes in the Business Cycle, in: Financial Markets and Portfolio Management, 25. Jg., Heft 4, S. 411-433.

Evers, Heinz (2009): Vorstands- und Aufsichtsratsvergütung, in: *Hommelhoff, Peter/Hopt, Klaus J./Werder, Axel von (Hrsg.)*: Handbuch Corporate Governance: Leitung und Überwachung börsennotierter Unternehmen in der Rechts- und Wirtschaftspraxis, 2. Aufl., Stuttgart, S. 349-385.

Ewert, Ralf/Wagenhofer, Alfred (2000): Rechnungslegung und Kennzahlen für das wertorientierte Management, in: *Wagenhofer, Alfred/Hrebicek, Gerhard (Hrsg.)*: Wertorientiertes Management: Konzepte und Umsetzungen zur Unternehmenswertsteigerung, Stuttgart, S. 3-64.

Ewert, Ralf/Wagenhofer, Alfred (2014): Interne Unternehmensrechnung, 8. Aufl., Berlin/Heidelberg.

Fahrmeir, Ludwig/Kneib, Thomas/Lang, Stefan (2009): Regression – Modelle, Methoden und Anwendungen, 2. Aufl., Berlin/Heidelberg.

Fahrmeir, Ludwig/Künstler, Rita/Pigeot, Iris/Tutz, Gerhard (2011): Statistik – Der Weg zur Datenanalyse, 7. Aufl., Berlin/Heidelberg.

Fakhfakh, Hamadi/Zouari, Ghazi/Zouari-Hadiji, Rim (2012): Internal Capital Markets and Investment Decisions, in: Corporate Governance, 12. Jg., Heft 2, S. 179-198.

Fama, Eugene F. (1980): Agency Problems and the Theory of the Firm, in: The Journal of Political Economy, 88. Jg., Heft 2, S. 288-307.

Fama, Eugene F./Jensen, Michael C. (1983): Separation of Ownership and Control, in: Journal of Law and Economics, 26. Jg., Heft 2, S. 301-325.

Fatemi, Ali/Desai, Anand S./Katz, Jeffrey P. (2003): Wealth Ccreation and Managerial Pay: MVA and EVA as Determinants of Executive Compensation, in: Global Finance Journal, 14. Jg., Heft 2, S. 159-179.

Faure-Grimaud, Antoine/Laffont, Jean-Jacques/Martimort, David (2003): Collusion, Delegation and Supervision with Soft Information, in: Review of Economic Studies, 70. Jg., Heft 2, S. 253-279.

Fauver, Larry/Houston, Joel/Naranjo, Andy (2003): Capital Market Development, International Integration, Legal Systems, and the Value of Corporate Diversification: A Cross-country Analysis, in: The Journal of Financial and Quantitative Analysis, 38. Jg., Heft 1, S. 135-157.

Fechtel, Achim (2001): Wertorientiertes strategisches Management von Mehrgeschäfts-Unternehmungen, Wiesbaden.

Fee, C. E./Hadlock, Charles J. (2004): Management Turnover Across the Corporate Hierarchy, in: Journal of Accounting and Economics, 37. Jg., Heft 1, S. 3-38.

Feltham, Gerald A./Wu, Martin G. H. (2001): Incentive Efficiency of Stock versus Options, in: Review of Accounting Studies, 6. Jg., Heft 1, S. 7-28.

Fernándes, Pablo (2002): EVA, Economic Profit and Cash Value Added Do Not Measure Shareholder Value Creation, Research Paper No 453, University of Navarra, IESE Business School, Barcelona, elektronisch veröffentlicht unter: http://www.iese.edu/research/pdfs/DI-0453-E.pdf.

Fernándes, Pablo/Reinoso, Laura (2003): Shareholder Value Creators and Shareholder Value Destroyers in USA – Year 2002, Working Paper, University of Navarra, IESE Business School, Barcelona, elektronisch veröffentlicht unter: http://ssrn.com/abstract=386280.

Feser, Nepomuk (2009): Corporate Governance und Unternehmensperformance – Der Kontrollmechanismus der Managementkompensation als Anlagekriterium für Investoren, Dissertation, Universität St. Gallen, St. Gallen, elektronisch veröffentlicht unter: http://www1.unisg.ch/www/edis.nsf/SysLkpByIdentifier/3683/$FILE/dis3683.pdf.

Fey, Andreas (2000): Diversifikation und Unternehmensstrategie – Zur Insuffizienz der Analyse des Diversifikationserfolges in der empirischen Diversifikationsforschung, Frankfurt am Main.

Finkelstein, Sydney/Boyd, Brian K. (1998): How Much Does the CEO Matter? The Role of Managerial Discretion in the Setting of CEO Compensation, in: The Academy of Management Journal, 41. Jg., Heft 2, S. 179-199.

Fischer, Joachim (1981): Heuristische Investitionsplanung – Entscheidungshilfen in der Praxis, Berlin.

Fleischer, Holger (2009): Das Gesetz zur Angemessenheit der Vorstandsvergütung, in: Neue Zeitschrift für Gesellschaftsrecht, 12. Jg., Heft 21, S. 801-806.

Fracassi, Cesare/Tate, Geoffrey (2012): External Networking and Internal Firm Governance, in: The Journal of Finance, 67. Jg., Heft 1, S. 153-194.

Francoeur, Claude/Niyubahwe, Alain (2009): Sell-offs, Internal Capital Markets, and Long Run Performance: Canadian Evidence, in: International Journal of Managerial Finance, 5. Jg., Heft 4, S. 376-390.

Franke, Günter (1993): Agency-Theorie, in: *Wittmann, Waldemar/Kern, Werner/Köhler, Richard/Küpper, Hans-Ulrich/Wysocki, Klaus von (Hrsg.)*: Handwörterbuch der Betriebswirtschaftslehre: Teilband 1 (A-H), 5. Aufl., Stuttgart, Sp. 38-57.

Franke, Günter (Hrsg.) (2002): German Financial Markets and Institutions: Selected Studies, in: Schmalenbach Business Review, 54. Jg., Special Issue 1/2002, Düsseldorf.

Franke, Günter/Hax, Herbert (2009): Finanzwirtschaft des Unternehmens und Kapitalmarkt, 6. Aufl., Berlin/Heidelberg.

Frese, Erich (2000): Grundlagen der Organisation: Konzept – Prinzipien – Strukturen, 8. Aufl., Wiesbaden.

Frese, Erich/Graumann, Matthias/Theuvsen, Ludwig (2012): Grundlagen der Organisation – Entscheidungsorientiertes Konzept der Organisationsgestaltung, 10. Aufl., Wiesbaden.

Frese, Erich/Mensching, Helmut/Werder, Axel v. (1987): Unternehmungsführung, Landsberg am Lech.

Freygang, Winfried (1993): Kapitalallokation in diversifizierten Unternehmen – Ermittlung divisionaler Eigenkapitalkosten, Wiesbaden.

Friedl, Birgit (2003): Controlling, Stuttgart.

Friedl, Birgit/Pfeiffer, Iris (2014): Ausgestaltung und Anreizwirkungen der Vorstandsvergütung in Deutschland, in: Controlling, 26. Jg., Heft 3, S. 148-154.

Friedl, Gunther/Döscher, Thorsten (2009): Langfristige Anreize in der DAX 30-Vorstandsvergütung, in: Der Aufsichtsrat, 6. Jg., Heft 3, S. 36-38.

Friedl, Gunther/Hocker, Ulrich/Springer, Verena/Hölz, Christiane/Kettenring, Tim (2011): Studie zur Vergütung der Vorstände in den DAX- und MDAX-Unternehmen im Geschäfsjahr 2010, München.

Frühauf, Martin (1998): Geschäftsleitung in der Unternehmenspraxis, in: Zeitschrift für Unternehmens- und Gesellschaftsrecht, 27. Jg., Heft 3, S. 407-418.

Fründ, Henric P. (2011): Bonusbank, in: *Busse von Colbe, Walther/Crasselt, Nils/Pellens, Bernhard (Hrsg.)*: Lexikon des Rechnungswesens: Handbuch der Bilanzierung und Prüfung, der Erlös-, Finanz-, Investitions- und Kostenrechnung, 5. Aufl., München, S. 132-133.

Funk, Christian (2008): Gestaltung effizienter interner Kapitalmärkte in Konglomeraten, Frankfurt am Main.

Funk, Christian/Welge, Martin K. (2009): Gestaltung eines effektiven "Winner-Pickings" in Konglomeraten, in: Controlling, 21. Jg., Heft 12, S. 684-689.

Furubotn, Eirik G./Richter, Rudolf (2005): Institutions and Economic Theory – The Contribution of the New Institutional Economics, 2. Aufl., Ann Arbor.

Gälweiler, Aloys (1979): Strategische Geschäftseinheiten (SGE) und Aufbau-Organisation der Unternehmung, in: Zeitschrift für Organisation, 48. Jg., Heft 5, S. 252-260.

Garvey, Gerald T./Milbourn, Todd T. (2000): EVA versus Earnings: Does It Matter Which Is More Highly Correlated with Stock Returns?, in: Journal of Accounting Research, 38. Jg., Heft Supplement: Studies on Accounting, S. 209-245.

Gautier, Axel/Hamadi, Malika (2005): Internal Capital Markets Efficiency of Belgian Holding Companies, in: Revue de l'Association Française de Finance, 26. Jg., Heft 2, S. 11-34.

Gautier, Axel/Heider, Florian (2009): The Benefit and Cost of Winner-Picking: Redistribution versus Incentives, in: Journal of Institutional and Theoretical Economics, 165. Jg., Heft 4, S. 622-649.

Gaver, Jennifer J./Gaver, Kenneth M./Battistel, George P. (1992): The Stock Market Reaction to Performance Plan Adoptions, in: The Accounting Review, 67. Jg., Heft 1, S. 172-182.

Gehrke, Norman (1994): Tobins q – Die Beziehung zwischen Buch- und Marktwerten deutscher Aktiengesellschaften, Wiesbaden.

Georgieva, Dobrina/Jandik, Tomas/Makhija, Anil K. (2013): Adoptions and Eliminations of Economic Profit Plans and Internal Capital Markets Efficiency, Working Paper, University of St. Thomas, Opus College of Business, Minneapolis, elektronisch veröffentlicht unter: http://ssrn.com/abstract=2227224.

Gerke, Wolfgang/Pellens, Bernhard (2003): Pensionsrückstellungen, Pensionsfonds und das Rating von Unternehmen – eine kritische Analyse, elektronisch veröffentlicht unter: http://www.bfz-ev.de/fileadmin/upload/Gutachten_deutsch_final.pdf.

Gertner, Robert H./Powers, Eric/Scharfstein, David S. (2002): Learning about Internal Capital Markets from Corporate Spin-offs, in: The Journal of Finance, 57. Jg., Heft 6, S. 2479-2506.

Gertner, Robert H./Scharfstein, David S./Stein, Jeremy C. (1994): Internal versus External Capital Markets, in: The Quarterly Journal of Economics, 109. Jg., Heft 4, S. 1211-1230.

Gerum, Elmar (1992): Unternehmensverfassung, in: *Frese, Erich (Hrsg.)*: Handwörterbuch der Organisation, 3. Aufl., Stuttgart, Sp. 2480-2502.

Ghoshal, Sumantra/Moran, Peter (1996): Bad for Practice: A Critique of the Transaction Cost Theory, in: The Academy of Management Review, 21. Jg., Heft 1, S. 13-47.

Giesselmann, Marco/Windzio, Michael (2012): Regressionsmodelle zur Analyse von Paneldaten, Wiesbaden.

Gillenkirch, Robert M. (2004): Gewinn- und aktienkursorientierte Managementvergütung, Wiesbaden.

Gitt, Nils/Völl, Wolfgang/Kettenring, Tim (2013): Anwendung wertorientierter Steuerungskennzahlen in deutschen HDAX-Unternehmen – Aktueller Stand und Entwicklungen, in: Controlling, 25. Jg., Heft 2, S. 100-108.

Glaser, Markus/López-de-Silanes, Florencio/Sautner, Zacharias (2013): Opening the Black Box: Internal Capital Markets and Managerial Power, in: The Journal of Finance, 68. Jg., Heft 4, S. 1577-1631.

Glaser, Markus/Müller, Sebastian (2006): Der Diversification Discount in Deutschland: Existiert ein Bewertungsabschlag für diversifizierte Unternehmen?, Working Paper No. 06-13, Universität Mannheim, Mannheim, elektronisch veröffentlicht unter: http://www.sfb504.uni-mannheim.de/publications/dp06-13.pdf.

Glaser, Markus/Müller, Sebastian (2010): Is the Diversification Discount Caused by the Book Value Bias of Debt?, in: Journal of Banking & Finance, 34. Jg., Heft 10, S. 2307-2317.

Glaser, Markus/Schäfers, Philipp/Weber, Martin (2008): Managerial Optimism and Corporate Investment: Is the CEO Alone Responsible for the Relation?, Working Paper, Universität Mannheim, Mannheim, elektronisch veröffentlicht unter: http://ssrn.com/abstract=967649.

Gleißner, Werner/Lienhard, Herbert (2001): Wertorientierte Kapitalallokation – ein Schlüssel zum Unternehmenserfolg, in: *Gleißner, Werner/Meier, Günter (Hrsg.)*: Wertorientiertes Risiko-Management für Industrie und Handel: Methoden, Fallbeispiele, Checklisten, Wiesbaden, S. 269-287.

Glover, Jonathan C./Ijiri, Yuji/Levine, Carolyn B./Liang, Pierre J. (2005): Separating Facts from Forecasts in Financial Statements, in: Accounting Horizons, 19. Jg., Heft 4, S. 267-282.

Göbel, Elisabeth (2002): Neue Institutionenökonomik – Konzeption und betriebswirtschaftliche Anwendungen, Stuttgart.

Gocke, Clemens (1993): Effiziente Kapitalallokation zu Investitionszwecken als Problem im divisionalen Unternehmen, Dissertation, Universität zu Köln, Wirtschafts- und Sozialwissenschaftliche Fakultät, Köln.

Goel, Anand M./Nanda, Vikram/Narayanan, M. P. (2004): Career Concerns and Resource Allocation in Conglomerates, in: The Review of Financial Studies, 17. Jg., Heft 1, S. 99-128.

Goergen, Marc/Manjon, Miguel C./Renneboog, Luc (2008): Recent Developments in German Corporate Governance, in: International Review of Law and Economics, 28. Jg., Heft 3, S. 175-193.

Gomez, Peter (1993): Wertmanagement – Vernetzte Strategien für Unternehmen im Wandel, Düsseldorf/Berlin.

Gonenc, Halit/Kan, Ozgur B./Karadagli, Ece C. (2004): Corporate Diversification and Internal Capital Markets: Evidence from the Turkish Business Groups, Working Paper, University of Groningen, Faculty of Economics and Business, Groningen, elektronisch veröffentlicht unter: http://ssrn.com/abstract=500163.

Gopalan, Radhakrishnan/Nanda, Vikram/Seru, Amit (2007): Affiliated Firms and Financial Support: Evidence from Indian Business Groups, in: Journal of Financial Economics, 86. Jg., Heft 3, S. 759-795.

Graham, John R./Lemmon, Michael L./Wolf, Jack G. (2002): Does Corporate Diversification Destroy Value?, in: The Journal of Finance, 57. Jg., Heft 2, S. 695-720.

Grant, Robert M./Jammine, Azar P./Thomas, Howard (1988): Diversity, Diversification, and Profitability among British Manufacturing Companies, 1972-84, in: The Academy of Management Journal, 31. Jg., Heft 4, S. 771-801.

Greene, William H. (2000): Econometric Analysis, 4. Aufl., Upper Saddle River.

Greene, William H. (2008): Econometric Analysis, 6. Aufl., Upper Saddle River.

Grewe, Alexander (2006): Implementierung neuer Anreizsysteme – Grundlagen, Konzept und Gestaltungsempfehlungen, 3. Aufl., Mering.

Grossman, Sanford J./Hart, Oliver D. (1980): Takeover Bids, The Free-Rider Problem, and the Theory of the Corporation, in: The Bell Journal of Economics, 11. Jg., Heft 1, S. 42-64.

Grossman, Sanford J./Hart, Oliver D. (1983): An Analysis of the Principal-Agent Problem, in: Econometrica, 51. Jg., Heft 1, S. 7-45.

Grossman, Sanford J./Hart, Oliver D. (1986): The Costs and Benefits of Ownership: A Theory of Vertical and Lateral Integration, in: The Journal of Political Economy, 94. Jg., Heft 4, S. 691-719.

Grossman, Sanford J./Hart, Oliver D. (1988): One Share – One Vote and the Market for Corporate Control, in: Journal of Financial Economics, 20. Jg., Heft 1-3, S. 175-202.

Grothe, Philip (2006): Unternehmensüberwachung durch den Aufsichtsrat – Ein Beitrag zur Corporate Governance-Diskussion in Deutschland, Frankfurt am Main.

Groves, Theodore/Ledyard, John (1977): Optimal Allocation of Public Goods: A Solution to the "Free Rider" Problem, in: Econometrica, 45. Jg., Heft 4, S. 783-809.

Grundei, Jens (2008): Organisation der Entscheidungsfindung im AG-Vorstand, elektronisch veröffentlicht unter: http://www.orgportal.org/fileadmin/media/legacy/Organisation_der_Entscheidungsfindung_im_AG-Vorstand.pdf.

Guay, Wayne R. (1999): The Sensitivity of CEO Wealth to Equity Risk: An Analysis of the Magnitude and Determinants, in: Journal of Financial Economics, 53. Jg., Heft 1, S. 43-71.

Guedj, Ilan/Huang, Jennifer/Sulaeman, Johan (2009): Internal Capital Allocation and Firm Performance, Working Paper, University of Texas at Austin, McCombs School of Business, Austin, elektronisch veröffentlicht unter: http://ssrn.com/abstract=1364924.

Günther, Thomas (1997): Unternehmenswertorientiertes Controlling, München.

Guo, Rong (2012): How Increased Diversification Affects the Efficiency of Internal Capital Market?, in: Journal of Finance and Accountancy, 9. Jg., Heft April, S. 1-10.

Gutenberg, Erich (1962): Unternehmensführung – Organisation und Entscheidungen, Wiesbaden.

Guthof, Philipp (1995): Strategische Anreizsysteme – Gestaltungsoptionen im Rahmen der Unternehmungsentwicklung, Wiesbaden.

Habib, Michel A./Ljungqvist, Alexander (2005): Firm Value and Managerial Incentives: A Stochastic Frontier Approach, in: The Journal of Business, 78. Jg., Heft 6, S. 2053-2094.

Hachmeister, Dirk (2000): Der Discounted Cash Flow als Maß der Unternehmenswertsteigerung, 4. Aufl., Frankfurt am Main.

Hackethal, Andreas/Schmidt, Reinhard H./Tyrell, Marcel (2003): Corporate Governance in Germany: Transition to a Modern Capital-Market-Based System?, in: Journal of Institutional and Theoretical Economics, 159. Jg., Heft 4, S. 664-674.

Hadlock, Charles J./Lumer, Gerald B. (1997): Compensation, Turnover, and Top Management Incentives: Historical Evidence, in: The Journal of Business, 70. Jg., Heft 2, S. 153-187.

Haeseler, Herbert R. (1993): Ergiebigkeits-Kennzahlen und Cash-Flow Return on Investment, in: *Seicht, Gerhard (Hrsg.)*: Jahrbuch für Controlling und Rechnungswesen, Wien, S. 53-81.

Hahn, Dietger (1988): Führung und Führungsorganisation – Gestaltungsmöglichkeiten bei veränderten Rahmenbedingungen in der heutigen Industriegesellschaft, in: Schmalenbachs Zeitschrift für betriebswirtschaftliche Forschung, 40. Jg., Heft 2, S. 112-137.

Hair, Joseph F./Black, William C./Babin, Barry J./Anderson, Rolph O. (2010): Multivariate Data Analysis – A Global Perspective, 7. Aufl., Upper Saddle River.

Hall, Brian J./Liebman, Jeffrey B. (1998): Are CEOs Really Paid Like Bureaucrats?, in: The Quarterly Journal of Economics, 113. Jg., Heft 3, S. 653-691.

Hall, Brian J./Murphy, Kevin J. (2000): Optimal Exercise Prices for Executive Stock Options, in: The American Economic Review, 90. Jg., Heft 2, S. 209-214.

Hall, Brian J./Murphy, Kevin J. (2002): Stock Options for Undiversified Executives, in: Journal of Accounting and Economics, 33. Jg., Heft 1, S. 3-42.

Hall, Brian J./Murphy, Kevin J. (2003): The Trouble with Stock Options, in: The Journal of Economic Perspectives, 17. Jg., Heft 3, S. 49-70.

Hall, William K. (1977): SBUs: Hot, New Topic in the Management of Diversification, in: Business Horizons, 21. Jg., Heft February, S. 17-25.

Hamilton, Lawrence C. (2013): Statistics with STATA – Version 12, 8. Aufl., Belmont.

Hammond, Peter J./Erichson, Bernd (2000): Marktforschung, 4. Aufl., Stuttgart.

Hanlon, Michelle/Rajgopal, Shivaram/Shevlin, Terry (2003): Are Executive Stock Options Associated with Future Earnings?, in: Journal of Accounting and Economics, 36. Jg., Heft 1-3, S. 3-43.

Hansen, Lars P. (1982): Large Sample Properties of Generalized Method of Moments Estimators, in: Econometrica, 50. Jg., Heft 4, S. 1029-1054.

Harris, Milton/Raviv, Artur (1990): Capital Structure and the Informational Role of Debt, in: The Journal of Finance, 45. Jg., Heft 2, S. 321-349.

Harris, Milton/Raviv, Artur (1996): The Capital Budgeting Process: Incentives and Information, in: The Journal of Finance, 51. Jg., Heft 4, S. 1139-1174.

Hart, Oliver D. (1995): Firms, Contracts, and Financial Structure, Oxford.

Hart, Oliver D./Holmström, Bengt (1987): The Theory of Contracts, in: *Bewley, Truman F. (Hrsg.)*: Advances in Economic Theory: Fifth World Congress, Cambridge, S. 71-156.

Hart, Oliver D./Moore, John (1990): Property Rights and the Nature of the Firm, in: The Journal of Political Economy, 98. Jg., Heft 6, S. 1119-1158.

Hart, Oliver D./Moore, John (1995): Debt and Seniority: An Analysis of the Role of Hard Claims in Constraining Management, in: The American Economic Review, 85. Jg., Heft 3, S. 567-585.

Haugen, Robert A./Senbet, Lemma W. (1981): Resolving the Agency Problems of External Capital through Options, in: The Journal of Finance, 36. Jg., Heft 3, S. 629-647.

Hauschild, Stefan/Knyphausen-Aufseß, Dodo zu (2013): The Resource-based View of Diversification Success: Conceptual Issues, Methodological Flaws, and Future Directions, in: Review of Managerial Science, 7. Jg., Heft 3, S. 327-363.

Hausman, Jerry A. (1978): Specification Tests in Econometrics, in: Econometrica, 46. Jg., Heft 6, S. 1251-1271.

Haussmann, Fritz (1928): Vom Aktienwesen und vom Aktienrecht, Mannheim.

Hax, Arnoldo C./Majluf, Nicolas S. (1984): Strategic Management – An Integrative Perspective, Englewood Cliffs.

Healy, Paul M. (1985): The Effect of Bonus Schemes on Accounting Decisions, in: Journal of Accounting and Economics, 7. Jg., Heft 1-3, S. 85-107.

Hebertinger, Martin/Schabel, Matthias M./Velthuis, Louis J. (2005): Risikoangepasste oder risikofreie Kapitalkosten in Wertbeitragskonzepten?, in: Finanz Betrieb, 7. Jg., Heft 3, S. 159-166.

Hege, Ulrich/Ambrus-Lakatos, Lórand (2002): Internal Capital Markets: The Insurance-Contagion Trade-off, Working Paper, Central European University, Budapest, elektronisch veröffentlicht unter: http://ssrn.com/abstract=302799.

Heimes, Moritz (2014): Three Essays on Executive Compensation, Dissertation, Universität Konstanz, Fachbereich Wirtschaftswissenschaften, Konstanz, elektronisch veröffentlicht unter: http://nbn-resolving.de/urn:nbn:de:bsz:352-258972.

Heinze, Tobias/Hölzenbein, Fabian/Seel, Miriam (2010): Zweifaktorielle ANOVA und Kovarianzanalyse, elektronisch veröffentlicht unter: http://www.psychologie.uni-freiburg.de/abteilungen/Sozialpsychologie.Methodenlehre/courses/ss-09/spss-und-statistik/handout-fur-termin-6/.

Heitzer, Bernd/Klose, Frank/Steiner, Manfred (2000): Wertorientierte Gestaltung von Aktienoptionsprogrammen für das Management, in: Finanz Betrieb, 2. Jg., Heft 6, S. 345-355.

Hellwig, Martin F./Laux, Christian/Müller, Holger M. (2002): Conglomeration: Good, Bad, or Unavoidable?, in: *Franke, Günter (Hrsg.)*: German Financial Markets and Institutions: Selected Studies, Schmalenbach Business Review, Special Issue 1/2002, 54. Jg., Düsseldorf, S. 55-78.

Hemmer, Thomas/Matsunaga, Steve/Shevlin, Terry (1996): The Influence of Risk Diversification on the Early Exercise of Employee Stock Options by Executive Officers, in: Journal of Accounting and Economics, 21. Jg., Heft 1, S. 45-68.

Henderson, Andrew D./Fredrickson, James W. (1996): Information-Processing Demands as a Determinant of CEO Compensation, in: The Academy of Management Journal, 39. Jg., Heft 3, S. 575-606.

Henderson, Bruce D. (1998): The Product Portfolio, in: *Stern, Carl W./Stalk, George (Hrsg.)*: Perspectives on Strategy from the Boston Consulting Group, New York, S. 35-37.

Hengartner, Lukas (2006): Explaining Executive Pay – The Roles of Managerial Power and Complexity, Wiesbaden.

Hess, Glenn E. (1996): Corporate Governance – zum Stand der Diskussion in den Vereingten Staaten, in: *Feddersen, Dieter/Hommelhoff, Peter/Schneider, Uwe H. (Hrsg.)*: Corporate Governance: Optimierung der Unternehmensführung und der Unternehmenskontrolle im deutschen und amerikanischen Aktienrecht, Köln, S. 9-24.

Hill, Charles W. L. (1985a): Internal Organization and Enterprise Performance: Some UK Evidence, in: Managerial and Decision Economics, 6. Jg., Heft 4, S. 210-216.

Hill, Charles W. L. (1985b): Oliver Williamson and the M-Form Firm: A Critical Review, in: Journal of Economic Issues, 19. Jg., Heft 3, S. 731-751.

Hill, Charles W. L. (1988): Internal Capital Market Controls and Financial Performance in Multidivisional Firms, in: The Journal of Industrial Economics, 37. Jg., Heft 1, S. 67-83.

Hill, Charles W. L./Hoskisson, Robert E. (1987): Strategy and Structure in the Multiproduct Firm, in: The Academy of Management Review, 12. Jg., Heft 2, S. 331-341.

Hill, Wilhelm/Fehlbaum, Raymond/Ulrich, Peter (1998): Organisationslehre 2 – Theoretische Ansätze und praktische Methoden der Organisation sozialer Systeme, 5. Aufl., Stuttgart.

Hillebrand, Walter/Linden, F. A. (1990): Holdings: Ein Modell wird immer beliebter, in: Manager Magazin, 20. Jg., Heft 10, S. 224-233.

Himme, Alexander (2007): Gütekriterien der Messung: Reliabilität, Validität und Generalisierbarkeit, in: *Albers, Sönke/Klapper, Daniel/Konradt, Udo/Walter, Achim/Wolf, Joachim (Hrsg.)*: Methodik der empirischen Forschung, 2. Aufl., Wiesbaden, S. 375-390.

Hirsch, Bernhard (2007): Controlling und Entscheidungen, Tübingen.

Hirshleifer, David/Suh, Yoon (1992): Risk, Managerial Effort, and Project Choice, in: Journal of Financial Intermediation, 2. Jg., Heft 3, S. 308-345.

Hochhold, Stefanie/Rudolph, Bernd (2009): Principal-Agent-Theorie, in: *Schwaiger, Manfred/Meyer, Anton (Hrsg.)*: Theorien und Methoden der Betriebswirtschaft: Handbuch für Wissenschaftler und Studierende, München, S. 131-145.

Hoechle, Daniel (2007): Robust Standard Errors for Panel Regressions with Cross-sectional Dependence, in: The Stata Journal, 7. Jg., Heft 3, S. 281-312.

Hoechle, Daniel/Schmid, Markus M./Walter, Ingo/Yermack, David L. (2012): How Much of the Diversification Discount can be Explained by Poor Corporate Governance?, in: Journal of Financial Economics, 103. Jg., Heft 1, S. 41-60.

Hoffmann, Friedrich (1993): Der Konzern als Gegenstand betriebswirtschaftlicher Forschung, in: *Hoffmann, Friedrich (Hrsg.)*: Konzernhandbuch, Wiesbaden, S. 1-80.

Hoffmann, Wolf-Dieter/Lüdenbach, Norbert (2004): Die Bilanzierung aktienorientierter Vergütungsformen nach IFRS 2 (Share-Based Payment), in: Deutsches Steuerrecht, 42. Jg., Heft 18, S. 786-792.

Hoffmann-Becking, Michael (1986): Vorstands-Doppelmandate im Konzern, in: Zeitschrift für das gesamte Handelsrecht und Wirtschaftsrecht, 150. Jg., Heft 5, S. 570-584.

Hoffmann-Becking, Michael (1998): Zur rechtlichen Organisation der Zusammenarbeit im Vorstand der AG, in: Zeitschrift für Unternehmens- und Gesellschaftsrecht, 27. Jg., Heft 3, S. 497-519.

Hofmann, Christian (2002): Anreizsysteme, in: *Küpper, Hans-Ulrich (Hrsg.)*: Handwörterbuch Unternehmensrechnung und Controlling, 4. Aufl., Stuttgart, Sp. 69-79.

Hogan, Chris E./Lewis, Craig M. (2005): Long-Run Investment Decisions, Operating Performance, and Shareholder Value Creation of Firms Adopting Compensation Plans Based on Economic Profits, in: The Journal of Financial and Quantitative Analysis, 40. Jg., Heft 4, S. 721-745.

Höhn, Reinhard (1972): Ressortlose Unternehmensführung, Bad Harzburg.

Holderness, Clifford G. (2003): A Survey of Blockholders and Corporate Control, in: Federal Reserve Bank of New York Economic Policy Review, 9. Jg., Heft 1, S. 51-64.

Holtbrügge, Dirk (2013): Personalmanagement, 5. Aufl., Berlin/Heidelberg.

Holtmann, Michael (1989): Personelle Verflechtungen auf Konzernführungsebene, Wiesbaden.

Hopt, Klaus J. (2000): Gemeinsame Grundsätze der Corporate Governance in Europa? – Überlegungen zum Einfluß der Wertpapiermärkte auf Unternehmen und ihre Regulierung und zum Zusammenwachsen von common law und civil law im Gesellschafts- und Kapitalmarktrecht, in: Zeitschrift für Unternehmens- und Gesellschaftsrecht, 29. Jg., Heft 6, S. 779-818.

Horváth, Péter (2011): Controlling, 12. Aufl., München.

Hoskisson, Robert E./Arthurs, Jonathan D./White, Robert E./Wyatt, Chelsea (2013): Multiple Agency Theory – An Emerging Perspective on Corporate Governance, in: *Wright, Mike (Hrsg.)*: The Oxford Handbook of Corporate Governance, Oxford, S. 673-702.

Hoskisson, Robert E./Hitt, Michael A./Johnson, Richard A./Moesel, Douglas D. (1993): Construct Validity of an Objective (Entropy) Categorical Measure of Diversification Strategy, in: Strategic Management Journal, 14. Jg., Heft 3, S. 215-235.

Houston, Joel/James, Christopher/Marcus, David (1997): Capital Market Frictions and the Role of Internal Capital Markets in Banking, in: Journal of Financial Economics, 46. Jg., Heft 2, S. 135-164.

Hsiao, Cheng/Pesaran, M. H. (2008): Random Coefficient Models, in: *Mátyás, László/Sevestre, Patrick (Hrsg.)*: The Econometrics of Panel Data: Fundamentals and Recent Developments in Theory and Practice, 3. Aufl., Berlin/Heidelberg, S. 185-214.

Hubbard, R. G./Palia, Darius (1999): A Reexamination of the Conglomerate Merger Wave in the 1960s: An Internal Capital Markets View, in: The Journal of Finance, 54. Jg., Heft 3, S. 1131-1152.

Huber, Peter J. (1967): The Behavior of Maximum Likelihood Estimates Under Nonstandard Conditions, in: *Le Cam, Lucien M./Neyman, Jerzy (Hrsg.)*: Proceedings of the Fifth Berkeley Symposium on Mathematical Statistics and Probability, Berkeley, S. 221-233.

Huddart, Steven (1994): Employee Stock Options, in: Journal of Accounting and Economics, 18. Jg., Heft 2, S. 207-231.

Huddart, Steven/Lang, Mark (1996): Employee Stock Option Exercises – An Empirical Analysis, in: Journal of Accounting and Economics, 21. Jg., Heft 1, S. 5-43.

Hull, John C. (2012): Options, Futures, and Other Derivatives, 8. Aufl., Boston.

Hull, John C./White, Alan (2004): How to Value Employee Stock Options, in: Financial Analysts Journal, 60. Jg., Heft 1, S. 114-119.

Hungenberg, Harald (1995): Zentralisation und Dezentralisation – Strategische Entscheidungsverteilung in Konzernen, Wiesbaden.

Hungenberg, Harald (2006): Anreizsysteme für Führungskräfte – Theoretische Grundlagen und praktische Ausgestaltungsmöglichkeiten, in: *Taylor, Bernard/Hahn, Dietger (Hrsg.)*: Strategische Unternehmungsplanung: Strategische Unternehmungsführung: Stand und Entwicklungstendenzen, 9. Aufl., Berlin/Heidelberg, S. 353-364.

Hungenberg, Harald (2012): Strategisches Management in Unternehmen. Ziele – Prozesse – Verfahren, 7. Aufl., Wiesbaden.

Hungenberg, Harald/Wulf, Torsten (2011): Grundlagen der Unternehmensführung, 4. Aufl., Berlin/Heidelberg.

Hutzschenreuter, Thomas (2003): 40 Jahre empirische Diversifikationsforschung – Offene Probleme und Lösungsansätze, in: *Schwaiger, Manfred/Harhoff, Dietmar (Hrsg.)*: Empirie und Betriebswirtschaft: Entwicklungen und Perspektiven, Stuttgart, S. 201-236.

Hyland, David C./Diltz, J. D. (2002): Why Firms Diversify: An Empirical Examination, in: Financial Management, 31. Jg., Heft 1, S. 51-81.

IASB (Hrsg.) (2004): IAS 14: Segmentberichterstattung, elektronisch veröffentlicht unter: http://www.ifrs.org.

IASB (Hrsg.) (2009): IFRS 8: Geschäftssegmente, elektronisch veröffentlicht unter: http://www.ifrs.org.

IDRE (2014a): Regression with Stata – Chapter 2: Regression Diagnostics, elektronisch veröffentlicht unter: http://www.ats.ucla.edu/stat/stata/webbooks/reg/chapter2/statareg2.htm.

IDRE (2014b): Regression with Stata – Chapter 1: Simple and Multiple Regression, elektronisch veröffentlicht unter: http://www.ats.ucla.edu/stat/stata/webbooks/reg/chapter1/statareg1.htm.

Inderst, Roman/Laux, Christian (2005): Incentives in Internal Capital Markets: Capital Constraints, Competition, and Investment Opportunities, in: The RAND Journal of Economics, 36. Jg., Heft 1, S. 215-228.

Jacquemin, Alexis P./Berry, Charles H. (1979): Entropy Measure of Diversification and Corporate Growth, in: The Journal of Industrial Economics, 27. Jg., Heft 4, S. 359-369.

Jandik, Tomas/Makhija, Anil K. (2005): Can Diversification Create Value? Evidence from the Electric Utility Industry, in: Financial Management, 34. Jg., Heft 1, S. 61-93.

Jann, Ben (2004): Diagnostik von Regressionsschätzungen bei kleinen Stichproben, in: *Diekmann, Andreas (Hrsg.)*: Methoden der Sozialforschung, Kölner Zeitschrift für Soziologie und Sozialpsychologie, Sonderheft 44, 56. Jg., Wiesbaden, S. 421-452.

Jann, Ben (2009): Diagnostik von Regressionsschätzungen bei kleinen Stichproben (mit einem Exkurs zu logistischer Regression), in: *Kriwy, Peter/Gross, Christiane (Hrsg.)*: Klein aber fein!: Quantitative empirische Sozialforschung mit kleinen Fallzahlen, Wiesbaden, S. 93-126.

Jann, Ben (2010): Robuste Regression, in: *Wolf, Christian/Best, Henning/Wolf, Christof (Hrsg.)*: Handbuch der sozialwissenschaftlichen Datenanalyse, Wiesbaden, S. 707-740.

Jennergren, L. P./Naslund, Bertil (1993): A Comment on "Valuation of Executive Stock Options and the FASB Proposal", in: The Accounting Review, 68. Jg., Heft 1, S. 179-184.

Jensen, Michael C. (1986): Agency Costs of Free Cash Flow, Corporate Finance, and Takeovers, in: The American Economic Review, 76. Jg., Heft 2, S. 323-329.

Jensen, Michael C. (1993): The Modern Industrial Revolution, Exit, and the Failure of Internal Control Systems, in: The Journal of Finance, 48. Jg., Heft 3, S. 831-880.

Jensen, Michael C./Meckling, William H. (1976): Theory of the Firm: Managerial Behavior, Agency Costs and Ownership Structure, in: Journal of Financial Economics, 3. Jg., Heft 4, S. 305-360.

Jensen, Michael C./Murphy, Kevin J. (1990): Performance Pay and Top-Management Incentives, in: The Journal of Political Economy, 98. Jg., Heft 2, S. 225-264.

Jiraporn, Pornsit/Kim, Young S./Davidson III, Wallace N. (2008): Multiple Directorships and Corporate Diversification, in: Journal of Empirical Finance, 15. Jg., Heft 3, S. 418-435.

Jiraporn, Pornsit/Kim, Young S./Davidson III, Wallace N./Singh, Manohar (2006): Corporate Governance, Shareholder Rights and Firm Diversification: An Empirical Analysis, in: Journal of Banking & Finance, 30. Jg., Heft 3, S. 947-963.

Joh, Sung W. (2003): Corporate Governance and Firm Profitability: Evidence from Korea before the Economic Crisis, in: Journal of Financial Economics, 68. Jg., Heft 2, S. 287-322.

Johnson, Shane A./Tian, Yisong S. (2000a): Indexed Executive Stock Options, in: Journal of Financial Economics, 57. Jg., Heft 1, S. 35-64.

Johnson, Shane A./Tian, Yisong S. (2000b): The Value and Incentive Effects of Nontraditional Executive Stock Option Plans, in: Journal of Financial Economics, 57. Jg., Heft 1, S. 3-34.

Johnson, Shane A./Tian, Yisong S. (2004): Risk-averse Executives, Multiple Common Risks, and the Efficiency and Incentives of Indexed Executive Stock Options, in: Journal of Derivatives Accounting, 1. Jg., Heft 1, S. 11-28.

Jost, Peter-Jürgen (Hrsg.) (2001): Die Prinzipal-Agenten-Theorie in der Betriebswirtschaftslehre, Stuttgart.

Jost, Peter-Jürgen (2009): Organisation und Koordination – Eine ökonomische Einführung, 2. Aufl., Wiesbaden.

Ju, Nengjiu/Leland, Hayne/Senbet, Lemma W. (2002): Options, Option Repricing and Severance Packages in Managerial Compensation: Their Effects on Corporate Investment Risk, Working Paper, University of Maryland, Robert H. Smith School of Business, College Park, elektronisch veröffentlicht unter: http://ssrn.com/abstract=346920.

Judith, Aandré/Sommer, Friedrich (2012): Shareholder Value-Orientierung aktienbasierter Langzeitvergütung – Umsetzungsstand in DAX- und MDAX-Konzernen, in: Controlling, 24. Jg., Heft 2, S. 113-120.

Jung, Hans (2010): Allgemeine Betriebswirtschaftslehre, 12. Aufl., München.

Kaplan, Steven N. (1994a): Top Executive Rewards and Firm Performance: A Comparison of Japan and the United States, in: The Journal of Political Economy, 102. Jg., Heft 3, S. 510-546.

Kaplan, Steven N. (1994b): Top Executives, Turnover, and Firm Performance in Germany, in: Journal of Law, Economics, & Organization, 10. Jg., Heft 1, S. 142-159.

Kaplan, Steven N./Zingales, Luigi (1997): Do Investment-Cash Flow Sensitivities Provide Useful Measures of Financing Constraints?, in: The Quarterly Journal of Economics, 112. Jg., Heft 1, S. 169-215.

Kara, Sebastian (2010): Vorstandsvergütung in der deutschen Corporate Governance, Düsseldorf.

Karmann, Alexander (1992): Principal-Agent-Modelle und Risikoallokation, in: Wirtschaftswissenschaftliches Studium, 21. Jg., Heft 11, S. 557-562.

Kaya, Maria (2007): Verfahren der Datenerhebung, in: *Albers, Sönke/Klapper, Daniel/Konradt, Udo/Walter, Achim/Wolf, Joachim (Hrsg.)*: Methodik der empirischen Forschung, 2. Aufl., Wiesbaden, S. 49-64.

Kaya, Maria/Himme, Alexander (2007): Möglichkeiten der Stichprobenbildung, in: *Albers, Sönke/Klapper, Daniel/Konradt, Udo/Walter, Achim/Wolf, Joachim (Hrsg.)*: Methodik der empirischen Forschung, 2. Aufl., Wiesbaden, S. 79-88.

Kendall, Maurice G. (1938): A New Measure of Rank Correlation, in: Biometrika, 30. Jg., Heft 1/2, S. 81-93.

Kendall, Maurice G. (1990): Rank Correlation Methods, 5. Aufl., London.

Kennedy, Peter (2008): A Guide to Econometrics, 6. Aufl., Malden.

Kerlinger, Fred N. (1979): Grundlagen der Sozialwissenschaften, Weinheim.

Kerr, Jeffrey L./Kren, Leslie (1992): Effect of Relative Decision Monitoring on Chief Executive Compensation, in: The Academy of Management Journal, 35. Jg., Heft 2, S. 370-397.

Kester, W. C. (1992): Industrial Groups as Systems of Contractual Governance, in: Oxford Review of Economic Policy, 8. Jg., Heft 3, S. 24-44.

Kettenring, Tim (2012): Three Essays on Top Management Team Compensation, Dissertation, Technische Universität München, Fakultät für Wirtschaftswissenschaften, München, elektronisch veröffentlicht unter: http://d-nb.info/1030099987/34.

Kézdi, Gábor (2004): Robust Standard Error Estimation in Fixed-Effects Panel Models, in: Hungarian Statistical Review, 82. Jg., Heft Special Number 9, S. 95-116.

Khanna, Naveen/Tice, Sheri (2001): The Bright Side of Internal Capital Markets, in: The Journal of Finance, 56. Jg., Heft 4, S. 1489-1528.

Khanna, Tarun/Palepu, Krishna (1999): Policy Shocks, Market Intermediaries, and Corporate Strategy: The Evolution of Business Groups in Chile and India, in: Journal of Economics & Management Strategy, 8. Jg., Heft 2, S. 271-310.

Khanna, Tarun/Palepu, Krishna (2000): Is Group Affiliation Profitable in Emerging Markets? An Analysis of Diversified Indian Business Groups, in: The Journal of Finance, 55. Jg., Heft 2, S. 867-891.

Kieser, Alfred/Walgenbach, Peter (2010): Organisation, 6. Aufl., Stuttgart.

Kim, Byungmo/Jung, Kooyul/Kim, In J. (2005): Internal Funds Allocation and the Ownership Structure: Evidence from Korean Business Groups, in: Review of Quantitative Finance and Accounting, 25. Jg., Heft 1, S. 33-53.

Kim, Young S./Mathur, Ike (2008): The Impact of Geographic Diversification on Firm Performance, in: International Review of Financial Analysis, 17. Jg., Heft 4, S. 747-766.

Kirsch, Werner (1971): Entscheidungsprozesse – Band 3: Entscheidungen in Organisationen, Wiesbaden.

Klarmann, Martin (2008): Methodische Problemfelder der Erfolgsfaktorenforschung, Wiesbaden.

Kleiman, Robert T. (1999): Some New Evidence on EVA Companies, in: Journal of Applied Corporate Finance, 12. Jg., Heft 2, S. 80-91.

Klein, Peter G. (2001): Were the Acquisitive Conglomerates Inefficient?, in: The RAND Journal of Economics, 32. Jg., Heft 4, S. 745-761.

Klein, Stefan P. (1999): Interne elektronische Kapitalmärkte in Banken: eine Analyse marktlicher Mechanismen zur dezentralen Ressourcenallokation, Wiesbaden.

Kleindiek, Detlef (2009): Konzernstrukturen und Corporate Governance: Leitung und Überwachung im dezentral organisierten Unternehmensverbund, in: *Hommelhoff, Peter/Hopt, Klaus J./Werder, Axel von (Hrsg.)*: Handbuch Corporate Governance: Leitung und Überwachung börsennotierter Unternehmen in der Rechts- und Wirtschaftspraxis, 2. Aufl., Stuttgart, S. 787-823.

Kleinknecht, Anja D. (2008): Bilanzierung von Aktienoptionen nach US GAAP, IFRS und HGB – Empirische Standardaktienoptionspläne unter bilanzpolitischer und normativer Perspektive, Wiesbaden.

Kloster, Ulrich (1988): Kapitalkosten und Investitionsentscheidungen – Eine finanzierungstheoretische und empirische Untersuchung, Frankfurt am Main.

Knauer, Thorsten/Ledwig, Christian/Wömpener, Andreas (2012): Zur Wertrelevanz freiwilliger Managementprognosen in Deutschland, in: Schmalenbachs Zeitschrift für betriebswirtschaftliche Forschung, 64. Jg., Heft 2, S. 166-204.

Knecht, Matthias (2014): Diversification, Industry Dynamism, and Economic Performance – The Impact of Dynamic-related Diversification on the Multi-business Firm, Berlin/Heidelberg.

Knepper, Karl H. (1985): Die Belegschaftsaktie in Theorie und Praxis, in: Zeitschrift für Unternehmens- und Gesellschaftsrecht, 14. Jg., Heft 3, S. 419-443.

Knoll, Leonhard (1999): Anmerkungen zum impliziten Verwässerungseffekt virtueller Optionsprogramme, in: Journal für Betriebswirtschaft, 49. Jg., Heft 1, S. 4-11.

Koch, Maximilian/Nenning, Gerhard (2006): Anreizsysteme und gute Unternehmensführung – Anforderung aus Corporate Governance Sicht an die Vergütung des Vorstands und Aufsichtsrats, elektronisch veröffentlicht unter: http://www.sternstewart.com/files/59_studie_33_anreiz-systeme_und_gute_unternehmensfuehrung.pdf.

Koch, Rosemarie/Raible, Karl-Friedrich/Stadtmann, Georg (2012): Vorstandsvergütung in Deutschland – Hält der Höhenflug an oder ist eine Trendwende in Sicht?, in: Zeitschrift Führung und Organisation, 81. Jg., Heft 2, S. 110-117.

Kohler, Ulrich/Kreuter, Frauke (2012): Datenanalyse mit Stata – Allgemeine Konzepte der Datenanalyse und ihre praktischer Anwendung, 4. Aufl., München.

Kolasinski, Adam C. (2009): Subsidiary Debt, Capital Structure and Internal Capital Markets, in: Journal of Financial Economics, 94. Jg., Heft 2, S. 327-343.

Kosiol, Erich (1962): Organisation der Unternehmung, Wiesbaden.

Kossbiel, Hugo (1994): Überlegungen zur Effizienz betrieblicher Anreizsysteme, in: Die Betriebswirtschaft, 54. Jg., Heft 1, S. 75-94.

KPMG (2003): Value Based Management, Shareholder-Value-Konzepte – Eine Untersuchung der DAX 100-Unternehmen, Frankfurt am Main.

KPMG (2006): Rechte und Pflichten des Aufsichtsrats, in: PublicGovernance, 2. Jg., Heft Frühjahr, S. 6-19.

Kramarsch, Michael H. (2000): Aktienbasierte Managementvergütung, Stuttgart.

Kromrey, Helmut (2009): Empirische Sozialforschung – Modelle und Methoden der standardisierten Datenerhebung und Datenauswertung, 12. Aufl., Stuttgart.

Krüger, Wilfried (1994): Organisation der Unternehmung, 3. Aufl., Stuttgart.

Kubicek, Herbert (1977): Heuristische Bezugsrahmen und heuristisch angelegte Forschungsdesigns als Elemente einer Konstruktionsstrategie empirischer Forschung, in: *Köhler, Richard (Hrsg.)*: Empirische und handlungstheoretische Forschungskonzeptionen in der Betriebswirtschaftslehre, Stuttgart, S. 3-36.

Kübler, Friedrich (1994): Aktienrechtsreform und Unternehmensverfassung, in: Die Aktiengesellschaft, 39. Jg., Heft 4, S. 141-148.

Kuhn, Klaus (1987): Führungsstrukturen von Großunternehmen, in: Zeitschrift für Betriebswirtschaft, 57. Jg., Heft 5/6, S. 457-464.

Kühnel, Steffen M./Krebs, Dagmar (2010): Grundlagen des statistischen Schließens, in: *Wolf, Christian/Best, Henning/Wolf, Christof (Hrsg.)*: Handbuch der sozialwissenschaftlichen Datenanalyse, Wiesbaden, S. 165-190.

Kuhner, Christoph/Hitz, Jörg-Markus/Sabiwalsky, Ralf/Drefahl, Christian (2011): Studie Managergehälter 2011 – Vorstandsvergütung deutscher börsennotierter Aktiengesellschaften, Köln.

Kuhner, Christoph/Hitz, Jörg-Markus/Sabiwalsky, Ralf/Drefahl, Christian (2013): Studie Managergehälter 2012 – Vorstandsvergütung deutscher börsennotierter Aktiengesellschaften, Köln.

Kulatilaka, Nalin/Marcus, Alan J. (1994): Valuing Employee Stock Options, in: Financial Analysts Journal, 50. Jg., Heft 6, S. 46-56.

Kumar, Raman/Sopariwala, Parvez R. (1992): The Effect of Adoption of Long-Term Performance Plans on Stock Prices and Accounting Numbers, in: The Journal of Financial and Quantitative Analysis, 27. Jg., Heft 4, S. 561-573.

Kunz, Alexis H. (2004): Zur betriebswirtschaftlichen Relevanz der Korrumpierung intrinsischer Motivation durch extrinsische Anreize, in: Die Unternehmung, 58. Jg., Heft 2, S. 143-155.

Kunz, Alexis H. (2005): Personalcontrolling zwischen Ökonomie und Sozialpsychologie: Schaden finanzielle Anreizsysteme der Mitarbeitermotivation?, in: Betriebswirtschaftliche Forschung und Praxis, 57. Jg., Heft 1, S. 58-73.

Küpper, Hans-Ulrich (2011): Unternehmensethik – Hintergründe, Konzepte, Anwendungsbereiche, 2. Aufl., Stuttgart.

Küpper, Hans-Ulrich/Friedl, Gunther/Hofmann, Christian/Hofmann, Yvette/Pedell, Burkhard (2013): Controlling – Konzeption, Aufgaben, Instrumente, Stuttgart.

Kuppuswamy, Venkat/Villalonga, Belén (2010): Does Diversification Create Value in the Presence of External Financing Constraints? Evidence from the 2008-2009 Financial Crisis, Working Paper 10-101, Harvard Business School, Boston, elektronisch veröffentlicht unter: http://www.hbs.edu/research/pdf/10-101.pdf.

Küting, Karlheinz/Dürr, Ulrike (2004): IFRS 2 Share-based Payment – ein Schritt zur weltweiten Konvergenz?, in: Die Wirtschaftsprüfung, 57. Jg., Heft 12, S. 609-620.

Küting, Karlheinz/Weber, Claus-Peter (2012): Die Bilanzanalyse – Beurteilung von Abschlüssen nach HGB und IFRS, 10. Aufl., Stuttgart.

Lalanne, Marie/Seabright, Paul (2011): The Old Boy Network: Gender Differences in the Impact of Social Networks on Remuneration in Top Executive Jobs, Centre for Economic Policy Research Discussion Paper No. DP8623, University of Toulouse I, Industrial Economic Institute (IDEI), Toulouse, elektronisch veröffentlicht unter: http://ssrn.com/ abstract=1952484.

Lam, Swee-Sum/Chng, Bey-Fen (2006): Do Executive Stock Option Grants have Value Implications for Firm Performance?, in: Review of Quantitative Finance and Accounting, 26. Jg., Heft 3, S. 249-274.

Lambert, Richard A./Larcker, David F./Verrecchia, Robert E. (1991): Portfolio Considerations in Valuing Executive Compensation, in: Journal of Accounting Research, 29. Jg., Heft 1, S. 129-149.

Lambert, Richard A./Larcker, David F./Weigelt, Keith (1993): The Structure of Organizational Incentives, in: Administrative Science Quarterly, 38. Jg., Heft 3, S. 438-461.

Lamont, Owen A. (1997): Cash Flow and Investment: Evidence from Internal Capital Markets, in: The Journal of Finance, 52. Jg., Heft 1, S. 83-109.

Lamont, Owen A./Polk, Christopher (2001): The Diversification Discount: Cash Flows versus Returns, in: The Journal of Finance, 56. Jg., Heft 5, S. 1693-1721.

Lamont, Owen A./Polk, Christopher (2002): Does Diversification Destroy Value? Evidence from the Industry Shocks, in: Journal of Financial Economics, 63. Jg., Heft 1, S. 51-77.

Lang, Larry H. P./Stulz, René M. (1994): Tobin's q, Corporate Diversification, and Firm Performance, in: The Journal of Political Economy, 102. Jg., Heft 6, S. 1248-1280.

Langguth, Heike (2008): Kapitalmarktorientiertes Wertmanagement – Unternehmensbewertung, Unternehmenssteuerung und Berichterstattung, München.

Langmann, Christian (2007): Stock Market Reaction and Stock Option Plans: Evidence from Germany, in: Schmalenbach Business Review, 59. Jg., Heft 1, S. 85-106.

Larcker, David F. (1983): The Association between Performance Plan Adoption and Corporate Capital Investment, in: Journal of Accounting and Economics, 5. Jg., Heft 1, S. 3-30.

Laucher, Stefan (2005): Erfolgsfaktoren von Konglomeraten, Wiesbaden.

Laux, Helmut (1990): Risiko, Anreiz und Kontrolle – Principal-Agent-Theorie Einführung und Verbindung mit dem Delegationswert-Konzept, Berlin/Heidelberg.

Laux, Helmut (2006a): Unternehmensrechnung, Anreiz und Kontrolle – Die Messung, Zurechnung und Steuerung des Erfolges als Grundprobleme der Betriebswirtschaftslehre, 3. Aufl., Berlin/Heidelberg.

Laux, Helmut (2006b): Wertorientierte Unternehmenssteuerung und Kapitalmarkt – Fundierung finanzwirtschaftlicher Entscheidungskriterien und (Anreize für) deren Umsetzung, 2. Aufl., Berlin/Heidelberg.

Laux, Helmut/Liermann, Felix (2005): Grundlagen der Organisation – Die Steuerung von Entscheidungen als Grundproblem der Betriebswirtschaftslehre, 6. Aufl., Berlin/Heidelberg.

Laux, Volker (2003): Capital Budgeting, Incentives and Information, Dissertation, Universität Frankfurt, Frankfurt am Main.

Lazar, Christian (2007): Managementvergütung, Corporate Governance und Unternehmensperformance, Wiesbaden.

LeBaron, Dean/Speidell, Lawrence S. (1987): Why Are the Parts Worth More than the Sum? "Chop Shop," A Corporate Valuation Model, in: *Browne, Lynn E./Rosengren, Eric S. (Hrsg.)*: The Merger Boom: Proceedings of a Conference Held in October 1987, Boston, S. 78-95.

Lee, Bong S./Li, Ming-Yuan L. (2012): Diversification and Risk-adjusted Performance: A Quantile Regression Approach, in: Journal of Banking & Finance, 36. Jg., Heft 7, S. 2157-2173.

Lee, Dong G./Lee, Keonbeom (2002): The Dark Side of Internal Capital Allocation: The Case of Korean Chaebols, in: Seoul Journal of Economics, 15. Jg., Heft 2, S. 321-368.

Lee, Sangwoo/Park, Kwangwoo/Shin, Hyun-H. (2005): The Very Dark Side of Internal Capital Markets: Evidence from Diversified Business Groups in Korea, Working Paper, University of Illinois, Urbana-Champaign, elektronisch veröffentlicht unter: http://cei.ier.hit-u.ac.jp/activities/seminars/papers/KwanwooPark050617.pdf.

Lee, Sangwoo/Park, Kwangwoo/Shin, Hyun-H. (2009): Disappearing Internal Capital Markets: Evidence from Diversified Business Groups in Korea, in: Journal of Banking & Finance, 33. Jg., Heft 2, S. 326-334.

Lehmann, Meike (2006): Möglichkeiten und Grenzen der Ausgestaltung von Anreizsystemen für freie Mitarbeiter, Arbeitspapier Nr. 316, Universität Duisburg-Essen, MERCATOR School of Management – Fachbereich Betriebswirtschaft, Duisburg, elektronisch veröffentlicht unter: http://www.vip-net.info/VIP_NET_INF/MODULES7DB2.PDF.

Lehmkühler, Bettina (2001): Kundenorientierte Anreizsysteme im beratungsintensiven Facheinzelhandel, Frankfurt am Main.

Leigh, James H./Kinnear, Thomas C. (1980): On Interaction Classification, in: Educational and Psychological Measurement, 40. Jg., Heft 4, S. 841-843.

Leker, Jens/Salomo, Sören (1998): Die Veränderung der wirtschaftlichen Lage im Verlauf eines Wechsels an der Unternehmensspitze, in: Schmalenbachs Zeitschrift für betriebswirtschaftliche Forschung, 50. Jg., Heft 2, S. 156-177.

Leuner, Rolf/Lehmaier, Oliver (2007): Renaissance von Stock Option Programmen – Eine vergleichende Analyse der Ausgestaltung von neu aufgelegten Stock Option Programmen der Jahre 2004-2006, in: Finanz Betrieb, 9. Jg., Heft 6, S. 364-370.

Leuner, Rolf/Lehmaier, Oliver/Rattler, Thomas (2004): Entwicklungen und Tendenzen bei Stock Option Modellen, in: Finanz Betrieb, 6. Jg., Heft 4, S. 258-268.

Lewellen, Katharina (2006): Financing Decisions When Managers Are Risk Averse, in: Journal of Financial Economics, 82. Jg., Heft 3, S. 551-589.

Lewellen, Wilbur G. (1971): A Pure Financial Rationale for the Conglomerate Merger, in: The Journal of Finance, 26. Jg., Heft 2, S. 521-537.

Lewis, Thomas G./Lehmann, Steffen (1992): Überlegene Investitionsentscheidungen durch CFROI, in: Betriebswirtschaftliche Forschung und Praxis, 44. Jg., Heft 1, S. 1-13.

Lewis, Thomas G./Stelter, Daniel M. (1995): Steigerung des Unternehmenswertes – Total Value Management, 2. Aufl., Landsberg/Lech.

Liebeskind, Julia P. (2000): Internal Capital Markets: Benefits, Costs, and Organizational Arrangements, in: Organization Science, 11. Jg., Heft 1, S. 58-76.

Liedl, Reinhard (1988): Eigenkapitalorientierte Investitionsrechnung bei Bertelsmann, in: Schmalenbachs Zeitschrift für betriebswirtschaftliche Forschung, 40. Jg., Heft 2, S. 172-181.

Lienert, Gustav A./Raatz, Ulrich (1998): Testaufbau und Testanalyse, 6. Aufl., Weinheim.

Lindert, Klaus (2001): Anreizsysteme und Unternehmenssteuerung – Eine kritische Reflexion zur Funktion, Wirksamkeit und Effizienz von Anreizsystemen, München.

Lingemann, Stefan (2009): Angemessenheit der Vorstandsvergütung – Das VorstAG ist in Kraft, in: Betriebs Berater, 64. Jg., Heft 36, S. 1918-1924.

Lins, Karl V./Servaes, Henri (1999): International Evidence on the Value of Corporate Diversification, in: The Journal of Finance, 54. Jg., Heft 6, S. 2215-2239.

Lins, Karl V./Servaes, Henri (2002): Is Corporate Diversification Beneficial in Emerging Markets?, in: Financial Management, 31. Jg., Heft 2, S. 5-31.

Lippe, Peter v. d. (2011): Ein Beispiel für die Anwendung von Methoden für Panel-Daten, elektronisch veröffentlicht unter: http://von-der-lippe.org/dokumente/Taupool.pdf.

Lippe, Peter v. d. (2014): Modelle für Paneldaten – Eine kurze Einführung in die Panelökonometrie, elektronisch veröffentlicht unter: http://von-der-lippe.org/dokumente/Panel.pdf.

Littich, Wolfram/Schellmann, Gottfried/Schwarzinger, Walter/Trentini, Simon (1993): Holding, Wien.

Löffler, Eugen (1991): Der Konzern als Finanzintermediär, Wiesbaden.

López-de-Silanes, Florencio/La Porta, Rafael/Shleifer, Andrei/Vishny, Robert W. (1998): Law and Finance, in: The Journal of Political Economy, 106. Jg., Heft 6, S. 1113-1155.

Low, Angie (2009): Managerial Risk-taking Behavior and Equity-based Compensation, in: Journal of Financial Economics, 92. Jg., Heft 3, S. 470-490.

Lücke, Wolfgang (1955): Investitionsrechnungen auf der Grundlage von Ausgaben oder Kosten?, in: Zeitschrift für handelswissenschaftliche Forschung, 7. Jg., Heft 7, S. 310-324.

Lundstrum, Leonard L. (2003): Firm Value, Information Problems and the Internal Capital Market, in: Review of Quantitative Finance and Accounting, 21. Jg., Heft 2, S. 141-156.

Lynch, Luann J./Perry, Susan E. (2003): An Overview of Management Compensation, in: Journal of Accounting Education, 21. Jg., Heft 1, S. 43-60.

Macharzina, Klaus/Wolf, Joachim (2012): Unternehmensführung – Das internationale Managementwissen: Konzepte – Methoden – Praxis, 8. Aufl., Wiesbaden.

Maksimovic, Vojislav/Phillips, Gordon (2002): Do Conglomerate Firms Allocate Resources Inefficiently Across Industries? Theory and Evidence, in: The Journal of Finance, 57. Jg., Heft 2, S. 721-767.

Maksimovic, Vojislav/Phillips, Gordon (2007): Conglomerate Firms and Internal Capital Markets, in: *Eckbo, Bjørn E. (Hrsg.)*: Handbook of Corporate Finance: Empirical Corporate Finance, Amsterdam, S. 423-479.

Maksimovic, Vojislav/Phillips, Gordon (2008): The Industry Life Cycle, Acquisitions and Investment: Does Firm Organization Matter?, in: The Journal of Finance, 63. Jg., Heft 2, S. 673-708.

Mandl, Gerwald/Rabel, Klaus (1997): Unternehmensbewertung – Eine praxisorientierte Einführung, Wien/Frankfurt am Main.

Mann, Alexander (2003): Corporate Governance Systeme – Funktion und Entwicklung am Beispiel von Deutschland und Großbritannien, Berlin.

Mansi, Sattar A./Reeb, David M. (2002): Corporate Diversification: What Gets Discounted?, in: The Journal of Finance, 57. Jg., Heft 5, S. 2167-2183.

Marris, Robin L. (1964): The Economic Theory of Managerial Capitalism, Glencoe.

Martin, John D./Sayrak, Akin (2003): Corporate Diversification and Shareholder Value: A Survey of Recent Literature, in: Journal of Corporate Finance, 9. Jg., Heft 1, S. 37-57.

Matsusaka, John G./Nanda, Vikram (2002): Internal Capital Markets and Corporate Refocusing, in: Journal of Financial Intermediation, 11. Jg., Heft 2, S. 176-211.

Mátyás, László/Sevestre, Patrick (Hrsg.) (2008): The Econometrics of Panel Data – Fundamentals and Recent Developments in Theory and Practice, 3. Aufl., Berlin/Heidelberg.

Maug, Ernst (2003): Konzerne im Kontext der Kapitalmärkte – Antrittsvorlesung 10. Mai 2001, Berlin.

May, Don O. (1995): Do Managerial Motives Influence Firm Risk Reduction Strategies?, in: The Journal of Finance, 50. Jg., Heft 4, S. 1291-1308.

Mayer, Barbara/Pfeiffer, Thomas/Reichel, Astrid (2005): Zu Anforderungen und Ausgestaltungsprinzipien von Anreizsystemen aus agencytheoretischer Sicht, in: Betriebswirtschaftliche Forschung und Praxis, 57. Jg., Heft 1, S. 12-29.

Mayer, Jörg H. (1999): Führungsinformationssysteme für die internationale Management-Holding, Wiesbaden.

Mazur, Mieszko (2011): Internal Capital Markets, Non-Cash Divestitures and Managerial Incentives, Working Paper, Tilburg University, Tilburg, elektronisch veröffentlicht unter: http://ssrn.com/abstract=1781965.

McGuckin, Robert H./Pascoe, George A., Jr. (1988): The Longitudinal Research Database: Status and Research Possibilities, in: Survey of Current Business, 68. Jg., Heft 11, S. 31-37.

McNeil, Chris R./Moore, William T. (2005): Dismantling Internal Capital Markets via Spinoff: Effects on Capital Allocation Efficiency and Firm Valuation, in: Journal of Corporate Finance, 11. Jg., Heft 1-2, S. 253-275.

McNeil, Chris R./Smythe, Thomas I. (2009): Division Manager Lobbying Power and the Allocation of Capital, in: The Financial Review, 44. Jg., Heft 1, S. 59-85.

Mehran, Hamid (1995): Executive Compensation Structure, Ownership, and Firm Performance, in: Journal of Financial Economics, 38. Jg., Heft 2, S. 163-184.

Meinhövel, Harald (1999): Defizite der Principal-Agent-Theorie, Lohmar.

Meinhövel, Harald (2004): Grundlagen der Principal-Agent-Theorie, in: Wirtschaftswissenschaftliches Studium, 33. Jg., Heft 8, S. 470-475.

Meiser, Michael (1994): Leitungsautonomie im divisionalisierten Konzern, Frankfurt am Main.

Mellewigt, Thomas (1995): Konzernorganisation und Konzernführung – Eine empirische Untersuchung börsennotierter Konzerne, Frankfurt am Main.

Merton, Robert C. (1973): Theory of Rational Option Pricing, in: The Bell Journal of Economics and Management Science, 4. Jg., Heft 1, S. 141-183.

Meyer, Margaret/Milgrom, Paul R./Roberts, John (1992): Organizational Prospects, Influence Costs, and Ownership Changes, in: Journal of Economics & Management Strategy, 1. Jg., Heft 1, S. 9-35.

Milgrom, Paul R. (1988): Employment Contracts, Influence Activities, and Efficient Organization Design, in: The Journal of Political Economy, 96. Jg., Heft 1, S. 42-60.

Milgrom, Paul R./Roberts, John (1988): An Economic Approach to Influence Activities in Organizations, in: American Journal of Sociology, 94. Jg., Heft 1, S. 154-179.

Milgrom, Paul R./Roberts, John (1990): Bargaining Costs, Influence Costs, and the Organization of Economic Activity, in: *Alt, James E./Shepsle, Kenneth A. (Hrsg.)*: Perspectives on Positive Political Economy, Cambridge, S. 57-89.

Milgrom, Paul R./Roberts, John (1992): Economics, Organization and Management, Englewood Cliffs.

Mirrlees, James A. (1976): The Optimal Structure of Incentives and Authority within an Organization, in: The Bell Journal of Economics, 7. Jg., Heft 1, S. 105-131.

Mishra, Vinod/Banerjee, Rajabrata/Dey, Tania (2012): How Does Influence Activity Affect the Allocation of Firms' Internal Capital? Evidence from Australia, Working Paper 2012-07, Monash University, Department of Economics, Clayton Vic, elektronisch veröffentlicht unter: http://www.academia.edu/2809642/How_does_influence_activity_affect_the_allocation_of_firms_internal_capital_Evidence_from_Australia.

Mitchell, Michael N. (2012): Interpreting and Visualizing Regression Models Using Stata, Bryan.

Montgomery, Cynthia A. (1982): The Measurement of Firm Diversification: Some New Empirical Evidence, in: The Academy of Management Journal, 25. Jg., Heft 2, S. 299-307.

Montgomery, Cynthia A. (1994): Corporate Diversification, in: The Journal of Economic Perspectives, 8. Jg., Heft 3, S. 163-178.

Mosler, Karl/Schmid, Friedrich (2009): Beschreibende Statistik und Wirtschaftsstatistik, 4. Aufl., Berlin/Heidelberg.

Mudambi, Ram (1999): MNE Internal Capital Markets and Subsidiary Strategic Independence, in: International Business Review, 8. Jg., Heft 2, S. 197-211.

Mujkanovic, Robin (2011): Berichterstattung über die Vergütung von Organmitgliedern nach dem überarbeiteten DRS 17, in: Die Wirtschaftsprüfung, 64. Jg., Heft 21, S. 995-1002.

Müller, Christian W. (2013): Desinvestitionen und Anreizsysteme – Theoretische Fundierung und empirische Analyse in deutschen börsennotierten Unternehmen (2007-2010), Hamburg.

Müller, Dirk (2007): Moderatoren und Mediatoren in Regressionen, in: *Albers, Sönke/Klapper, Daniel/Konradt, Udo/Walter, Achim/Wolf, Joachim (Hrsg.)*: Methodik der empirischen Forschung, 2. Aufl., Wiesbaden, S. 245-260.

Müller, Martin (2006): Harmonisierung des externen und internen Rechnungswesens – Eine empirische Untersuchung, Wiesbaden.

Müller, Stefan/Reinke, Jens (2008): Ausweis und Bewertung von aktienbasierten Vergütungen nach IFRS 2 – Empirische Analyse der Anwendung im DAX, MDAX und SDAX, in: Zeitschrift für Internationale Rechnungslegung, 3. Jg., Heft 7/8, S. 359-367.

Müller-Stewens, Günter/Lechner, Christoph (2001): Strategisches Management – Wie strategische Initiativen zum Wandel führen, Stuttgart.

Murphy, Kevin J. (1985): Corporate Performance and Managerial Remuneration: An Empirical Analysis, in: Journal of Accounting and Economics, 7. Jg., Heft 1-3, S. 11-42.

Murphy, Kevin J. (1999): Executive Compensation, in: *Ashenfelter, Orley/Card, David E. (Hrsg.)*: Handbook of Labor Economics, Amsterdam, S. 2485-2563.

Murphy, Kevin J. (2013): Executive Compensation: Where We Are, and How We Got There, in: *Constantinides, George M./Harris, Milton/Stulz, René M. (Hrsg.)*: Handbook of the Economics of Finance: Corporate Finance, 2. Aufl., Amsterdam, S. 211-356.

Musiela, Marek/Rutkowski, Marek (2007): Martingale Methods in Financial Modelling, 2. Aufl., Berlin/Heidelberg.

Myerson, Roger B. (1982): Optimal Coordination Mechanisms in Generalized Principal–Agent Problems, in: Journal of Mathematical Economics, 10. Jg., Heft 1, S. 67-81.

Nam, Jouahn/Tang, Charles/Thornton, John H., Jr./Wynne, Kevin (2006): The Effect of Agency Costs on the Value of Single-segment and Multisegment Firms, in: Journal of Corporate Finance, 12. Jg., Heft 4, S. 761-782.

Naumann, Jörg-Peter (1993): Strategische Holding, in: *Hoffmann, Friedrich (Hrsg.)*: Konzernhandbuch, Wiesbaden, S. 235-304.

Neubürger, Heinz-Joachim (2003): Die deutsche Mitbestimmung aus Sicht eines international operierenden Unternehmens, in: *Hommelhoff, Peter/Feddersen, Dieter/Werder, Axel von (Hrsg.)*: Handbuch Corporate Governance: Leitung und Überwachung börsennotierter Unternehmen in der Rechts- und Wirtschaftspraxis, Köln, S. 177-197.

Neus, Werner (1989a): Die Aussagekraft von Agency Costs, in: Schmalenbachs Zeitschrift für betriebswirtschaftliche Forschung, 41. Jg., Heft 6, S. 472-490.

Neus, Werner (1989b): Ökonomische Agency-Theorie und Kapitalmarktgleichgewicht, Wiesbaden.

Nichols, Austin/Schaffer, Mark E. (2007): Clustered Errors in Stata, elektronisch veröffentlicht unter: http://www.stata.com/meeting/13uk/nichols_crse.pdf.

Nohtse, Karsten (2012): Programm-Mezzanine-Finanzierungen deutscher Unternehmen – Eine Analyse kapitalstrukturtheoretischer Fragestellungen, Wiesbaden.

Oesterle, Michael-Jörg (1999): Führungswechsel im Top-Management – Grundlagen, Wirkungen, Gestaltungsoptionen, Wiesbaden.

Oesterle, Michael-Jörg (2003): Entscheidungsfindung im Vorstand großer deutscher Aktiengesellschaften, in: Führung und Organisation, 72. Jg., Heft 4, S. 199-208.

Oesterle, Michael-Jörg/Krause, Doris (2004): Leitungsorganisation des Vorstands in deutschen Aktiengesellschaften, in: Wirtschaftswissenschaftliches Studium, 33. Jg., Heft 5, S. 272-277.

Ohr, Dieter (2010): Lineare Regression: Modellannahmen und Regressionsdiagnostik, in: *Wolf, Christian/Best, Henning/Wolf, Christof (Hrsg.)*: Handbuch der sozialwissenschaftlichen Datenanalyse, Wiesbaden, S. 639-675.

Opp, Karl-Dieter (2010): Kausalität als Gegenstand der Sozialwissenschaften und der multivariaten Statistik, in: *Wolf, Christian/Best, Henning/Wolf, Christof (Hrsg.)*: Handbuch der sozialwissenschaftlichen Datenanalyse, Wiesbaden, S. 9-38.

Ossadnik, Wolfgang (2009): Controlling, 4. Aufl., München.

Ozbas, Oguzhan/Scharfstein, David S. (2010): Evidence on the Dark Side of Internal Capital Markets, in: The Review of Financial Studies, 23. Jg., Heft 2, S. 581-599.

Paetzmann, Karsten (2012): Corporate Governance – Strategische Marktrisiken, Controlling, Überwachung, 2. Aufl., Berlin/Heidelberg.

Palepu, Krishna (1985): Diversification Strategy, Profit Performance and the Entropy Measure, in: Strategic Management Journal, 6. Jg., Heft 3, S. 239-255.

Palia, Darius (2001): The Endogeneity of Managerial Compensation in Firm Valuation: A Solution, in: The Review of Financial Studies, 14. Jg., Heft 3, S. 735-764.

Pearson, Karl (1904): On the Theory of Contingency and its Relation to Association and Normal Correlation, London.

Pellens, Bernhard/Crasselt, Nils (1998): Aktienkursorientierte Entlohnungsinstrumente im Jahresabschluß, in: *Pellens, Bernhard (Hrsg.)*: Unternehmenswertorientierte Entlohnungssysteme, Stuttgart, S. 125-160.

Pellens, Bernhard/Crasselt, Nils (2004): Bilanzierung von Aktienoptionsplänen und ähnlichen Entgeltformen nach IFRS 2 "Share-based Payment", in: Zeitschrift für internationale und kapitalmarktorientierte Rechnungslegung, 4. Jg., Heft 4, S. 113-118.

Pellens, Bernhard/Crasselt, Nils/Rockholtz, Carsten (1998): Wertorientierte Entlohnungssysteme für Führungskräfte, in: *Pellens, Bernhard (Hrsg.)*: Unternehmenswertorientierte Entlohnungssysteme, Stuttgart, S. 1-28.

Pellens, Bernhard/Rockholtz, Carsten/Stienemann, Marc (1997): Marktwertorientiertes Konzerncontrolling in Deutschland – Eine empirische Untersuchung, in: Der Betrieb, 50. Jg., Heft 39, S. 1933-1939.

Pellens, Bernhard/Tomaszewski, Claude/Weber, Nicolaus (2000a): Beteiligungscontrolling in Deutschland – Eine empirische Untersuchung der DAX-100-Unternehmen, Arbeitsbericht Nr. 85, Ruhr-Universität Bochum, Institut für Unternehmensführung, Bochum.

Pellens, Bernhard/Tomaszewski, Claude/Weber, Nicolaus (2000b): Wertorientierte Unternehmensführung in Deutschland – Eine empirische Untersuchung der DAX 100-Unternehmen, in: Der Betrieb, 53. Jg., Heft 37, S. 1825-1833.

Peter, J. P. (1979): Reliability: A Review of Psychometric Basics and Recent Marketing Practices, in: Journal of Marketing Research, 16. Jg., Heft 1, S. 6-17.

Petersen, Mitchell A. (2009): Estimating Standard Errors in Finance Panel Data Sets: Comparing Approaches, in: The Review of Financial Studies, 22. Jg., Heft 1, S. 435-480.

Petersen, Thomas (1988): Anreizsysteme für gleichberechtigte Agenten, Discussion Paper No. D-20, Universität Bonn, Bonn.

Petersen, Thomas (1989): Optimale Anreizsysteme – Betriebswirtschaftliche Implikationen der Prinzipal-Agenten-Theorie, Wiesbaden.

Peterssen, Klaus (1968): Die Belegschaftsaktie – Wesen, Ziele, Probleme, Gestaltung und Erfolgaussicht aus der Sicht der Unternehmung, Berlin.

Peyer, Urs C./Shivdasani, Anil (2001): Leverage and Internal Capital Markets: Evidence from Leveraged Recapitalizations, in: Journal of Financial Economics, 59. Jg., Heft 3, S. 477-515.

Pfaff, Dieter (2007): Anreizsysteme, in: *Köhler, Richard/Küpper, Hans-Ulrich/Pfingsten, Andreas (Hrsg.)*: Handwörterbuch der Betriebswirtschaft, 6. Aufl., Stuttgart, Sp. 30-38.

Pfeil, Christian M. (2002): Capital Structure, Managerial Incentives and Corporate Governance, Frankfurt am Main.

Picot, Arnold (1991): Ökonomische Theorien der Organisation – Ein Überblick über neuere Ansätze und deren betriebswirtschaftliches Anwendungspotenzial, in: *Ordelheide, Dieter/Rudolph, Bernd/Büsselmann, Elke (Hrsg.)*: Betriebswirtschaftslehre und ökonomische Theorie, Stuttgart, S. 143-170.

Picot, Arnold/Dietl, Helmut/Franck, Egon (2012): Organisation – Eine ökonomische Perspektive, 6. Aufl., Stuttgart.

Picot, Arnold/Michaelis, Elke (1984): Verteilung von Verfügungsrechten in Großunternehmen und Unternehmensverfassung, in: Zeitschrift für Betriebswirtschaft, 54. Jg., Heft 3, S. 252-272.

Picot, Arnold/Reichwald, Ralf/Wigand, Rolf (2008): Information, Organization and Management, Berlin/Heidelberg.

Pietsch, Gotthard (2005): Institutionenökonomik jenseits des Opportunismus: Forschungsprogramm statt Utopie, in: *Schauenberg, Bernd/Conrad, Peter (Hrsg.)*: Institutionenökonomik als Managementlehre?, Wiesbaden, S. 1-44.

Pitts, Robert A./Hopkins, H. D. (1982): Firm Diversity: Conceptualization and Measurement, in: The Academy of Management Review, 7. Jg., Heft 4, S. 620-629.

Plaschke, Frank J. (2003): Wertorientierte Management-Incentivesysteme auf Basis interner Wertkennzahlen, Wiesbaden.

Plaschke, Frank J. (2006): Wertorientierte Management-Incentivesysteme auf Basis interner Wertkennzahlen und Bonusbanken, in: *Schweickart, Nikolaus/Töpfer, Armin (Hrsg.)*: Wertorientiertes Management, Berlin/Heidelberg, S. 561-583.

Popper, Karl R. (1966): Logik der Forschung, 2. Aufl., Wien.

Porter, Michael E. (1987): From Competitive Advantage to Corporate Strategy, in: Harvard Business Review, 65. Jg., Heft 3, S. 43-59.

Potthoff, Erich (1976): Personelle Unternehmungsorganisation, Berlin/New York.

Preinreich, Gabriel A. D. (1937): Valuation and Amortization, in: The Accounting Review, 12. Jg., Heft 3, S. 209-226.

Prendergast, Canice (1999): The Provision of Incentives in Firms, in: Journal of Economic Literature, 37. Jg., Heft 1, S. 7-63.

Pruscha, Helmut (2000): Vorlesungen über Mathematische Statistik, Wiesbaden.

Rabe-Hesketh, Sophia/Skrondal, Anders (2005): Multilevel and Longitudinal Modeling Using Stata, College Station.

Rack, Oliver/Christophersen, Timo (2007): Experimente, in: *Albers, Sönke/Klapper, Daniel/Konradt, Udo/Walter, Achim/Wolf, Joachim (Hrsg.)*: Methodik der empirischen Forschung, 2. Aufl., Wiesbaden, S. 17-32.

Rajan, Raghuram G./Servaes, Henri/Zingales, Luigi (2000): The Cost of Diversity: The Diversification Discount and Inefficient Investment, in: The Journal of Finance, 55. Jg., Heft 1, S. 35-80.

Rajgopal, Shivaram/Shevlin, Terry (2002): Empirical Evidence on the Relation Between Stock Option Compensation and Risk Taking, in: Journal of Accounting and Economics, 33. Jg., Heft 2, S. 145-171.

Ramachandran, J./Manikandan, K. S./Pant, Anirvan (2013): Why Conglomerates Thrive (Outside the U.S.), in: Harvard Business Review, 91. Jg., Heft 12, S. 110-119.

Ramanujam, Vasudevan/Varadarajan, P. (1989): Research on Corporate Diversification: A Synthesis, in: Strategic Management Journal, 10. Jg., Heft 6, S. 523-551.

Rapp, Marc S./Schaller, Philipp D./Wolff, Michael (2011): Aktienbasierte Langfristanreize im Rahmen der Vorstandvergütung, in: Die Betriebswirtschaft, 71. Jg., Heft 4, S. 311-330.

Rapp, Marc S./Wolff, Michael (2010a): Determinanten der Vorstandsvergütung – Eine empirische Untersuchung der deutschen Prime-Standard-Unternehmen, in: Zeitschrift für Betriebswirtschaft, 80. Jg., Heft 10, S. 1075-1112.

Rapp, Marc S./Wolff, Michael (2010b): Vergütung deutscher Vorstandsorgane 2010 – Analyse der Unternehmen des deutschen Prime Standards von 2005 bis 2009, Düsseldorf.

Rappaport, Alfred (1986): Creating Shareholder Value – The new Standard for Business Performance, New York.

Rappold, Philipp (2011): Macht von Vorstandsvorsitzenden, Mering.

Rechkemmer, Kuno (2003): Corporate Governance – Informations- und Früherkennungssystem, München.

Regierungskommission DCGK (Hrsg.) (2010): Bericht der Regierungskommission Deutscher Corporate Governance Kodex an die Bundesregierung, elektronisch veröffentlicht unter: http://dcgk.de/de/presse/deteilansicht/pressemitteilung-22.html.

Regierungskommission DCGK (2013): Deutscher Corporate Governance Kodex (in der Fassung vom 13. Mai 2013), elektronisch veröffentlicht unter: http://www.dcgk.de/de/kodex.html.

Reichelstein, Stefan (1997): Investment Decisions and Managerial Performance Evaluation, in: Review of Accounting Studies, 2. Jg., Heft 2, S. 157-180.

Reinke, Jens/Nissen-Schmidt, Astrid (2008): IFRS: Eigenkapital und Aktienoptionspläne – Ansatz, Bewertung, Darstellung, Berlin.

Riceman, Stephen/Cahan, Steven/Lal, Mohan (2002): Do Managers Perform Better Under EVA Bonus Schemes?, in: The European Accounting Review, 11. Jg., Heft 3, S. 537-572.

Ridder-Aab, Christa-Maria (1980): Die moderne Aktiengesellschaft im Lichte der Theorie der Eigentumsrechte, Frankfurt am Main/New York.

Riegler, Christian (2000a): Anreizsysteme und wertorientiertes Management, in: *Wagenhofer, Alfred/Hrebicek, Gerhard (Hrsg.)*: Wertorientiertes Management: Konzepte und Umsetzungen zur Unternehmenswertsteigerung, Stuttgart, S. 145-176.

Riegler, Christian (2000b): Hierarchische Anreizsysteme im wertorientierten Management – Eine agency-theoretische Untersuchung, Stuttgart.

Riesenhuber, Felix (2007): Großzahlige empirische Forschung, in: *Albers, Sönke/Klapper, Daniel/Konradt, Udo/Walter, Achim/Wolf, Joachim (Hrsg.)*: Methodik der empirischen Forschung, 2. Aufl., Wiesbaden, S. 1-16.

Riley, John G. (1975): Competitive Signalling, in: Journal of Economic Theory, 10. Jg., Heft 2, S. 174-186.

Riley, John G. (2001): Silver Signals: Twenty-Five Years of Screening and Signaling, in: Journal of Economic Literature, 39. Jg., Heft 2, S. 432-478.

Ringlstetter, Max (1995): Konzernentwicklung – Rahmenkonzepte zu Strategien, Strukturen und Systemen, Herrsching.

Rödl, Karin (2006): Auswirkungen von Unternehmenskultur und Unternehmenszielen auf die Gestaltung von Anreizsystemen – Theoretische Grundlagen und empirische Erkenntnisse, Hamburg.

Rogers, William H. (1993): sg17: Regression Standard Errors in Clustered Samples, in: Stata Technical Bulletin, 3. Jg., Heft STB-13, S. 19-23.

Rogerson, William P. (1997): Intertemporal Cost Allocation and Managerial Investment Incentives: A Theory Explaining the Use of Economic Value Added as a Performance Measure, in: The Journal of Political Economy, 105. Jg., Heft 4, S. 770-795.

Röhrig, Tina (2011): Ressourcenorientierte Messung der Diversifikation in Unternehmen – Eine empirische Überprüfung eines neuen Maßes aufbauend auf dem aktuellen Stand der Forschung, Berlin.

Rosenstiel, Lutz v. (1975): Die motivationalen Grundlagen des Verhaltens in Organisationen – Leistung und Zufriedenheit, Berlin.

Ross, Stephen A. (1973): The Economic Theory of Agency – The Principal's Problem, in: The American Economic Review, 63. Jg., Heft 2, S. 134-139.

Ross, Stephen A. (1978): Some Notes on Financial Incentive-Signalling Models, Activity Choice and Risk Preferences, in: The Journal of Finance, 33. Jg., Heft 3, S. 777-792.

Rost, Katja/Osterloh, Margit (2009): Management Fashion Pay-for-Performance for CEOs, in: Schmalenbach Business Review, 61. Jg., Heft 2, S. 119-149.

Rothschild, Michael/Stiglitz, Joseph E. (1976): Equilibrium in Competitive Insurance Markets: An Essay on the Economics of Imperfect Information, in: The Quarterly Journal of Economics, 90. Jg., Heft 4, S. 629-649.

Röttger, Bernhard (1994): Das Konzept des Added Value als Maßstab für finanzielle Performance, Kiel.

Rovetta, Barbara (2006): Investment Policies and Excess Returns in Corporate Spin-offs: Evidence from the US Market, in: Financial Markets and Portfolio Management, 20. Jg., Heft 3, S. 287-307.

Rudolph, Bernd/Schäfer, Klaus (2000): Elemente exotischer Optionen in der Ausgestaltung neuer Aktienoptionsprogramme für Führungskräfte, in: *Frese, Erich/Hax, Herbert (Hrsg.)*: Das Unternehmen im Spannungsfeld von Planung und Marktkontrolle, Schmalenbachs Zeitschrift für betriebswirtschaftliche Forschung, Sonderheft 44/2000, 52. Jg., Düsseldorf, S. 39-66.

Rudolph, Christin/Schwetzler, Bernhard (2013): Conglomerates on the Rise Again? A Cross-regional Study on the Impact of the 2008–2009 Financial Crisis on the Diversification Discount, in: Journal of Corporate Finance, 22. Jg., Heft 4, S. 153-165.

Rühli, Edwin (1996): Unternehmungsführung und Unternchmungspolitik, 3. Aufl., Stuttgart/Wien.

Ruhwedel, France/Schultze, Wolfgang (2002): Value Reporting – Theoretische Konzeption und Umsetzung bei den DAX 100-Unternehmen, in: Schmalenbachs Zeitschrift für betriebswirtschaftliche Forschung, 54. Jg., Heft 7, S. 602-632.

Rumelt, Richard P. (1974): Strategy, Structure, and Economic Performance, Boston.

Säcker, Franz J. (1987): Zur Problematik von Mehrfachfunktionen im Konzern, in: Zeitschrift für das gesamte Handelsrecht und Wirtschaftsrecht, 151. Jg., Heft 1, S. 59-71.

Salomo, Sören (2001): Wechsel der Spitzenführungskraft und Unternehmenserfolg, Berlin.

Salop, Joanne/Salop, Steven (1976): Self-Selection and Turnover in the Labor Market, in: The Quarterly Journal of Economics, 90. Jg., Heft 4, S. 619-627.

Sanders, WM. G./Hambrick, Donald C. (2007): Swinging for the Fences: The Effects of CEO Stock Options on Company Risk Taking and Performance, in: The Academy of Management Journal, 50. Jg., Heft 5, S. 1055-1078.

Sargan, John D. (1958): The Estimation of Economic Relationships Using Instrumental Variables, in: Econometrica, 26. Jg., Heft 3, S. 393-415.

Sautner, Zacharias/Villalonga, Belén (2010): Corporate Governance and Internal Capital Markets, Working Paper 10-100, Harvard Business School, Boston, elektronisch veröffentlicht unter: http://ssrn.com/abstract=1530565.

Schaffer, Mark E./Stillman, Steven (2010): xtoverid: Stata Module to Calculate Tests of Overidentifying Restrictions After xtreg, xtivreg, xtivreg2 and xthtaylor, elektronisch veröffentlicht unter: http://ideas.repec.org/c/boc/bocode/s456779.html.

Schäffer, Utz/Lewerenz, Ulrich (2011): Die Entwicklung der wertorientierten Unternehmenssteuerung im DAX, in: Zeitschrift für Controlling & Management, 55. Jg., Heft 5, S. 295-298.

Schaller, Philipp D. (2011): Aktienbasierte Incentives im Rahmen der Vorstandsvergütung, Dissertation, Technische Universität München, Fakultät für Wirtschaftswissenschaften, München, elektronisch veröffentlicht unter: http://mediatum.ub.tum.de/doc/1078547/1078547.pdf.

Schalwat, Sarah (2011): Rentabilität, in: *Busse von Colbe, Walther/Crasselt, Nils/Pellens, Bernhard (Hrsg.)*: Lexikon des Rechnungswesens: Handbuch der Bilanzierung und Prüfung, der Erlös-, Finanz-, Investitions- und Kostenrechnung, 5. Aufl., München, S. 660-662.

Schanz, Günther (1991): Motivationale Grundlagen der Gestaltung von Anreizsystemen, in: *Schanz, Günther (Hrsg.)*: Handbuch Anreizsysteme, Stuttgart, S. 3-30.

Scharfstein, David S. (1998): The Dark Side of Internal Capital Markets II: Evidence from Diversified Conglomerates, Working Paper 6352, Harvard Business School, Finance Unit, Boston, elektronisch veröffentlicht unter: http://ssrn.com/abstract=226103.

Scharfstein, David S./Stein, Jeremy C. (2000): The Dark Side of Internal Capital Markets: Divisional Rent-Seeking and Inefficient Investment, in: The Journal of Finance, 55. Jg., Heft 6, S. 2537-2564.

Schauwecker, Marko (2005): Corporate Governance in Deutschland und den USA – Analyse und Vergleich der Regulierung aktienbasierter Managervergütung, Saarbrücken.

Scherrer, Gerhard (2005): IFRS Rechnungslegung von Banken – Ein Beitrag zur wertorientierten Unternehmenssteuerung, in: *Lange, Thomas A./Benkenstein, Martin (Hrsg.)*: Wertmanagement in Banken: Festschrift zum 65. Geburtstag von Guido Eilenberger, Wiesbaden, S. 233-254.

Schewe, Gerhard (2010): Unternehmensverfassung – Corporate Governance im Spannungsfeld von Leitung, Kontrolle und Interessenvertretung, 2. Aufl., Berlin/Heidelberg.

Schierenbeck, Henner/Lister, Michael/Grüter, Marc D. (2005): Ertragsorientierte Risikokapitalallokation in der Gesamtbanksteuerung, in: *Lange, Thomas A./Benkenstein, Martin (Hrsg.)*: Wertmanagement in Banken: Festschrift zum 65. Geburtstag von Guido Eilenberger, Wiesbaden, S. 185-214.

Schmeisser, Wilhelm/Krimphove, Dieter/Teschner, Edith (2010): Internationale Personalwirtschaft und internationales Arbeitsrecht, München.

Schmid, Markus M./Walter, Ingo (2009): Do Financial Conglomerates Create or Destroy Economic Value?, in: Journal of Financial Intermediation, 18. Jg., Heft 2, S. 193-216.

Schmidheiny, Kurt (2012): Panel Data: Fixed and Random Effects, elektronisch veröffentlicht unter: http://www.schmidheiny.name/teaching/panel2up.pdf.

Schmidt, Cornelius (2012): Does Transparency Increase Executive Compensation?, Working Paper, University of Lausanne, Faculty of Business and Economics, Lausanne, elektronisch veröffentlicht unter: http://www.efa2012.org/papers/t4b3.pdf.

Schmidt, Georg (1990): Anreiz und Steuerung in Unternehmenskonglomeraten, Wiesbaden.

Schmidt, Hartmut/Drukarczyk, Jochen/Honold, Dirk (1997): Corporate Governance in Germany, Baden-Baden.

Schmidt, Reinhard H. (1987): Agency Costs Are Not a „Flop“!, in: *Bamberg, Günter/Spremann, Klaus (Hrsg.)*: Agency Theory, Information, and Incentives, Berlin/Heidelberg, S. 495-509.

Schmidt, Reinhard H. (1992): Transaktionskostenorientierte Organisationstheorie, in: *Frese, Erich (Hrsg.)*: Handwörterbuch der Organisation, 3. Aufl., Stuttgart, Sp. 1854-1865.

Schmidt, Reinhard H. (2001): Kontinuität und Wandel bei der Corporate Governance in Deutschland, in: *Laßmann, Gert (Hrsg.)*: Neuere Ansätze der Betriebswirtschaftslehre: in memoriam Karl Hax, Schmalenbachs Zeitschrift für betriebswirtschaftliche Forschung, Sonderheft 47/2001, 53. Jg., Düsseldorf/Frankfurt am Main, S. 61-87.

Schmidt, Reinhard H./Schwalbach, Joachim (2007): Zu Höhe und Dynamik der Vorstandvergütung in Deutschland, in: *Schwalbach, Joachim/Fandel, Günther (Hrsg.)*: Der Ehrbare Kaufmann: Modernes Leitbild für Unternehmen?, Zeitschrift für Betriebswirtschaft, Special Issue 1/2007, 77. Jg., Wiesbaden, S. 111-122.

Schmittig, Walter/Wöhrmann, Arnt (2013): Konsequenzen der Datenbankwahl für die empirische Forschung mit Archivdaten, in: Schmalenbachs Zeitschrift für betriebswirtschaftliche Forschung, 65. Jg., Heft 6, S. 553-587.

Schneider, Christoph/Spalt, Oliver (2011): Managerial Skewness Preference and the Allocation of Corporate Resources in Internal Capital Markets, Working Paper, Universität Mannheim, Mannheim, elektronisch veröffentlicht unter: https://research.mbs.ac.uk/.

Schneider, Dieter (1987): Agency Costs and Transaction Costs: Flops in the Principal-Agent-Theory of Financial Markets, in: *Bamberg, Günter/Spremann, Klaus (Hrsg.)*: Agency Theory, Information, and Incentives, Berlin/Heidelberg, S. 481-494.

Schneider, Dieter (1992): Investition, Finanzierung und Besteuerung, 7. Aufl., Wiesbaden.

Schneider, Dieter (1998): Marktwertorientierte Unternehmensrechnung: Pegasus mit Klumpfuß, in: Der Betrieb, 51. Jg., Heft 30, S. 1473-1478.

Schnell, Rainer (1994): Graphisch gestützte Datenanalyse, München.

Schnell, Rainer/Hill, Paul B./Esser, Elke (2011): Methoden der empirischen Sozialforschung, 9. Aufl., München.

Schnure, Calvin (1997): Internal Capital Markets and Investment: Do the Cash Flow Constraints Really Bind?, Staff Working Paper in the Finance and Economics Discussion Series, The Federal Reserve Board, Board of Governers of the Federal Reserve System, Washington D. C., elektronisch veröffentlicht unter: http://ssrn.com/abstract=70889.

Schnusenberg, Oliver/McDaniel, William R. (2000): How to Value Indexed Stock Executive Stock Options, in: Journal of Financial and Strategic Decisions, 13. Jg., Heft 3, S. 45-48.

Schoar, Antoinette (2002): Effects of Corporate Diversification on Productivity, in: The Journal of Finance, 57. Jg., Heft 6, S. 2379-2403.

Schröder, Arne (2007): Prinzipien der Panelanalyse, in: *Albers, Sönke/Klapper, Daniel/Konradt, Udo/Walter, Achim/Wolf, Joachim (Hrsg.)*: Methodik der empirischen Forschung, 2. Aufl., Wiesbaden, S. 261-276.

Schüle, Fritz M. (1992): Diversifikation und Unternehmenserfolg, Wiesbaden.

Schulz, Arne (2010): Aktienkursorientierte Vergütungssysteme für Führungskräfte, Wiesbaden.

Schwark, Eberhard (1978): Spartenorganisation in Großunternehmen und Unternehmensrecht, in: Zeitschrift für das gesamte Handelsrecht und Wirtschaftsrecht, 142. Jg., Heft 3, S. 203-227.

Schweitzer, Marcell (1978): Wissenschaftsziele und Auffassungen in der Betriebswirtschaftslehre – Eine Einführung, in: *Schweitzer, Marcell (Hrsg.)*: Auffassungen und Wissenschaftsziele der Betriebswirtschaftslehre, Darmstadt, S. 1-14.

Schwetzler, Bernhard (1999): Shareholder Value Konzept, Managementanreize und Stock Option Plans, in: Die Betriebswirtschaft, 59. Jg., Heft 3, S. 332-350.

Schwetzler, Bernhard/Lazar, Christian (2003): Die Bewertung von Aktienoptionsprogrammen am Beispiel der EPCOS AG, HHL Working Paper, HHL – Leipzig School of Management, Leipzip, elektronisch veröffentlicht unter: http://www.hhl.de/fileadmin/LS/Finance/Download/aop_epcos_casetext.pdf.

Schwetzler, Bernhard/Reimund, Carsten (2003): Conglomerate Discount and Cash Distortion: New Evidence from Germany, HHL Working Paper, HHL – Leipzig School of Management, Leipzip, elektronisch veröffentlicht unter: http://ssrn.com/abstract=392321.

Sedlmeier, Peter/Renkewitz, Frank (2008): Forschungsmethoden und Statistik in der Psychologie, München.

Seibert, Ulrich (1998): Stock Options für Führungskräfte – Zur Regelung im Kontrolle- und Transparenzgesetz (KonTraG), in: *Pellens, Bernhard (Hrsg.)*: Unternehmenswertorientierte Entlohnungssysteme, Stuttgart, S. 29-52.

Seibt, Christoph H. (2009): Informationsfluss zwischen Vorstand und Aufsichtsrat (dualistisches Leitungssystem) bzw. innerhalb des Verwaltungsrats (monistisches Leitungssystem), in: *Hommelhoff, Peter/Hopt, Klaus J./Werder, Axel von (Hrsg.)*: Handbuch Corporate Governance: Leitung und Überwachung börsennotierter Unternehmen in der Rechts- und Wirtschaftspraxis, 2. Aufl., Stuttgart, S. 391-423.

Semler, Johannes (1987): Doppelmandats-Verbund im Konzern – Sachgerechte Organisationsform oder rechtlich unzulässige Verflechtung?, in: *Lutter, Marcus (Hrsg.)*: Festschrift für Ernst C. Stiefel zum 80. Geburtstag, München, S. 719-762.

Servaes, Henri (1996): The Value of Diversification During the Conglomerate Merger Wave, in: The Journal of Finance, 51. Jg., Heft 4, S. 1201-1225.

Shin, Hyun-H./Park, Young S. (1999): Financing Constraints and Internal Capital Markets: Evidence from Korean 'Chaebols', in: Journal of Corporate Finance, 5. Jg., Heft 2, S. 169-191.

Shin, Hyun-H./Stulz, René M. (1998): Are Internal Capital Markets Efficient?, in: The Quarterly Journal of Economics, 113. Jg., Heft 2, S. 531-552.

Shleifer, Andrei/Vishny, Robert W. (1986): Large Shareholders and Corporate Control, in: The Journal of Political Economy, 94. Jg., Heft 3, S. 461-488.

Shleifer, Andrei/Vishny, Robert W. (1997): A Survey of Corporate Governance, in: The Journal of Finance, 52. Jg., Heft 2, S. 737-783.

Siddiqi, Mazhar A./Warganegara, Dezie L. (2003): Using Spinoffs to Reduce Capital Mis-Allocations, in: Review of Quantitative Finance and Accounting, 20. Jg., Heft 1, S. 35-47.

Siddiqui, Sikandar (1999): Ein numerischer Ansatz zur Bewertung indexgebundener Aktienoptionen, in: Finanz Betrieb, 1. Jg., Heft 6, S. 85-88.

Siddiqui, Sikandar (2000): Einfaches Modell zur Bewertung von Aktienoptionen mit Ausübungshürden, in: Betriebs Berater, 55. Jg., Heft 6, S. 296-298.

Siegers, Daniel (2012): Pay for Performance? – Zum Stand der empirischen Forschung zur erfolgsabhängigen Managementvergütung, München.

Simonoff, Jeffrey S. (2013): Regression Diagnostics, elektronisch veröffentlicht unter: http://people.stern.nyu.edu/jsimonof/classes/2301/pdf/diagnost.pdf.

Smith, Clifford W./Stulz, René M. (1985): The Determinants of Firms' Hedging Policies, in: The Journal of Financial and Quantitative Analysis, 20. Jg., Heft 4, S. 391-405.

Smith, Gavin/Swan, Peter L. (2008): The Road to Riches: CEO Incentives and Firm Performance, Working Paper, University of New South Wales, School of Banking and Finance, Sydney, elektronisch veröffentlicht unter: http://ssrn.com/abstract=1089968.

Smith, Clifford W., Jr./Watts, Ross L. (1982): Incentive and Tax Effects of Executive Compensation Plans, in: Australian Journal of Management, 7. Jg., Heft 2, S. 139-157.

Spearman, Charles (1904): The Proof and Measurement of Association Between Two Things, in: The American Journal of Psychology, 15. Jg., Heft 1, S. 72-101.

Spearman, Charles (1906): 'Footrule' for Measuring Correlation, in: British Journal of Psychology, 2. Jg., Heft 1, S. 89-108.

Speckbacher, Gerhard (1997): Shareholder Value und Stakeholder Ansatz, in: Die Betriebswirtschaft, 57. Jg., Heft 5, S. 630-639.

Spence, Michael (1973): Job Market Signaling, in: The Quarterly Journal of Economics, 87. Jg., Heft 3, S. 355-374.

Spence, Michael (1977): Consumer Misperceptions, Product Failure and Producer Liability, in: Review of Economic Studies, 44. Jg., Heft 3, S. 561-572.

Spence, Michael (2002): Signaling in Retrospect and the Informational Structure of Markets, in: The American Economic Review, 92. Jg., Heft 3, S. 434-459.

Spremann, Klaus (1987): Agent and Principal, in: *Bamberg, Günter/Spremann, Klaus (Hrsg.)*: Agency Theory, Information, and Incentives, Berlin/Heidelberg, S. 3-37.

Spremann, Klaus (1990): Asymmetrische Information, in: Zeitschrift für Betriebswirtschaft, 60. Jg., Heft 5/6, S. 561-586.

Spremann, Klaus (1991): Investition und Finanzierung, 4. Aufl., München.

Spremann, Klaus (1998): Finanzielle Führung und interner Kapitalmarkt, in: Die Unternehmung, 52. Jg., Heft 5/6, S. 339-347.

Staehelin, Erwin (1988): Investitionsentscheide in industriellen Unternehmungen – Ergebnisse einer Umfrage, Grüsch.

Staehle, Wolfgang H. (1977): Empirische Analyse von Handlungssituationen, in: *Köhler, Richard (Hrsg.)*: Empirische und handlungstheoretische Forschungskonzeptionen in der Betriebswirtschaftslehre, Stuttgart, S. 103-116.

Staehle, Wolfgang H. (1999): Management – Eine verhaltenswissenschaftliche Perspektive, 8. Aufl., München.

Stein, Jeremy C. (1997): Internal Capital Markets and the Competition for Corporate Resources, in: The Journal of Finance, 52. Jg., Heft 1, S. 111-133.

Stein, Jeremy C. (2002): Information Production and Capital Allocation: Decentralized versus Hierarchical Firms, in: The Journal of Finance, 57. Jg., Heft 5, S. 1891-1921.

Stein, Jeremy C. (2003): Agency, Information and Corporate Investment, in: *Constantinides, George M./Harris, Milton/Stulz, René M. (Hrsg.)*: Handbook of the Economics of Finance: Corporate Finance, Amsterdam, S. 110-165.

Stein, Mathias (1993): Die Management-Holding – Analyse eines Struktur- und Führungskonzeptes, Bamberg.

Stelter, Daniel (1999): Wertorientierte Anreizsysteme für Führungskräfte und Mitarbeiter, in: *Bühler, Wolfgang/Siegert, Theo (Hrsg.)*: Unternehmenssteuerung und Anreizsysteme, Stuttgart, S. 207-241.

Stelter, Daniel M./Riedl, Jens B./Plaschke, Frank J. (2001): Wertschaffungskennzahlen und Bewertungsverfahren, in: *Achleitner, Ann-Kristin/Thoma, Georg F. (Hrsg.)*: Handbuch Corporate Finance: Konzepte, Strategien und Praxiswissen, 2. Aufl., Köln, Abschnitt 1.4.3 (S. 1-32).

Stewart, G. B. (1991): The Quest for Value – A Guide for Senior Managers, New York.

Stiglitz, Joseph E. (1975a): Information and Economic Analysis, in: *Parkin, Michael/Nobay, A. Robert (Hrsg.)*: Current Economic Problems: The Proceedings of the Association of University Teachers of Economics, Manchester 1974, Cambridge, S. 27-52.

Stiglitz, Joseph E. (1975b): The Theory of "Screening," Education, and the Distribution of Income, in: The American Economic Review, 65. Jg., Heft 3, S. 283-300.

Stratmann, Jochen (2005): Kerngeschäftsstrategien im internationalen Vergleich, Norderstedt.

Stulz, René M. (1988): Managerial Control of Voting Rights – Financing Policies and the Market for Corporate Control, in: Journal of Financial Economics, 20. Jg., Heft 1-3, S. 25-54.

Stulz, René M. (1990): Managerial Discretion and Optimal Financing Policies, in: Journal of Financial Economics, 26. Jg., Heft 1, S. 3-27.

Suchan, Stefan/Winter, Stefan (2009): Rechtliche und betriebswirtschaftliche Überlegungen zur Festsetzung angemessener Vorstandsbezüge nach Inkrafttreten des VorstAG, in: Der Betrieb, 62. Jg., Heft 47, S. 2531-2539.

Suh, Ja Y. (2011): Managerial Incentives for Risk-Taking and Internal Capital Allocation, Working Paper, University of Technology, School of Finance and Economics, Sydney, elektronisch veröffentlicht unter: http://www.fma.org/NewZealand/Papers/Managerialincentivesandinternalcapitalallocation_29OCT2010.pdf.

Szeless, Georg (2001): Diversifikation und Unternehmenserfolg – Eine empirische Analyse deutscher, schweizerischer und österreichischer Unternehmen, Dissertation, Universität St. Gallen, Institut Wirtschaftswissenschaften, St. Gallen.

Tausend, Christian/Katzauer, Alexander/Gruber, Marc (2006): Anreizsysteme als elementare Gestaltungsgröße im Personalmanagement von jungen Wachstumsunternehmen – Ziele, Anforderungen und Gestaltungsoptionen, in: Zeitschrift Führung und Organisation, 75. Jg., Heft 1, S. 24-28.

Tehranian, Hassan/Travlos, Nickolaos G./Waegelein, James F. (1987): The Effect of Long-Term Performance Plans on Corporate Sell-Off-Induced Abnormal Returns, in: The Journal of Finance, 42. Jg., Heft 4, S. 933-942.

Theisen, Manuel R. (1987): Die Überwachung der Unternehmungsführung – Betriebswirtschaftliche Ansätze zur Entwicklung erster Grundsätze ordnungsmäßiger Überwachung, Stuttgart.

Thieme, Hans-Rudolf (1982): Verhaltensbeeinflussung durch Kontrolle, Berlin.

Thomson Reuters (Hrsg.) (2014): Worldscope Database – Data Definitions Guide (Issue 14.2), elektronisch veröffentlicht unter: http://extranet.datastream.com/Data/Worldscope/index.htm.

Timmermann, Armin (1988): Evolution des strategischen Managements, in: *Henzler, Herbert A. (Hrsg.)*: Handbuch strategische Führung, Wiesbaden, S. 85-108.

Tobin, James (1969): A General Equilibrium Approach To Monetary Theory, in: Journal of Money, Credit and Banking, 1. Jg., Heft 1, S. 15-29.

Töpfer, Armin/Duchmann, Christian (2006): Das Dresdner Modell des Wertorientierten Managements: Konzeption, Ziele und integrierte Sicht, in: *Schweickart, Nikolaus/Töpfer, Armin (Hrsg.)*: Wertorientiertes Management, Berlin/Heidelberg, S. 3-63.

Torres-Reyna, Oscar (2009): Panel Data Analysis – Fixed & Random Effects (Using Stata 10.x), elektronisch veröffentlicht unter: http://www.princeton.edu/~otorres/Panel101.pdf.

Tortella, Bartolomé D./Brusco, Sandro (2003): The Economic Value Added (EVA): An Analysis of Market Reaction, in: *Reckers, Philip M. J. (Hrsg.)*: Advances in Accounting, Amsterdam, S. 265-290.

Trenkle, Thomas (1983): Organisation der Vorstandsentscheidung – Eine empirische Analyse, Frankfurt am Main.

Tufano, Peter (1998): The Determinants of Stock Price Exposure: Financial Engineering and the Gold Mining Industry, in: The Journal of Finance, 53. Jg., Heft 3, S. 1015-1052.

Ulbricht, Niels/Weiner, Christian (2005): Worldscope meets Compustat: A Comparison of Financial Databases, Working Paper, Humboldt-Universität zu Berlin, School of Business and Economics, Berlin, elektronisch veröffentlicht unter: http://ssrn.com/abstract=871169.

Ulrich, Peter/Hill, Wilhelm (1979): Wissenschaftstheoretische Aspekte ausgewählter betriebswirtschaftlicher Konzeptionen, in: *Raffée, Hans/Abel, Bodo (Hrsg.)*: Wissenschaftstheoretische Grundfragen der Wirtschaftswissenschaften, München, S. 161-190.

Urban, Dieter/Mayerl, Jochen (2011): Regressionsanalyse – Theorie, Technik und Anwendung, 4. Aufl., Wiesbaden.

Vahs, Dietmar (2012): Organisation – Ein Lehr- und Managementbuch, 8. Aufl., Stuttgart.

Velthuis, Louis J. (2003): Managemententlohnung auf Basis des Residualgewinns: Theoretische Anforderungen und praxisrelevante Konzepte, in: Zeitschrift für Betriebswirtschaft, 73. Jg., Ergänzungsheft 4/2003, S. 111-134.

Velthuis, Louis J. (2004): Entwurf eines integrierten Value Based Management-Konzepts auf Basis des Residualgewinns, in: *Gillenkirch, Robert M./Schauenberg, Bernd/Schenk-Mathes, Heike Y./Velthuis, Louis John (Hrsg.)*: Wertorientierte Unternehmenssteuerung: Festschrift für Helmut Laux, Berlin/Heidelberg, S. 295-324.

Verbeek, Marno (2012): A Guide to Modern Econometrics, 4. Aufl., Chichester.

Vernimmen, Pierre/Quiry, Pascal/Dallocchio, Maurizio/Le Fur, Yann/Salvi, Antonio (2011): Corporate Finance – Theory and Practice, 3. Aufl., Chichester.

Villalonga, Belén (2003): Research Roundtable Discussion: The Diversification Discount, Harvard Business School, Finance Unit, Boston, elektronisch veröffentlicht unter: http://ssrn.com/abstract=402220.

Villalonga, Belén (2004a): Diversification Discount or Premium? New Evidence from the Business Information Tracking Series, in: The Journal of Finance, 59. Jg., Heft 2, S. 479-506.

Villalonga, Belén (2004b): Does Diversification Cause the "Diversification Discount"?, in: Financial Management, 33. Jg., Heft 2, S. 5-27.

Vogel, Jochen (1998): Marktwertorientiertes Beteiligungscontrolling, Wiesbaden.

Voigt, Kai-Ingo (1993): Strategische Unternehmensplanung: Grundlagen – Konzepte – Anwendung, Wiesbaden.

Wagenhofer, Alfred (1999): Anreizkompatible Gestaltung des Rechnungswesens, in: *Bühler, Wolfgang/Siegert, Theo (Hrsg.)*: Unternehmenssteuerung und Anreizsysteme, Stuttgart, S. 183-205.

Wagner, Hannes F. (2001): Der Wert interner Kapitalmärkte – empirische Überprüfung theoretischer Ansätze, Münchener betriebswirtschaftliche Beiträge 2001-10, Ludwigs-Maximilian-Universität München, Fakultät für Betriebswirtschaft, München.

Wälchli, Adrian (1995): Strategische Anreizgestaltung – Modell eines Anreizsystems für strategisches Denken und Handeln des Managements, Bern/Zürich.

Wallace, James S. (1997): Adopting Residual Income-based Compensation Plans: Do You Get What You Pay for?, in: Journal of Accounting and Economics, 24. Jg., Heft 3, S. 275-300.

Walsh, James P./Seward, James K. (1990): On the Efficiency of Internal and External Corporate Control Mechanisms, in: The Academy of Management Review, 15. Jg., Heft 3, S. 421-458.

Wälter, Fritz (1972): Leitungsorganisation im Großkonzern, in: *Busse von Colbe, Walther (Hrsg.)*: Leitungsorganisation und Personalführung, Schmalenbachs Zeitschrift für betriebswirtschaftliche Forschung, Sonderheft 1/1972, 24. Jg., Opladen, S. 19-29.

Wan, William P./Hoskisson, Robert E. (2003): Horne Country Environments, Corporate Diversification Strategies, and Firm Performance, in: The Academy of Management Journal, 46. Jg., Heft 1, S. 27-45.

Warner, Jerold B./Watts, Ross L./Wruck, Karen H. (1988): Stock Prices and Top Management Changes, in: Journal of Financial Economics, 20. Jg., Heft 1-3, S. 461-492.

Weber, Jürgen/Bramsemann, Urs/Heineke, Carsten/Hirsch, Bernhard (2004): Wertorientierte Unternehmenssteuerung: Konzepte – Implementierung – Praxisstatements, Wiesbaden.

Weber, Jürgen/Schäffer, Utz (2014): Einführung in das Controlling, 14. Aufl., Stuttgart.

Weiner, Christian (2005): The Conglomerate Discount in Germany and the Relationship to Corporate Governance, Working Paper, Humboldt-Universität zu Berlin, School of Business and Economics, Berlin, elektronisch veröffentlicht unter: http://ssrn.com/abstract=871030.

Weiß, Daniel M. (1999): Aktienoptionspläne für Führungskräfte, Köln.

Weiss, Martin (2009): Aufbau eines Konzeptes zur ressourcenorientierten Messung des Diversifikationsgrades, Berlin.

Weiss, Martin (2013): Resource-related Diversification and its Measures – Review of Empirical Results, in: Problems and Perspectives in Management, 11. Jg., Heft 3, S. 76-85.

Weißenberger, Barbara E. (2003): Anreizkompatible Erfolgsrechnung im Konzern – Grundmuster und Gestaltungsalternativen, Wiesbaden.

Weißenberger, Barbara E. (2006): Der Management Approach in der IFRS-Rechnungslegung: Fundierung der Finanzberichterstattung durch Informationen aus dem Controlling, in: Der Betrieb, 59. Jg., Heft 39, S. 2077-2083.

Welch, Ivo (2010): Common Problems in Capital Structure Research: The Financial-Debt-To-Asset Ratio, and Issuing Activity vs. Leverage Changes, AFA 2008 New Orleans Meetings Paper, University of California, Los Angeles, elektronisch veröffentlicht unter: http://ssrn.com/abstract=931675.

Welge, Martin K./Al-Laham, Andreas (2012): Strategisches Management: Grundlagen – Prozess – Implementierung, 6. Aufl., Wiesbaden.

Welker, Susanne A. (2012): Managementvergütung, Anreize und Kapitalmarkterwartungen – Experimentelle Evidenz, Wiesbaden.

Wenger, Ekkehard/Terberger, Eva (1988): Die Beziehung zwischen Agent und Prinzipal als Baustein einer ökonomischen Theorie der Organisation, in: Wirtschaftswissenschaftliches Studium, 17. Jg., Heft 10, S. 506-514.

Werder, Axel v. (1987): Organisation der Unternehmensleitung und Haftung des Top-Managements, in: Der Betrieb, 40. Jg., Heft 45, S. 2265-2273.

Werder, Axel v. (1988): Organisation und Recht – Zum rechtlichen Datenkranz organisatorischer Gestaltungsmaßnahmen, in: Zeitschrift Führung und Organisation, 57. Jg., Heft 2, S. 104-110.

Werder, Axel v. (1989): Vorstands-Doppelmandate im Konzern – Bewertung und Gestaltungsalternativen aus organisatorischer Sicht, in: Die Betriebswirtschaft, 49. Jg., Heft 1, S. 37-54.

Werder, Axel v. (2008): Führungsorganisation – Grundlagen der Corporate Governance, Spitzen- und Leitungsorganisation, 2. Aufl., Wiesbaden.

Werder, Axel v. (2011): Neue Entwicklungen der Corporate Governance in Deutschland, in: Schmalenbachs Zeitschrift für betriebswirtschaftliche Forschung, 63. Jg., Heft 1, S. 48-62.

Werder, Axel v./Minuth, Thorsten (2000): Internationale Kodizes der Corporate Governance – Bestandsaufnahme und Vergleich mit dem Aktiengesetz, Diskussionspapier, Technische Universität Berlin, Berlin.

Werkmeister, Clemens (2005): Investitionsbudgetierung mit leistungsorientierter Managemententlohnung, Wiesbaden.

Wernerfelt, Birger/Montgomery, Cynthia A. (1988): Tobin's q and the Importance of Focus in Firm Performance, in: The American Economic Review, 78. Jg., Heft 1, S. 246-250.

Weston, John F. (1970): The Nature and Significance of Conglomerate Firms, in: St. John's Law Review, 44. Jg., Heft Spring, S. 66-80.

Weston, John F./Mansinghka, Surenda K. (1971): Tests of the Efficiency Performance of Conglomerate Firms, in: The Journal of Finance, 26. Jg., Heft 4, S. 919-936.

White, Halbert (1980): A Heteroskedasticity-Consistent Covariance Matrix Estimator and a Direct Test for Heteroskedasticity, in: Econometrica, 48. Jg., Heft 4, S. 817-838.

Whited, Toni M. (2001): Is It Inefficient Investment That Causes the Diversification Discount?, in: The Journal of Finance, 56. Jg., Heft 5, S. 1667-1691.

Wiedemann, Arnd (2013): Financial Engineering – Bewertung von Finanzinstrumenten, 6. Aufl., Frankfurt am Main.

Wiederhold, Philipp (2008): Segmentberichterstattung und Corporate Governance – Grenzen des Management Approach, Wiesbaden.

Williams, Joseph (1987): Perquisites, Risk, and Capital Structure, in: The Journal of Finance, 42. Jg., Heft 1, S. 29-48.

Williamson, Oliver E. (1964): The Economics of Discretionary Behavior: Managerial Objectives in a Theory of the Firm, Englewood Cliffs.

Williamson, Oliver E. (1970): Corporate Control and Business Behavior – An Inquiry into the Effects of Organization Form on Enterprise Behavior, Englewood Cliffs.

Williamson, Oliver E. (1975): Markets and Hierarchies: Analysis and Antitrust Implications – A Study in the Economics of Internal Organization, New York.

Williamson, Oliver E. (1985): The Economic Institutions of Capitalism – Firms, Markets, Relational Contracting, New York/London.

Williamson, Oliver E. (1993): Opportunism and its Critics, in: Managerial and Decision Economics, 14. Jg., Heft 3, S. 97-107.

Winter, Stefan (1996): Prinzipien der Gestaltung von Managementanreizsystemen, Wiesbaden.

Winter, Stefan (1997): Möglichkeiten der Gestaltung von Anreizsystemen für Führungskräfte, in: Die Betriebswirtschaft, 57. Jg., Heft 5, S. 615-629.

Winter, Stefan (2000): Optionspläne als Instrument wertorientierter Managementvergütung, Frankfurt am Main.

Winter, Stefan (2003): Erfolgziele deutscher Aktienoptionsprogramme, in: *Franck, Egon (Hrsg.)*: Marktwertorientierte Unternehmensführung: Anreiz- und Kommunikationsaspekte, Schmalenbachs Zeitschrift für betriebswirtschaftliche Forschung, Sonderheft 50/2003, 55. Jg., Düsseldorf, S. 121-143.

Witt, Peter (2001): Corporate Governance, in: *Jost, Peter-Jürgen (Hrsg.)*: Die Prinzipal-Agenten-Theorie in der Betriebswirtschaftslehre, Stuttgart, S. 85-115.

Witzemann, Tobias/Currle, Michael (2004): Bonusbanken – Unternehmenswertsteigerung und Managementvergütung langfristig verbinden, in: Controlling, 16. Jg., Heft 11, S. 631-638.

Wöhe, Günter/Döring, Ulrich (2013): Einführung in die allgemeine Betriebswirtschaftslehre, 25. Aufl., München.

Wolf, Joachim (2000): Strategie und Struktur 1955-1995 – Ein Kapitel der Geschichte deutscher nationaler und internationaler Unternehmen, Wiesbaden.

Wolf, Joachim (2013): Organisation, Management, Unternehmensführung – Theorien, Praxisbeispiele und Kritik, 5. Aufl., Wiesbaden.

Wolff, Birgitta (1999): Organisationsökonomik, in: *Korff, Wilhelm/Feldhaus, Stephan (Hrsg.)*: Handbuch der Wirtschaftsethik, Band 3: Ethik wirtschaftlichen Handelns, Gütersloh, S. 111-131.

Wolff, Birgitta/Graßmann, Thomas (2004): Vertragstheorie, in: *Schreyögg, Georg/Werder, Axel von (Hrsg.)*: Handwörterbuch Unternehmensführung und Organisation, 4. Aufl., Stuttgart, Sp. 1587-1595.

Wooldridge, Jeffrey M. (2002): Econometric Analysis of Cross Section and Panel Data, Cambridge.

Wooldridge, Jeffrey M. (2010): Econometric Analysis of Cross Section and Panel Data, 2. Aufl., Cambridge.

Wosnitza, Michael (1991): Das Agency-theoretische Unterinvestitionsproblem in der Publikumsgesellschaft, Heidelberg.

Wulf, Julie (1999): Influence and Inefficiency in the Internal Capital Market: Theory and Evidence, Doctoral Dissertation, Columbia University, New York.

Wulf, Julie (2002): Internal Capital Markets and Firm-Level Compensation Incentives for Division Managers, in: Journal of Labor Economics, 20. Jg., Heft 2, S. 219-262.

Wulf, Julie (2009): Influence and Inefficiency in the Internal Capital Market, in: Journal of Economic Behavior & Organization, 72. Jg., Heft 1, S. 305-321.

Wulf, Torsten (2007): Diversifikationserfolg – Eine top-management-orientierte Perspektive, Wiesbaden.

Wymeersch, Eddy (2009): Corporate Governance Regeln in ausgewählten Rechtssystemen, in: *Hommelhoff, Peter/Hopt, Klaus J./Werder, Axel von (Hrsg.)*: Handbuch Corporate Governance: Leitung und Überwachung börsennotierter Unternehmen in der Rechts- und Wirtschaftspraxis, 2. Aufl., Stuttgart, S. 137-160.

Xue, Yanfeng (2007): Make or Buy New Technology: The Role of CEO Compensation Contract in a Firm's Route to Innovation, in: Review of Accounting Studies, 12. Jg., Heft 4, S. 659-690.

Yermack, David L. (1995): Do Corporations Award CEO Stock Options Effectively?, in: Journal of Financial Economics, 39. Jg., Heft 2-3, S. 237-269.

Yong, Li (2005): Internal Capital Allocation and Executive Compensation, Dissertation, The University of Texas at Austin, Austin, elektronisch veröffentlicht unter: http://search.proquest.com/docview/305373219.

Yong, Li (2007): Internal Capital Allocation and Executive Compensation, Working Paper, University of Texas at Arlington, Department of Finance and Real Estate, Arlington, elektronisch veröffentlicht unter: http://69.175.2.130/~finman/Orlando/Papers/FMA07-Yongpaper.pdf.

Zaunmüller, Hannah (2005): Anreizsysteme für das Wissensmanagement in KMU – Gestaltung von Anreizsystemen für die Wissensbereitstellung der Mitarbeiter, Wiesbaden.

Zingales, Luigi (2000): In Search of New Foundations, in: The Journal of Finance, 55. Jg., Heft 4, S. 1623-1653.

Zöllner, Christine (2007): Interne Corporate Governance, Wiesbaden.

Zülch, Henning/Hendler, Matthias (2009): Bilanzierung nach International Financial Reporting Standards (IFRS), Weinheim.

Zwiebel, Jeffrey (1996): Dynamic Capital Structure under Managerial Entrenchment, in: The American Economic Review, 86. Jg., Heft 5, S. 1197-1215.

Betriebswirtschaftliche Forschung im Rechnungswesen

Herausgegeben von Nils Crasselt, Rolf Uwe Fülbier, Joachim Gassen, Bernhard Pellens und Thorsten Sellhorn

Band 1 Verena Hill: Rechnungslegungspolitik im Rahmen der Kaufpreisallokation. Eine theoretische und empirische Analyse deutscher kapitalmarktorientierter Unternehmen. 2011.

Band 2 Ulrich Küting: Rückstellungsbilanzierung nach HGB und IFRS. Normendeskription und empirische Analysen zur deutschen und internationalen Bilanzierungspraxis. 2011.

Band 3 Felix Fischer: Der Zusammenhang zwischen Rechnungslegung und Ausschüttungsbemessung. Eine empirische Analyse deutscher börsennotierter Aktiengesellschaften. 2011.

Band 4 Torben Auste: Einfluss von Lobbying auf den IFRS-Standardsetzungsprozess. 2012.

Band 5 Michael Fischkin: Determinanten der Prüferwahl und des Prüferwechsels auf dem deutschen Prüfungsmarkt für börsennotierte Unternehmen. Eine theoretische und empirische Untersuchung. 2012.

Band 6 Maximilian Lauerbach: Investitionssteuerung mit Risk Adjusted Performance Measures im Nicht-Finanzbereich. 2012.

Band 7 Marco Kreutzer: Wertorientierte Planung und Steuerung anhand des Residualgewinnkonzepts. Eine Analyse in Abhängigkeit vom zu Grunde liegenden Rechnungslegungssystem. 2012.

Band 8 Tim-Frederik Oehr: Sozio-ökonomische Aspekte der Regulierung der Rechnungslegung. 2012.

Band 9 Adam Strzyz: Determinanten der Dividendenpräferenz deutscher Privatanleger. 2013.

Band 10 Jane Fehr: Die künftige Leasingbilanzierung nach IFRS. Auswirkungen auf das Entscheidungsverhalten der Akteure. 2013.

Band 11 Thomas Kemper-Scharpegge: Einfluss der IFRS auf die Rechnungslegungspraxis. Eine theoretische und empirische Analyse in ausgewählten Ländern der EU. 2013.

Band 12 Nico Kavvadias: Forschungs- und Entwicklungskosten. Abschlusspolitische Gestaltungsspielräume und Determinanten für deren Ausübung. 2014.

Band 13 Theresa Weiß: Steueraggressivität börsennotierter und nichtbörsennotierter Unternehmen in Deutschland. Eine theoretische und empirische Analyse. 2014.

Band 14 Kai Lehmann: Managementprognosen und Analystenschätzungen. Empirische Untersuchung zum Prognoseverhalten von Unternehmen und Finanzanalysten. 2014.

Band 15 Patrick Kuschel: Komplexitätszunahme in der Finanzberichterstattung nach IFRS? Eine theoretische und empirische Analyse. 2015.

Band 16 Henric P. Fründ: Variable Managementvergütung mit Bonusbanken und Obergrenzen. Experimentelle Analyse der Anreizwirkungen. 2015.

Band 17 Friederike Hablizel: Pensionsverpflichtungen in der Rechnungslegung nach IFRS. Theoretische und empirische Analyse alternativer Bilanzierungskonzepte. 2016.

Band 18 Simon Werker: Bewertung und kognitive Wahrnehmung von Realoptionen. Simulationsbasierte und experimentelle Analysen im Kontext der Energiewirtschaft. 2016.

Band 19 Daniel Fallscheer: Interne Kapitalmärkte und interne Corporate Governance-Mechanismen. Eine empirische Untersuchung zur Wirkung von Anreizsystemen und Leitungsorganisationsformen auf die Kapitalallokationseffizienz diversifizierter deutscher börsennotierter Unternehmen. 2016.

www.peterlang.com